U0953116

蕉岭年鉴

2017

蕉岭年鉴编纂委员会
蕉 岭 年 鉴 编 辑 部 编

方志出版社
Publishing House of Local Records

图书在版编目(CIP)数据

蕉岭年鉴. 2017/蕉岭年鉴编纂委员会，蕉岭年鉴编辑部编. --北京：方志出版社，2017.10
ISBN 978-7-5144-2620-5

I.①蕉…II. ①蕉… ②蕉…III. ①蕉岭县—2017—年鉴 IV. ①Z526.54

中国版本图书馆CIP数据核字(2017)第265893号

蕉岭年鉴(2017)

编　　者：蕉岭年鉴编纂委员会
　　　　　蕉岭年鉴编辑部
责任编辑：刘方圆
出 版 人：冀祥德
出 版 者：方志出版社
　　　　　地址　北京市朝阳区潘家园东里9号（国家方志馆4层）
　　　　　邮编　100021
　　　　　网址　http://www.fzph.org
发　　行：方志出版社图书经销中心
　　　　　电话　(010)67110500
经　　销：各地新华书店
印　　刷：蕉岭县教育文用厂
开　　本：787×1092　1/16
印　　张：18.5
字　　数：451千字
版　　次：2017年10月第1版　2017年10月第1次印刷
印　　数：0001～1000册
ISBN 978-7-5144-2620-5　定价：150.00元

·版权所有 翻印必究·

蕉岭年鉴编纂委员会

主　　任：饶森健

副 主 任：张　福

委　　员：林文建　丘文慈　徐杞文　张永超　罗威海　丘佐平　陈晋芳
潘依山　李　最　何国灵　林晓红　汤东康　黄　清　徐永岭
吴丽丽　刘红锦　涂涤江　江庆昌　宋继平　管煌南　江萍英
林景昌　李　良

办公室主任：张　福

副 主 任：江萍英　林景昌

蕉岭年鉴编辑部

主　　编：张　福

副 主 编：江萍英　林景昌　古文粤

责任编辑：陈　军　谢影樱

编　　辑：杨海容　廖　勖

主要摄影：涂永平　陈晓光　陈　军　县委农办

审　　稿：林文建　丘文慈

《蕉岭年鉴(2017)》通讯员名录

邓广敬　丘奋飞　肖秋霞　谢源学　李　芳　彭心宇　谢利琴　郭晓渊
黄欢欢　张玉莲　钟满兰　王文龙　刘春玲　徐　瑜　黄雪慧　林菊香
李秀玲　李琅娜　戴丹媚　李　珏　曾令雪　张丽芳　欧阳文理　李新发
徐秋琳　吴月环　王广城　汤锦元　黄金顺　李文杰　陈　山　赖文彬
丘恺佳　谢　冰　何松发　陈　军　江华丽　钟剑文　陈金水　王广文
陈婷婷　徐映珠　徐秋燕　赖冬梅　郭雪平　傅传敏　刘维维　王洪斌
涂平峰　黄利芬　杨利红　陈德文　陈立鸿　古苑晖　陈维院　王满香
廖丙亮　吴天德　刘雪芳　谢勇明　何勇俊　李伟建　杨凌云　王雪梅
徐　超　谢龙生　陈利娜　徐晓芳　彭文君　陈政清　古国贤　张利梅
傅　文　李　琨　徐　庭　丘文山　汤国洪　郭晓斐　朱铭新　赖志明
陈伟剑　丘文生　钟丽娟　王国雄　赖来生　吴春辉　黄荣城　龙清云
彭幸锟　谢雪玲　张秀春　黄卫锦　郭智明　曾　旭　林玉玲　吴清平
徐　军　叶海权　刘晓红　黄茂开　邓文轩　黄金红　丘耀忠　陈平彬
廖海华　邓惠玲　丘玲玲　陈　敏　凌　欢　钟　丹　赖勇维　涂焱峰
李　滔　曾　璐　曾　龙　郭庆涛　钟奕平　钟渊元

编辑说明

一、《蕉岭年鉴（2017）》以马克思列宁主义、毛泽东思想、邓小平理论、“三个代表”重要思想和科学发展观为指导，深入贯彻习近平总书记系列重要讲话精神和治国理政新理念新思想新战略，坚持辩证唯物主义和历史唯物主义的立场、观点和方法，客观、全面、翔实地记述2016年全县政治、经济、文化和社会等方面的发展状况。

二、本年鉴采用篇、章、节、目、子目5个层次的结构形式，不同层次的标题，在字体、字号和版式设计等方面均有明显区别，如出现最多的目一级标题，均用5号黑体字加【 】表示，子目则以5号楷体字表示段一级标题。

三、本年鉴所用的统计数字，由于统计口径不一等原因，有个别数字可能与县统计局“经济社会统计资料”中的数字不一致，使用时应以后者为准。

四、本年鉴“表彰名录”，分别按国家级和省委、省政府、省厅局以及市委、市政府的表彰入录。

《蕉岭年鉴》编辑部

2017年10月

2016年，蕉岭县围绕振兴发展目标，以推进供给侧结构性改革为主线，扭紧“三大抓手”，坚守“两条底线”，融入“一区两带”，建设“两区两业”，统筹做好稳增长、促改革、调结构、惠民生、防风险各项工作，促进全县经济社会保持平稳健康发展，实现“十三五”良好开局，全县实现生产总值72.88亿元，同比增长6.1%，公共财政预算收入7.995亿元，同比增长13.24%。

领导到蕉岭调研

2016年1月29日，市委常委黄伟闻(左一)到蕉岭慰问挂钩贫困户

2016年3月3日，省社科院副院长周薇(前左一)到蕉岭调研

领导到蕉岭调研

2016年3月22日，梅州市委书记黄强率队到广东省微生物研究所调研，县领导温向芳、陈伟明等陪同

2016年4月25日，广东省副省长蓝佛安到蕉岭调研金融文化工作，市委书记黄强、县委书记温向芳等陪同

领导到蕉岭调研

2016年5月12日，梅州市委副书记、市长谭君铁(前右三)到蕉岭调研，县长陈伟明(右二)等陪同

2016年6月22日，省政协副主席温兰子(右二)到蕉岭调研

领导到蕉岭调研

2016年6月26日，省老促会到蕉岭调研

2016年8月10日，省文化厅厅长方健宏(中)到蕉岭调研

领导到蕉岭调研

2016年8月12日，梅州市委副书记、代市长方利旭(前右二)到蕉岭调研

2016年8月17日，省委农办主任陈祖煌（右二）到蕉岭调研新农村建设

领导到蕉岭调研

2016年10月17日，中国美术家协会副主席许钦松到蕉岭采风

2016年12月28日，省委常委、宣传部部长、省文明委主任慎海雄(前排左二)率队到蕉岭调研文明联创工作

2016年1月25日，中国共产党蕉岭县第十二次代表大会第三次会议胜利召开

2016年1月27日，蕉岭县第十四届人民代表大会第六次会议胜利召开

全省农村人居环境综合整治工作(粤东粤北)现场会

2016年11月3日，全省农村人居环境综合整治工作(粤东粤北)现场会在蕉岭召开

2016年11月3日，广东省委常委、政法委书记林少春(前右四)，副省长许瑞生(前右三)，省委农办主任陈祖煌(前右二)等与会领导实地参观蕉岭县省级新农村示范片建设

全省农村人居环境综合整治工作(粤东粤北)现场会

2016年11月3日，现场会与会领导实地参观蕉岭县省级新农村示范片建设——长潭镇白马村

2016年11月3日，现场会与会领导实地参观蕉岭县省级新农村示范片建设——三圳镇莲花基地

三圳镇九岭村

长潭镇白马村

新农村建设

新铺镇尖坑村谢晋元故居

文福镇逢甲村丘逢甲故居

蓝坊镇高思村

南礤镇石寨村

新农村建设

蕉城镇东山村

广福镇乐干村休闲公园

目　　录

经 济

教科文卫体

社会生活

乡镇·省、市驻蕉岭单位

社会经济统计资料

表彰名录

文件辑存

重要纪事

2016年蕉岭县重要纪事

1月

6日 省政府督察组到蕉岭开展突发事件风险隐患排查和整改情况第二阶段专项督察。

13日 蕉岭召开《蕉岭县国民经济和社会发展第十三个五年规划纲要》评审会，市评审专家参加评审。

同日 市安委会安全生产责任制考核组到蕉岭对县党政领导班子2015年度安全生产履职情况进行考核。

15日 蕉岭的桂岭书院被省人民政府确定为第八批省文物保护单位。

18日 顺德涂料商会一行到蕉岭中学，为该校40多名贫困学子发放3万多元的助学金。

20日 市考核组到蕉岭考核验收基层公共服务平台建设试点工作。

25日 中共蕉岭县第十二次代表大会第三次会议在政府礼堂顺利闭幕。县委书记温向芳作县委工作报告。县委副书记、县长陈伟明总结部署经济工作。

26日 蕉岭县政协十届六次会议在蕉岭迎宾馆隆重开幕。大会应到会委员171人，实到会委员156人。县政协主席张新忠，县政协党组书记、主席候选人卢尧生，副主席吴忠、彭刚、黄伟宁、赖静兰、古芹花参加会议。大会投票选举卢尧生为政协第十届蕉岭县委员会主席。

27日 蕉岭县十四届人大六次会议在县政府礼堂隆重开幕。会议应出席代表165人，实到代表158人，大会由县委书记、县人大常委会主任温向芳主持。县委副书记、县长陈伟明代表县政府向大会作工作报告。

28日 市委常委、常务副市长丁文深入位于新铺油坑的梅州市矿山救护队检查。县领导陈伟明、盘连欣陪同。

29日 省无量光慈善基金会组织慰问组到蕉岭走访慰问100户贫困户。

同日，市委常委、政法委书记、市政府党组副书记黄伟闻到长潭镇白马村开展春节慰问活动。县委书记温向芳陪同。

同日，市人大常委会副主任黎健平、韩小林、张映平，秘书长蓝伟东等到挂钩帮扶的广福镇广育村入户开展春节慰问活动。

2月

3日 市委常委、组织部部长杜敏琪率慰问组到挂钩帮扶的新铺镇尖坑村开展春节走访慰问活动。县领导温向芳、陈伟明、李瑞金参加座谈和慰问。

同日 梅州市委副秘书长、政研室主任张达宏率队到挂钩帮扶村长潭镇堑垣村走访慰问部分困难户和残疾人。

25日 水利部建管司调研组一行到蕉岭调研小型水利工程管理体制改革工作。省水利厅副厅长张黎明，县长陈伟明陪同。

26日 市检查组到蕉岭检查镇山社区体育公园建设情况。

29日 中国工程院院士、广东省微生物研究所所长吴清平回到家乡蕉岭，考察家乡近年来的经济发展成就与未来的发展规划，并代表省微生物研究所与蕉岭签订发展长寿健康产业战略合作协议。

3月

2日 深圳铁汉生态环境股份有限公司与蕉岭签订总投资55亿元的战略合作协议。

11日 市考评组到蕉岭检查考评2015年度社会治安综合治理及平安建设工作。

同日,市商务局、市出入境检验检疫局联合蕉岭县在蕉岭迎宾馆举办梅州市食品农产品出口业务政策宣讲培训会。

18日 陆河县考察团到蕉岭参观考察省级新农村示范片建设工作。

24日 市委书记黄强与市委常委、秘书长彭耀新,县委书记温向芳、县长陈伟明前往广东省微生物研究所,拜访了该所所长、蕉岭籍中国工程院院士吴清平。

同日,省委党校2016年第一期厅级班到蕉岭调研考察。

28日 抗日保台志士丘逢甲嫡孙、港龙航空公司常务董事丘应桦回到家乡蕉岭参观。

30日 省烟草专卖局(公司)副巡视员黄方率队到蕉岭调研烟叶生产工作。

4月

8日 世界健康产业大会秘书长、中国健康小城推介委员会会长顾开元等专家组一行,就蕉岭申报首批“中国健康小城”开展实地考察,认为蕉岭完全具备“中国健康小城”评选条件。

12日 省农业厅副厅长黄斌民率督导调研组到蕉岭开展农业农村经济发展督导和调研工作。

13日 市委常委、政法委书记、市政府党组副书记黄伟闻到蕉岭调研整县推进村镇污水处理设施建设示范县工作。

14日 副市长李远青到蕉岭调研梅江韩江绿色健康文化旅游产业带建设工作。

14日至15日 为期两天的闽粤赣边八县老体协第八次联谊会在蕉岭举行。梅州市老体协荣誉主席何万真、梅州市老体协副主席李柏华、温亦武到会指导。

18日 省农科院专家组一行到蕉岭举行科技下乡活动,指导农民朋友们进行农业生产,为提高农产品产量和质量出谋划策。

21日 广州高新区中小企业协会投资考察团慕名到蕉岭考察投资环境。

25日 副省长蓝佛安到蕉岭调研经济稳增长和金融、文化等工作。省政府副秘书长林积,省金融办主任刘文通,人民银行广州分行行长王景武,省文化厅副厅长杨树等参加调研。市委书记黄强,市委常委、常务副市长丁文,市委常委、秘书长彭耀新及县委书记温向芳,县委常委、常务副县长盘连欣等陪同调研。

27日 国家林业局森防总站督查组到蕉岭督查2015年松材线虫病疫情的防控工作。

同日,省供销合作社考察组到蕉岭考察供销合作社综合改革进展情况。

5月

4日 市督查组到蕉岭督查2016年列入市重点建设项目进展情况。2016年,蕉岭列入市重点项目有15宗。

同日 中国书协理事、军旅书法家、广东省书协副主席,世界长寿乡《蕉岭长寿赋》千字文大型碑刻作者丘仕坤带领全国著名书画家和将军到蕉岭采风。

5日 广州中小企业协会投资考察团到蕉岭开展为期两天的投资环境考察活动。

6日 蕉岭建成全市首家病死畜禽无害化处理厂,这是从事免费上门收集病畜禽、集中无害化处理的企业。

11日 省考核验收组到蕉岭考核验收基层公共服务平台试点工作,市政府副秘书长蓝汕兴陪同。

同日 市金融局局长温兆君、国家农业发展银行梅州分行行长侯色回率队到蕉岭考察调研。

12日 市长谭君铁率队到蕉岭调研。市委常委、市政府党组副书记黄伟闻,市政府秘书长、办公室主任朱国城陪同调研。

同日,市委常委、组织部长杜敏琪到蕉岭调研基层党建工作。

13日 百名艺术家游寿乡采风笔会书法作品展在蕉岭县博物馆开展。此次书法作品展共展出116幅作品,由来自中国作家协会、中国书法家协会及省、市书法家协会的百名艺术家游寿乡采风时创作而成。

18日 市委常委、市第五督查组组长黄伟闻率队到蕉岭督查经济发展情况。

同日,市质监局调研组到蕉岭调研国家水泥及制品质量监督检验中心建设工作。

20日 市政协副主席、农工党市委会主委邹浩元,市政协副主席肖平率调研组到蕉岭专题调研梅江韩江绿色健康文化旅游产业带建设工作。

25日 梅州军分区司令员武启龙率检查组到蕉岭检查民兵整组、兵役登记工作。

30日 省文明办检查组到蕉岭检查精神文明建设工作。

6月

6日 农发行广东省分行行长周良伟一行到蕉岭考察整县推进村镇污水处理设施建设。8日,省高考巡考组到蕉岭对蕉岭中学考场进行巡考。

14日 全省水泥行业能源管理体系建设试点工作经验推广宣传现场会在蕉岭召开。来自全省50多家水泥企业代表参加会议。

19日下午 2016年广东省足球协会五人制联赛1/4决赛第二回合战在市剑英体育馆打响。蕉岭润通队以12:2大胜佛山队,从而以大比分挺进四强。

20日 江苏如皋市政协主席李中林、副主席黄文斌率考察团到蕉岭参观考察。

22日 市安委办组织检查组,采取现场抽查的方式,对蕉岭辖区内的旅游行业进行检查。

同日 省政协党组成员、副主席温兰子率专题调研组到蕉岭开展"关于提高林业四大重点生态工程建设质量"提案督办调研。市政协副主席李忠良、市政府副秘书长张映辉、胡万强,县领导温向芳、陈伟明等陪同调研。

28日 市委常委、市纪委书记胡钛率纪委领导班子成员及相关室(部)负责人到挂钩扶贫点广福镇洪才村,开展"七一"慰问活动并调研指导扶贫工作。

29日 省老促会常务副会长林华景率省老促会调研组到蕉岭调研原中央苏区建设和新时期精准扶贫精准脱贫工作。

同日,市委常委、政法委书记黄伟闻到挂钩的蕉城镇开展"七一"慰问活动,走访慰问困难党员、老党员。

30日 中国农工民主党蕉岭县第九次党员大会隆重召开。市政协副主席、农工党梅州市委主委邹浩元,县政协副主席、农工党县委主委赖静兰等出席大会。

7月

8日 省公安厅交管局局长李华振率调研组到蕉岭调研道路交通安全管理工作。

11日 全省2016年普通高校录取工作正式开始。蕉岭考生全市文科状元徐剑浩顺利被北京大学录取,县理科状元钟媚青被清华大学工程物理专业录取。黄晖被空军航空大学录取。

14日 由广东省邮政分公司、广东省集邮协会等单位承办的"弘扬长征魂,同筑中国梦"纪念中国工农红军长征胜利80周年全国青少年集邮教育实践活动广东站启动仪式在蕉岭举行。

20日 香港梅州联会访问交流团到蕉岭开展以“认识家乡的过去·现在·未来”为主题的“寻找家乡的故事”交流活动。

同日 梅州市“七五”普法和法治文艺巡演启动暨“梅州普法”微信号启动仪式在蕉岭龙门广场举行。

25日 一条身长大约1米,通体呈深褐色,模样活像一只小恐龙的野生动物巨蜥闯进了文福镇乌土村排上村居住的丘伯家。县公安局森林分局接报后,立即组织工作人员迅速赶到现场实施抓捕后放归大自然。

26日 市公路局局长谢钦文率队到挂钩帮扶的新铺镇下南村、蕉城镇金星村开展精准扶贫工作。

27日 省文化厅巡回指导工作组到蕉岭指导图书馆总分馆制建设工作。

8月

1日 蕉岭县三圳镇获评全省休闲农业和乡村旅游示范镇。

2日 省质监局党组成员、副局长丘瑞清率调研组到蕉岭调研国家水泥及制品质量监督检验中心建设情况。

5日 省专家组到蕉岭对广福镇乐干村九栋自然村申报第五批广东省古村落进行普查认定。

10日 省文化厅党组书记、厅长方健宏到蕉岭调研基层文化建设。副市长陈丽霞,县领导温向芳、罗桂芳、罗威华陪同。

同日,市质量工作考核组到蕉岭对2015—2016年度政府质量工作进行考核。

12日 市委副书记、代市长方利旭到蕉岭调研。市委常委、市政府党组副书记黄伟闻,市政府秘书长、办公室主任朱国城,县领导温向芳、陈伟明、卢尧生、张利民、戴军生等陪同。

18日 省委农办主任陈祖煌、省委农办副巡视员许伟滨率调研组到蕉岭调研农村人居环境综合整治、省级新农村示范片建设、农村改革、涉农维稳和精准扶贫等工作。

19日 侨港蕉岭同乡会举行助学金发放仪式,共为20名贫困学子发放了10万元助学金,帮助他们圆梦大学。

25日 副市长陈丽霞到蕉岭督导“广东省推进教育现代化先进县”创建工作。

30日 县长陈伟明率县民族宗教外事侨务局等部门负责人,赴香港拜访抗日保台志士丘逢甲嫡孙、港龙航空公司行政总裁丘应桦和侨港蕉岭同乡会理事长聂振。

9月

5日 省中医药局局长徐庆锋到蕉岭调研中医药工作。

12日 省医改调研组到蕉岭检查评估县级公立医院改革工作。

同日,深圳博商会考察团到蕉岭考察农产品产销对接工作。

23日 省卫计委党组书记、主任段宇飞率调研组到蕉岭调研医疗卫生工作。市委常委、统战部部长张丽霞,县领导陈伟明、江运洪等陪同。

26日 由中国老龄事业发展基金会、华夏慈善基金发起的“百岁态度,玩转自拍”公益活动走进蕉岭,探访百岁老人,感受长寿老人的快乐生活。

30日 在刚刚闭幕的里约残奥会中,蕉岭县运动员谢豪在自行车混合C1-5级男子750米团体竞速赛决赛中斩获银牌。

10月

4日 副市长、市公安局局长陈俊钦到蕉岭检查督导公安机关在国庆期间安保、道路交通管理等工作落实情况，看望并慰问一线执勤民警。

10日 市委常委、纪委书记胡钛到蕉岭就党风廉政建设和反腐败工作开展调研。

14日 中国共产党蕉岭县第十三次代表大会在县政府礼堂隆重开幕。县委书记温向芳代表中共蕉岭县第十二届委员会向大会作了题为《不忘初心 继续前进 为加快蕉岭全面建成小康社会而努力奋斗》的工作报告，市委常委、梅州军分区司令员武启龙率市委县镇领导班子换届工作指导组和风气督查组到县指导并致辞。大会由县委副书记、县长陈伟明主持。

15日至17日 由省委宣传部、省文联组织举办的"百家千场艺术讲座下基层"活动走进蕉岭，省文联主席、广东画院院长、省美术家协会主席许钦松率队到蕉岭作公益讲座和采风。

17日 在"2016年广东县域电商大会"上，蕉岭荣获了"广东县域电商创新县"称号。同日，世界银行贷款广东农业面源污染整治环境友好型种植业示范项目现场交流与2016年总结会在蕉岭召开。省农业厅副巡视员陈正辉、全省各有关市县项目办、项目挂点专家及相关技术人员参加了会议。

19日 市督查组到蕉岭开展水上旅游交通安全专项督查。

同日，市妇联联合省妇女维权与信息服务站(梅州站)在广福镇举行妇女民生座谈会及妇女维权知识讲座。

20日 市交通运输局局长谢胜扬到蕉岭调研交通运输工作。

21日 广东乐村淘网络科技有限公司在蕉岭新铺镇油坑村开业运营，这标志着专注于服务村镇用户的O2O电商平台——"乐村淘"正式落户蕉岭。

24日 市女美术家协会到蕉岭开展"艺术下乡、为家庭主妇送'美'"公益活动。

同日，省老促会会长陈开枝一行到蕉岭调研原中央苏区建设情况。

同日，市督导组到蕉岭督查测评城乡环境综合整治工作。

25日 参加第六届国际硒研讨会暨世界富硒长寿产业联盟大会的300多名嘉宾，到长潭镇上合农业公园，参观考察休闲农业与富硒产业发展情况。

同日，市政协副主席张光明率视察组到蕉岭，围绕"客家传统文化与现实应用"课题进行专题视察。

27日 副市长、市第六督导组组长陈建青率督导组到蕉岭开展经济工作专项督导。县领导温向芳、陈伟明、林文建、刘素芬陪同。

28日 市创建国家环境保护模范城市检查组到蕉岭检查创模工作。

11月

2日 政协蕉岭县第十一届委员会第一次会议在圆满完成各项议程后胜利闭幕。大会应到会委员162人，实到会委员147人。新当选的县政协主席钟梅分，副主席廖平、彭刚、黄伟宁、赖静兰、古芹花、罗威华出席大会。

3日 市委常委、市纪委书记黄建固到挂钩扶贫点广福镇洪才村调研指导扶贫工作。

同日，全省农村人居环境综合整治工作(粤东粤北)现场会在蕉岭召开。省委常委、政法委书记林少春，副省长许瑞生；省委农办主任陈祖煌；梅州市委书记、市人大常委会主任谭君铁，市长方利旭，粤东粤北各市、县有关领导等出席。

4日 蕉岭县十五届人大一次会议闭幕。大会应到会代表174人，实到会167人。会上，县委书记温向芳为新当选的县人民政府县长陈伟明，县人大常委会主任卢尧生，县人大常委会副主任张利民、罗兴梅、温裕良、钟豪才、郭伟标、陈苑娜，县人民政府副县长陈德志、饶森健、江运洪、张茂欣、刘素芬、徐杞文颁发当选证书。

11日 大埔县党政考察团到蕉岭考察城乡环境综合整治工作。

15日 省环境保护厅厅长鲁修禄率调研组一行，到蕉岭考察指导农村环境综合整治工作。副市长吴泽桐，县领导温向芳、陈伟明、陈德志、林文建陪同。

16日 国家土地督察广州局督察专员段怡春率督导组到蕉岭督导例行督察整改、不动产统一登记、永久基本农田划定及土地规划利用管理等工作。副市长李远青，县领导陈伟明、徐杞文陪同。

17日 市委常委、市纪委书记黄建固到蕉岭调研经济社会发展情况。县领导温向芳、陈伟明、温健忠、林文建等陪同。

同日，省质量技术监督局副局长丘瑞清率调研组到蕉岭调研国家水泥及制品质量监督检验中心项目建设。

18日 市医改工作检查评估组到蕉岭检查深化医药卫生体制改革工作。

20日 水利部建安中心到蕉岭开展水利工程划界确权工作调研和河湖管护体制机制创新试点工作督导检查。

21日 省复核检查组到蕉岭对长潭旅游景区进行国家AAAA级景区评定性复核。

25日 市检查组到蕉岭评估检查2015年——2016年"两建"工作。

同日，省政府办公厅调研组到蕉岭调研农村人居环境综合整治工作。

30日 省爱卫会检查组到蕉岭开展省卫生县城现场复查。省检查组认为，蕉岭各项考核指标均达到要求，顺利通过省卫生县城复查。

12月

2日 市委宣传部副部长汤铭琛到蕉岭调研文明创建工作。

5日 市考核组到蕉岭考核食品安全工作。

9日 南方日报、羊城晚报、广东卫视、南方网、南方都市报、南方农村报等8家省市媒体组团走进蕉岭，深入采访报道蕉岭在推进农村人居环境整治、美丽乡村建设的做法经验及成效。

13日 中山市副市长高瑞生率领中山市政府考察团到蕉岭，考察全域推进农村人居环境整治的做法和经验。

16日 蕉岭县武术协会副会长黄汤先在由国家体育总局武术运动管理中心、中国武术协会主办的2016年黄山论剑国际武术大赛中获得男子太极拳冠军。

同日，湘粤赣闽边界护林联防委员会第一联防区第55次会议在蕉岭召开。

21日 市关工委主任何正拔到蕉岭调研新农村建设情况。

20日 省文明办副主任韩国威率队到蕉岭检查调研文明创建工作。

26日 市督查组到蕉岭督查解决拖欠企业职工工资问题工作。

28日 省委常委、宣传部部长、省文明委主任慎海雄率领粤东北文明创建工作座谈会与会人员到蕉岭参观考察文明联创工作。市领导谭君铁、张丽霞、陈志宁，县领导温向芳、陈伟明等陪同。

29日 省综治工作(平安建设)、法治广东建设考评组到蕉岭考评2016年度综治平安、法治建设工作。

蕉岭概况

基 本 概 况

【建置沿革】明崇祯六年(1633),设置镇平县。8月,在怀仁里(原平远县属地,今蕉城)建县城。明崇祯七年(1634),接管平远划割的石窟第一图、石窟第二图和程乡(今梅县)划割的龟浆第二图、松源第二图共四图完成镇平县建制,隶属潮州府。民国3年(1914),因河南省已先有镇平县而改称蕉岭县。1952年8月,蕉岭与平远合县,称蕉平县。1954年3月,蕉平分县,恢复蕉岭县建置。1958年12月,蕉岭县与梅县合并,称梅县。1961年3月,蕉梅分县,恢复蕉岭县建置。

【位置、面积】蕉岭县位于广东省东北部,韩江上游,地跨北纬24°25′~53′,东经116°01′~22′之间。西界平远县,东南与梅县接壤,北与福建省武平县、上杭县相连。205国道、国家高速公路网络主干线天汕高速公路南北贯穿,全县总面积960平方公里,其中山地7.47万公顷,耕地0.7433万公顷。

【地质、地貌】蕉岭县地质构造比较复杂,岩石类主要有砂页岩、侵入岩、石灰岩、变质岩等。这些岩类构成山地、丘陵、盆地等地貌。县境四面环山,地势由北向南倾斜。山地、丘陵、盆地的比例为6:3:1。

境内山系排列有序,山脉走向有东-西走向和东北-西南走向两类。共有五列山脉,这些山脉是本县众多溪河的分水岭,河谷低地也大致分布在这些山脉中间。海拔千米以上的山峰有金山笔(1170米)、铁山嶂(1164米)、皇佑笔(1150米)、大峰嶂(1092米)、小峰笔(1057米)、樟坑岽(1020米)等6座。

境内河流属韩江水系,主要河流韩江二级支流石窟河在县境内长61.4公里,集水面积728.2平方公里,石窟河流域(含其支流高陂河、柚树河、石扇河、广福河、溪峰河)是蕉岭县较大的盆地和主要耕作区,耕地约10万亩,居住人口20余万人。其他河流还有高思河、南礤河、北礤河亦分别冲积成山间小盆谷。

【气候特征】县境属亚热带地区海洋性季风气候,夏长冬短,光照充足,雨季长,雨量充沛,由于南岭山脉的屏障作用,使冷空气影响减弱,所以冬季并不十分寒冷。历史最高年降雨量出现在1983年为2488.6毫米,最低年降雨量出现在1991年为1063.9毫米;历史年平均气温最高出现在1998年为22.1℃,最低出现在1976年和1984年为20.4℃;历史年平均最大风速出现在1953年10月8日24.0米/秒。2016年,全年平均气温为21.4℃,7月是全年最热的月份,月平均气温28.5℃,年极端最高气温37.9℃,出现在7月24日;2月是全年最冷的月份,月平均气温为11.4℃,年极端最低气温-1.8℃,出现在1月25日。日照时数1397.1小时,比上年少81.2小时。全年降雨量2789毫米,比上年多756.8毫米,同历年平均降水量1658.6毫米相比偏多1130.4毫米,雨量偏多。

【自然资源】重要矿产资源有铷、锰、铁、铝、钨、铜、铅、锌、锡、石灰石、大理石、花岗岩、石英砂、稀土等,铷储量约160万吨,锰储量约

240万吨，花岗岩储量约2700万吨，石灰石资源储量约23.5亿吨，野生动植物资源丰富，药用植物有288个品种，分隶95个科。主要旅游景点有国家AAAA级旅游景区长潭旅游风景区、全国重点文物保护单位丘逢甲故居和谢晋元故居、镇山国家森林公园、省重点文物保护单位罗福星故居和石寨土楼。

经济社会发展概况

【综 述】 2016年，蕉岭县按照梅州市委、市政府的要求，围绕振兴发展目标，以推进供给侧结构性改革为主线，扭紧“三大抓手”，坚守“两条底线”，融入“一区两带”，建设“两区两业”，统筹做好稳增长、促改革、调结构、惠民生、防风险各项工作，促进全县经济社会保持平稳健康发展，实现“十三五”规划良好开局。全县实现生产总值728844万元，同比增长6.1%，其中第一产业增加值125781万元，增长4.3%，对GDP增长的贡献率12.1%；第二产业增加值217436万元，增长7.9%，对GDP增长的贡献率39.4%；第三产业增加值385627万元，增长5.6%，对GDP增长的贡献率48.5%。经济结构进一步调整，生产总值中三次产业构成为17.3:29.8:52.9。人均生产总值34649元，增长5.6%。全县实现国、地税税收入93870.8万元，同比增长0.45%。公共财政预算收入79950万元，同比增长13.24%。全年居民消费价格总指数为102.3%(上年为100%)，上升了2.3个百分点。年末，全县从业人员118189人，同比增长3.05%。年末，城镇登记人口失业人员1342人，登记失业率2.45%，下岗失业人员实现再就业1723人。

【农 业】 全县实现农业总产值211461万元，同比增长4.2%。

农作物播种面积33.02万亩，同比增长3.5%。

粮食总产量65423吨，同比增长1.4%，其中稻谷60017吨，同比增长1.9%；烟叶总产量1395吨，同比下降9.65%；茶叶总产量1996吨，同比增长1.22%；花生总产量3203吨，同比增长1.71%；水果总产量44615吨，同比增长4.98%；蔬菜总产量115687吨，同比增长6.24%；果用瓜总产量3456吨，同比增长8%。

肉类总产量21580吨，同比下降4.06%，其中：猪肉产量为18054吨，同比下降2.83%；当年猪出栏235687头，同比下降2.79%；牛出栏5861头，同比增长3.53%；羊出栏14369只，同比增长3.39%。年末生猪存栏88452头，同比下降19.4%；牛存栏5101头，同比下降39.4%；羊存栏6912只，同比增长6.18%。

渔业水产品产量6827吨，同比增长8.8%。

【工业和建筑业】 全年工业完成增加值192045万元，同比增长7.2%。在工业增加值中，规模以上工业完成增加值113431万元，同比增4.4%。

规模以上工业实现营业收入428907万元，同比增长2.2%；实现利税总额54306.7万元，同比增长25.9%，其中税金总额23754.2万元，同比增长7.4%；实现利润总额30552.5万元，同比增长45.3%；企业亏损额3850万元，同比下降1.1%。

规模以上工业主要产品产量

表 1

指标名称	计算单位	2016 年	2015 年	同比±%
水　泥	万吨	915.57	805.64	13.65
硅酸盐水泥熟料	万吨	715.72	663.07	7.94
印制电路板	平方米	269656	229154	17.67
家　具	件	558892	810935	-31.08
石灰石	吨	3243483	3911846	-17.09
商品混凝土	立方米	196021	72815	169.21
机制纸及纸板(外购原纸加工除外)	吨	14217	8551	66.26
规上工业发电量	万千瓦时	61156	44364	37.85
其中:水电	万千瓦时	31658	16507	91.78
火　电	万千瓦时	29499	27857	5.89

全社会完成建筑业增加值 27805 万元,同比增长 13.5%。全县资质以上建筑企业 8 个,实现总产值 85088.3 万元,同比下降 3.24%;实现利润 1812.4 万元,实现税金 3858.3 万元;建筑企业房屋建筑施工面积 72.22 万平方米,房屋竣工面积 27.69 万平方米。

【固定资产投资】 全年完成固定资产投资(投资额 500 万元及以上)393628 万元,同比增长 38.66%。在城镇投资中,国有企业投资 62839 万元,同比增长 61.9%。按产业分:第二产业投资 283779 万元,同比增长 77.96%,其中工业投资 283779 万元,同比增长 77.96%;第三产业投资 109849 万元,同比下降 11.72%,其中房地产企业投资 50693 万元,同比下降 49.27%。

【交通和邮电业】 全年交通运输、仓储和邮政业完成增加值 29340 万元,同比增长 4.0%。2016 年末,公路通车里程 1341.6 公里,其中高速公路通车里程 40.46 公里;每百平方公里公路密度为 139.8 公里。全年各种运输方式完成货运周转量 105332 万吨公里,同比增长 8.8%;客运周转量 39040 万人公里,同比增长 11%。

年末,全县营运汽车拥有量达到 10700 辆,同比增长 7. 98%,其中:载客汽车 7108 辆,同比增长 7.98%;普通载货汽车 3568 辆,同比增长 7.99%。

年末,智能网接入电话总容量达 75200 门。全县固定电话用户 29677 户,同比下降 11.89%。移动电话用户 166058 户,同比增长 1.75%。每百户拥有固定电话 39.85 部,移动电话 222. 97 部。电脑网络发展较快,年末互联网用户 41390 户,增长 32.6%;每百户拥有互联网 55.6 条。

【国内贸易】 全年社会消费品零售总额达 371887 万元,同比增长 10.1%,从分行业看:批发零售贸易业消费品零售额 347992 万元,同比增长 10.4%;住宿和餐饮业消费品零售额 23895 万元,同比增长 5.8%。按城乡分:城镇消费品零售额 262367.3 万元，同比增长 11.2%；乡村消费品零售额 109519.7 万元，同比增长 7.6%。

【对外经济和旅游业】 全年外贸进出口总额 5589.4 万美元，同比增长 25.6%，其中贸易出口总额 5580 万美元，同比增长 25.9%。全年实际利用外资 434 万美元，同比下降 52.6%。截至年底，全县“三资”企业实现营业收入 29277 万元，利润总额 3823 万元。

全县接待国内外游客 378.1 万人次，同比增长 15.04%，其中接待国内游客 372.2 万人次，增长 15.1%。全年旅游总收入 293566.75 万元，同比增长 15.19%。

【金融和保险业】 全县金融业增加值 34664 万元，同比增长 11.7%。年末全县金融机构本外币存款余额 852385 万元，同比增长 10.85%，其中住户储蓄存款余额 578862 万元，同比增长 7.98%。金融机构本外币贷款余额 370474 万元，同比增长 19.39%。

全年财产、人寿保险费收入 12328 万元，同比增长 14.8%，其中财产保险费收入 5140 万元，同比增长 12.5%；人寿保险费收入 7188 万元，同比增长 16.5%。支付险赔金额 5834 万元，同比增长 10.6%，其中财产保险支付赔款金额 2228 万元，同比增长 11.1%；寿险给付及赔付金额 3606 万元，同比增长 10.2%。

【科技、教育、文化、卫生和体育】 全县事业单位共有专业技术人员 3535 人，其中具有中级以上职称 2351 人。

全县有普通中学 15 间，在校学生 8637 人，同比减少 344 人，下降 3.8%；职业中学 1 间，在校学生 979 人；小学 12 间，在校学生人数 12866 人，同比增长 8.1%。2016 年适龄儿童入学率 100%；小学生升学率 100%；初中学生升学率 100%；高中学生升学率 89%。考入大专以上的人数 1388 人，比上年减少 32 人，其中本科 708 人，比上年增加 53 人。

年末，黄桂清图书馆有藏书 23.3 万册，法刚博物馆馆藏物品 8531 件。积极组织文化“三下乡”活动，2016 年共组织送戏下乡 22 场，送电影下乡 1246 场，送书下乡 2800 册，受教育人数达 81 万人次。广播电视业不断发展。全县有 300 瓦立体声调频广播电台 1 座，有线电视用户 3.46 万户，城乡入户率 95%，电视覆盖率 98.3%。

年末，全县共有各种卫生机构 197 个，床位 523 张，平均每万人拥有病床 22.06 张。卫生专业技术人员有 1049 人，其中执业医师 330 人、助理执业医师 113 人、注册护士 372 人、其他 234 人。平均每万人拥有卫生技术人员 44.24 人，平均每万人拥有医生数 208 人。

全县共有各类体育场、馆 535 个，其中标准运动场 3 个，小运动场 22 个，各类球场、馆 510 个，共召开了各大中型运动会 30 场，参加人数 2.8 万人；向省、市输送 10 名优秀运动员。全县体育健儿在省、市运动会中获得 6 块奖牌，其中金牌 5 块、铜牌 1 块。

【人口、环境和人民生活】 年末，常住人口 21.08 万人，其中城镇人口 11.15 万人，城镇人口占常住人口的比重为 52.91%。全年出生人口 3587 人，出生率 15.16‰；死亡人口 1132 人，死亡率 4.78‰；自然增长人口 2455 人，自然增长率 10.38‰。年末户籍人口 23.71 万人，比上年增加 869 人，增长 0.37%。

全县有环境监测站 1 个，设立县级以上自然保护区 2 个，面积 12990 公顷，当年投入环保投资资金 27517.4 万元。

全县当年碳汇林改造面积 651.2 公顷，年末已建成生态公益林 3.67 万公顷，年末森林蓄积量为 720.39 万立方米，森林覆盖率为 79.4%。全年能源消费总量 177.33 万吨标准煤，同比增长 5.98%。万元 GDP 能耗下降 0.07%。单位工业增加值能耗增长 2.03%。全社会用电量 99729.2 万千瓦时，增长 5.22%，其中，工业用电量 81538 万千瓦时,增长 3.52%。

全年城乡居民可支配收入 17847.5 元，同比增长 8.6%，其中城镇居民人均可支配收入 21815.9 元,同比增长 7.9%;农村居民人均可支配收入 13823.1 元,同比增长 7.4%。

全县参加基本养老保险的职工人数 36953 人,同比增长 0.26%;参加基本医疗保险职工人数 26804 人,同比增长 0.37%;参加失业保险职工人数 12455 人,同比增长 0.72%;参加农村养老保险 72000 人,同比增长 1.35%。参加城乡居民基本医疗保险有 207889 人，同比增长 0.09%。

全县有各类型社会福利院 12 间,床位 627 张,收养人数 196 人。全县得到各级政府救济 18271 人/次,全年,共发放救济金额 3156.65 万元。享受低保救济的困难群众 7263 人, 发放金额 1821.14 万元,其中城镇 676 人, 农村 6587 人。

（邓广敬）

政治

县领导机关

中共蕉岭县委员会

【中共蕉岭县第十二次代表大会第三次会议】

1月25日，中共蕉岭县第十二次代表大会第三次会议召开，县委书记温向芳作县委工作报告，总结“十二五”和2015年工作，谋划“十三五”发展，部署2016年各项工作任务。

五年来，全县实施一系列惠民工程，如交通、农田水利、电力、通信、污水处理、生态工程等，统筹城乡发展的美丽乡村建设扎实推进，农村综合改革激活农村发展活力，扶贫“双到”成效显著，社会保障水平日益提升，城乡居民收入大幅提高，人民群众幸福感明显增强。

2015年，十件民生实事件件落实。累计投入6000多万元，扎实推进并基本完成保障底线民生、推进教育均衡、改善医疗服务、提升养老服务等十件民生实事，同时，各项社会事业稳步发展：全县建立起112个公共服务中心(站)，县、镇、村(社区)三级公共服务实现全覆盖。获评“中华诗词之乡”“全国义务教育发展基本均衡县”，高考本科、专科线以上入围率继续保持全市各县(市、区)第一名。

医联体改革稳步启动，公立医院改革全面铺开。建成1个“三厅”数字影院和6个农村文化俱乐部。爱心自行车慢行系统运转。第二轮扶贫攻坚全面打赢。投入帮扶资金3400多万元，20个重点帮扶村集体经济收入均达到5万元以上，1302户有劳动能力的贫困户全部实现稳定脱贫。

县委工作报告提出，“十三五”要以提升人民群众获得感为导向，坚持共享发展，统筹城乡公共服务，大力发展社会事业，建立健全覆盖城乡居民的社会保障体系，坚持精准扶贫，继续办好民生实事。2016年，要突出服务均等，推动民生持续改善。增强社会保障。充分发挥社会政策的托底作用，扎实做好促就业、增收入、强保障等各项工作。

进一步扩大城乡基本养老保险、基本医疗保险覆盖面。健全困难群体、困难家庭帮扶救助体系，提高城乡低保、五保供养、医疗救助等保障水平。做好公立医院改革、医联体改革等各项医改工作，逐步建立覆盖城乡的公共卫生服务体系。加快推进学校硬件工程建设，全力争创“广东省推进教育现代化先进县”，促进教育均衡发展。扎实推进农村危旧房改造、公共租赁住房、棚户区改造工作。深入开展省农村社区建设试点工作，发挥农村基层公共服务平台的作用，打造一批管理有序、服务完善、文明祥和的农村社区建设示范点。

【全省“新农村+——推进广东省级新农村连片示范建设工程”座谈会】 1月28日至29日，由省委农办和南方报业集团主办的全省“新农村+——推进广东省级新农村连片示范建设工程”座谈会在蕉岭县召开，省委农办副主任刘洪盛，市委常委、政法委书记黄伟闻，南方日报社原社长、暨南大学新闻与传播学院院长范以锦，南方日报社社委姚燕永，中国社会科学院农村发展所研究员、宏观经济研究室主任党国英，华中师范大学政治研究院教授、中国农村问题研究中心“百村十年观察”项目负责人邓大才等专家学者，南方民间智库的知名网友，惠州、东莞的示范区代表，县领导温向芳、卢尧生、张利民、郭伟标等参加会议。

参会人员先后考察蕉岭县三圳镇和长潭镇的新农村建设示范片，重点考察省级示范片村民理事会、环境综合整治、产业发展、文体公共设施、村居改造等美丽乡村建设举措及成效。对蕉岭县充分发挥村民理事会作用，激活群众内生动力，全力推进“客韵寿乡”省级新农村示范片建设，示范带动全县美丽乡村建设，形成特色鲜明的“七星伴月”新农村建设格局给予高度评价。

随后召开座谈会，黄伟闻在致辞中指出，蕉岭县以实施全国农综改革示范试点、省级新农村连片示范建设工程为契机，整合资源、创新机制，围绕“客韵寿乡”省级新农村示范片建设这个核心，在全县各镇选取基础条件好、内生动力足、有发展潜力的行政村进行重点打造，形成特色鲜明的“七星伴月“新农村建设格局。希望各位专家为梅州、蕉岭的新农村建设把脉支招，提供科学、有针对性的指导意见，加快实施“新农村+”，共同推进广东省新农村连片示范建设工程。

座谈会上，与会的专家、网友、官员结合“零距离”感受“客韵寿乡”省级示范片区的情况畅所欲言，纷纷为新农村建设把脉支招、建言献策。范以锦认为，山区的新农村建设一要做旺人气，二要充分利用地方的资源发展特色经济，三要依靠政府推动和媒体的传播。党国英认为，新农村建设一定要顺应市场化、自治化、城乡一体化和农业现代化趋势，把新农村建设当作推动城市化的关键。邓大才认为，广东的新农村建设分为治理带动型、内生驱动型、问题倒逼型、政策牵引型四种模式，对蕉岭的新农村建设从推动基层民主和产业发展，再到提升长寿和客家文化这一治理带动型做法给予充分肯定。

【2016 年蕉岭县重点工作推进会】 2 月 25 日，县委、县政府召开全县重点工作推进会，全面贯彻落实全省创新驱动发展大会，及全市推进“一区两带”项目建设工作会议精神，动员全县上下进一步统一思想，振奋精神，始终坚持振兴发展不动摇、发展两区两业不放松，牢牢抓住创新驱动这个关键，迅速掀起新一轮重点工作、重大项目建设热潮，推动蕉岭县“十三五”发展开好局、起好步。县委书记温向芳主持会议，传达贯彻全省创新驱动发展大会及全市推进“一区两带”项目建设工作会议精神。

县长陈伟明部署 2016 年十大重点工作。据了解，蕉岭县 2016 年将全力推进发展新型旋窑水泥、铁汉生态健康养生园建设、金发纸业高档纤维纸生产线建设、广福建材增资扩产项目建设、金奥公司粮食加工和水资源开发项目、省级新农村示范片建设、养生主题公园及养生地产项目、桂岭学校建设、“两校一馆”建设和污水处理厂迁建等十大重点工作。

温向芳指出，2015 年，蕉岭县围绕振兴发展总目标，落实“两大政策”，扭紧“三大抓手”，聚焦“两大产业”，全县经济社会实现平稳较快发展。重点工作特别是项目建设取得实效：一是全县固定资产投资总额达到 28.39 亿元，增幅居全市第二，是近年投资规模最大的一年。二是投资完成率均快过时间进度，省、市重点项目投资均达到或超额完成年度投资计划。三是工业投资大幅增长，增幅居全市第二。

温向芳强调，当前，蕉岭已步入新常态下用转型升级推动经济社会实现赶超、迈向振兴的关键时期。全县务必把创新驱动发展作为核心战略和总抓手落到实处，走出一条符合蕉岭实际的特色创新驱动发展之路。一要坚定不移把“两区两业”作为创新驱动发展的主战场。新型建材产业方面，要突出改革和环保节能降耗，支持企业推进技术改造，推动水泥建材产业技术创新。长寿健康产业方面，要紧紧围绕特色对接梅江韩江绿色健康文化旅游产业带建设，强化与广东省微生物研究所、深圳铁汉生态公司的合作，利用微生物研究所的高新技术、铁汉生态的雄厚实力和蕉岭县的资源、品牌优势，把铁汉生态公司健康养生园、生态旅游开发等项目作为具体的载体，以理念的创新、业态的创新，推动蕉岭县百亿长寿产业发展。二要更加重视把企业作为创新驱动发展的主力军。重视发挥企业在创新发展中的主体作用，引导鼓励企业技术创新、产品创新、管理创新，让企业在创新中唱主角，成为创新驱动发展的主力军。要总结固特公司成功上市的经验，进一步加快企业上市步伐。三要积极主动把深化改革作为创新驱动发展的有力保障。要加快行政体制等方面的改革创新，着力形成有利于创新发展的市场、投资、社会和人才环境，推动大众创业、万众创新。

温向芳强调，2016年蕉岭县明确十大重点工作，各级各部门和广大党员干部务必增强“项目为王、用结果说话”的意识，把加快项目建设作为实施创新驱动发展战略的重要载体和抓手，以项目扩投资、以项目稳增长、以项目促转型。要抓重点，攻难点，培育新增长点。要围绕“两区两业”抓项目，把“两区”作为主要战场，把“两业”作为主攻方向，尤其要把塔牌600万吨水泥生产线和铁汉生态公司健康产业园这两大项目作为2016年工作的重中之重。要围绕城乡建设抓项目，加快推进桂岭新区“二校一馆”、养生酒店和养生社区等一批重点项目建设，塑造景城一体、产业集聚、宜居宜游的山水绿城；要突出抓好新农村建设，全力推进“客韵寿乡”省级新农村示范片和各镇县级示范村建设；要突出抓好交通项目，打造内畅外联的交通网络。要围绕改善民生抓项目，切实解决群众最盼望、最急切的民生问题，提高人民群众的获得感。要扩储备，争立项，加快项目建设。狠抓项目开发，做好两大产业、新能源、新电子、重大战略新兴产业等创新发展项目的上报和衔接。狠抓项目立项，用活、用足、用好政策。狠抓项目建设，对2016年的重点工作，要倒排时间、细化措施、落实责任，集中人力、物力、财力，确保按要求推进十大重点工作。要抓落实，强督查，形成工作合力。要落实责任，加强领导，强化督查，全力打好十大重点工作攻坚战，为蕉岭“十三五”规划开局精彩篇章写下浓墨重彩的一笔。

陈伟明要求，加快振兴发展，必须聚焦项目建设。要在“一区两带”上有所作为，真正使项目建设成为蕉岭县加快振兴发展的第一动力。做好重点工作，必须明确任务，全力推进，确保完成十大重点工作、十大民生实事、重点项目年度计划。完成重点工作，必须用铁的手腕推进，合力攻坚，精准发力，确保高标准、高质量、高效率完成各项工作任务，以实绩实效加快蕉岭振兴发展。

【副省长蓝佛安到蕉岭调研】 4月25日，副省长蓝佛安到蕉岭调研经济稳增长和金融、文化等工作，强调蕉岭要进一步深化金融改革，推动文化创新，抓好项目建设，努力做好稳增长各项工作，全面加快苏区振兴发展步伐。

在蕉岭期间，蓝佛安先后前往丘逢甲故居、县征信中心、县农村产权交易中心、长潭镇科诚家庭农场、三圳镇九岭村普惠金融示范点等地，深入了解蕉岭乡村金融服务站运行、信用镇村户创建、文物保护开发、文化产业发展、经济稳增长等情况。

据了解，近年来，蕉岭县大胆探索，积极创新，大力推进农村普惠金融“八项行动”，全面优化农村金融环境，努力打通农村金融服务“最后一公里”，全县农村普惠金融试点工作于2015年12月顺利通过省验收。至2016年4月，县级综合征信中心运作顺畅，数据更新及时有效；全县共评定“信用镇”6个、“信用村”71个、“信用户”3.5万户；乡村金融(保险)服务站实现行政村全覆盖，在全县85个村中建立170个乡村助农取款点，构建“基础金融不出村，综合金融不出镇”的服务体系，全县群众得到更加便捷的基础金融服务。同时，牢牢把握先进文化的前进方向，依托“世界长寿乡”品牌，大力繁荣文化事业，呈现出文化设施逐步完善、文化活动异彩纷呈、群文创作硕果累累、文物保护措施到位、文化市场繁荣发展等良好局面。

蓝佛安肯定蕉岭经济社会发展特别是在农村普惠金融、城市扩容提质、新农村建设和文化工作所取得的显著成效。要求蕉岭要进一步提高对金融工作重要性的认识，把金融工作摆在全局性、战略性位置来布局谋划，发挥金融支持实体经济、支持创新驱动、支持对外开放的重要作用。要利用好多层次资本市场，进一步强化上市公司的融资能力，积极引导更多企业进入资本市场。要探索建立互通互动工作机制，积极加强与政策性金融机构的战略合作。要扎实稳妥推进农村普惠金融特别是"两权"抵押贷款试点工作，守住不发生区域性系统性金融风险的底线，努力营造良好的金融生态环境。

蓝佛安强调，蕉岭要不断深化文化体制机制改革创新，切实把加快构建现代公共文化服务体系列入重要议事日程，传承保护优秀客家文化，打造推出一批文化精品，培育做强文化创意产业，为广东文化强省建设做出应有贡献。

蓝佛安要求，蕉岭要扎实做好稳增长各项工作，采取更加有力措施补齐发展短板，着力解决好"三大抓手"重点项目开工准备、资金筹措、施工进度等问题，努力提高经济发展质量和效益，确保与全省同步全面建成小康社会。

【全县"两学一做"学习教育工作会暨领导讲党课专题报告会】 为深入学习贯彻中央、省、市关于"两学一做"学习教育重要指示精神，推动党内教育从"关键少数"向广大党员拓展，5月9日，蕉岭县召开"两学一做"学习教育工作会议，传达上级有关会议精神，对全县"两学一做"学习教育进行动员部署，要求各级党组织和广大党员干部要准确把握开展"两学一做"学习教育的总体要求、主要内容和方法措施，做到带着问题学，针对问题改，确保学习教育取得实效。

县委常委、组织部部长李瑞金部署"两学一做"学习教育工作，要求各级党组织务必要深刻领会内涵，充分认识开展"两学一做"学习教育的重要意义。要准确把握总体要求，把党的思想建设放在首位，教育引导党员尊崇党章、遵守党规，以习近平总书记系列重要讲话精神武装头脑、指导实践、推动工作。要把握好主要内容，"两学一做"基础在"学"、关键在"做"、重点在"改"；要原原本本学党章党规，全面深入学系列讲话，边学边改解决突出问题，做"四讲四有"合格党员。要把握好方法措施，把学习教育融入经常、融入日常；要以党支部为基本单位，做好加强自学深化认识、集中学习开展讨论、创新方式讲好党课、召开专题组织生活会、民主评议激励党员、立足岗位履职尽责等六项规定动作。要切实加强组织领导，压实工作责任，注重分类指导，加大督查力度，加强宣传教育、并紧紧围绕中心坚持两手抓两促进，确保学习教育取得实实在在的成效。

县委常委、宣传部部长罗桂芳主持会议，要求全县各级党组织要认真贯彻落实这次会议精神，抓紧召开动员部署会议，抓紧成立工作机构，抓紧制订具体的实施方案。要加强宣传发动，充分利用网站、电视、微信等，编发学习资料，推送学习内容，营造良好的学习教育氛围。

【市长方利旭到蕉岭调研并召开座谈会】 8月12日，市委副书记、代市长方利旭来蕉调研，强调蕉岭要进一步坚定发展信心，坚守生态底线，明确主攻方向，加快发展速度，大力推动产业转型升级，全力做大做强实体经济，推动蕉岭加快振兴发展。

方利旭一行先后深入油坑集团、桂岭新区、桂岭长寿广场、长潭白马村、A家家具公司、塔牌600万吨生产线项目、丘逢甲故居等地调研，并召开座谈会，详细了解蕉岭县经济社会发展情况。

近年来，蕉岭县紧紧围绕建设梅州绿色发展先行地的战略定位，牢牢把握"两大政策"，扎实推进"三大抓手"，积极构建北部百亿新型建材产业、中南部百亿长寿健康产业的“两区两业”发展新格局，全力做好改革、发展、民生“三大文章”，保持经济社会发展良好势头。

方利旭指出，当前，蕉岭发展思路清晰、发展氛围浓厚，各项工作正有条不紊推进，“十三五”规划取得良好开局。更难能可贵的是，蕉岭农综改革、基层治理、新农村建设等许多工作富有创新，走在全市、全省乃至全国前列，树起一个标杆。但要全面完成2016年乃至“十三五”时期经济社会发展目标，任务还很艰巨，必须进一步坚定发展信心，坚守生态底线，依托资源禀赋和品牌优势，明确主攻方向，加快“两大产业”发展速度，推动县域经济跨越发展。

方利旭要求，蕉岭要采取有效措施，把美丽乡村建设与美丽县城建设有机结合起来，共同推进，实现以城带乡、以乡促城，促进城乡互联互通、一体化发展，切实提高城市集聚发展能力，进一步做大城市经济。要充分依托丰富的石灰石资源优势和厚实的水泥产业基础，在守住环保底线的同时，大力扶持水泥企业进行技术改造，不断延伸产业链，做强建材产业，着力提升第二产业在县域经济中的比例，做大经济总量；要依托世界长寿乡品牌，开拓思路，搭好平台，通过引进专业的服务团队、医疗团队等，全力发展打造高端健康养生养老等长寿健康产业；要大力扶持和服务现有企业发展壮大，吸引带动配套产业和企业投资落户，全力优化产业结构，推进产业集聚发展，壮大实体经济，推动蕉岭加快振兴发展。

【中国共产党蕉岭县第十三次代表大会】 10月13日至15日，蕉岭县召开中共蕉岭县第十三次代表大会。大会深入贯彻中共十八大和十八届三中、四中、五中全会精神，贯彻落实习近平总书记系列重要讲话和省委、市委工作要求，回顾总结县第十二次党代会以来的工作，科学分析蕉岭发展面临的形势与挑战，确定未来五年经济社会发展的目标任务，对全面建成小康社会作出总体部署。大会选举产生中共蕉岭县第十三届委员会和纪律检查委员会。

10月13日，中国共产党蕉岭县第十三次代表大会在县政府礼堂隆重开幕。县委书记温向芳代表中共蕉岭县第十二届委员会向大会作了题为《不忘初心 继续前进 为加快蕉岭全面建成小康社会而努力奋斗》的工作报告，总结县委过去五年的工作，提出今后五年蕉岭县经济社会发展目标任务，动员全县各级党组织、广大党员干部群众，坚定不移走特色振兴发展道路，为加快蕉岭全面建成小康社会而努力奋斗。

市委常委、梅州军分区司令员武启龙率市委县镇领导班子换届工作指导组和风气督查组前来指导并致辞。武启龙充分肯定过去五年来县委取得的成绩。他指出，开好党代会，选好新一届县级党委领导班子，既是代表们的共同愿望和职责，也是抓好县级党委换届的关键，要统一思想，明确职责，充分认识党代会的重要意义；要精心组织，不负重托，努力做好各项换届选举工作；要顾全大局，增强党性，积极营造风清气正换届氛围。

温向芳向大会作工作报告，报告分两部分：一是过去五年的工作回顾，二是今后五年的工作安排。

温向芳指出，县十二次党代会以来的五年，是应对重大挑战、经受重大考验的五年，也是蕉岭综合实力提升最快、城乡面貌变化最大、人民群众幸福感最强的五年。县委团结带领和紧紧依靠全县各级党组织、广大党员干部群众，坚持振兴发展主题，牢牢把握粤东西北和原中央苏区两大振兴政策，扎实推进交通基础设施建设、产业集聚地扩能增效、中心城区扩容提质“三大抓手”，积极构建北部新型建材产业、中南部长寿健康产业的“两区两业”发展新格局，全力加快赶超发展，全面完成县十二次党代会确定的主要目标任务，蕉岭发展实现结构性进步、历史性跨越，迎来了来之不易的发展黄金期。

温向芳指出，五年砥砺奋进，实现发展的

提速赶超,2015 年,全县实现生产总值由 2010 年的 42.47 亿元增至 67.11 亿元,年均增速 11.4%;来源于蕉岭的财政总收入由 2010 年的 5.68 亿元增至 14.27 亿元,年均增速 20.2%;公共财政预算收入由 2010 年的 2.62 亿元增至 7.06 亿元,年均增速 21.9%。五年锐意进取,实现了产业的转型升级。塔牌总投资 40 亿元的 600 万吨水泥生产线终于获核准并顺利快速推进,400 万吨水泥粉磨站、油坑 300 万吨水泥生产线建成投产,新型建材产业强势发展。“世界长寿乡“吸引奥园、碧桂园、铁汉生态等众多知名企业看好蕉岭、进驻蕉岭,加快发展健康养生、健康食品、健康用品,长寿健康产业稳步提速。五年统筹兼顾,实现城乡的美丽蝶变。累计完成固定资产投资 86.5 亿元,是历史上基础建设投资最多的时期,桂岭新区起步区初具规模,形成了“七星伴月”的新农村建设格局。五年大胆创新,实现改革的重要突破。五年共建共享,实现民生的持续改善。累计投入民生资金 42.5 亿元,财政对民生投入占公共预算支出比重从 2010 年的 53%提高到 2015 年的 77%,农村居民人均可支配收入 1.29 万元、城镇居民人均可支配收入 2.02 万元。五年团结合作,实现大局的和谐有序。五年从严治党,实现为民务实清廉。成绩来之不易,经验弥足珍贵,让我们更有理念自信、路径自信和发展自信。

温向芳指出,今后五年工作的总体要求是:高举中国特色社会主义伟大旗帜,以邓小平理论、“三个代表”重要思想和科学发展观为指导,全面深入贯彻落实习近平总书记系列重要讲话精神,以及“四个全面”战略布局和五大发展理念,坚持振兴发展主题,坚持特色发展主线,以“建成梅州绿色发展先行地”为统揽,在梅州“一区两带”建设大局中找准定位,不忘初心,继续前进,建设更具实力、更富活力、更有魅力的绿色蕉岭,为加快全面建成小康社会而努力奋斗。

根据这一总体要求,今后五年的具体奋斗目标是:建设实力蕉岭。到 2020 年,全县生产总值超过百亿元,实现 GDP 总值 112.6 亿元,人均 GDP5.2 万元,五年平均增速为 11%和 10.4%,GDP 和人均 GDP 实现比 2010 年“翻一番”,增速持续高于全省及全市平均水平;地方一般公共预算收入达到 11.9 亿元,年均增长 10.5%;全社会固定资产投资达 105 亿元,年均增长 30%以上。新型建材和长寿健康两大产业产值突破百亿大关。建设活力蕉岭,交通实现“内畅外联”,继续发挥好农村基层改革“试验田”和示范区作用,率先在重要改革上取得新突破。建设美丽蕉岭,到 2020 年,完成桂岭新区建设,再造一个新蕉城。全面推进新农村建设,促进基础设施向农村延伸、公共服务向农村覆盖、城市文明向农村传播,村容村貌大为改观,文明向上蔚然成风。到 2020 年,城镇居民人均可支配收入达到 3.2 万元以上,年递增 11%;农村居民人均可支配收入达到 2.3 万元以上,年递增 12%。

温向芳指出,目标已经明确,蓝图已经绘就。要立足实际,顺应全县人民的新期待,坚持创新驱动、城乡统筹、生态引领、开放带动、民生共享,奋力谱写蕉岭更加灿烂、更加辉煌、更加精彩的新篇章!

(一)坚持创新驱动,构建绿色与特色兼具的现代产业体系。推进改革创新转向供给侧。全力抓好塔牌 600 万吨旋窑水泥生产线和油坑、皇马水泥生产线技改项目建设,狠抓奥园长寿食品种植加工生产基地、客家农夫现代科技农业示范园等项目建设,推动新型建材产业大转型、长寿健康产业大发展。积极发展新兴产业,改造提升传统产业,构建产业多元发展新格局。

(二)坚持城乡统筹,构建宜居与宜业兼融的城乡发展体系。推动城乡基础设施一体化。扎实抓好总投资 63 亿元的 30 项交通基础设施建设工程,推进防洪减灾及电网等工程建设。推动城乡规划建设一体化。以建成“世界寿乡·美丽蕉岭”统筹城乡建设,加快推进总投资约 70 亿元的桂岭新区系列项目建设,全力推进“客韵寿乡”省级新农村示范片建设,同步打造七个县级新农村示范村,构建“七星伴月”新农村建设格局。

(三)坚持生态引领,构建自然与人文兼汇的生态文明体系。发展绿色经济,建设生态文明,加强石窟河、柚树河等主要河流的综合治理,集中力量加快长潭水库、多宝水库的水质治理。加强城乡垃圾综合治理和畜禽污染整治,加快蕉城污水处理厂集污管网工程、综合管廊工程建设。

(四)坚持开放带动,构建全面与重点兼顾的开放合作体系。加大产业招商平台的建设力度,坚持“项目为王”,坚持引进项目和推进项目两手抓,加快项目落地建设。加强对台交流,提升区域协作。

(五)坚持民生共享,构建公平与普惠兼备的公共服务体系。全面提升公共服务水平,全力维护社会和谐稳定,扎实推进重点民生实事,把蕉岭建设成为生活富裕、环境舒适、社会和谐的幸福家园。

(六)坚持从严治党,强化建设全面小康的坚强领导核心。坚持固本强基,坚持正风肃纪,坚持民主团结,提升实现全面小康的组织保障。

会上,县委常委、纪委书记温健忠代表县纪委作题为《落实全面从严治党 聚焦监督执纪问责 扎实推进党风廉政建设和反腐败斗争》的工作报告。报告指出,换届以来,在县委和市纪委的坚强领导下,全县各级纪检监察组织坚决落实全面从严治党的要求,坚持纪严于法、纪在法前,强化监督执纪问责,党风廉政建设和反腐败工作不断取得新成效,为振兴发展提供了坚强的政治和纪律保障。

今后五年党风廉政建设和反腐败工作的总体要求是：高举中国特色社会主义伟大旗帜,以邓小平理论、“三个代表”重要思想和科学发展观为指导,全面落实中央、省、市纪委和县第十三次党代会的部署和要求,坚持全面从严治党、依规治党,忠诚履行党章赋予的职责,聚焦监督执纪问责,把纪律挺在前面,持之以恒落实中央八项规定精神,着力解决发展在群众身边的不正之风和腐败问题,坚决遏制腐败蔓延势头,不断开创党风廉政建设和反腐败斗争新局面,为实现县第十三次党代会确定的目标任务提供坚强的纪律保证。

10月15日上午,中国共产党蕉岭县第十三届委员会召开第一次全体会议,选举产生了新一届县委常委、书记、副书记。温向芳当选为书记,陈伟明、罗桂芳当选为副书记,温向芳、陈伟明、罗桂芳、凌浚、陈德志、李瑞金、刘仁忠、温健忠、丘德俊、林文建当选为常委。

新当选的县委书记温向芳在会上表示,再次当选为新一届县委书记,是一份光荣的使命,更是一份厚重的责任,同时也对未来充满激情、信心满怀。将一如既往地把全部身心投入到蕉岭各项事业发展中去,在其位、谋其政、尽其责,以实际行动领好班子、带好队伍、抓好工作、守好底线,继续和大家一道,不遗余力地为蕉岭全面建成小康社会作出新的更大贡献,向组织和人民交上一份满意的答卷。

【全省农村人居环境综合整治工作(粤东粤北)现场会】 11月3日,全省农村人居环境综合整治工作(粤东粤北)现场会在蕉岭召开。会议要求各地要狠抓突出问题,以强有力的举措推动环境整治工作落到实处,让农民群众享有一个干净整洁的生活环境。

省委常委、政法委书记林少春,副省长许瑞生;省委农办主任陈祖煌;梅州市委书记、市常委会人大主任谭君铁,市长方利旭,粤东粤北各市、县有关领导等到现场参观或出席会议;蕉岭县委书记温向芳、县长陈伟明等领导参加现场会。

会议通报粤东粤北七市农村人居环境综合整治进展情况,观看暗访视频,对下一步工作作全面部署。林少春对蕉岭县人居环境综合整治工作给予充分肯定,认为蕉岭县突出客家特色,坚持规划先行、坚持以点带面、坚持问题导向,从老百姓身边的事情做起,从群众最期待的问题抓起，抓住垃圾整治、污水处理、养殖污染、拆废建绿等重点，整体推进新农村示范片建设和农村环境综合整治，整治效果明显；坚持激发群众主体作用，创新基层治理，发挥村民理事会作用，群众参与热情高涨；坚持综合施策推进环境整治，采取措施加大投入，结合农村改革培育产业、发展民生、增加农民收入，环境整治基础扎实有效。

林少春要求，粤东北七市要正视整治工作存在的薄弱环节，尤其是组织推动不痛不痒、破解难题不为不力、监督追责不严不实等问题，以强有力的举措推动整治工作落到实处。要搞好村庄规划，做好源头控制的基础性工作，整治好农村垃圾污染、生活污水、畜禽养殖污染等突出问题，加快推进村庄排水、排涝和村村通自来水等重点项目工程。

林少春强调，各地要严格按照省关于整市、整县全域开展农村环境综合整治的要求，切实加大对农村综合环境的组织领导，确保责任到位。要在组织领导上下真功夫，在整治脏乱差上下猛药，在综合整治举措上出狠招，在监督追责上动真格，建立监督巡查、整治情况公开等机制，强化社会监督和媒体监督。

会议由许瑞生主持，要求各地要传达贯彻好此次会议精神，切实加大对该项工作的组织领导，强化责任、采取措施，全面推进农村人居环境综合整治工作。方利旭在会上致辞。会上温向芳作《政府主导，群众主体，全域推进农村人居环境综合整治》经验发言。

会议期间，与会人员还实地到三圳镇九岭村、芳心村，长潭镇白马村等地参观了解蕉岭县省级新农村示范片建设、整县推进污水处理设施建设、农村垃圾收运处理、畜禽养殖污染整治、农业面源污染治理及幸福村居、农业产业发展等情况。

【中共十八届六中全会精神宣讲报告会】 12月2日，蕉岭县在政府礼堂举行学习贯彻中共十八届六中全会精神宣讲报告会，专门邀请梅州市委宣讲团成员、市委宣传部副部长汤铭琛作《全面从严治党新思路》专题报告。县委书记温向芳主持报告会，县委、县人大常委会、县政府、县政协、县纪委全体领导，县人武部部长、县法院院长、县检察院检察长，各镇党委书记、镇长、宣传委员，县直副局以上单位主要负责人，县委宣传部干部及县委党校教师等聆听了报告。

报告会上，汤铭琛紧紧围绕习近平总书记在中共十八届六中全会上的重要讲话和全会审议通过的《关于新形势下党内政治生活的若干准则》《中国共产党党内监督条例》，以“怎么看、怎么学、怎么做”为主线，从如何准确把握全会的主题、从严治党必须从党内政治生活抓起、党内监督没有禁区没有例外等方面，进行了全面、系统的解读。对蕉岭县广大党员干部进一步深刻领会全会精神实质具有重要指导意义。

温向芳指出，深入学习宣传贯彻党的十八届六中全会精神是当前和今后一个时期的重要政治任务。全县广大党员干部要以这次宣讲报告会为契机，进一步把学习宣传全会精神引向深入，迅速在全县掀起新的学习贯彻热潮。各级党组织要以集中学习、专题研讨等形式深入学习领会全会精神；要进一步做好全会精神的宣讲工作，让全会精神深入基层、深入群众、深入人心；要严格贯彻执行《关于新形势下党内政治生活的若干准则》和《中国共产党党内监督条例》，切实把加强和规范党内政治生活、党内监督各项任务落到实处；要把学习贯彻全会精神与做好当前各项工作紧密结合起来，进一步增强进取意识、机遇意识、责任意识，积极作为、真抓实干，确保完成全年目标任务。

【慎海雄率队到蕉岭参观考察文明联创工作】

12月28日，粤东北文明创建工作座谈会在梅召开。省委常委、宣传部部长、省文明委主任慎海雄率领与会人员到蕉岭参观考察文明联创工作并给予充分肯定，认为蕉岭文明创建有声有色,成为全省文明创建的一个典型和亮点。

慎海雄一行在市领导谭君铁、张丽霞、陈志宁,县领导温向芳、陈伟明、卢尧生、钟梅芬、罗桂芳、凌浚等陪同下,先后深入三圳镇芳心村、长潭镇白马村参观,实地考察蕉岭新农村文明示范片、文明村居、文化祠堂、村级基层综合服务站等建设情况,详细了解蕉岭县培育、践行社会主义核心价值观和县、镇、村三级文明联创情况。

近年来,蕉岭县以文明县城巩固提升为牵引,以"幸福蕉岭·文明相伴"活动为统领,通过加强宣传、兴建主题公园、开展巡回宣讲等,多形式、全方位开展宣传教育,积极培育和践行社会主义核心价值观,打造人文美。通过选树"身边好人"、建设"道德讲堂"、打造"文化祠堂"、推进志愿服务等载体,不断提升公民道德素养,打造风尚美。广泛开展文明县城巩固提升和文明镇村及"星级文明户"创建活动,打造环境美。以满足群众需求为目标,加大投入,完善设施,健全网络,构建县镇村三级公共文化服务体系,推进全民阅读,活跃群众文化,打造文化美,县镇村三级文明联创取得较好成效。

参观考察人员对蕉岭县县镇村三级文明联创工作给予高度评价,认为蕉岭创建氛围浓厚、形式载体丰富、工作成效明显,城乡处处呈现出人文美、风尚美、环境美和文化美,文明已成为寿乡蕉岭的一道最靓丽风景。

慎海雄对蕉岭县文明联创工作取得的成效给予充分肯定,希望蕉岭县要树立打好"文明牌"就是打好"发展牌""民心牌"的理念,着力深化社会主义核心价值观体系建设,全力抓好人居环境综合整治,继续推进县镇村三级文明联创,推动城乡文明协调发展。 (丘奋飞)

2016 年中共蕉岭县委领导名录

常务委员会委员:温向芳　陈伟明
张利民(10 月离任)
罗桂芳(10 月任职)
凌　浚(8 月任职)
陈德志(8 月任职)　李瑞金
刘仁忠
温健忠(6 月任职)
丘德俊(10 月任职)
林文建(10 月任职)
盘连欣(8 月离任)
杨斌宗(6 月离任)
刘四海(6 月离任)
徐　甦(8 月离任)
古　熠(8 月离任)　南岳华
曹伟华(8 月离任)

书　　记:温向芳

副 书 记:陈伟明　张利民(10 月离任)
罗桂芳(10 月任职)

2016 年中共蕉岭县委办公室负责人名录

主　　任:古远基(10 月离任)
林文建(10 月任职)

副 主 任:管煌南(1 月离任)
涂永平　徐志良

2016 年中共蕉岭县党群系统党委负责人名录

书　　记:古远基

副 书 记:钟肖荣

2016 年决策咨询和政策研究室负责人名录

主　　任:管煌南(1 月离任)

副 主 任:李东晓

2016 年县人大常委会工作

【依法监督】 严格贯彻实施监督法,认真制订监督工作计划,加强和改进人大监督工作,确保监督取得实效。依法行政监督全面覆盖。听取和审议了县扶贫开发局、文体旅游局、民政局、水务局、教育局和环境保护局等政府组成局的专项工作情况报告，突出蕉岭南沙体育馆工程、红色旅游景区基础建设，保障底线民生工作，中小河流治理、村村通自来水工程、污水处理厂迁建及蕉城供水扩建工程，教育均衡发展及桂岭学校建设，实施农村环境综合整治示范县工程及县城建成区养殖污染问题整治情况等重点，重视抓好会前的专题工作调研，使常委会审议有的放矢，认真抓好审议意见的跟踪落实，积极拓展监督工作的广度和深度。财经审查监督全面加强。一是提前介入预算编制。积极贯彻新预算法，全面推行对政府全口径预决算的审查监督，提前介入预算编制工作，广泛听取部门、人大代表对预算编制的看法，及时提出修改意见，加强对预算草案的审查，提高预算编制工作的科学性。二是关注预算执行情况。在听取县政府2016年上半年预算执行情况报告过程中，认真审议，及时向政府提出建议意见。三是及时调整预算。严格审查预算调整方案，对不符合调整规定的事项予以剔除。根据振兴发展的需要，及时批准符合规定的预算调整，把更多财政预算资金用于发展民生事业。四是严格决算审批。听取和审查了县政府关于蕉岭县2015年县本级决算和蕉岭县2015年度预算执行和其他财政收支的审计工作报告，依法依规严格决算审批。五是加强计划监督。认真审议计划草案，加强对计划执行情况监督，及时提出意见建议。民生热点监督全程跟进。常委会坚持持续关注民生热点问题。从监督题目选择开始，坚持事中调查研究，全程跟进落实。全年开展了规范农村养猪、重点水源水质保护、城乡卫生整治等民生热点问题的跟踪监督和调研，在推进这些民生热点监督过程中，常委会各相关工委都围绕发现问题、解决问题、改进工作，深入实地开展调研，提出意见建议。在听取有关情况汇报和视察、督查后，常委会及时综合意见建议，提交政府处理，并加强与有关部门沟通协调和督办，确保提出的问题及时得到解决，收到较好效果。

【推进依法治县】 注重问题导向监督法律实施。常委会听取和审议县政府关于道路交通安全执法规范化情况，开展《中华人民共和国禁毒法》、《中华人民共和国消防法》执法检查，坚持问题导向，找准法律实施过程中存在的问题，推动相关法律法规在该县的正确贯彻落实。注重程序规范维护司法公正。听取和审议县人民法院、县人民检察院关于司法体制改革工作的报告，督促审判机关和检察机关强化司法活动监督，规范执法行为，维护司法公正。加强对按法治框架解决基层矛盾试点工作的指导，及时总结经验，全面推进基层矛盾化解工作。加强对检察、法院工作的监督，推动“两院”建立健全重要工作向人大报告制度。注重内化于心推动普法宣传。积极开展“12·4”广东法治宣传教育周系列活动，不断加强全民普法教育，增强公民法治意识，努力在全社会营造遵法、学法、守法、用法的良好氛围。推进法治县、法治镇(街)、民主法治示范村(社区)创建活动，推动基层民主法治建设。2016年是实施“十三五”规划的开局之年，也是“七五”普法的启动年。12月，县十五届人大常委会第一次会议，专题听取和审议县人民政府关于“六五”普法规划决议实施和“七五”普法工作启动情况的报告，作出《蕉岭县人大常委会关于加强第七个五年法制宣传教育的决议》，进一步推动该县全民法制宣传教育，推进全县“七五”规划的顺利实施。

【人事任免】 任免国家机关工作人员，是法律赋予地方国家权力机关的重要职责。自觉坚持县委对人大工作的领导，落实党管干部原则，依法行使人事任免权，常委会全年共任免国家机关工作人员38人次(其中十五届29人次)。常委会在依法任命国家机关工作人员的同时，坚持加强对被任命人员的履职监督，有计划、有针对性地在常委会会议上听取和审议政府组成局局长的工作情况报告，进一步增强“一府两院”国家机关工作人员依法办事、勤政廉政的自觉性。

【代表工作】 常委会积极搭建服务平台，切实改进代表服务工作，积极发挥人大代表的作用。代表联系群众平台不断完善。把代表联络室作为密切人大代表与人民群众联系的主渠道，进一步健全相关配套制度，规范代表联络室运作。各代表联络室都能全面开展代表接待日活动，充分反映民意，用心为民办事，实现代表密切联系群众的常态化。代表建议督办机制不断健全。常委会高度重视代表重点建议的督办工作，常委会副主任分别牵头督办。坚持“突出重点、抓住难点、注重实效”的原则，认真做好每一件代表建议的督办工作。及时召开主任会议研究办理情况，指出问题，提出建议，推动相关重点建议的落实。同时，针对部分建议办理难度大等问题，听取和审议县政府关于县十四届人大六次会议和十五届人大一次会议代表建议办理情况的报告，提出“加强建议项目论证、完善办理评价机制、提高建议办成率”等建议。2016年，全部建议按时办结并答复代表，满意率达100%。代表履职参与形式不断丰富。坚持镇人大主席和部分县人大代表列席常委会会议制度，保障代表的知情知政权，全年共安排24名县人大代表列席常委会会议。积极组织省市县人大代表围绕美丽乡村建设、生态长寿旅游、养猪污染治理等开展专题调研和小组活动，为代表提出议案和建议做好充分准备。坚持拓宽代表对社会各项事务的监督参与，全年共安排省、市、县人大代表参加执法检查、专项视察、民主生活会、行风评议及相关征求意见座谈会60多人次。精心组织指导换届选举。县镇同步换届选举是该县社会主义民主的一次最广泛、最深刻的实践。为了完成好2016年县镇人大换届选举工作，常委会根据《中华人民共和国全国人民代表大会和地方各级人民代表大会选举法》和《中华人民共和国全国人民代表大会和地方各级人民代表大会代表法》等法律的规定，严格按照“坚持党的领导，充分发扬民主，严格依法办事”的选举工作原则，多措并举稳步推进各阶段的工作，在选举的组织准备、选区划分和选民登记、提名推荐协商确定代表候选人、组织投票选举等各个环节上做到精心组织，周密安排，加强领导和指导，最大限度地激发和调动广大人民群众行使民主权利的积极性，保障换届选举工作的顺利进行，有力地推进地方民主政治和社会主义政治文明建设。9月26日和10月7日，全县依法选举出新一届县人大代表174名、镇人大代表465名。从选举结果来看，县、镇两级人大代表的结构更加合理，代表的知识、文化、年龄结构都有较大的改善，达到提高代表素质，优化代表结构的目的。10月9日、10日全县8个镇召开新一届人大一次会议、选举产生新一届镇级人大、政府领导班子，10月30日—11月4日顺利召开县第十五届人大一次会议，选举产生新一届县人大、政府领导班子和“两院”主要领导。提高代表素质。结合换届后的实际，举办县人大常委会组成人员和各镇人大主席参加的人大业务知识培训班，并向各镇、各代表小组下发《代表工作常用手册》，委托各镇人大对新一届人大代表进行了以代表法为核心内容的学习培训。通过对各级人大代表进行相关法律知识和业务知识的培训，进一步提高代表履职行权的水平和综合素质。

【自身建设】 以开展“两学一做”专题教育为契机，切实加强自身建设，改进工作作风，提升工作水平。强化理论武装，适应形势要求。主动适应新常态要求，认真学习贯彻中共十八大、十八届五中和六中全会精神及习近平总书记系列重要讲话精神，准确把握新时期党的一系列新思想、新举措，坚定正确政治方向。开展专题教育，树好机关形象。按照省、市、县的统一部署，深入开展“两学一做“专题教育，做好集中学习、专题党课、专题研讨、查摆整改工作，开好专题民主生活会和组织生活会。通过专题教育,弘扬严和实的精神,推动作风改进,实现领导干部践行"三严三实"的制度化、常态化、长效化。创新工作机制,提升工作水平。加强机关组织机构建设,结合实际,依法调整县人大常委会机构设置。加强机关思想纪律作风建设,开展学习型人大机关活动,努力提高干部队伍素质。创新开展调查研究,调动工委积极性,全年开展调研8次。结合贯彻落实中央18号文件,配合市人大对该县乡镇人大工作和建设情况进行调研。创新做好精准扶贫工作,脱贫目标全面实现,收入提升,民风和谐,乡村美丽。创新做好人大信访工作,引导上访群众依法信访。加强人大宣传工作,多角度多层面地宣传人大工作,扩大人大工作的影响。

(肖秋霞)

蕉岭县第十四届人民代表大会常务委员会主任、副主任、委员名录

主　　任:温向芳
常务副主任:戴军生
副 主 任:陈森权　罗兴梅　刘昌永
　　温裕良　钟豪才
委　　员:(按姓氏笔画排列)
　　丘湘群　宋觉川　陈集章
　　张政发　罗国雄　黄京龙
　　黄苑琼　徐永寿　赖进禄

蕉岭县第十五届人民代表大会常务委员会主任、副主任、委员名录

主　　任:卢尧生
副 主 任:张利民　罗兴梅　温裕良
　　钟豪才　郭伟标　陈苑娜(女)
委　　员:(以姓名笔画为序)
　　叶国荣　刘雪玲(女)　汤超宏
　　宋觉川　张利(女)　张政发
　　张慧(女)(1月辞职)　林国良
　　罗国雄　罗晓霞(女)　钟振涛
　　徐　艾　徐金伟　徐晓楠(女)
　　涂永平　戴国富

2016年县人大常委会办公室负责人名录

主　　任:宋觉川
副 主 任:叶国荣　林国良

蕉岭县人民政府

【政府工作报告】 1月27日,县长陈伟明向县十四届人大六次会议作《政府工作报告》。该报告分为三个部分,第一部分是"十二五"时期工作回顾;第二部分是"十三五"时期目标任务;第三部分是2016年工作安排。报告提出,2016年经济社会发展的主要预期目标是:全县生产总值增长12%,一般公共预算收入增长10%以上,全社会固定资产投资增长30%以上,社会消费品零售总额增长10%以上,出口总额增长10%以上,居民收入增长与经济增长基本同步,城镇登记失业率控制在3%以内,节能减排完成省下达年度计划。

【政府常务会议和县长办公会议】 2016年,县政府共召开常务会议、县长办公会议10次。主要讨论研究经济工作、安全生产、依法行政、本级财政预算方案、2016年十大民生实事、蕉岭县政府法律顾问管理细则(试行)、蕉岭县人民政府督查专员管理暂行办法、蕉岭县环境监管网格化管理工作实施方案、蕉岭县农村生活垃圾收集处理实施方案、蕉岭县生猪养殖污染整治行动工作方案、关于调整蕉岭县行政事业单位职工住房公积金缴存标准的方案等问题。

【重点项目建设】 全县50宗重点项目完成投资50.27亿元。蕉岭县A家家具制造基地项目、皇马公司2500t/d熟料水泥生产线节能技改工

程、佰霖有机荧光材料生产线、国家水泥及制品质量监督检验中心已建成，工业集聚发展区基础设施建设项目、金发纸业高档纤维纸生产线已动工建设，塔牌600万吨水泥生产线、长寿食品种植加工生产基地、省级新农村示范片建设、村村通自来水、中小河流治理、桂岭片宜居城乡建设扎实推进，全面实施长潭镇麻坑至广福镇石蛇公路、镇山国家森林公园旅游环山公路、金白线路面大修工程等交通公路项目，农村环境综合整治示范县工程、钾长石深加工提纯生产线等项目进展顺利。

【主要民生实事】 2016年，完成保障底线民生、帮扶困难弱势群体、提高医疗保障水平、提升社会安全指数等十件民生实事。已提高城乡居民基本养老保险标准、低保补助补差水平、五保对象供养标准、孤儿集中供养水平、城乡医疗救助人均补助标准、城乡居民基本医疗保险补助标准、基本公共卫生服务费标准、县属中等职业学校免学费补助标准等；为重度残疾人、精神和智力残疾人缴纳城乡居民养老保险费；建立事实无人抚养儿童生活津贴制度；全面实施8个镇卫生院医联体一体化建设；完成8个镇服务中心、107个村(社区)公共服务站建设；建立了县城农贸市场食品安全快速检测平台和突发事件预警信息发布中心业务平台；新开工建设101套公共租赁住房，完成65户棚户区改造和340户农村危房改造；发放扶持资金37.5万元，扶持残疾人自主创业293人。

【出台的主要文件】 2016年县政府出台的主要文件有《关于印发蕉岭县国民经济和社会发展第十三个五年规划纲要的通知》《蕉岭县人民政府关于公布蕉城镇等八个镇权责清单的决定》《蕉岭县人民政府关于取消非行政许可审批事项的决定》《蕉岭县人民政府关于调整蕉岭县行政许可事项的决定》《蕉岭县人民政府关于实行中期财政规划管理的实施意见》《蕉岭县人民政府关于清理规范行政审批中介服务事项(第一批)的决定》《蕉岭县人民政府关于公布蕉岭县县直部门权责清单（第二批）的决定》等。 (谢源学)

2016年县人民政府负责人名录

县　长：陈伟明
副县长：盘连欣(8月离任)
　　南岳华(11月离任)
　　钟梅芬(女，11月离任)
　　温健忠(6月离任)
　　饶森健　江运洪　丘德俊(10月离任)
　　廖　如(女，11月离任)
　　陈德志(8月任职)
　　张茂欣(7月任职)
　　刘素芬(女，8月任职)
　　徐杞文(11月任职)
党组书记：陈伟明
党组副书记：盘连欣(8月离任)
　　陈德志(8月任职)
党组成员：钟梅芬(女，10月离任)
　　温健忠(6月离任)
　　江运洪　丘德俊(10月离任)
　　郭伟标(7月离任)
　　张茂欣(7月任职)
　　刘素芬(女，8月任职)
　　徐杞文(10月任职)
　　丘文慈(10月任职)

2016年县政府办公室负责人名录

主　任：丘文慈
副主任：刘文龙　汤超宏
　　张艳辉(女，5月离任)
　　陈春妮(女，5月任职)
党组书记：丘文慈(9月任职)
党组副书记：刘文龙(9月任职)
党组成员：汤自政　黄宇灵
　　张艳辉(女，5月离任)

涂国青　陈继明(3月离任)
陈春妮(女,5月任职)

2016年县政府系统党委负责人名录

书　记:丘文慈
副书记、纪委书记:涂国青

政协蕉岭县委员会

【十届六次会议】 政协第十届蕉岭县委员会第六次会议于2016年1月25日至27日在蕉城召开,大会听取和审议张新忠代表政协第十届蕉岭县委员会常务委员会所作的工作报告;听取和审议副主席黄伟宁代表政协第十届蕉岭县委员会常务委员会所作的十届五次会议以来提案工作情况报告;听取和讨论县长陈伟明所作的政府工作报告及其他报告;选举卢尧生为政协蕉岭县委员会主席;表彰了政协第十届蕉岭县委员会第五次会议以来的优秀提案、承办提案先进单位和优秀政协委员。审议通过了政协第十届蕉岭县委员会第六次会议决议。

【十一届一次会议】 政协第十一届蕉岭县委员会第一次会议于2016年10月30日至11月2日在蕉城召开,大会听取和审议钟梅芬受政协第十届蕉岭县委员会常务委员会的委托所作的工作报告;听取和审议赖静兰副主席代表提案委员会所作的政协第十届蕉岭县委员会提案工作情况报告;听取和讨论县长陈伟明所作的政府工作报告及其他报告;选举政协十一届蕉岭县委员会主席、副主席、秘书长和常务委员,钟梅芬当选为主席,廖平、彭刚、黄伟宁、赖静兰、古芹花、罗威华当选为副主席,丘文虎当选为秘书长。审议通过政协第十一届蕉岭县委员会第一次会议决议。

【开展“两学一做”学习教育】 县政协根据中央和省、市、县委的统一部署,联系政协工作实际,在机关党员中开展“学党章党规、学系列讲话,做合格党员”学习教育。在开展学习教育期间,坚持把深入学习党章党规、习近平总书记系列讲话精神作为学习教育的重中之重,把党的思想建设放在首位,以尊崇党章、遵守党规为基本要求,坚持用习近平总书记系列重要讲话精神统一思想、武装头脑、指导行动,教育引导党员自觉按照党员标准规范言行,着力解决一些党员理想信念模糊动摇、党的意识淡化、宗旨观念淡薄、精神不振等问题。通过学习教育,政协机关党员能自觉践行党章要求,争做“四讲四有”合格党员。

【调研考察】 县政协紧紧围绕加快振兴发展“两区两业”建设主线,组织委员对新型建材和长寿养生“两个百亿”产业发展、交通水利基础建设、港澳委员回乡创业情况、如何优化金融服务、加快寿乡体育事业发展等开展调研考察,形成调研报告,送县委、县政府和有关部门决策参考。

【提案工作】 县政协十届六次会议以来,委员们共提出提案19件,经审查立案15件。这些提案中,涉及农业农村工作方面的2件,科教文卫体方面的1件,市政交通方面的9件,综合管理方面的3件。全部提案通过12个承办单位认真办理,办复率100%,满意率和基本满意率100%。政协提案在支持县委县政府决策施政、推动经济持续健康发展、改善民生、维护社会和谐稳定等方面发挥积极作用。

【反映社情民意】 县政协始终坚持把委员作为反映社情民意信息工作的主体,主动向委员了解、收集社情民意信息。一年来,通过政协全体会议、大会发言、常委会议、主席会议、走访委员等渠道收集社情民意信息60多条,县政协将收集到的信息进行认真筛选、整理,以报告的形式报送县委、县政府有关领导和相关镇、职能部门。选择政府关注、群众期盼的民生热点问题,在“委员之家”互动网络平台启动界别话题讨论,引导委员深入探讨,提出意见建议,得到县委、县政府和有关部门的采纳落实。

【文史工作】 县政协文史委充分发挥政协优势,认真贯彻“存史、资政、团结、育人”的工作方针,做好文史资料的挖掘、搜集、整理和编纂工作。积极开展《蕉岭县政协志(1987—2016)》编纂方案的制订和资料的搜集、整理、校对等艰苦细致的工作,顺利完成了记录蕉岭县政协近30年光辉历程、逾30万字的志书出版任务。加强与闽粤赣边三省九县(区)、广州南沙、汕头、徐闻等地政协文史资料的交流与合作,不断提升该县文史资料工作的影响力。

(李 芳)

2016年县政协主席、副主席、秘书长、常务委员、办公室正副主任名录

主　　席:张新忠(1月离任)
卢尧生(1月任职、11月转任县人大主任)
钟梅芬(11月任职)
副 主 席:廖　平　吴　忠(11月离任)
彭　刚　黄伟宁　赖静兰(女)
古芹花(女)　罗威华(11月任职)
秘 书 长:丘文虎(7月任职)
常务委员(按姓氏笔画为序)
王锦华　尹立鹏　古德明　江富友
汤　凯　刘钦均　朱发庆　杨海军
李　斌　吴绍锋　何国灵　邹　志
张晋悦　林伟烈　林厚平　钟铎明
郭峰松　徐伟强　徐志锋　徐国平
徐　鹏　翁振飞　黄近芳(女)
黄　玲(女)　曾志强　傅传琦
办公室主任:丘文虎(7月转任秘书长)
郭伟标(7月任职,11月转任县人大常委会副主任)
副 主 任:徐　锋

中共蕉岭县纪律检查委员会

【主要会议召开情况】 2016年1月25日,中共蕉岭县第十二次代表大会第三次会议顺利开幕。县委常委、纪委书记杨斌宗在会上传达了中央、省、市纪委全会精神,并代表县纪委常委会向中共蕉岭县第十二次代表大会第三次会议作工作报告。会议提出2016年全县党风廉政建设和反腐败工作的总体要求是全面贯彻中共十八大和十八届三中、四中、五中全会精神,深入贯彻习近平总书记系列重要讲话精神,认真贯彻上级纪委全会精神,保持坚强政治定力,坚持全面从严治党,依规治党,忠诚履行党章赋予的神圣职责,聚焦监督执纪问责,把纪律挺在前面,持之以恒落实中央“八项规定”精神,着力解决群众身边的不正之风和腐败问题,坚决遏制腐败蔓延势头,建设忠诚干净担当的纪检监察队伍,不断取得党风廉政建设和反腐败斗争新成效。10月14日,中共蕉岭县第十三次代表大会隆重开幕。县委常委、纪委书记温健忠代表县纪委常委会作题为《落实全面从严治党,聚焦监督执纪问责,扎实推进党风廉政建设和反腐败斗争》的工作报告。报告指出,换届以来,在县委和市纪委的坚强领导下,全县各级纪检监察组织坚决落实全面从严治党的要求,坚持纪严于法、纪在法前,强化监督执纪问责,党风廉政建设和反腐败工作不断取得新成效,为振兴发展提供了坚强的政治和纪律保障。会议提出今后五年党风廉政建设和反腐败工作的总体要求是:高举中国特色社会主义伟大旗帜,以邓小平理论、“三个代表”重要思想和科学发展观为指导,全面落实中央、省、市纪委和县第十三次党代会的部署和

要求,坚持全面从严治党、依规治党,忠诚履行党章赋予的职责,聚焦监督执纪问责,把纪律挺在前面,持之以恒地落实中央“八项规定”精神,着力解决发生在群众身边的不正之风和腐败问题,坚决遏制腐败蔓延势头,不断开创党风廉政建设和反腐败斗争新局面,为实现县第十三次党代会确定的目标任务提供坚强的纪律保证。

【纪检监察工作任务落实情况】 主动服务发展大局。紧紧围绕县委、县政府中心工作和重大决策部署,切实加强监督检查,以实际行动主动服务全县发展大局。加强村务监督,注重发挥村监委会的作用,多渠道发现和收集有价值的问题线索13条,转立案2条。加强效能监察,督促行政职能部门改善行政管理、提高行政效率,全年受理行政效能投诉1宗。加强重点督查,采取暗访群众、查阅台账、实地核查等方式,对污染整治、环境保护、安全生产等开展重点督查,谈话提醒15名相关人员。

保持惩腐高压态势。始终坚持无禁区、全覆盖、零容忍,严肃查处腐败分子,进一步解决好“不敢腐”“不能腐”“不想腐”的问题。严格执纪审查,全年共受理群众信访举报102件(次),属业务受理范围的95件(次),本级应核信访举报件63件(次),核查率100%,澄清保护党员干部24人;共立案45件45人,镇纪委自办案件19件19人,每个镇办案均达两件以上。坚持挺纪在前,严格把握运用“四种形态”,做到抓早抓小,关口前移、防微杜渐,全县共开展谈话提醒2169人次,其中咬耳扯袖2130人次,红脸出汗39人次。狠抓线索排查,采取加强绩效考核、加强督促检查、加强群众监督的措施,推进农村党员干部“两违“线索排查的深入开展。全年共排查出农村基层党员、干部违纪违法线索173条,村居占比率达161.7%,实现“村村有线索”;七类问题线索占比86.7%,初核线索172条(初核率99.4%),拟转立案36条(占20.8%)。

明察暗访强化监督。积极组织开展明察暗访,狠抓作风建设,取得阶段性成效。抓住重要时间节点,针对元旦、春节、元宵、“五一”等重要节点,制订详细的暗访工作方案,对全县各镇和县直单位开展暗访,发现典型问题线索5件并进行严肃处理,其中通报批评3人,党内警告2人。严肃换届纪律,组成督查组对全县8个镇换届工作进行监督检查,开展严肃换届纪律专题谈话活动,县委书记、纪委书记、组织部长开展集中谈话4场52人次,个别谈话128人次,52名“一把手”签订《严守换届纪律公开承诺书》。加强“八小时外”监督,通过密切关注领导干部的社交圈、生活圈,着重加强对重点时期、重要地点、重点人物的监督。

严格落实“两个责任”。印发落实“两个责任”的相关文件通知,明确、细化责任清单,通报各级纪委查处的落实“两个责任”不力的责任追究典型案件;县委书记履行主体责任,县纪委书记履行监督责任,共谈话提醒763人(次);组织交通、国土、财政、民政等7个县直单位主要负责人在专题会上开展“三述”,对“三述”对象进行测评和书面评议,层层传导压力,进一步强化各级领导干部履行责任和自觉接受监督的意识,有效地推动“两个责任“的落实。

强化纪律规矩意识。围绕落实中央八项规定、纠正“四风”等重点,积极宣传反腐倡廉建设新举措、新成果,造强舆论声势,营造良好氛围。全年被市级以上新闻媒体采用的反腐倡廉稿件15篇,网评文章12篇次,跟帖评论120条;开展“廉洁电影百村行”活动、基层党风廉政建设巡回宣讲活动,共播放廉洁电影20部(次),开展宣讲活动10场次;继续推进廉政文化建设,高规格设计、建设三圳镇荷花园廉政文化宣传走廊;在全县纪律教育专题学习会上,组织各镇党委书记、镇长和县直副局以上单位“一把手”举行宣廉誓廉签名仪式;制作“廉洁火炬杯”党规党纪知识竞赛活动专题片,发至各党委组织党员观看学习，增强党员干部的纪律规矩意识。

【纪检监察干部队伍建设】 进一步巩固“三转”成果，着力加强纪检监察干部队伍建设，提升履职能力。完成换届工作，对调入人员及乡镇纪委书记、副书记10人次进行考察，县、镇纪委换届工作顺利完成，县纪委班子新晋升2人、镇纪委班子新晋升9人。加强内部监管，成立蕉岭县纪检监察机关内务监督委员会，制定印发《内务监督委员会章程（暂行）》和《内务监督委员会工作细则》，进一步加强纪检监察干部的监督管理，促进正确履职，坚决防止“灯下黑”。加强教育培训，分期分批抽调镇纪委专职副书记到县纪委“跟班办案”，统一购买监督执纪工具书籍分发相关室和基层纪委加强业务学习，举办全县纪检监察干部业务培训班，着力提升纪检监察干部的履职能力。 （彭心宇）

2016年县纪委正、副书记，常委、办公室主任名录

书　记：杨斌宗（6月离任）
温健忠（6月任职）
副书记：江　斌（10月离任）
谢广宁（10月离任）
陈运华（10月任职）
汤维彬（10月任职）
常　委：杨斌宗（6月离任）
温健忠（6月任职）
江　斌（10月离任）
谢广宁（10月离任）
陈运华（10月任职）
汤维彬（10月任职）
赖玉梅（女）　徐凌球
丘应奋（10月任职）
陈广文（10月任职）
办公室主任：徐凌球

民主党派·社会团体

农工民主党蕉岭县委员会

【概述】 农工党蕉岭县委会下设教育、人民医院、卫生局、机关、退休5个支部，党员73人。其中市政协委员1人，县政协副主席1人，县人大常委1人，县政协常委1人，县政协委员10人。

【加强自身建设，提高党员素质】 一是全面深入学习上级精神。召开委员、支部主任学习会，积极传达市、县两会精神，重点学习全国“两会”精神、习近平在新闻工作单位调研时的讲话精神、互联网有关专业名词知识等。在全体党员中开展“学习党章、党规、学系列讲话、做合格党员”的“两学一做”学习教育，要求各支部一年开展至少一次的支部活动。召开县委委员扩大会议重点学习中共中央总书记习近平“七一”讲话精神。召开学习贯彻中共十八届六中全会精神专题学习会，农工党蕉岭县委会委员、支部主任，人大代表、政协委员中的农工党党员和2016年度新党员参加了会议。二是积极组织党员参加培训。组织县委委员、支部主任、办公室人员、新党员参加省、市委会分别举办的一系列培训班。9月下旬办公室人员到湖北武汉大学参加省委会举办的全省宣传骨干培训班；12月上旬副主委黄近芳同志到福州大学参加省委会举办的文史宣传培训班。三是严格培训新党员。严格按照入党章程组织新党员参加市委会2015—2016年度新党员培训。农工党蕉岭县委会带领全体农工党员始终与中国共产党同心同德、同向同行，党员们在学习中凝聚政治共识，在实践中坚持正确方向，巩固团结奋斗的共同思想政治基础，提升合作共事的政治责任感和历史使命感，增强服务科学发展和自身科学发展的能力和动力。

【主动建言献策，积极履行参政议政】 在蕉岭县政协十届六次会议期间，该委员会7位政协委员参加了会议，并提交《扩大特色美丽乡村建设规模，助推长潭旅游区大开发的建议》《关于加大打击非法采割松脂保护生态资源的提案》《关于加强公厕建设完善城市功能的提案》3件集体提案；《关于溪峰河下游乐群学校至体育中心段改造的建议》《关于医疗特殊门诊报销的几点建议》《关于蕉岭大桥到西线公路间道路扩建的建议》《关于规范使用蕉岭县长寿产品商标的提案》4件个人提案。在蕉岭县政协十一届一次会议期间，农工党蕉岭县委会十位政协委员参加了会议，并提交《关于解决城区小学大班额的提案》《关于做好禁养区内养殖户转产工作的提案》两件集体提案；《撤销老环城公路水关下交通圆盘》《关于整治学校路段交通秩序确保群众交通安全的建议》《疏通横岗排洪圳道的建议》《关于对交通违章行为进行信息提示的建议》4件个人提案。

【注重组织建设，不断增强组织活力】 一是优化党员结构。该委员会按农工党中央、省、市有关组织发展规定的程序，严把入口关，做好代表人士发展工作，优化党员结构，丰富界别特色，拓宽参政议政渠道。2016年吸收2名青年骨干入党。二是积极开展各项活动，提高农工党凝聚力和社会影响力。关心党员,凝聚力量,积极开展支部活动是组织建设的宗旨。教育支部分别到新铺油坑、黄沙、华侨城寨背、高畲进行调研活动;卫生支部开展"两学一做"学习教育,学习中共中央总书记习近平七一讲话精神;农工党蕉岭县委会还开展教师节举办座谈会、外出调研活动、退休支部调研活动、重阳节庆祝活动、年终走访慰问在职党员活动、到长潭村开展春节扶贫送温暖活动。三是换届选举工作圆满完成。6月30日农工党蕉岭县第九次党员大会在林业局七楼会议室胜利召开,选举产生以赖静兰为主委,汤超宏、黄近芳为副主委,陈移山、钟森炎、余新跃为委员的新一届县委委员,圆满完成了换届选举工作。

【立足本职工作,在职党员取得新业绩】 该委员会各支部在职党员立足本职,爱岗敬业,努力工作,受到各自单位领导的肯定和表扬,树立良好的农工党员形象。为蕉岭的经济建设和社会发展各项事业添砖加瓦、建言谋策,在本职岗位上取得可喜的成绩。田家炳实验中学副校长黄近芳老师在《梅州教育》2016年第4期发表《班主任要学会"硬话软说"融洽师生关系》,12月获得中教英语高级职称。华侨中学郭淦铭老师参加县教育局举办的"弘扬高尚师德,争做'四有'好老师"征文《倾情教育,润物无声》获三等奖;郭淦铭老师主持的《数学课堂中唤醒"学困生"的策略研究》被评为2015—2016年度优秀课题。职业技术学校张敬威老师被评为县优秀班主任。蕉岭中学曾旭宁老师被评为2016年"高考优秀指导老师"。(谢利琴)

2016年农工党蕉岭县委会负责人名录

主　委:赖静兰
副主委:徐伟明(2016年6月离任)
　　　　赖进禄(2016年6月离任)
　　　　汤超宏(2016年6月任职)
　　　　黄近芳(2016年6月任职)

县总工会

【经济技术创新活动】 围绕县委、县政府关于"三大抓手""两区两业"等决策部署,广泛开展"当好主力军、共筑中国梦"竞赛活动,在重点工程、行业(系统)、企业三个层次组织开展劳动竞赛活动。着力提升职工技能素质,组织引导广大职工在蕉岭振兴发展的进程中建功立业。以创建"工人先锋号"为平台,以"五小"岗位创新竞赛为载体,吸引广大职工特别是非公有制企业职工、科技人员参与到竞赛活动中来,激发广大职工群众的主动性、积极性和创造活力,积极投身经济建设。组织不同层次、不同工种的技能培训和竞赛,鼓励各个行业、企业开展体现自身特点的技能竞赛,鼓励职工学习新知识、掌握新技能、提升竞争力,实现职工提升技能、增加收益与促进企业发展有机统一。

开展"中国梦·劳动美"主题宣传活动,引导广大职工牢固树立社会主义核心价值观,把个人梦与中国梦紧密联系起来,使劳动创造幸福、劳动成就梦想成为职工普遍的价值认同和自觉追求。4月29日,县总工会组织举办庆"五一"劳模参观考察重点建设项目活动,共同交流探讨,充分发挥劳模在参与经济社会建设中的重要作用。国家、省、市劳动模范代表,县总工会领导和工作人员共30多人参加活动。5月份,县总工会、县电视台联合开展《弘扬工匠精神》系列报道,宣传介绍固特超声实业公司的工艺工程师——谢银珍、广东省五一劳动奖状单位——广福建材(蕉岭)精化有限公司等单位和个人。组织创建王锦阳劳模创新工作室,逐渐完善,逐步发挥作用。经市总工会考核验收,被授予"梅州市劳模创新工作室"称号。县总工会认真组织开展慰问困难劳模和患病老劳模活动,申报全国劳模、省劳模医疗救助、生活困难补助资金以及市级和部级劳模重大病医疗补助。组织1名劳模到哈尔滨全国总工会劳模疗养休养基地参加疗养休养，组织4名省市劳模到惠州劳模疗养休养基地参加疗养休养，组织29名国省劳模到县人民医院体检，认真落实劳模的各项待遇。

【县政府与工会联席会议】 根据省政府、市政府关于建立健全县级以上人民政府与同级工会联席会议制度的有关要求，6月17日召开县人民政府与县总工会联席会议，会议通报近期工会工作情况，传达讨论梅州市总工会《关于进一步加强职工互助保障工作的意见》文件，研究解决两个问题：一是设立职工保障互助会代办点，地点设在县总工会，聘请1—2名工作人员进行代办。县财政将配套补助资金3万—5万元，县总工会负责选好代办员，制定代办制度，确保代办点高效有序运作。二是增大解困济难基金，由县财政拨给县总工会解困济难基金100万。

【维权和服务职工工作】 全县各级工会牢固树立职工利益无小事的理念，增强维权意识，提升服务效能，把竭诚服务职工、维护职工利益作为工会一切工作的出发点和落脚点。

着力构建和谐劳动关系。继续推进企业工资集体协商签订集体合同工作，推动全县工资集体协商工作提高质量、增强实效。加强工资集体协商指导员队伍建设，加大对企业工会的指导力度。扎实推进职工互助保障计划，办理在职职工综合医疗保险，女职工安康保险。继续开展创建和谐劳动关系企业活动，在4家企业中推行企业工会法律顾问制度试点工作。

着力推进职工民主管理。继续贯彻落实《企业民主管理规定》，深入开展“公开解难题、民主促发展”主题活动，推动职代会、厂务公开、工资集体协商等民主管理形式的扩面与深化，构建多层次、立体化的民主管理制度体系。进一步健全完善劳动关系三方协商机制，推动构建工会参与社会治理各项制度机制，抓好组织实施工作。

着力帮扶困难职工群众。充分发挥县职工服务中心作为工会服务体系的枢纽作用，实现“职工有困难找工会”。组织开展2016年元旦春节“送温暖”活动，慰问困难职工、困难劳模共1192人，累计发放慰问金47.4万元。通过入户调查确定2016年低保职工53户，家庭人口158人，按月领取救济金。组织开展“三八”节慰问活动，共组织慰问全县重病女职工及单亲女职工、困难女职工38名，累计发放慰问金2.3万元，“六一”儿童节慰问特困职工子女11人分别发给书包、文具、生活用品和慰问金。7月，组织开展“炎炎夏日送清凉”活动，慰问生产一线职工600多人，发放防暑降温药品和用品折合人民币5万多元。对56名重(大)病职工实施医疗救助，发放救助款累计16.8万元。至年底参加在职职工综合医疗保险的单位达到59家2486人。培训异地务工人员52人，下岗职工再就业92人。

切实维护职工队伍稳定。做好工会法律服务和信访接待工作，做到主动发现、及时化解劳资矛盾。会同有关部门加强安全生产法律法规的宣传教育，完善安全生产监督检查机制。

【构建枢纽型组织体系】 开展与相关社会组织的联系合作，共同做好帮扶困难、技能培训、技能竞赛、职工文体活动、法律援助服务等项目，促进服务项目品牌化、标准化、专业化。加强与社会组织的联系合作，推广义工、社工和志愿者联动服务模式。

【加强工会自身建设】 县总工会坚持围绕中心、服务大局，团结动员全县广大职工为加快蕉岭振兴发展建功立业。切实把创建“职工之家”、开展“双亮”活动作为重要载体，完成40多家民营企业工会规范化建设。为10家职工人数300人以上的非公有制企业的工会主席发放岗位津贴。积极健全工会社团法人制度，为符合条件的基层工会办理法人证书。组织举办全县职工庆“五一”羽毛球比赛，2017元旦

"供电杯"羽毛球俱乐部联赛，开展免费放电影等职工文体活动,丰富职工和农民工的业余文化生活。组织500名企业职工接受省总工会举办的职工心理状况网上测验和心理咨询,切实掌握职工思想文化建设的主动权。全县实现工会经费收缴方式的大转变,25人以上的企业由地税局代收工会经费,加强工会财务和资产监管工作，经费审查审计工作得到加强和完善。实施女职工素质提升和建功立业工程,宣传贯彻《女职工劳动保护特别规定》。挂钩帮扶蓝坊镇石湖村,实施精准扶贫三年计划,挂钩帮扶困难群众。 (郭晓渊)

2016年度县总工会负责人名录

县总工会主席、党组书记:钟豪才

县总工会副主席:刘小珍(女) 徐 鹏

县总工会党组成员:刘小珍(女) 陈 拥 刘 智

共青团蕉岭县委员会

【强基固本完善团队建设】 大力推进乡镇实体化"大团委"建设和"两新"组织团建工作,促进"大团委"工作建活并举。结合"两学一做"和"三会两制一课"学习教育活动,把握"五四""六一""建队日"等重要时间节点，普遍开展"红领巾相约中国梦"、"挑战自我·合作共赢"五四青年菁英拓展培训、"做'四讲四有'党员·争当振兴发展先锋"青年党员干部演讲比赛等主题活动50多场次，有效增强各基层团支部和少先队生命力。2016年,8名少年获得省级优秀少先队员称号,友邦小学和实验小学获得"广东省第二批红领巾示范校"称号,2名教师获得"梅州市叶剑英基金模范少先队辅导员"称号,11名优秀青年和9个先进团组织获得省、市两级五四先进个人和集体表彰,团县委也于3月获得2015年度"广东省中小学团队工作先进单位"称号。

【深化开展志愿服务】 团县委着力推动优化志愿者队伍结构和网上共青团建设发展。截至2016年12月30日，蕉岭网络注册志愿者达9814人,在线注册组织数26个,依法登记注册的爱心公益组织共有5家。2016年,全县共有2名志愿者获得梅州市最美志愿者称号,6名志愿者获得市五星志愿者称号,4名志愿者获得市四星志愿者称号,1个项目获得市最佳志愿服务项目称号。同时,在团县委的指导下,蕉岭心连心义工协会先后荣获"广东省重点培育社会组织"、"广东省爱心父母大联盟"银奖、梅州市最佳志愿服务组织等荣誉。在优化志愿者队伍结构的同时,全县各级团组织、社会公益组织以重大节日为契机，共开展学雷锋活动月、"12·5"国际志愿者日系列活动等志愿服务130多场次,组织志愿者4000多人次。

【推动助力公益扶贫】 团县委按照《梅州共青团助力精准脱贫攻坚三年行动(2016—2018)实施方案》,结合自身实际,依托梅州青年"薪火公益"微平台,推动助力公益扶贫,联合社会团体、公益组织共同帮扶困难弱势群体。自县助学基金成立10周年以来，县助学基金管委会共撬动并发放助学金433万余元，帮助942名困难学子喜圆就学梦。2016年,扶助特困学生上大学行动中,该县通过不断拓宽助学金资助渠道,首次得到侨港蕉岭同乡会资助,助学金总额再创新高,达到57.74万元,共帮助86名学生圆梦大学,人数较上年增幅达95%。

【服务青年创新创业】 团县委除开展暑期三下乡活动外,仍坚持大力开展2016年"展翅计划"，并通过开发县基层公共管理和社会服务实习岗位，组织48名返乡大学生到企事业单位开展实践锻炼,与蕉岭中学联合建立大学生校外实践教育基地，为青年就业实践提供平台。在推动青年创新创业方面,团县委加强与金融机构交流合作，开展金融知识进社区等活动，并充分发挥青年创业服务站平台作用，帮助该县2家企业获得梅州市扶持青年企业融资贴息项目贴息共28万元。 (黄欢欢)

2016年共青团蕉岭县委员会负责人名录

书　记：张政发
副书记：罗伟春(1月任职)

县妇女联合会

【实施农村妇女增收致富支持行动】 一是争取省财政贴息资金10万元和市妇联配套贴息资金2万元，用于开展2016年度妇女创业小额担保财政贴息贷款工作；与县财政局、农信社、金融局联合制订2016年《蕉岭县扶持妇女创业小额担保财政贴息贷款项目实施方案》，全年共审核发放妇女创业小额担保财政贴息贷款54户235万元。二是开展妇女农业技能培训，举办妇女电子商务知识培训班，提高妇女与市场接轨的能力，提升妇女创业新技能。三是进一步争取各方资源，加强对巾帼创业示范基地、专业合作组织、女致富带头人的培育，蕉岭县鸿宇生态农林专业合作社获评“梅州市巾帼扶贫创业示范基地”荣誉称号。

【深化城乡家庭文化建设】 按照全国、省、市妇联关于开展寻找“最美家庭”系列活动的要求，推荐戴相平家庭参选“最美家庭”；积极参与梅州市“自强不息好少年“和“孝老敬亲好媳妇“评选活动；该县刘梦琪被评为梅州市“自强不息好少年”，黄冬梅、吴雨珍、卢燕彩、欧阳银招被评为梅州市“孝老敬亲好媳妇”；以省级“妇女之家”为平台，开展以“培养好习惯，收获好人生”为主题的“家庭教育大讲堂进村居”活动；走进县实验小学、新铺镇中心小学，分别举办以“情寄留守 爱暖童心”“快乐童年 伴我成长”为主题的“关爱留守儿童座谈会”。

【开展特色节日活动】 “三八”节期间，与县文广局、团县委、城综局联合举办“千车万人乡村游”骑行活动，发动400多名干部群众骑上爱心自行车，畅游三圳九岭、长潭上合；与县文体旅游局联合举办“舞动寿乡”群众广场舞大赛，均由女同胞组成的15支代表队尽情演绎，欢乐角逐。“六一”节期间，与新铺镇中心小学联合举办庆“六一”关爱留守儿童活动，与孩子们一起参与“两人三足”“运乒乓球”等游戏；与县教育局、团县委联合举办以“特色·才艺·发展”为主题的庆“六一”暨第七届中小学生艺术花会文艺汇演。

【关心关爱妇女儿童】 开展春节、“三八”、“六一”送温暖活动，共慰问贫困母亲、单亲母亲、困境儿童等共220名，发放节日慰问金10万余元，并送上棉被、食用油、营养奶等慰问品；争取全国妇联“贫困母亲两癌救助专项基金“3万元，对3名罹患乳腺癌、1名罹患宫颈癌的贫困妇女进行援助；争取叶剑英基金助学金7万元，对70名困境儿童进行爱心资助；开展“爱心父母牵手困境儿童大联盟”活动，共收到市县爱心父母捐款14140元，援助困境儿童40名；开展城乡贫困妇女“两癌”免费检查活动，推动农村妇女“两癌”免费检查纳入政府民生工程。

【保障妇女儿童合法权益】 一是认真做好信访接待处理工作，热忱为妇女群众服务，全年共处理来信来访案件58宗，调处率100%。二是加强对8个“家庭暴力投诉点”、1个法援联络点的联系和指导，合力构建家庭暴力综合防治网络。三是邀请市人民法院民一庭法官曾园芳到蕉岭作反家暴法专题宣传讲座，邀请市维权与信息服务站及相关专家学者到蕉岭开展“远离家庭暴力，共建幸福家园”法律知识讲座和妇女民生座谈会。四是邀请嘉应学院医学院人文教研室主任周英华教授到8个乡镇9所中心小学开展“留守儿童心理健康”和“留守女童自我保护”专题讲座，提升孩子们的自我保护意识。五是联合多部门在蕉城镇碧桂园社区开展“平安家庭”妇女维权咨询活动及社区教育和便民服务等活动。

【推动“两个规划”全面达标】 一是统计2011—2020年蕉岭县妇女发展规划定量指标数据，做好2015年全县妇女儿童规划中期监测评估工作。二是做好省市妇女儿童发展规划中期评估督导“回头看”工作及迎接国务院妇儿工委对全省两纲中期评估督导的相关准备工作。三是协调组织、安排部署做好2016年度妇女、儿童发展规划的统计监测工作。

【做好精准扶贫工作】 一是结合开展新时期精准扶贫对象调查工作契机，对全县列入新时期精准扶贫、精准脱贫建档立卡贫困对象中35—64岁城乡妇女的基本情况进行统计和分类造册。二是深入挂钩帮扶村蓝坊镇高场村，分小组走访入户、交流询问、实地观察，详细了解该村贫困户、五保户、低保户的收入来源、贫困现状和期盼解决的问题等，做好贫困家庭情况记录，与贫困户“认门结亲”，对建档贫困户进行认真调查核实，详细掌握真实情况，并根据实际，制定详细的帮扶规划。

【抓好组织建设】 一是在实现全县“妇女之家”全覆盖的基础上，从工作制度、人员到活动场所、内容等方面着力加强对6个省级“妇女之家”的指导建设工作，努力打造基层妇联组织凝聚妇女、服务妇女儿童的“坚强阵地”和“温暖之家”。二是加强自身建设。严格执行《中国共产党党员领导干部廉洁从政若干准则》，切实履行党风廉政建设责任制，保持领导班子的纯洁性，加强干部廉洁自律教育，促进干部廉洁从政。三是加强对镇村妇女组织和机关事业单位妇委会的联系、指导，延伸妇女工作手臂。 (张玉莲)

2016年县妇女联合会负责人名录表

主　席、党组书记：汤媚萍(女)
副主席、党组成员：徐华丽(女)

县工商联

【机构简况】 蕉岭县工商联下设蕉城、新铺、广福、文福、长潭5个乡镇基层商会，日什百货行业、水电行业2个行业商会和福建商会1个异地商会，会员602人，其中担任各级人大代表、政协委员的有48人。

【队伍建设和组织建设】 一是开展“学党章党规、学系列讲话、做合格党员”学习教育。二是开展工商企业界人士廉洁诚信教育活动座谈会，并进行了廉洁诚信承诺签名。三是开展“文明诚信企业(经营户)”评选活动，评选出“文明诚信企业”50家、“文明诚信经营户”100户，并进行总结表彰。四是召开十届五次执委会议，增补了1名副主席、1名常委，工商联领导班子人数达67人。

【换届工作】 按照省、市有关县级工商联换届工作的部署，工商联于2016年10月21日召开第十一次会员代表大会。会议选举产生新一届执行委员63人、常务委员23人、秘书长1人、副主席17人、主席1人，广东塔牌集团股份有限公司总经理何坤皇当选为新一届工商联主席。

【服务会员】 一是加强与工商、税务、城综局等职能部门的协调沟通，为会员协调各种纠纷，化解矛盾，维护企业的合法权益。新铺商会在邓杞献会长的沟通协调下，成功调解2宗经公安部门立案处理的纠纷，化解会员之间的矛盾，挽回企业的损失。二是推行机关干部挂钩联系制度，落实岗位责任制，为民营企业提供快速有效的服务。三是发挥工商联网站以及商会短信平台作用,免费为广大会员企业发布投资、融资、招商、招聘、产品推介等信息,共为5家会员企业发布相关信息。四是配合有关部门做好民营企业招聘周活动。

【调查研究、参政议政】 一是县委书记温向芳到工商联调研。听取与会企业家汇报在企业发展中存在的问题及需要政府帮助解决的问题,并将企业家反映的多件问题列入县委督办事项。同时强调工商联工作只能加强,不能削弱。二是开展非公有制经济领域统一战线工作调研。三是认真完成市工商联布置的年轻一代非公有制经济人士调查问卷、民营企业履行社会责任调查问卷、制造业民营企业发展状况调查问卷、促进民间投资第三方评估调查问卷等问卷的调查工作。四是引导会员中的人大代表、政协委员积极参政议政,建言献策。在"两会"召开期间提出建设性的意见建议15件。其中,郭月亮等5位委员《擦亮寿乡品牌、加大县城扩容提质步伐》提案被评为优秀提案,郭月亮、马修勇两位被评为优秀政协委员。

【会务活动】 一是县工商联组织企业家外出考察学习。11月23—25日,蕉岭县工商联组织企业家20多人,前往深圳、惠州部分优秀企业进行为期3天的考察学习。二是蕉城商会举行"3·15"学习交流会。三是福建商会开展"商会企业友情参观学习—共谋发展"活动。四是新铺商会、广福商会、长潭商会、水电行业商会、日什百货行业商会也通过外出考察学习、慰问等活动沟通联络会员的感情,增强商会的活力。

【挂钩村精准扶贫精准脱贫工作】 从2016年起至2018年,县工商联挂钩省定贫困村文福镇白湖村,全村贫困户有114户,到2018年挂钩村要实现人均可支配收入不低于当年全省农村居民人均可支配收入的60%,确保全部出列。工商联配合驻村干部做好贫困户的摸底核实等各项工作,确保依期完成各项工作任务。同时,与有关部门衔接,办理设立蕉岭县华昊健康农业科技创新协会的相关手续,引导村民从事低碳健康农业、畜禽水产健康养殖、农业科技旅游等。

【扶贫助学、慰问工作】 一是县工商联积极筹措资金9600元,资助8名蕉岭中学品学兼优的贫困学子。2016年春节前夕,工商联对原工商业者和部分老会员进行慰问,给他们送去慰问金和慰问品,让他们感受到来自组织的温暖和关怀。二是企业积极参与。骏业房地产开发有限公司在2015年基础上增加扶助2名贫困学生,共资助13名贫困学生,每人每年5000元。鑫平运输有限公司继续资助3名贫困学生,每人每年5000元。副主席徐国平资助8名贫困学生,每人每月250元。2016年9月,由执委曾平山任会长的新铺镇关爱协会开展"金秋助学"活动,为新铺镇39名低保、单亲家庭的贫困学子发放金秋助学金。三是蕉城商会在重阳节慰问商会60岁以上的老会员。 (钟满兰)

2016年县工商联负责人名录

党组书记、常务副主席:钟志勇
主　席:刘坤胜(10月离任)
　　　　何坤皇(10月任职)
副主席:钟少林(10月离任) 傅传琦
　　　　刘钦均　郭裕丰　江富友　徐新昌
　　　　刘雪玲(女) 巫祝友
　　　　徐荣基(10月离任)
　　　　徐国平　古德明　钟庆明　徐永信
　　　　蔡小珊(女,10月离任)
　　　　郭月亮(1月任职)
　　　　林文贵(10月任职)
　　　　李　斌(10月任职)
　　　　陈永坚(10月任职)
　　　　吴鑫隆(10月任职)

县社科联

【社会科学】 一是宣传贯彻习近平总书记5月17日在哲学社会科学工作座谈会上的讲话精神。二是继续开展《广东省社会科学普及条例》的宣传、贯彻、落实。

【社科普及基地】 一是县级人文社科普及示范基地建设。2016年,长潭镇上合美丽乡村建设基地、蓝坊镇石湖村健康长寿基地、谢晋元纪念馆、罗福生故居确定为县级人文社科普及示范基地。二是市级人文社科普及示范基地。长潭镇白马村上合美丽乡村建设基地、蓝坊镇石湖村健康长寿基地评为全市的人文社科普及示范教育基地。三是抓好社科普及创先品牌工作。由市社科联向全国社科组织推荐的蕉岭社科联特色品牌工作,10月在湖南株洲召开的全国第27届大中城市社科组织大会上,该县社科联被评为全国先进社科组织。

【社科普及活动】 抓好社科普及周宣传活动及全年科普活动。联合相关部门在县龙门广场举行"大美台乡、长寿蕉岭"为主题的一系列社科普及周活动:一是开展宣传反邪教的社科知识宣传活动;二是举办人文社科摄影展览活动;三是举办"长寿蕉岭·美丽蓝坊行"油画摄影展;四是举办"蕉岭县百名艺术家游寿乡采风笔会"书法作品展。

【文化名片评选】 开展梅州文化名片评选工作。"丘逢甲故居"和"世界长寿乡"两张名片被列入全市文化名片。

【撰写社科理论文章】 县社科联撰写的"蕉岭县长寿产业发展探索"课题发表在《梅州社科》2016年第4期(总第118期)上,并获得好评。

(王文龙)

2016年县社科联负责人名录

主　席:刘红斌

副主席:张　华

县科学技术协会

【扎实组织科技培训,广泛开展科普活动】 一是举办蕉岭县《播撒科技种子,实现创新梦想》征文比赛。根据梅市科协联〔2016〕1号文件精神,通过宣传发动广大师生踊跃参加,共收到征文106篇。通过组织权威老师评审,共评选出优秀作品27篇上送市科协。其中:小学组获市一等奖1篇,二等奖2篇,三等奖5篇;中学组获市二等奖1篇,三等奖7篇。蕉岭县科协获得优秀组织奖。二是举办实用技术培训活动。在科技进步月期间,县科协、农业局联合,在蓝坊、新铺、长潭等镇举办农村实用技术系列培训活动。培训活动共有450人参加。举办蕉岭县中蜂高效饲养技术培训。县科协、县畜牧兽医局、县关工委、桂岭蜂蜜专业合作社联合于6月23日进行《蕉岭县中蜂高效饲养技术》知识培训,邀请国家蜂产业体系、福建农业大学梁勤教授及资深专家罗岳雄进行授课。培训活动共有100多户蜂农参加。三是开展"科普进社区"活动。为提高广大市民科学素养,利用城西社区居委会及碧翠园县科协制作科普知识长廊及图册进行科普知识宣传。同时,拨出经费支持城西社区居委会创建科普示范社区。经过努力,城西社区居委会被评为"广东省科普示范社区"。现仍在继续完善各项科普设施,争取申报国家级科普示范社区。

【抓好青少年科技辅导,培养祖国科技未来】

一是组织3人参加广东省第三十一届青少年科技创新大赛,开拓了有关人员的视野。二是成功举办蕉岭县第三十一届青少年科技创新大赛。全县共有3800多青少年参加了此项活动，共收到各类参赛作品 273 件，评出获县级奖作品 206 项（其中小发明、小论文 78 项；科幻画 123 幅；优秀科技实践活动 5 项）。上送市参评作品 12 件，获市级一等奖 1 件、三等奖 1 件。县实验小学老师林莲花获市级优秀科技教师称号。

【发挥科协职能，积极组织申报科普工作项目】

经过对现有学会、协会进行深入细致的调研，主动协助文福镇柚果协会申报 2016 年“基层科普行动计划”，农村专业技术协会做好申报材料的编写和审核工作。并顺利通过中国科协审核，获得 20 万元的奖励金。

【组织学术活动，推动科技进步】 县科协在抓好学会组织建设的同时，积极组织学会学术活动的开展。一是科协领导经常深入学会组织调研，帮助解决学会工作中的困难，使学会建设不断完善。如县医学会、中华中医学会认真组织相关人员的职称考评。二是围绕经济建设扎实开展学术活动。各学会围绕蕉岭县经济社会发展的需要，结合本学科实际，广泛开展学术活动。如气象学会围绕蕉岭县人民生产生活的需要，每月初定期发布《蕉岭气象》，对蕉岭天气进行预测，为蕉岭县人民生产生活提供服务。教育、自然学会经常组织教改研讨，不断提高教学质量和水平，坚持办好《蕉岭教育》，定期出版，为老师提供教学交流平台（刘春玲）

2016 年度单位负责人名录

主　席：徐向星

副主席：陈巧芳（女）

县文联

【搭建艺术交流平台，文艺活动精彩纷呈】

为深入贯彻落实“两学一做”学习活动，结合习近平总书记在文艺座谈会上的重要讲话精神充分发挥文化引领风尚、教育人民、服务社会的作用提高广大人民群众的文化艺术素质，进一步推动蕉岭县艺术教育与艺术普及工作，组织由中共广东省委宣传部、广东省文联主办的“百家千场艺术讲座下基层“的大型艺术培训活动。7 月 2 日，特别邀请广东省摄影家协会专家黄楚中老师到蕉岭，为广大的摄影爱好者进行专题授课，主题为“摄影艺术与后期制作”，传授快乐摄影、幸福摄影的创作理念。10 月 16 日，特别邀请中国美术协会副主席、广东省文联主席许钦松开展主题为《前进的脚步——中国山水画的新变革》的美术艺术讲座。许钦松还向该县赠送亲笔题写的“大美蕉岭”和“中国国家画院许钦松山水工作室蕉岭写生基地”的牌匾。艺术讲座活动的开展，让艺术爱好者们大开眼界，受益匪浅。

1 月 17 日，“美丽蓝坊行”油画摄影展开幕式在县文体中心举行，来自各地的 200 多位书画家、摄影家、收藏家和企业家出席开幕式并观看展览。共展出蕉岭本土艺术家的 80 幅美术油画和 30 幅摄影作品，以视觉艺术的形式展现蓝坊镇和谐优美的生态环境与寿乡人文景象。3 月 28 日，由新铺镇党委政府主办的“丝绸之路——古镇新铺”摄影大赛开镜仪式在谢晋元故居开启，摄影家们从不同侧面、不同角度展示新铺镇的山水风光、人文历史和经济社会发展，从而提高寿乡蕉岭新铺镇的知名度和美誉度。5 月 13 日至 6 月 13 日，县博物馆举办百名艺术家游寿乡采风笔会书法作品展。8 月 6 日，举办“红色印记——纪念建党 95 周年暨红军长征胜利 80 周年摄影展” 蕉岭站开镜仪式及采风活动。8 月，与县委农办开展“世界寿乡·美丽蕉岭”乡村摄影大赛。12 月，协助县委县政府、文体旅游局举办第二届闽粤赣港澳台“大客家”摄影大赛。组织美协会员创作作品参加广东省体育美术展，送展作品 5 件，其中，吴均生的作品《寿而康》入选。组织会员写生创作作品参加梅州市举办的“红土地”写生展。组织会员创作“抗战老兵”品参展。组织开展春节“长寿蕉岭·翰墨飘香”2016 梅州市书法作品巡展。

县诗词楹联工作者协会和青年诗词楹联学会还开展诗、词、楹联学术培训、研讨和交流活动,出版会刊《桂岭风》和《蕉岭诗词联》。

【“古村落”申报工作】 县文联经过深入调研、摸底,确认广福镇乐干九栋村具备“广东省古村落”的各项申报条件。上半年,文联组织一批学者专门到广福镇九栋村进行参观考察,做好资料撰写、图片拍摄等申报前期准备工作。8 月上旬,省文联、省民协在广福镇乐干村九栋开展第五批古村落的实地调查认定工作,10 月 18 日在揭阳普宁举办入选授牌仪式上,取得“广东省古村落”名片。

【扶贫联络工作】 配合广州市南沙区龙穴街办事处、梅州市公路局做好蕉城镇金星村的精准扶贫工作:认真做好下村入户核查、填写完善资料、制定扶贫帮扶计划等。

【获奖情况】 国家级:钟敬丹作品在国际摄影家联盟主办的 2016HKAR 洲际联合国际摄影大型巡回展览中,《晨捕》在香港赛区入选;《向前进》和《时髦》在美国赛区入选;《落霞与孤鹜齐飞》在俄罗斯赛区入选;《梦里水乡》在中国新闻社主办的《中国新闻》2016 年 4 月封面刊出。

梁伟龙的作品《长潭之秋》入选由中国摄影报社主办的“2016 中国罗平·新风景摄影展”;作品《金秋黄田》荣获“第一届全球华人摄影传媒大奖”艺术摄影类入围奖。

利益的作品《春染宝台》在中国园林博物馆、大众摄影杂志社主办的第三届中国园林摄影大赛入展并收藏;秀甲天下和大众摄影杂志社主办的第二届中国园林摄影大赛中入展;《漓江晨曦》在民政部区划地名司、中国摄影家协会主办的“一带一路”国内地名文化摄影大赛中入展;《漓江神韵》在中国摄影家协会信息资源部主办的 2015“城市·故事”全国主题摄影大赛中入展。

汤万生的书法作品在“滕王阁杯”全国第 12 届文学艺术大赛中荣获老年组书法一等奖并编入本届活动大型综合画册《“滕王阁杯”全国第 12 届文学艺术大赛作品集》中。

吴均生的作品《北上抗日》荣获中泰建交 40 周年画展特别邀请奖。

曹伟英的诗作《穿过赤道来看你》在中国音乐家协会主办的《词刊》2016 第 11 期发表。

汤顺云的散文《让青少年健康成长》在二十一世纪中国教育宝典《民族的脊梁》出版。

省级:陈小惠荣获“2016 年广东省基层宣传文化能人”称号。

陈桂锋创作的戏剧《郑板桥还礼》在广东省文化厅、广东省教育厅主办的广东省群众文艺作品评选中,荣获戏剧类二等奖;《盐焗鸡》、《规矩》在广西壮族自治区《三月三》刊物发表。

涂永平创作的散文诗《原乡记忆》在《海湾杂志》发表。

余开明创作的诗歌《风中的故乡》在新疆省级诗刊《绿风诗刊》第四期发表;《抵达》在沈阳省级诗刊《中国诗人》第五期发表。

徐文雄的书法作品参加省文联、省关工委、省书协、省美协主办的“牵手你我·携梦人生”书画创作活动获优秀奖。

吴静晓书法作品在第五届广东省南雅奖书法篆刻展被评为广东省“南雅杯”入展奖。

李乐忠的作品《魂归红色土地》《红色苏区展新貌》在广东省文学艺术界联合会、广东省摄影协会联合举办的红色印记——纪念建党 95 周年暨红军长征胜利 80 周年摄影大赛中入选。

利益在办好 G20,美丽大家拍“美丽中国·美丽杭州”朗诗杯全球摄影大赛获入选奖。

利政的作品《春染风雨桥》在《中国摄影报》社主办的“裕祥杯”美丽荔浦摄影大赛中入展;《渔歌唱晚》在广东省摄影家协会主办的“寻梦天下杯”首届广东“最美图片”手机微信摄影双月赛总决赛中荣获优秀奖。

丘艳荣的《永远都不会老》在 2016 新编第

267 期《师道》出版。

市级:杨健华指导蕉岭县音乐教师合唱团参加“永远跟党走——梅州市第十二届百歌颂中华歌咏活动合唱大赛”荣获银奖。

陈文华选送的作品《客家阿妹》荣获梅州市文化局组织的“群文创作”三等奖。

陈桂锋创作的小说《百榜百银百炭夫》和《请穷神》在《梅州日报》发表。

陈晓光创作的随笔《春天里多多读书》、《求同存异》,小说《三号病床》,散文《春野之荷》在《梅州日报》发表。

涂永平创作的诗歌《雁向南飞》《桥溪古韵》《中秋月》《倾听花开的声音》《春节印象》,散文《虚掩的门》《记忆镇平·老家蕉岭》在《梅州日报》发表。

余开明创作的诗歌《2016 年的第一场雪》《雁南飞》《读离骚》《人境庐:黄遵宪》在《梅州日报》发表。

曾志雄创作的诗歌《初冬浮想》、散文《走在文化公园的石径上》在《梅州日报》发表。

王文龙创作的散文《华灯初上》《师道》《酒鬼差点棍毙》在《梅州日报》发表。

徐文雄的书法作品在参加“成功创建教育强市”梅州市首届书法小品展中被评为获奖提名作品;书法作品《文天祥正气歌》被市文学艺术中心长期展示并收藏。

曾文生的作品在“红土地·苏区行”梅州市优秀写生作品展中荣获优秀奖。

汤万生获《梅州日报》举办的“红军长征胜利八十周年作品展”入展奖;书法、国画《紫藤》参加“客都传媒书画院成立书画展”被梅州日报客都日报客都传媒书画院收藏。

吴静晓书法作品《毛主席诗词》获梅州日报·客都传媒书画院举办的“红军长征胜利八十周年”书画大赛三等奖;书法作品参加“客都传媒书画院成立书画展”被梅州日报客都日报·客都传媒书画院收藏;书法作品在参加梅州市首届“老八尺禾米香杯”书法作品展中被评为入选作品;书法作品在参加“成功创建教育强市”首届书法小品展中被评为获奖提名作品;书法作品《左宗堂联句》被市文学艺术中心长期展示并收藏;书法作品在参加“飞龙杯”梅州书法作品展中被评为入选作品。

李明参加中华梅州“客天下杯”,纪念抗日战争胜利七十周年楹联大奖赛,作品获得甲组铜奖;书写的中华梅州“客天下杯”纪念抗日胜利七十周年楹联大奖赛题撰的获奖楹联,由大赛组委会捐赠给广东中国客家博物馆珍藏。

(徐　瑜、黄雪慧)

2016 年县文联负责人名录

主　席:黄　清

副主席:徐　瑜

秘书长:黄雪慧(女)

县残疾人联合会

【民生实事】 2016 年,为全县 2008 名贫困残疾人发放生活津贴每人 1200 元,2627 名重度残疾人发放护理补贴每人 1800 元,共发放 6869100 元;为 1336 名重度残疾人缴纳医保共 200400 元;为 514 名残疾人缴纳养老保险 64200 元;扶持残疾人自主创业 293 人,共 37500 元;将乡镇残疾人专职委员列为社会公益岗位,给予每人每月 2000 元补助。

【康复服务】 全年,完成白内障复明手术 100 例,其中免费 60 例;成人偏瘫康复 16 人,成人脑瘫康复 14 人,0—7 周岁脑瘫儿童康复 20 名;0—7 周岁智残儿童康复 25 名;其他肢体残疾康复 10 名,精神病康复 120 人;辅助器具供应 230 件。为全县 14 户残疾人实施无障碍改造;为 10 名肢体重度残疾人实施居家康复服务;免费为全县 50 多名残疾人进行口腔检查和其他健康体检。

【服务设施】 投入1760万元的蕉岭县重度残疾人托养服务中心建成并正式投入使用。2016年5月6日,蕉岭县举行重度残疾人托养服务中心启动仪式和“全国第二十六次助残日”等系列活动,为全县各类重度残疾人提供康复训练、寄宿、日间托管、生活技能训练、劳动功能康复等服务。

【体育工作】 蕉岭籍的残疾人自行车运动员谢豪在巴西里约热内卢举行的第15届残疾人奥林匹克运动会上,与队友魏国平(梅江区人)一道勇夺C1-C5级自行车场地混合团体竞速赛银牌。两人获得省政府记二等功、省五一劳动奖章,市政府专门召开会议对谢豪和队友进行表彰,授予谢豪“市五一劳动奖章、市优秀共青团员标兵荣誉称号”。

【宣传维权】 在第26次全国助残日期间,县残疾人联合会与市残联康复医院联合在广福镇和新铺镇举行惠残政策宣传咨询活动。现场为白内障患者免费筛查、开展残疾人假肢适配以及惠残政策宣传等活动,共发放宣传单200余份,筛查白内障患者和适配肢体残疾人共100多名。 (林菊香)

2016年县残疾人联合会负责人名录

理 事 长:钟喜明(5月离任)
陈汉铭(5月任职)
副理事长:陈先源
钟利美(女)

关心下一代工作委员会

【队伍建设】 按照上级关工委的要求,在机关事业单位推广“双主任”制,确保关心下一代工作落到实处。全县66个机关事业单位、8个镇及107个村(居)委、30间中小学校,均100%建立并完善“双主任”制。基层关工委班子,人员经常变换,做到随变随补,保证关工委班子正常运作。

【中华魂系列教育】 中华魂系列教育,主要是抓好社会主义核心价值观、普法、社会主义道德等教育。一是聘请县委党校副校长陈文峰、讲师刘辉风为宣讲团成员,专门负责授课。关工委主任郭定国不仅担任宣讲团团长,而且还认真备课,亲自为6间中小学授课。全年受教育学校12间,受教育人数9206人。二是根据中国关工委、司法部、中央综治办的要求,历时3年时间,在全县中小学开展“关爱明天,普法先行”教育活动。全年授课16间学校,受教育人数11976人。三是7月27日,县关工委、共青团、教育局,联合开展“五老牵手红领巾,共圆美丽中国梦”主题研讨活动。三家联合发文,聘请了10名“五老”志愿者,并颁发聘书。

【继续实施“三百”工程】 一是关爱留守儿童。留守儿童是伴随着经济社会转型出现的一个特殊的社会群体。全县有留守儿童2600多名。对留守儿童建立了“三知、三多、三沟通”制度。通过“三知、三多、三沟通”制度,使留守青少年健康成长,全年没有发生留守儿童被不法侵害和各种违法案件。二是助学金及时发放至贫困学子手中。叶剑英元帅基金会资助40名,每人2000元,于8月23日发放至个人手中。还参与共青团员137名、49万元助学金的发放。县老干部大学校长、关工委名誉主任汤国云、汤舜莲伉俪,参与资助8名贫困学子,高考放榜后资助金已发至个人。顺德涂料商会去年资助蕉岭中学23名高中生,每人1200元,在此基础上,2016年增加资助13名高一新生。

【创业青年培训】 县关工委和县畜牧兽医局、科协、有关乡镇共同举办了4期养蜂、养鱼、养猪、蔬菜种植技术培训班,培训近400人。10月,送6名创业青年参加市级培训,1人参加省

级培训。 （李秀玲）

2016 年关工委负责人名录表

主　任：郭定国

副主任：罗玉生（6 月辞世）

黄元生 郑善荣（兼）黄秋新（4 月任职）

军　　事

人民武装工作

【军事工作】 2016 年，人武部始终坚持以军事工作为中心，严格按照上级军事工作指示和训练计划抓好落实。一是修订完善各类战备方案，落实战备制度。严格按照上级要求，结合实际，对库房进行了调整，作战值班室实现网络化、信息化。3 月，对各类作战方案进行修订，并对其配套方案进行完善。10 月，对军事地理情况、辖区内作战数据进行文字整理和图片收集，整理完善兵要地志，并归类建档，为应急防卫作战准备提供参考资料。严格落实民兵分队战备值班制度，对民兵分队进行带情况带装具的点验，积极参与或承担地方大型活动的安全保障、抗洪抢险、森林防火等应急任务。二是高标准抓好民兵整组和兵役登记工作。组织召开民兵整组和兵役登记部署会，协调县政府联合行文下发民兵整组和兵役登记的通知，切实做好年度民兵整组工作。按照省军区指示精神认真抓好兵役登记工作，对本辖区所有 18—35 周岁的男性公民全部录入新配发的系统中，圆满完成兵役登记工作。三是狠抓训练落实，促进训练成绩提高。5 月，组织轻舟分队骨干和人武部全体干部职工进行轻舟专业技能训练。6 月、10 月组织两批基干民兵骨干，分别进行为期 10 天的集训，主要进行队列、射击、战术、武器常识、战场救护和专业技能等方面的训练，并进行战备形势教育及国防知识学习，通过集训提高民兵骨干军事素质。

【政治工作】 县人武部将“两学一做”学习教育活动和改革强军主题教育活动相结合，扎实搞好集中学习，突出抓好专题民主生活会，通过领导带头身先士卒、查摆剖析毫不含糊、开展批评实事求是、整改落实掷地有声，教育整顿活动开展比较扎实有效。围绕学习新时期“四有”革命军人标准和军队好干部的“五条标准”等内容，坚持每周组织干部职工进行学习教育，开展群众性大讨论。通过教育引导，进一步统一了思想，凝聚了共识。

【征兵工作】 县人武部针对实行信息化体检的新变化，早筹划、早准备、早部署，先后投入 6 万余元建立了信息化体检站，圆满完成了 2016 年度征兵任务。

【后装建设】 县人武部党委以提升保障能力为目标，全面推动后装建设。一是严格规范财经秩序。认真做好年度预算工作，严格落实预算开支，大力削减行政性消耗支出，大幅压缩特支费开支，经费始终向战备训练倾斜。二是抓好后勤综合保障队组建及训练工作。根据广东省国防动员委员会通知精神，与县委、县政府协调后勤综合保障队成立事宜。上半年，完成队伍组建工作，并根据训练计划安排，组织一期军事训练培训工作。三是逐步完善基础设施建设。根据正规化建设标准，协调经费约70万元，完成营区改造和射击场围绕封闭工程建设，人武部自筹资金约20万元完成应急分队住房改造、宣传栏建设、招待房改造、征兵体检站建设等工程，进一步改善工作秩序和生活环境；先后投入近50万元对“三室两库”和办公设施进行升级和采购物资，正规战备秩序，提高战备设施建设水平。

【双拥共建】 县人武部充分发挥军地桥梁和纽带作用，积极协调驻蕉部队官兵做好拥政爱民工作。一是协调解决实际问题。“八一”前夕，协调召开县委常委议军会，研究解决制约当前人武部建设发展的问题。县政府拨款对家属住房进行改造，解决家属住房困难问题，并拨出专款对人武部“三室两库”进行改造建设，进一步完善“三室两库”建设。国防教育训练基地建设也已纳入年度县财政预算，2016年筹备建设中。年初，协调县委、县政府解决驻蕉部队4名随军家属的工作安置问题，进一步解决干部的后顾之忧。二是承担急难险重任务。多次组织应急分队参加地方应急救援和维稳、扑救山火、维护社会治安等行动，得到政府和人民群众的好评。三是参与地方扶贫帮困。县人武部挂钩帮扶贫困村蕉城镇龙安村，为做好精准扶贫工作，成立扶贫攻坚领导小组。人武部领导多次率队深入龙安村了解贫困家庭情况，看望慰问贫困户，送去慰问金共计5200元，拨款1万元到龙安村用于修建乡道等扶贫项目；6月，组织开展扶贫济困活动，扶贫捐款共计3800元；春节前，拿出2000元看望慰问敬老院孤寡老人。

（李琅娜）

2016年中国人民解放军广东省蕉岭县人武部负责人名录

人武部部长：唐章平
人武部政委：刘四海（6月离任）
人武部副部长：翁振飞

人民防空工作

【概述】 蕉岭县人民防空办公室成立于2002年10月，现有人防专职干部、职工7人。主要职能是按照《中华人民共和国人民防空法》的规定，做好人民防空各项工作，承担本县人民防空工程规划、管理。2016年，县人防办在全市人防工作目标管理年度考核中被市人防办评为“人防工作目标管理考核”达标单位。

【指挥通信建设】 健全通信警报保障机构，明确人员分工，指挥室干部进行业务培训和训练，提高业务技能，能保障通信的正常运行，能够满足战时和平时应急需要。购置各种指挥通信自动化设备，配备移动警报车，11月对原安装的12台防空警报器进行认真的检测调试，对已损坏的防空警报器，及时进行维修，更新5台电声防空警报器，使防空警报器完好率100%。指挥室内配备各种图表，并根据城区扩大及时更新各种图表，确保人防指挥室指挥系统顺畅。根据《中华人民共和国人民防空法》的规定，县政府于11月25日组织全城防空警报试鸣，城区警报覆盖率、鸣响率都达100%。同时，认真落实防空警报管理制度，加强同防空警报器安装点所在单位的联系沟通，召开防空警报器安装点所在单位负责人会议，签订责任书，明确责任，确保防空警报器的安全运行。

此外，完成蕉岭县城区防空袭方案的拟制工作，制定各项保障计划，有专人按规定保管，根据应急需要，制定人民防空应急行动预案。县人防专业队伍组织健全，人员落实，8月上旬,结合县武装部民兵训练对县人防专业队伍进行为期半个月的集中训练。界定本行政区域的重要经济目标,建立健全相关信息,并制订重要经济目标防护总体方案。生产、使用储存易燃易爆、有毒有害物品的单位,制订周边人口应急疏散计划。建立日常办公自动化系统,办公自动化设备齐全。加强人防指挥系统的保密工作,人防警报指挥控制终端电脑没有连接互联网,有专人保管。专门配备涉密计算机,按要求配置安装了保密U盘,涉密计算机没有连接互联网,严格移动存储介质的使用管理制度,有专人保管和使用涉密计算机和保密U盘。

【防护工程建设】 按照国家四部委颁发的《人民防空工程建设管理规定》,制订人防工程建设计划,全面完成人防工程专项规划编制,并纳入城市总体规划。经常与建设部门沟通联系,积极参与城市总体规划的审定。加大防护工程建设力度,东景大厦、碧桂园三期、蕉岭奥园广场有限公司的人防工程正在建设中。抓好人防工程建设,经常深入在建人防工程施工现场检查监督,确保工程质量。

县人防办严格执行"结建"政策、法规,对城区内新建、扩建和改建的民用建筑,不论是单位的还是个人的,每一宗都严格把关,认真审核报建图纸,严格按规定程序进行审批后再建设。对每一宗不宜修建防空地下室的民用建筑申请,县人防办领导都亲自陪同有资质的勘测单位到实地进行勘查,依据勘测报告,按规定报上级人防部门审批,按标准收取人防工程易地建设费。全年,共审批报建项目9宗,报建率达100%,收取人防工程易地建设费359万元。

【法治建设】 蕉岭县人防办认真贯彻落实国家人民防空法律、法规和政策规定,制定落实结建政策及加强通信警报建设等有关推进人民防空的规范性文件。县人防办建立健全人民防空法制工作机构,并根据人员变动情况,及时调整依法行政领导小组成员,保证法制工作人员的落实。建立健全人民防空行政执法队伍,执法人员具备行政执法资格,都能持证上岗。在工作中,坚持做到依法行政,无行政执法不作为、错案或执法过错责任。加强法治宣传教育,把人民防空战备教育计划纳入本县国防教育体系,积极落实人民防空战备教育工作,把人防知识教育读本送到农村、社区、机关,做到人防知识进农村、进社区、进学校、进机关。通过邮政视频广告发布平台播放图文并茂的人防知识,扩大人防知识教育面和教育效果。在一年一度试鸣活动期间,通过电视报道、印发资料、悬挂张贴标语横额等形式,积极开展试鸣宣传周活动。加强对在校学生的人防知识教育,成立蕉岭县"三防"知识教育领导小组,人防、教育部门分工明确,有分管领导。组织人员把人防知识教育读本送到县城中学,加强对在校学生的人防知识教育,县城区各中学初二年级学生均开设"三防"知识教育课程,配备专职教师,落实教学计划。

【准军事化建设】 县人防办干部坚持学习制度,不断提高政治素质和业务能力,增强法律意识和法制观念,坚决贯彻执行上级的命令、指示,作风优良,纪律严明,办公秩序良好,能熟练操作使用现代化办公设备和指挥通信设施。

(戴丹媚)

2016年蕉岭县人防办负责人名录

主　任:谢志刚(3月离任)谢志鸿(3月任职)
副主任:林运其(5月离任)
　　　　曾国庆　傅心军(5月任职)

组织·人事

组织工作

【“两学一做”扎实开展】 一是创新学教方式。开展“三个深入思考”活动，开展分类培训活动，举办村(社区)党组织书记“两学一做”专题培训班、“做‘四讲四有’党员争当振兴发展先锋”青年党员演讲比赛、“如何做合格党员”主题征文比赛等系列活动，激发党员学习积极性，达到以赛促学目的。二是丰富学教载体。统一印制中国共产党党员证和《“两学一做”学习教育读本》发放给全县党员，实现“一人一证一书”;充分利用微信公众号、微信群、短信平台等，及时推送“两学一做”学习内容;各镇驻点团队按照包组、包片、包户“网格化”管理服务模式，到联系党员家中“上门送学”，扩大学习教育覆盖面。三是选树示范典型。专门印发《推进“两学一做”学习教育示范点建设工作的通知》，指导示范点按照“六有三到位”的建设标准，打造“两学一做”学习教育标杆;建立督查指导制度，安排党员领导干部挂钩督导示范点建设，每周到示范点开展检查指导工作，及时帮助研究解决示范点建设工作中的具体问题，推进示范点建设。四是坚持学做结合。通过“党员志愿服务日”“党员义工服务”“党员进村入企服务”等形式，组织县直单位党员到挂钩村(社区)开展扶贫、义诊、义教等服务活动，农村党组织针对残疾人、孤寡老人、空巢家庭、留守儿童、下岗职工、特困家庭等群体，开展送爱心、送服务等活动，切实为群众办实事、做好事、解难事。“七一”前，各级党组织以“感党恩、送温暖、献爱心”为主题，对先模党员、年老党员、生活困难党员和下岗职工党员进行走访慰问，送上党的关怀和温暖。

【县镇换届圆满完成】 根据中央和省、市委的统一部署，高度重视县镇换届工作，切实加强领导，精心组织，周密部署，规范操作，至2016年11月上旬，全面完成县镇换届工作，顺利选举产生了新一届县镇领导班子和市党代表、人大代表。通过换届，提拔(重用)乡镇领导干部51人，其中选拔“三类人员”进乡镇领导班子8人;交流至县直单位14人，不再提名7人，镇级班子结构进一步优化，干部素质进一步提高，班子平均年龄39岁，35岁以下年轻干部的比例高达30.44%，形成以36—40岁干部为主体的梯次配备;学历层次、妇女干部比例也明显提高，大专以上学历占到96.53%，妇女干部的比例提高到18.26%。班子功能整体增强，乡镇领导干部本地化率达到24.4%。

【基层基础不断夯实】 一是抓好驻点联系工作。坚持每周二驻点联系群众制度，推行“三级联办“机制，定期研究驻点联系工作。2016年，全县各驻点团队共定点接访群众18915名，上门走访慰问群众43865户154936人次，召开座谈会3524场，解决群众反映问题3038个，问题解决率达98%。二是抓好党员组织关系排查工作。组织党务工作人员进行专题培训，明确工作重点任务和时间节点，指导各级党组织全面梳理排查党员组织关系，核实党员身份、入党时间、转正时间以及流动党员的去向等信息。本年，全县共排查出失联党员74名，找回

68名失联党员,对6名失联党员给予自动脱党除名的组织处置。同时，抓好党费收缴工作,368个党支部补缴党费28万元。三是抓好软弱涣散党组织整顿工作。实行县委常委挂点联系、乡镇党委书记挂点包村整顿制度,从县直机关选派优秀党员干部到村担任“第一书记”,9个工作组全部驻点到村，帮助软弱涣散村党组织制订可行整顿方案,做到“一村一台账,一问题一对策”,并采取“挂号销账式”办法,全面落实整改方案,省挂牌整顿的龙安村重新选举村“两委”班子。同时,抓好党建促扶贫攻坚工作。选优配强贫困村所在镇领导班子,明确乡镇领导抓党建促扶贫第一负责人责任,选派优秀第一书记脱产到村帮扶驻点,帮助贫困村脱贫致富。四是抓好村级公共服务站建设。实施县委书记“书记项目”,按照“五统一”和“八有”要求,投入2300多万元,为全县107个村(社区)公共服务站配齐电脑、打印机、扫描仪、身份证阅读器等设备。向全县公开招聘村(社区)公共服务站专职人员103名，配备兼职人员206人,由村(社区)党组织书记兼任服务站站长，举办村级服务站工作人员培训班2期,培训300多人次,2016年全县村级服务站工作人员能以公共服务平台为载体，实行线上申请、部门审核及线下材料收报、办结反馈全程服务，村 (社区) 服务站代办事项办结率达到100%，群众足不出村即能办成事。五是抓好“两新“组织党建。组织开展“两新”组织党组织书记培训班,加强对“两新”组织党组织的阵地建设、党费收缴、党员发展、“三会一课”等工作的督查指导。结合开展“两学一做”学习教育,广泛开展亮身份、亮承诺、亮形象,比技术、比创新、比业绩,创设党员责任区、先锋岗、攻关组“三亮三比三创”及“讲担当、比奉献”主题党支部活动,鼓励“两新”组织党组织积极开展“关爱困难群众”等各类志愿服务活动,发挥党员先锋模范作用。做好党组织撤销、设置调整和党员组织关系转接等工作。六是抓好党内关爱工作。及时对因病、因灾党员申请“党员关爱基金“进行审核,全年共受理申请46件,审核通过40件,下拨补助资金8.3万元。七是抓好基层治理工作。推行“村两联席会议”制度,将落实情况纳入村级绩效考核和镇驻点团队工作考核内容,考核结果与镇村干部政治、经济待遇挂钩。举办村(社区)党组织书记培训班,积极向省市推荐先进典型,“七一”期间三圳镇九岭村党总支部被省委评为全省 “基层治理”先进基层党组织。

【干部监督力度加大】 一是抓好“12380”举报平台建设。充分运用互联网技术,建立24小时畅通的“12380”举报平台,完善“舆情监控、电话举报、信访举报、督导巡查”四位一体的干部监督工作网络,及时发现处理苗头性、倾向性问题,做到抓早抓小、积极预防。二是抓好平时常态监督。召开干部监督工作联席会议,实施干部选拔任用全程纪实制度,完善落实领导干部个人有关事项报告制度,做到“凡提必审、凡提必核、凡提必听、凡提必查”。共发出离任提醒公告15份,委托县审计部门分别对15个单位21名党政领导进行经济责任审计。提拔(重用)的73名考察对象全部征求县纪委、综治办等5部门意见,发出《领导干部调整任免期间注意事项的公告》15份,审批领导干部出国(境)42人次,处理群众来信来访12件。三是抓好干部档案审核工作。完成在职在编干部人事档案初审复审4680卷，完成正科干部档案组织认定167卷，副科干部档案组织认定403卷,其他干部档案组织认定3215卷，共催收需补充的档案材料16961份,完成干部档案改版3871卷。

【人才引育得到加强】 实施市第四批“千人计划”,引进具有硕士研究生学历的高素质人才2名,充实到教育、农业系统;组织县管拔尖人才体检并召开座谈会。抓好人才招聘,面向社会或定向公开招聘事业单位工作人员127人,充实到县直单位和乡镇事业单位,最大限度满足基层工作人员紧缺需求。大规模培训干部,先后举办村(社区)支部书记、专业技术人员、长寿健康产业、党建工作、新闻舆论工作人员、公务员、"两新"组织党组织书记、新任副科级领导等专题培训班8期,培训干部2000人次。同时,选派干部参加省市干部调训24人次,积极申报省"扬帆计划"项目——蕉岭县百亿健康长寿产业人才培训工程。

【代表履职更加常态】 一是顺利召开县、镇党代会年会和换届会。年初胜利召开中共蕉岭县第十二次代表大会第三次会议和各镇党代会年会;镇党代会指定2—3个党支部进行党建述职,并由党代表对其工作进行评议,会上征求党代表对政府工作报告的意见建议。下半年,县、镇党委成功换届,选举产生新一届县、镇党代表,新一届县镇党代表共提交提案32件,全部提案提议正有序办理中。二是探索建立县党代表工作室。在信访局设立"县党代表工作室",每周二由1名县领导党代表和2名县直系统党委党代表接待党员群众,县直系统党委副书记兼任工作室联络员,负责接待记录、情况汇总、沟通联系、跟踪反馈、归档管理等。工作室建成以来,共解答、解决党员群众反映的情况和问题40多宗。三是规范运作"两代表一委员"工作室。各镇"两代表一委员"工作室安排代表委员每周三驻室接待党员群众,全县共接待和处理180宗。这些做法,得到《南方日报》《梅州日报》《广东党建》和省、市党建网等媒体的关注和推广。

【自身建设不断加强】 一是强党性。在抓好全县"两学一做"学习教育的同时,带头开展"学党章党规、学系列讲话、做优秀组工干部"学习教育。部领导带头讲党课,先后在支部学习会上作《学党章守规矩作表率》《深入推进全面从严治党》等专题党课6场,还邀请县委党校讲师作《治国理政新理念·新思想·新战略》专题辅导,"七一"期间组织组工干部到中共蕉岭三圳九岭第一个党支部旧址重温入党誓词,9月30日组织收看烈士纪念日敬献花篮仪式,补足组工干部精神之"钙",保持"不忘初心",强化"四种意识",切实做到在党言党、在党忧党、在党为党。二是提能力。到珠三角举办党建工作专题培训班,组织全县组工干部和工、青、妇、党校负责人到广州市南沙区、番禺区和惠州市惠城区等地参观学习,部领导亲自率队、全程参与,并以普通党员干部的身份,与学员一道参观学习、共同交流,将"两学一做"学习教育引向深入。继续开展"一科室一课题调研"活动,完成较高质量的课题调研10篇,有50多篇次组工信息被《南方日报》等省、市媒体采用。三是守规矩。严守组织人事干部行为规范、组工干部"十严禁"纪律要求,认真落实廉政建设禁限清单和若干措施,树立"八小时以外"规矩意识,净化社交圈、生活圈、朋友圈。

【其他工作】 完成《春风化雨润物无声——蕉岭县财政局两学一做学习教育纪实》《寿乡九岭党旗红》2部专题片摄制工作;完成全县机关事业单位工作人员的年度考核工作和公务员考录计划、职位上报、接收安排、挂职锻炼等工作;做好困难企业军转干部、自主择业军转干部困难生活补助审批及春节、"八一"、国庆慰问工作;有序推进中小学教师职称制度改革,印发2300份《广东省人力资源和社会保障厅、广东省教育厅关于深化中小学教师职称制度改革的实施方案》给每一位教师,制定本县实施办法,做好人员职称过渡工作和业务培训;做好初级专业技术资格证书发放工作,做好职称资格评审、认定工作。 (李 珏)

2016年县委组织部负责人名录

部　长:李瑞金

副部长:郑善荣　黄苑琼　黄远志　朱发庆　徐金伟

机构编制工作

【行政审批制度改革工作】 一是成立由县主要领导任组长的行政审批制度改革工作领导小组,全面负责蕉岭县行政审批制度改革的组织领导、调查研究和沟通协调。二是制订蕉岭县行政审批制度改革工作实施方案。清查清理蕉岭县40个单位的行政审批项目目录，把行政许可、非行政许可和日常管理的事项目录作为重点。

【行政许可事项的调整情况】 根据省、市关于调整行政许可项目的工作部署,及时抓好县级行政许可事项调整目录的公布。重点是围绕行政审批标准化,突出抓好行政许可项目的清理规范,实行动态管理。根据《广东省行政许可事项通用目录(2016年版)》,继续清理规范蕉岭县行政许可审批事项,通过两次征求相关单位的意见建议,反复核对，8月印发《蕉岭县人民政府关于调整蕉岭县行政许可事项的决定》(蕉府〔2016〕16号),正式公布蕉岭县31个单位共317项(含子项385项)行政许可事项目录(2016年版)。

【清理取消非行政许可事项情况】 认真贯彻落实行政审批制度改革工作,要求各职能部门严格按上级文件要求贯彻实施,找准事项的法规依据,无法律法规依据的一律不得列入行政许可事项,该取消的一律取消,不得变相审批和自行新增行政许可事项。对部门实施的非行政许可事项也按要求进行了全面清理取消，7月印发《蕉岭县人民政府关于取消非行政许可审批事项的决定》(蕉府〔2016〕11号),取消非行政许可事项11项，调整为政府部门内部审批的事项9项。

【清理规范行政许可中介服务情况】 根据《广东省人民政府关于第一批清理规范58项省政府部门行政审批中介服务事项的决定》(粤府办〔2016〕16号)、《广东省人民政府关于第二批清理规范68项省政府部门行政审批中介服务事项的决定》(粤府办〔2016〕55号)和《梅州市人民政府关于清理规范行政审批中介服务事项(第一批)的决定》(梅市府〔2016〕14号)精神,认真做好清理规范行政审批中介服务事项的落实工作。先后两次下发关于清理规范政府部门行政审批中介服务的通知,要求各审批部门认真对照本单位实施的行政审批事项所涉及的中介服务事项进行全面清理。11月印发《蕉岭县人民政府关于清理规范行政审批中介服务事项（第一批）的决定》(蕉府〔2016〕19号),共16个县直部门涉及事项68项,经县政府审定后,于11月向社会公布。

【相对集中许可权改革情况】 相对集中行政许可权改革是一项重大创新之举。按照上级的要求,该县以改革为抓手,聚焦关键环节,积极稳妥地推进相对集中许可权改革,在推进过程中，注意处理好集中审批与加强监管的关系、顶层设计与因地制宜的关系、重点改革和统筹其他改革的关系,努力形成全面深化改革的叠加效应,进一步提升“接放管”和服务水平。基本实现该接的接得住、接得好,不断提高接的水平;该放的要实现放开、放活、放到位,不断提高放的质量;注重放管结合,不断提高管的能力,特别是把涉及安全生产、生态环保、社会稳定等方面作为监管重点,把监管职能履行到位。在深化简政放权的同时,强化政府对市场与社会的服务职能,着力打造服务型政府。蕉岭县镇村都建立基层公共服务中心,切实为群众生产生活提供更加优质的公共服务,用企业和百姓的满意度、提高改革的“含金量”,以实际成效取信于民。

【权责清单工作】 1月印发《蕉岭县人民政府关于公布县政府部门权责清单(第一批)的决定》(蕉府〔2016〕1号),向社会公布25个蕉岭县政府部门的各类权责清单事项6810项。6月,印发《蕉岭县人民政府关于公布蕉城镇等8个镇权责清单的决定》(蕉府〔2016〕10号),公布蕉城镇等八个镇各类权责事项154项。12月,印发《蕉岭县人民政府关于公布蕉岭县县直部门权责清单(第二批)的决定》(蕉府〔2016〕23号),共公布各类权责事项183项。加强权责清单的动态管理,根据法律法规和深化改革的要求,加强对权责清单的动态管理,及时调整完善,不断细化权责清单。

【行政审批标准化和一门式一网式工作】 按照省、市的工作部署,该县"一门式一网式"政府服务模式改革和行政许可、公共服务事项标准编制工作稳步推进。行政审批标准化方面,采取分组试点开展审核,通过先提交一个事项进行审核,审核过关后再全面铺开的形式来完成对行政许可(公共服务)事项标准编制的审核工作。至本年底,有33个单位提交标准化初稿,由县综合政务服务管理办公室审查合规性。通过对蕉岭县36个县直单位和8个乡镇进行部门服务事项梳理确认和公布备案工作,年内,共公布县级公共服务事项266项,镇级公共服务事项63项。

【事中事后监管工作】 按照国家、省、市关于深化行政审批制度改革的总体部署,专门制定下发《印发关于深化行政审批制度改革加强事中事后监管工作的意见》(蕉府办明电〔2015〕49号)和《关于报送行政许可实施和监督管理情况报告的通知》(蕉府办明电〔2016〕5号)等文件,要求各单位要不断创新监管方式,落实监管责任,强化依法监管,实现放管结合,推动从以审批为主的事前监管向以日常监督检查、抽查和查处违法为主的事中、事后监管转变,确保监管到位。特别是2016年以来,该县认真贯彻落实《企业信息公示暂行条例》、《国务院办公厅关于推广随机抽查规范事中事后监管的通知》(国办发〔2015〕58号)和《国家工商总局关于新形势下推进监管方式改革创新的意见》(工商企监字〔2016〕185号),积极探索推行企业信息公示"双随机一公开"抽查机制。本年,共计抽查各类市场主体570多户,抽查结束后,按规定将抽查结果在企业信用信息公示系统进行公开,努力构建"一处失信、处处受限"的信用监管格局。

【重点领域改革工作】 一是根据上级部署和工作需要,设立蕉岭县人民政府法律顾问室、蕉岭县基层党建工作指导中心、蕉岭县农业面源污染治理项目管理办公室,调整了蕉岭县法制局工作职责,增加了蕉岭县事业单位登记管理局的主要职责;二是加强编制管理,重新核定了蕉岭县长潭库区林场编制,调整了蕉岭县卫生监督所、蕉岭县教研室、蕉岭县中小学教职员编制;三是重新组建政法委机关,严格按照上级的部署,整合蕉岭县委政法委、社工委、依法治县办机构,组建中共蕉岭县委政法委员会机关,重新印发"三定"方案,国有林场改革工作已铺开;四是配合推进司法体制改革,做好蕉岭县法院、检察院机构编制由省统一管理的相关工作。

【事业单位法人治理结构和信用体系建设】

一是推动事业单位法人治理结构单位建立健全章程。组织完成事业单位法人年度报告工作,至3月31日,蕉岭县登记管理的事业单位法人122家(均为体制内事业单位),需报送年度报告的事业单位法人119家,按时报送119家,完成率100%。二是组织开展"建立各类事业单位统一登记管理制度有关问题"的专项调研,形成调研报告并报送市事登局。三是不断加大事业单位综合监管力度,稳步推进事业单位法人统一社会信用代码工作,至6月30日,蕉岭县事业单位法人统一社会信用代码换证工作基本完成。实地核查蕉岭县足球运动管理中心、蕉岭县不动产登记中心、蕉岭县突发事件预警信息发布中心、蕉岭县长寿发展研究中心的事业单位法人公示信息。四是启动蕉岭县机关、群团统一社会信用代码赋码发证工作,对部分机关群团单位发放统一社会信用代码证书。

【控编减编工作】 实行蕉岭县编委对控编减编负总责制度,严格执行省市编委下发的各类控编减编政策文件,落实工作责任,及时准确更新实名制系统,严格执行编制审核,确保到2017年实现本届政府任期内行政编制不突破中央和省核定的员额,事业编制实行总量控制,不突破2012年底上报的编制总数,财政供养人员按核定编制总数配备,确保只减不增,完成控编减编的目标任务。至年底,蕉岭县行政编制、政法专项编制和行政执法专项编制均未突破中央、省核定的员额,事业编制5862名,比2012年的5881名减少19名。蕉岭县的机构编制严格按照规定设置,无违规违纪情况发生。

【机构编制实名制管理工作】 蕉岭县严格贯彻落实《广东省机构编制统计管理暂行规定》,按要求实事求是对机构编制情况进行统计汇报。按要求完成实名制管理系统的建设,实现实名制系统省市县三级联网,按照编制管理相关规定,实时更新实名制管理系统,保证了实名制管理内容的及时、真实、准确。

【政务和公益专用中文域名注册管理】

照《关于加强中文域名注册管理工作的通知》(梅市机编办〔2013〕38号)精神,推动蕉岭县政务和公益专用中文域名注册管理工作开展。2016年域名工作经费纳入蕉岭县财政预算。本年蕉岭县域名注册单位覆盖率为83.99%。

【机构编制监督检查工作】 蕉岭县编办与蕉岭县纪委、组织部、财政局联合发文《关于对全县机构编制执行情况进行督查的通知》(蕉机编办〔2016〕6号),四家单位联合对蕉岭县机构编制进行核查,查实机构设置、人员总数,身份性质等,全县各单位的"人员进出"均严格执行编制审核制度,并实现在实名制系统中同步操作,做到机构编制依据实,底子清、状况明。蕉岭县编办依法加强机构编制监督检查工作,完善"12310"机构编制监督举报电话和群众来信来访的受理工作。2012年以来,无投诉举报和信访案件发生。 (曾令雪)

2016年县机构编制委员会办公室负责人名录

主　任:黄苑琼

副主任:林桂芬　丘标元

2016年县事业单位登记管理局负责人名录

局　长:徐达云

老干部工作·党校

老干部工作

【落实老干部政治待遇】 一是积极组织老干部开展政治学习。不定期组织县级离退休干部阅文学习，学习内容主要是中共十八届五、六中全会和习进平总书记系列重要讲话精神及政策法规、各级文件等。二是坚持重要会议、重大活动邀请老干部参加制度。如县党代会、人代会等均邀请老干部代表参加。三是坚持每半年一次由县领导向老干部通报全县经济社会发展情况制度。与此同时，积极为老干部订报订刊，为他们提供精神食粮，除在老干活动中心订有10多种报刊外，还为离休干部及县级退休干部人手订阅《秋光》杂志上、下册，并订购50本《广东老干部政治理论读本》供全县离退休支部学习。

【落实老干部生活待遇】 一是本年4月，省委组织部、老干部局、财政厅、人社局联合发文，对建国初期参加革命工作的部分退休干部在生活上给予适当照顾，对符合条件的退休干部增发生活、医疗及护理补助，并在6月、12月依次做好医疗、生活补助发放工作。二是按粤府办〔2015〕10号文件精神，增加离休干部离休费。三是协助解决老干部医药费报销问题，在县级医院开通离休干部住院直接报销结算通道，方便老干部诊病。四是组织全县离休干部、副处职以上退休干部和团级转业退休干部体检。

【开展慰问老干部活动】 一是做好生日慰问工作。为体现党和政府对离休干部的关爱，在做好管理服务的同时，开展离休干部生日慰问活动，对高龄离休干部生日进行上门慰问，送上生日蛋糕和慰问金，为生日老干部送上祝福和问候。二是做好节日慰问工作。如春节，及早做好慰问计划，筹措慰问经费，组织对全县离休干部、县级(实职)退休干部和团级转业干部进行慰问，还远赴汕头、普宁、深圳、广州、珠海等地慰问外地居住老干部；“三八”、“七一”、“八一”、重阳节等均组织开展走访慰问老干部活动，使他们倍感节日的温暖。三是做好平时慰问工作。坚持做到“有病必探、有事必访、有难必帮、有丧必奔“。只要有老干部住院或病故，一定派员前往慰问或悼念，询问病情、安抚情绪、了解情况、帮助解决实际问题。据统计，全年共走访慰问老干部200多人次，到各级医院探病70人次。

【抓好两个阵地建设】

1.解决老干部大学教学场地问题

为解决教学场地不足、严重制约老干部大学发展、给教学带来极大不便这些问题，我局把其作为年内老干工作的重中之重抓好落实。按粤老通〔2015〕14号《关于做好2016年度老干部学习活动场所基础设施建设专项资金申报工作的通知》精神，2015年5月向县发改局申请立项，向省申报修缮资金116万元并于2016年4月到位后，该局按国家现行基本建设项目管理的有关规定聘请第三方机构进行勘查、规划、设计和招标并组织项目实施。

2.加强老干活动中心建设

随着社会的发展进步,参与活动的老同志越来越多,现有活动场所已不能满足需求,为此,根据离退休干部的要求,该局决定2016年将现有老干部活动中心12间店面全部停租收回,争取财政资金17万元将店铺修缮改造成乒乓球室、桌球室、象棋室、舞蹈室等功能室,供老同志学习、活动用。

【开展适合老干部的各项活动】 在全县离退休干部中深入开展以"展示阳光心态、体现美好生活、畅谈发展变化"为主题的"为党和人民的事业增添正能量"系列活动。一是加强培训研讨。7月初,梅州市召开全市老干系统纪念建党95周年暨深入推进正能量活动研讨会,围绕如何全面认识、深度理解、有效推动老干部工作为党和人民的事业增添正能量进行探讨和交流。二是组织参观考察。10月,组织副处职以上离退休干部参观考察县15项重点工业企业项目。三是组织宣讲教育。组建由3名离退休干部组成的讲师团,先后到全县26间中小学作社会主义核心价值观宣讲,共作26场讲座,参听学生30000多人。老干部们以他们参加革命、建设、改革的亲身经历,传播和弘扬社会主义核心价值观,引导、帮助青少年树立正确的世界观、人生观和价值观,社会反响良好。四是组织文体活动。5月,组织桂岭老年艺术团到浙江横店参加"全国舞林大会";8月组织桂岭老年艺术团参加第二届"筑梦中华魂,我心永青春"纪念中国共产党成立95周年、中国工农红军长征胜利80周年广东省老年人群众性歌唱大赛和参加市局组织的建党95周年书画展活动。五是组织学习活动。以纪念中国共产党成立95周年、中国工农红军长征胜利80周年、蕉岭解放67周年为契机,组织在城离休干部30多人走进古田革命老区,重温历史活动。以上活动,进一步丰富老干部晚年生活,提高老干部的精神境界。 (张丽芳)

2016年县委老干部局负责人名录表

局　长:郑善荣

副局长:徐达豪1月离任

张丽芳(女)1月任职

县社会工作委员会

【村民理事会建设工作】 指导各镇不断规范、完善村民理事会的各项制度,完善乡规民约,完善运行机制和运作流程;指导村民理事会积极发动群众、外出乡贤和社会各界人士兴办公益事业、惠民工程等;指导村民理事会对本村村民、外出乡贤和社会各界人士的捐款开设专门账户进行管理,不断完善财经管理制度;指导村民理事会通过公开栏公布、走访群众、向外出务工人员发公开信等方式,及时公布理事会牵头落实的项目、进展及收支等情况,确保项目在"阳光下"实施,保证群众的知情权,让村民能充分发表自己的意见建议,不断激发群众的参与热情。进一步加大对各镇的检查力度,不断挖掘、培育、宣传和推广村民理事会中的先进典型,以典型的示范、引导、激励作用,不断提高全县村民理事会建设的整体水平。至2016年年底,蕉岭县1503个村民小组已有1488个村民小组建立592村民理事会,覆盖率为98.74%。

【社会组织工作】 坚持做到在思想上重视社会组织,在政策上扶持社会组织,在工作中引导社会组织,把社会组织培育发展成社会建设新的"生力军",促进社会柔性管理,提高社会包容度,增强社会治理活力。积极调动工、青、妇群团组织参与社会建设的积极性,发挥群团组织在弱势群体帮扶、困难青年妇女创业等社会问题上的作用,2016年,工青妇群团组织共筹措资金180多万元帮扶困难群众近2000人。对公益慈善类和社会服务类的社会组织,实行降低登记门槛,实行分类指导扶持,规范其内部治理机制,促进其凝聚和传递社会正能量。打造蕉岭县心连心义工协会为县级骨干型社会组织，示范引领全县社会组织规范发展。指导各镇继续积极培育发展各类社会组织,解决农村的环境整治、卫生管理、治安维护、矛盾纠纷等社会问题,激发农村社会自治活力。加强对社会组织的综合管理,2016年，蕉岭县在民政登记的社团组织222个，其中新登记13个社团组织。 (欧阳文理)

2016年蕉岭县社会工作委员会负责人名录

专职副主任:陈国政 黄 敏

党校工作

【培训工作】 一是做好主体班培训工作。2016年按照县委部署,县委党校举办各类培训班75期,共6011人次,分别是入党积极分子培训班1期、全县村(社区)党组织书记培训班1期、长寿健康产业专题培训班1期、全县新闻舆论战线深入学习习近平总书记重要讲话精神专题培训班1期、党建工作专题培训班1期、全县专业技术人才专题培训班1期、全县“两新”组织书记培训班1期、全县公务员培训班25期、全县专业技术人员继续教育公需科培训班43期。二是做好外培班培训工作。充分利用“基层治理实践成为全国基层治理改革样本“优势资源,在继续做好三圳芳心村,九岭村教学基地的基础上,打造新的教学基地——长潭镇白马村,让外地学员更深刻感受“焦岭创新基层社会治理所取得的成绩”。全年共吸引周边党校18批培训班,培训2500名外地学员。

【外宣工作】 在抓好主体培训工作的同时,配合县委宣讲团,结合该县实际,围绕中共十八大和十八大六中全会精神,党章、习近平总书记系列讲话,中国梦等专题,到各镇党委、县直单位进行宣讲,据统计该校领导和教师分别先后到各镇党委、县直单位宣讲25场次，培训2600人次。

【服务需求】 充分利用学校现有资源,积极配合县安监局、法制局、扶贫开发局、方志办、档案局,统计局等有关单位联合举办爆破人员技术培训班、行政执法人员综合法律知识培训班、新时期精准扶贫精准脱贫业务培训班、广东省蕉岭县自然村落历史人文普查培训班、档案员培训班、统计人员培训等各类培训班9期,共1268人次。同时,专门抽调有关教师采用送课下乡,进学校、进机关、进社区等形式对全县文化、教育、卫生等事业单位专业技术人员进行培训,共43期,4268人次。

【科研工作】 该校十分重视科研工作,积极组织教师开展专题调研。一年来,该校教师在市、县内各部门和基层调研38人次，撰写调研论文16篇,其中有2名教帅在国家级刊物上发表论文2篇,3名教师在市级刊物发表论文3篇。

【扶贫工作】 该校扎实抓好长潭镇浒竹村的精准扶贫工作，多次到村了解该村基本情况，扶贫户的具体情况,安排扶贫资金42000元给浒竹村和贫困户,帮助脱贫致富。 (李新发)

2016年县党校负责人名录

校 长:黄金松
副校长:陈文峰
副校长:杨文敏

宣 传 工 作

宣传工作

【理论武装】 重视意识形态工作，确保全县意识形态领域安全。县委中心组发挥龙头示范作用，全年共组织集中学习13场(次)和3场“两学一做”主题教育学习研讨会。邀请中国人民大学王向明教授等作了3场“蕉岭学习讲坛”报告会，组织举办全县新闻舆论战线深入学习习近平总书记重要讲话精神专题培训班，组织开展了“学习贯彻党的十八届六中全会精神”巡回宣讲活动，举办“建设‘一区两带’，加快振兴发展”征文比赛，多篇论文获市级奖励。培育一批人文社科普及基地，其中谢晋元纪念园获评市级社科基地。该县“世界长寿乡”名片在省、市举办的“社科专家话广东文化名片”评选活动中入围全市前10名，“丘逢甲故居”名片入围全市前20名。

【舆论宣传】 全年共播出各类新闻1715条，上送市播出新闻496条，上送新闻总量位居全市前列。在中央、省、市媒体发表新闻稿513篇，在《南方日报》《羊城晚报》《梅州日报》等主流报刊刊登新闻专题15期。推出《寿乡》精品栏目，制作播出《航拍看寿乡》《长寿蕉岭，扬帆远航》等一批专题节目。与中央电视台合作并在春节期间央视10套《味道》栏目中播出专题节目——“寻找记忆中的年味之古法烹饪”“寻找记忆中的年味之家宴”和公益广告“世界长寿乡中国蕉岭欢迎您”。办好中国·蕉岭网、蕉岭宣传网、"蕉岭发布"政务微博、“长寿蕉岭”微信公众平台。依托中国·蕉岭网网络信息平台，完成政府信息公开和重点领域项目信息公开的建设。开发“长寿蕉岭”政务微信的“二级菜单”功能，粉丝量和阅读量不断增加。用好县网络舆情信息中心，开展涉蕉网络舆情信息的监控工作。

【文明创建】 以培育和践行社会主义核心价值观为引领，大力推进“两镇五村”省级新农村文明示范片建设。12月28日，粤东北文明创建工作座谈会100多位参会领导到蕉岭参观考察，省委常委、宣传部部长慎海雄对蕉岭城乡文明创建工作成效给予充分肯定。加大核心价值观等文明公益宣传，在重点路段、城区、学校、社区、广场、乡村等地方制作树立一批社会主义核心价值观主题公益广告牌。扎实推进文明单位、文明镇、村及星级文明户创建活动。开展2015年度“感动蕉岭”十大人物和“文明诚信企业”、“文明诚信经营户”等评选推荐活动。汤娜被评为“梅州市道德模范”，刘梦琪被评为“梅州市自强不息好少年”，黄冬梅、吴雨珍、卢燕彩、欧阳银招被评为“梅州市孝老敬亲好媳妇”。举办“优秀家风家训”征集评选活动。开展“书香蕉岭全民读书月”活动，共15篇作品在2016年世界阅读日粤港澳创作比赛中获奖，县图书馆获得优秀组织奖。积极参加梅州市首届“客家童谣节”活动，2首作品荣获“优秀童谣奖”，童谣节目《美丽蕉岭等你来》荣获优秀奖。

【文化建设】 完成县图书馆、县文化馆、8个乡镇和107个行政村公共电子阅览室设备设施的安装使用。推进10个农村文化俱乐部建设。初步完成县图书馆总分馆制建设。完成谢晋元故居消防工程及文物风貌改善项目申报工作。通过省对丘逢甲故居维修工程的初步验收工作。做好编制《谢晋元故居保护规划》公开挂网招标工作。广福镇九栋村获评“广东省古村落”。《三圳酿粄》获评市级非遗项目。出版非遗丛书之《蕉岭莲池舞》。挂牌成立广福船灯传承基地。圆满完成纪念红军长征胜利80周年百人合唱《长征组歌》表演活动。组织参加市第十二届“百歌颂中华”歌咏活动获银奖。歌伴舞《长潭情歌》参加2016“两岸暨港澳地区”客家山歌邀请赛获银奖。邀请张艺谋电影《山楂树之恋》编剧肖克凡、广东省摄影家协会专家黄楚中、广东省文联主席许钦松到蕉岭进行专题授课。出版《蕉岭民间传奇故事集》《桂岭风》和《蕉岭诗词联》。作品《客家阿妹》获市“群文创作”三等奖。吴均生的作品《寿而康》入选广东省体育美术展。（徐秋琳）

2016年县委宣传部负责人名录

部　长：罗桂芳（10月离任）
　　　　凌　浚（10月任职）
副部长：李　最　管煌南（1月任职）　刘燕玲

精神文明建设

2016年，全县精神文明建设工作紧紧围绕县委、县政府的部署要求，以培育和践行社会主义核心价值观为主线，深入推进县、镇、村三级文明联创，全力推动城乡文明协调发展，为加快蕉岭苏区振兴发展提供强大的精神支撑。

【农村精神文明建设成效明显】 抢抓首批省级新农村示范片建设的契机，以培育和践行社会主义核心价值观为引领，通过加强文明公益宣传、制订完善村规民约、开展农村环境整治、实施文化惠民行动和创建文明镇村及“星级文明户”等举措，大力推进“客韵寿乡”省级新农村文明示范片建设，精心打造一批具有人文美、风尚美、环境美、文化美的美丽乡村示范点。如“芳心经验”“白马模式”已成全省的典型。4月15日，全市新农村文明示范片创建工作现场会在蕉岭召开。5月、11月，省文明办马必文、韩国威2位副主任先后到蕉岭调研，对蕉岭的创建成效均给予充分肯定。

【社会主义核心价值观宣传教育广泛深入】 多形式、全方位开展社会主义核心价值观的宣传教育，形成浓厚的宣传氛围。2016年，县级共投入200多万元，设计制作约1万平方米建筑围挡公益宣传画、城区主街道100多个灯箱公益广告和200多面路灯灯杆条幅等。全县建成2个县级、8个镇级、40多个村级核心价值观主题广场，打造提升4间市级“示范文化祠堂”，3个市级核心价值观宣传示范点。

【挖掘和宣传一批“身边好人”】 组织开展2015年度“感动蕉岭”十大人物评选推荐活动，评选出林荣凤等10位“感动蕉岭”十大人物和2位提名奖。汤娜被评为“梅州市道德模范”，刘梦琪被评为“梅州市自强不息好少年”，黄冬梅、吴雨珍、卢燕彩、欧阳银招被评为“梅州市孝老敬亲好媳妇”。

【“优秀家风家训”征集活动广泛开展】 4月份，开展“优秀家风家训”征集活动，搜集整理县内87个姓氏的祖传家训及家风故事，评选表彰和提炼出一批诸如“忠厚传家”“勤俭持家”“诗书兴家”“忠信立身”等凝聚寿乡人文精神之灵魂的优秀家训家风。

【“全民讲阅读”活动深入开展】 4月23日，开展以“阅读引领未来”为主题的2016“书香蕉岭全民读书月”活动。推进未成年人课外阅读，组织全县学生开展“暑假读一本好书”“小手拉大手，好书进万家”等主题活动，以学生阅读带动家庭阅读，浓郁家庭书香。全县学生积极参加2016年世界阅读日粤港澳创作比赛，有15篇作品获奖，县图书馆获得优秀组织奖。

与此同时，积极组织筹备参加梅州市首届“客家童谣节”活动，有2首作品荣获“优秀童谣奖”，县友邦小学创作排演的《美丽蕉岭等你来》在“客家童谣节”展演比赛中荣获优秀奖。与县工商联、县工商质监局等联合开展“文明诚信企业”“文明诚信经营户”创建评选活动，评选表彰塔牌集团等50家“文明诚信企业”和郭月亮等100户“文明诚信经营户”。(徐秋琳)

2016年蕉岭县精神文明办公室单位负责人名录

主　任：丘仕松
副主任：徐秋琳

统战·港澳台工作·外事侨务

统战工作

【抓好学习教育】 坚持把学习摆在重要位置，坚持集中学习与自学相结合。一是掀起学习中央统战工作会议和《中国共产党统一战线工作条例(试行)》精神的学习热潮，通过专题组织学习、解读《统一战线工作条例》和省市实施意见，引导全县统一战线干部、统一战线成员切实把思想和行动统一到与县委、县政府同心同向。二是扎实开展“两学一做”学习教育，按照上级的统一部署，坚持与县委中心工作相结合、与统战工作相结合、与开展扶贫济困等活动相结合，确保工作、学习、活动“三不误”“三促进”，不断提高统战口各单位党员干部的理论和党性修养，更加自觉地服从、服务于全县工作大局，更加自觉践行党的群众路线，为全县经济社会协调发展作出积极贡献。三是全面学习贯彻中共十八届六中全会精神，组织全县统战系统各单位干部职工、各镇统战委员和民主党派机关干部集中学习中共十八届六中全会精神，县委常委、统战部部长刘仁忠亲自为统战干部、统战成员解读六中全会精神，并将作风建设、纪律教育融入学习之中，确保全体干部职工在思想上、行动上、政治上与以习近平总书记为核心的党中央保持高度一致。

【抓好党外代表人士工作】 贯彻落实中央统战工作会议、《中国共产党统一战线工作条例(试行)》精神和中央、省市关于党外代表人士政治安排和党外干部职务安排的规定，全面加强党外代表人士工作。一是健全和完善联系交友制度。进一步健全联系交友的内容和方式、方法，促进联系交友活动的正常化，实现了联谊交友的信息化、动态化管理，形成联谊交友的有效机制。同时利用重大节日开展联谊交友活动，统战部门与各界党外人士联系更加紧密。二是开展“建言献策“活动。组织召开党外代表人士座谈会，党外代表人士共提合理化意见建议10多条，政协提案15件，不断提升党外人士服务社会的水平，为加快振兴蕉岭发展提供力量支持。三是加强党外代表人士队伍建设。认真贯彻落实中共广东省委《关于加强新形势下党外代表人士队伍建设的意见》和中共梅州市委《关于加强新形势下党外代表人士队伍建设的实施意见》文件精神，结合县镇人大、县政协、县工商联、侨联换届，全面加强党外干部队伍建设,党外人士政治安排和党外干部职务安排相关工作全面落实，确保县政协委员、常委中党外人士比例各达60%和65%以上。根据上级统一部署，农工党蕉岭县委会按照程序于6月底圆满完成了换届工作,班子结构得到全面优化。

【加强港澳台及海外统战工作】 发挥职能作用,主动协调相关单位,全面加强海外统战工作。一是借助平台拓宽海外统战领域。发挥全县台胞众多的优势,借助“广东省海峡两岸交流基地”这一平台,加强与台湾社团、企业沟通联系,打好“台乡牌”;依靠港澳台侨客属社团,通过组织参加同乡会周年庆典等机会通报乡情、邀请海外社团回乡观光等,广泛联络沟通“三胞”、归侨侨眷和海内外客商,引导他们回乡投资或参与蕉岭的经济社会各项事业建设。二是认真做好接待服务工作。认真抓好“三胞”联络、接待、服务工作,圆满完成了县委安排的对外接待、联络任务。做好为港澳台社团、海外各界人士回蕉岭投资考察、寻根问祖、颁奖助困等相关服务工作,先后接待香港寻找家乡故事参访团等10多个,海外侨胞300多人次,赴港澳台和海外探亲，文化经贸交流100多人次。三是做好归侨、侨眷关心关爱工作。认真贯彻落实《中华人民共和国归侨侨眷权益保护法》,关注侨界民生,做好归侨、侨眷合法权益维护,争取上级资金支持,加大为归侨侨眷服务工作力度,举行送温暖扶持贫困归侨和资助贫困归侨学子活动,全年扶持慰问40多人次。

【服务非公经济发展】 紧紧抓住工商联换届这一契机,加强工商联会员队伍建设,通过组织外出走访、调研等活动,不断增强工商联组织的凝聚力和影响力。一是继续深入开展非公有制经济人士诚信教育活动。根据县委的统一部署,县工商联结合自身实际,在非公有制经济人士中开展诚信教育活动。二是引导企业家勇于承担社会责任,参与公益事业。组织企业家参与扶贫济困慰问活动,为100多户贫困户送上慰问品和慰问金。组织会员参加“同心·送温暖献爱心”“情系环卫工人”等慰问环卫工人、农村贫困户活动,全年工商联会员共计捐款10多万元。三是加强调查研究,为促进“两个健康“建言献策,工商联换届完成后,组织企业家赴深圳、东莞参观学习发展绿色建材产业、长寿健康养生产业做法和经验、与蕉岭籍企业家交流经营之道,引导企业家对经营管理及销售模式的重新定位和创新,寻找企业发展新动力。

【依法做好民族宗教工作】 一是抓好在蕉岭少数民族人员的服务管理。深入开展民族团结进步宣传教育活动,积极帮助外来少数民族人员解决实际困难,确保在蕉岭经商的少数民族同胞与干部群众和平共处。二是抓好宗教场所安全巡查。按照上级部门要求对全县的民族宗教基本情况进行统计调查,对民族宗教界代表人士进行了登记,摸清了宗教机构情况、宗教工作情况以及少数民族情况。民族宗教管理部门每季度均到全县41处开放场所、1处临时登记场所进行场所管理、安全、财务、活动等检查,各场所都能遵纪守法,依法开展宗教活动,蕉岭县没有不合格的宗教活动场所,各场所未发生安全事故,没有发生违法行为。三是注重教职人员综合素质提升。开展以“教风”为主题的和谐寺观教堂创建活动,组织全县香花教职人员到市参加培训,进一步提高教职人员从业水平和业务素质。四是积极抓防范突发事件。蕉岭县成立民族宗教领域重点问题和突发事件应急处置工作领导小组,采取措施积极防范和应对一切矛盾隐患、重点因素和突发事件,力促全县宗教领域的安全稳定。加强与有关部门的配合,加大抵御境内外敌对势力的渗透和打击非法宗教活动力度,坚决维护宗教领域的稳定。继续加强基督教私设聚会点的治理整顿,巩固治理整顿成果,有效地维护宗教领域的稳定。

【积极发挥统战工作职能作用】 一是做好县政协委员提名把关工作。在积极完成县委交办的各项工作任务的同时，认真组织各有关部门对非公有制经济人士进行综合评价，从严把关，依法依规做好县政协十一届党外委员、常委的提名推荐把关，确保人选比例符合《条例》规定。二是做好统战联络组联络沟通工作。为更好地促进全县统战工作顺利开展，进一步加强与新社会阶层人士联系，坚持每季度组织召开统战工作联络员会议，及时传达党的政策、落实县委工作部署，了解、收集民情民意，及时掌握社情动态。三是依规做好专项工作，主动加强与港澳社团及政协委员的联络工作，及时互通侨情乡情，积极支持特区政府依法施政，维护港澳繁荣稳定。（吴月环）

2016 年县委统战部负责人名录

部　长：古　熠 8 月离任　刘仁忠 8 月任职
副部长：钟志勇　徐伟强　杨燕春(女)

民族宗教、外事侨务、港澳台工作

【概况】 县民族宗教和外事侨务局全面落实国家、省、市各项民族宗教、外事和港澳台侨政策；紧紧围绕县委、县政府中心工作，加大外引内联的联情联谊活动，努力开拓侨台工作新局面，全县宗教活动场所和谐稳定，宗教活动开展健康有序，各项工作扎实推进。一年来，侨台工作有新的突破，共接待海外侨胞和港澳台同胞 4300 人次；侨团组织、港澳台回乡访问团 40 个 1320 人次；为侨胞、侨眷、港澳台同胞和台属排忧解难 15 宗；海外侨胞、港澳台同胞捐资公益事业 280 多万元人民币；做好因公出国(境)办证等工作。

【宗教工作】 抓好学习和培训工作。召开宗教界学习全国宗教工作会议精神；举行宗教政策法规学习培训班，学习宗教政策的有关法律法规，包括党和国家有关宗教问题的基本政策，宗教工作的基本方针，宗教信仰自由政策的具体内容，宗教教职人员、宗教活动场所主要教职任职备案制度的必要性，宗教团体、宗教活动场所的财务管理规定，依法开展宗教活动，自觉防范和抵制境外宗教渗透等。通过学习，全县宗教教职人员的思想觉悟、政治素质得到提高。全县没有发生境外宗教渗透的情况。开展安全检查工作。积极组织开展宗教场所安全大检查，认真督促宗教场所做好消防、食品安全、地质灾害等安全隐患排查工作，据统计，全年共检查宗教场所 210 人次，发出整改要求 12 份，确保宗教场所全年没有发生安全事故。规范宗教场所财务管理工作。根据上级要求，全面开展并完成 37 间宗教活动场所开办单位银行账户，开户率达 90.2%，进一步规范各宗教团体和宗教活动场所的财务管理，为下一步提升依法管理宗教活动场所打下良好基础。依法管理宗教事务。对长潭蓬莱仙境、慈觉寺未开放场所举行宗教活动的行为下达《责令停止通知书》，维护正常的宗教活动秩序。34 间依法登记的佛教活动场所由国家宗教事务局统一监制的标识牌，有利于维护正常的宗教活动秩序，保障宗教界和信教群众的合法权益。完成佛教协会举行换届选举。5 月 17 日，蕉岭县佛教协会第九次代表大会选举产生新一届理事会，选举产生新一届领导班子，佛协的各项工作开展顺利。积极引导宗教界开展慈善活动。在全县宗教界 2016 年广东扶贫济困日活动座谈会上，各宗教团体、宗教界人士现场捐款 3 万余元，专款将统筹定向用于帮扶我县建档立卡的相对贫困村、贫困人口脱贫致富。县佛教居士林为患重度地贫的年幼姐妹开展献爱心活动，积极筹集 1 万元，用于扶助两姐妹的治疗和手术费用。据统计，全县宗教界慈善捐款达 12 万元。

【港澳台侨工作】 2016 年，主要接待港澳台侨回乡考察团 27 个 780 人次。如丘逢甲裔孙、国泰港龙集团行政总裁丘应桦率家属一行4人回蕉岭祭祖及参观考察；台北市蕉岭同乡会第18届理事长汤富龙一行21人，到蕉岭参观考察。走出去交流力度亦得到加大，2016年赴港3批22人次。如赴港参加侨港蕉岭同乡会第16届理监事就职典礼暨2016敬老奖学新春联欢宴会；赴港参加香港嘉应商会100周年会庆联欢宴会暨第61届会董会就职典礼；组织蕉岭中学、镇平中学、县人民小学、县实验小学等11名中小学校长赴香港华仁书院、香港玛丽曼小学、香港大学等学校教学交流。6月22日，印尼华裔客属"中国寻根之旅"暨印尼万隆师生学习交流团一行60人到蕉岭参访交流。7月20日，广东省政协常委、香港梅州联会会长余鹏春，香港梅州联会永远荣誉会长李新民，梅州市政协委员、香港梅州联会副会长林厚平带队的香港梅州联会访问交流团共160余人到蕉岭开展以"认识家乡的过去·现在·未来"为主题的"寻找家乡的故事"交流活动。同时，积极组织有关媒体部门宣传推介蕉岭。如台湾明众日报、台湾中天电视公司记者一行到蕉岭进行主题为"世界寿乡·魅力蕉岭"采访报道。认真做好2016年《蕉岭乡音》的编辑出版工作，及时向港澳台同胞、海外侨胞传递蕉岭的发展变化。注重把蕉台两地共同关注的名人事迹宣传好，打好台乡牌，提升大美台乡的知名度，促进蕉台两地交流交往。经国台办批复，同意在蕉岭县抗日"三英杰"（丘逢甲、谢晋元、罗福星）故居设立海峡两岸交流基地交流示范点，交流基地示范点的设立，将有助于增进两岸交流，增强两岸民众的文化认同等方面，发挥重要作用；台湾著名画家罗秋昭回家乡在客家博物馆举办个人书画展，这次书画展首先是把祖父罗福星烈士的诗用书画作品的呈现，更好地宣传抗日英杰，让人们学习和弘扬烈士的精神。

【扶贫济困、兴教助学工作】 根据省、市推进新时期精准扶贫精准脱贫三年攻坚的部署，该局选派1名副局长进驻省定贫困村蕉城镇湖谷村任第一书记，增强精准扶贫精准脱贫的帮扶力量，合力推进精准扶贫工作，全力帮助贫困村贫困户脱贫致富。争取省市侨务部门支持下拨专项资金扶持贫困归侨，为全县130户因自然灾害、突发性事件、家庭成员患重病或其他特殊情况造成生活困难的特困归侨家庭发放累计24.83万元的扶持资金。积极动员港澳台同胞和海外侨胞兴教助学活动，累计捐款200多万元。争取侨港蕉岭同乡会为20名考取大学的贫困学子发放10万元助学金。台胞、深圳添好实业有限公司董事长吴发彬先生为蕉岭中学捐赠价值130万元的多媒体电教设备、发放奖教奖学金10万元，同时为三圳镇中小学捐赠多媒体电教设备和发放奖教奖金30多万元，合计170多万元。 （王广城）

2016年蕉岭县民族宗教和外事侨务局负责人名录

局　长：张晋悦

副局长：陈仕荣　黄小文　陈振春

侨联工作

【服务侨胞，维护侨益】 2016年来，慰问困难归侨20多人次约3万多元；对去世的归侨，县侨联派员到其家中，慰问其家属，送上慰问金，一年共计13人，慰问金2600元，做到关爱归侨，情暖侨心。认真做好综治维稳及海外侨胞、归侨、侨眷的来信来访工作，帮助他们解决实际问题。受理来电来信来访10多次，回复率达100%，帮助他们解决实际问题。协助做好为华侨寻根问祖工作。截至2016年12月底，帮助他们实现认祖归宗的愿望20多宗。

【实施侨界助学行动】 县侨联争取市侨联支持，为蕉岭侨界困难家庭子女开展"侨界助学行动"，部分困难学生与侨企牵手对接。全年，共资助这类侨界困难学子 10 人次，约 3.5 万元。发动华侨捐资助学近 25 万多元，如印尼化工有限公司董事长、印尼梅州会馆会长陈志明在福岭村设立奖教奖学金，2016 年是陈志明奖学金颁奖仪式举办的第十个年头，在 2016 年高考中，新铺塘福岭村有 30 名学子凭借自己的努力，考取了 2A 以上的高等学校，他们分别获得了 2000 元的陈志明奖学金；还有汤建英、陈慧娜设立的奖教奖学金等。

【加强对外交流，凝聚乡情亲情】 5 月 28 日，县长陈伟明，县政协主席卢尧生，县侨联等相关领导陪同回梅洽谈投资项目的印尼化工有限公司董事长、印尼梅州会馆会长陈志明考察家乡新农村建设；9 月 14 日，县委常委，统战部部长刘仁忠，县教育局局长陈苑娜，侨联主席等陪同香港实业家朱润安、朱陈慧娜伉俪访问蕉岭县友邦小学；9 月 26 日至 30 日，侨联主席林晓红参加了由市侨联组织到惠州、中山、清远、河源市参观学习，学习借鉴兄弟市侨联在基层组织建设新侨工作，为侨服务等方面的先进工作经验和做法，切实提高侨联系统干部队伍素质，促进侨联工作上新台阶。10 月 3 日至 10 日，侨联主席林晓红参加市侨联组织出访印尼联情联谊工作，拜访大批社团和乡亲，特别是侨界重要人士，拓宽工作领域、增进乡情亲情。10 月 26 日，县委常委统战部部长刘仁忠，县侨联等相关领导陪同印尼万隆客属联谊会辅导主席、创会主席、梅州市侨联顾问黄裕琴，万隆客属联谊会主席、梅州市侨联顾问吴元昌，万隆客属联谊会副主席、梅州市侨联顾问徐晋鸿率领的访问团一行，到蕉岭参观访问及寻根会亲活动。通过对外联络和做好回乡华侨的接待工作，使更多的海外乡亲对家乡有更深的认识和了解，让更多的海外乡亲参与、支持家乡的社会和公益建设，助推蕉岭经济和社会发展。

【加强侨讯侨情传播】 通过《蕉岭乡音》、侨联网站、蕉岭“侨台之家”微信平台等，弘扬侨胞爱国爱乡的光荣传统，大力宣传世界长寿乡蕉岭的发展、变化和所取得的成绩，架设海外侨胞与家乡联系的桥梁，使海外侨胞第一时间了解家乡的情况，增进家乡情结，更好地为侨胞服务和为经济建设服务。

【加强侨联队伍建设】 一是加强理论学习，坚持正确的工作方向。县侨联严格执行党的各项方针政策，全面贯彻落实中共十八大和十八大三中、四中、五中、六中全会精神，抓好党员学习教育工作，今年紧紧围绕“两学一做“学习教育开展政治理论学习，不断增强党员的党性修养，不断提高党组织的凝聚力、战斗力。二是优化侨联干部队伍结构。县侨联按照《中国侨联章程》和有关规定，于 2016 年 10 月 30 日在蕉城顺利召开蕉岭县第九次归侨侨眷代表大会。大会选举产生蕉岭县侨联新一届领导机构，新组成的领导班子，更显年轻、更有活力、有更强的战斗力。 （汤锦元）

2016 年县归国华侨联合会负责人名录

主　席：林晓红（女）
副主席：古利红（女）

信访·接待·保密

信访工作

【概述】 2016年,全县信访总量1123件人次,同比下降10.6%;群众到市上访41批94人次;群众到省上访23批33人次;进京上访3批3人次。

【信访工作制度不断健全,领导接访活动扎实开展】 严格执行《蕉岭县关于加强信访工作和维护社会稳定的若干意见》等文件,着力推进信访工作重心下移,确保"小事不出村、大事不出镇"。全年,县党政领导定点接访群众58批313人次,下访接访群众145批293人次,推动90多宗信访问题的有效解决。

【网上信访成群众反映诉求的主要渠道】

积极推进"互联网+信访"工作模式,专门配备网上信访工作所需的电脑、打印机、复印机和扫描仪等设备,使网上信访信息系统成为群众可查询、可跟踪、可评价的信息平台。全年网上信访共受理群众来信989件,占全县信访量的87.6%,按时办结率达99.7%,回复率100%。网上信访已经成为群众反映问题的主要渠道。

【加强督查督办,着力推进"事要解决"】 着力加大信访工作督查力度,县委书记温向芳亲自批示将6宗县领导包案的信访突出问题纳入县委督查室督办,全程跟踪信访突出问题的办理情况。县信访联席会议办公室不定期到各镇、县直有关单位开展督查,重点跟踪、督查初信初访的办理情况,以及"案结事未了"信访事项的办理情况,着力将矛盾纠纷化解在萌芽状态,解决在基层,全力减少信访存量和信访积案。全年共督办信访案件67宗,其中电话督办41宗,现场督办26宗。

【信访信息全面入录】 高度重视信访信息录入系统工作,进一步增强责任意识和担当精神。按照应录尽录的原则,将新增来信来访、网上信访事项逐件录入系统,优化完善功能,确保数据交换及时、顺畅、稳定,做到系统数据全面、准确、客观。全县共录入信访信息150条。

(黄金顺)

2016年县信访局负责人名录

局　长:涂政平(5月离任)
　　　　林威(5月任职)
副局长:肖玉华(女)　赖荣新

接待工作

【概述】 2016年,县委接待科坚持有利公务、创新特色、厉行节约的原则,突出"服务政务、服务经济、服务客商"的主题,上下一心、精心组织、周密安排、热情服务,圆满完成了各项接待任务。全年共接待省市领导、重要客商、新闻媒体、专家学者来宾共500多批共12000多人次。完成全省农村人居环境综合整治工作(粤东粤北)现场会等多场大型会议和重要活动的接待工作。

【厉行节约抓接待】 严格按照《党政机关国内公务接待管理规定》《广东省党政机关国内公务接待管理办法》《梅州市党政机关国内公务接待管理实施意见》等有关文件要求,大兴厉行节约、反对浪费之风,对接待工作实行统一领导、统一管理、统一标准、统一报批程序,规范接待行为,无公函的公务活动和来访一律不予接待,公务活动结束后如实填写接待清单,使接待工作更加规范化、制度化。

【创新特色抓接待】 一是丰富接待工作内涵,宣传推介蕉岭。凸显客家文化内涵,把宣传推介蕉岭贯穿到整个接待任务中,在接待手册等相关用品上反映蕉岭优美的生态环境、厚重的人文历史和最新的改革发展成果,力求为宾客呈现蕉岭最美的一面,打造蕉岭特色公务接待品牌。二是融合长寿元素,挖掘特色饮食。依托蕉岭浓厚的长寿文化,研究挖掘独特的长寿饮食文化,制定出一套具有蕉岭特色、绿色养生的公务接待食谱,主打竹稻米、红米、淮山、冬笋、黑花生等长寿绿色食品,让客人吃出美味、吃出营养、吃出健康,极尽彰显浓郁的蕉岭长寿文化。

【整体联动抓接待】 注重建设统一协调的工作机制,积极推进与各部门、各接待单位的协作联动,推行集中统一的接待工作管理模式,用科学的机制搭建起和谐接待的桥梁,努力构建"大接待"格局,打造全县联系紧密、运作顺畅的接待服务体系,形成重大会议、重要活动的接待工作协调会制度日趋完善,部门协作更加紧密,任务落实更加顺畅的良好局面。

(李文杰)

2016年县委接待科负责人名录

科　长:张　慧

副科长:彭晓燕(女,3月离任)

李文杰(3月任职)

保密工作

【强化保密宣传】 通过召开县委保密委员会全体会议,传达贯彻保密工作会议精神。5月25日,蕉岭县召开了县委保密委员会全体会议,会议的主题是传达贯彻上级保密工作会议精神,听取2015年全县保密工作情况,审议通过《中共蕉岭县委保密委员会2016年工作要点》。会上,县委副书记、县保密委主任张利民作了重要讲话,张利民要求,各单位、各部门必须切实增强忧患意识和敌情观念,从维护国家安全和利益的高度,充分认识加强新形势下保密工作的极端重要性和紧迫性,时刻绷紧保密这根"弦",全面做好新形势下的保密工作。要始终坚持防范为主的原则,从完善制度和强化措施入手,着手解决好保密工作中存在的突出问题,有效消除泄密隐患和堵塞泄密漏洞,坚持杜绝泄密事件的发生。会后,各成员单位迅速传达贯彻此次保密委会议精神,制订计划,部署工作,采取有力措施确保保密工作任务顺利完成。

通过全县纪律教育学习月活动,开展保密法律法规学习宣传。据统计,全县保密宣传教育活动月期间共办保密宣传栏42个,召开座谈会、学习会18场,播放录像片12场(次)。与此同时,还做好通联工作,积极向省、市保密部门报送工作信息,征订2017年度《保密工作》杂志83份。

通过党校教育、"七五"普法阵地开展保密教育培训。继续在党校积极开展保密教育课,针对不同班次培训对象的具体特点,确定内容。2016年,该局宋继平局长在县工商局、县公安局、人民银行等部门作《认清保密形势,增强保密观念》的专题保密教育课,起了很好的宣传教育作用。该局继续与县普法办公室合作,通过年度普法考试融入保密法内容，达到了以考促学的目的。通过党校教育、“七五”普法阵地这个平台，积极开展保密教育培训，不断增强党员干部的保密意识，帮助其掌握保密知识和保密技能。

通过举办蕉岭县保密形势报告会暨涉密人员保密管理培训班加强保密宣传教育。7月7日，蕉岭县举办保密形势报告会暨涉密人员保密管理培训班，会议由县委办主任、县委保密委员会副主任古远基主持，会议专门邀请梅州市国家保密局局长陈益明作保密形势专题报告，梅州市保密技术检查中心主任林兴楠作涉密人员保密管理相关培训。全县各镇各单位保密干部和部分涉密人员共120多人聆听报告并接受培训，切实掌握了解保密相关知识，提高对保密工作重要性认识，增强保密工作的责任心。

【增强保密能力】 加强计算机网络保密。管理认真贯彻落实新《中华人民共和国保守国家秘密法》关于进一步强化对计算机网络的保密管理等相关规定。2016年，该局不定期对全县涉密计算机及网络进行抽样检查，督促各涉密单位对涉密计算机加强管理，对检查中发现的各种有害网络病毒进行查杀。对各涉密单位的非涉密计算机及网络也不定时进行抽样检查，及时指出网络存在的各种风险和隐患，以确保各涉密单位网络安全保密。

加强现有保密技术装备管理。2015年，该局对县直5个单位7台涉密计算机安装了“三合一”防护软件。2016年，该局加强对现有保密技术装备的管理，切实提高保密要害部门、部位，涉密网络、涉密单机的技防能力，做到涉密信息与非涉密信息的有效隔绝，确保计算机及其网络的运行安全。

继续抓好涉密文件、资料的保密管理。按照“掌握接收份数、弄清清退份数、查处失泄密案件”的要求，认真搞好各类文件和资料的清退销毁工作，确保所有涉密文件、资料得到安全处理。

【加强依法行政】 开展全县保密大检查。2016年7月、8月，在全县各机关、单位开展保密自查活动的基础上，市、县保密局抽查10多个单位。通过此次清理检查工作，该局针对暴露出的薄弱环节，督促各单位进一步完善相关制度，建立长效管理机制。一是加强网络失泄密防范工作，加大计算机网络保密的宣传教育力度，加深计算机、移动存储介质和网络管理。二是进一步组织各单位人员学习新《中华人民共和国保守国家秘密法》及保密工作基本知识，充分认识保密工作的重要性，增强保密观念。三是加强检查力度，对严重违规和泄密的，依纪依法严肃处理。

抓好各类考试保密工作。除确保高考、中考考试保密环节万无一失外，还在公开招考粤东西北国家公务员考试及我县公开招聘事业单位工作人员的考试中，主动采取积极有效的防范措施，与组织、纪委等部门通力合作，加强各个环节的保密管理，为考生创造一个公平的竞争环境，促进这些招考的顺利进行。

（陈　山）

2016年县国家保密局负责人名录

局　长：宋继平
副局长：陈　山

招商引资·综合政务服务管理

招商引资

【概述】 2016年,蕉岭县招商局坚决贯彻落实市委市政府关于进一步加快振兴发展工作会议的决策部署,利用本地人文、产业、资源等优势,紧紧依托“梅江韩江绿色健康文化旅游产业带”,以项目建设为中心,调整招商思路,拓宽招商领域,紧扣新型建材、长寿健康、总部经济、新电子等重点领域,多渠道全方位开展招商引资工作。2016年,新引进签约项目11个,计划投资总额59.8亿元,当年完成固定资产投资17亿元,11个项目均为落地在建项目,签约履约率达100%;增资扩产项目2个,计划投资总额9亿元,当年完成固定资产投资7.9亿元;引进项目关联度高、环保达标、税收贡献大、有核心竞争力,有效地推动县域经济发展。

【抓好大项目建设】 全力以赴做好文华新型建材项目、金奥长寿食品项目、皇马水泥增资扩产项目等工业项目的跟踪服务协调工作,实行招商项目全程无偿代办制度;积极主动对接“梅江韩江绿色健康文化旅游产业带“,对在建的景川长寿酒店、锦绣山河运动休闲项目、客家农夫现代园项目、三圳农业生态园等旅游项目派专人跟进,对反映的困难负责协调解决,确保项目月月有新进展,年度有新成效。

【抓好驻外招商工作】 招商产业队积极外出招商引资,围绕生态建材产业、生态长寿旅游产业、生态容纳型产业、生态宜居城乡产业等四大产业进行对外招商引资,2016年外出招商46批次278人次,保持常年在外驻点招商,对有产业转移意向的企业、客商一一拜访,充分发挥驻外窗口的作用,确保每个项目有对接有回访有跟踪,力争引进一批投资规模大、科技含量高、产业链条长的大项目。

【抓好外引内联工作】 充分发挥蕉岭有56万“三胞”和在外乡贤众多的独特优势,坚持走出去与请进来并举的方针,加强与“三胞”和外出乡贤的联络沟通,增进感情。2016年与上市公司深圳铁汉生态环境股份有限公司刘水董事长和中国工程院院士、省微生物研究所所长吴清平博士签订计划投资55亿元的大健康产业园战略合作协议,项目对发展长寿旅游养生产业意义重大,将成为百亿长寿产业的重要平台支撑。

(赖文彬)

2016年蕉岭县招商局负责人名录

局　长:钟礼海
副局长:傅新锋
副局长:汤通明

产业转移工业园

【概述】 2016年,广州南沙(蕉岭)产业转移工业园管委会坚决贯彻落实市委、市政府进一步加快振兴发展工作会议的决策部署,切实做好蕉岭县产业集聚地扩能增效工作,推动集聚地经济稳步健康发展,紧紧围绕省市县关于集聚地建设的目标任务，按照10平方公里的发展规划，以"一轴三组团"为发展格局，大力实施基础设施建设和重点项目建设，全力推动县域经济发展。2016年，蕉岭县产业集聚完成固定资产投资153996万元，同比增长43.4%；实现工业增加值66809.7万元，与2015年相比增速为2.2%；实现税收(全口径)22998万元，与2015年相比增速为25%；新增规模以上企业6家。

【完善基础设施建设】 集聚地采取PPP模式对蕉岭县产业集聚地进行基础设施建设，拟投资10亿元分期推进建设园区配套基础设施、高标准厂房、自来水厂、污水处理厂等，打造一流的工业集聚平台，为蕉岭工业经济发展打下坚实基础。按照分期建设目标，已投入1亿元，完成集聚地(北区)的整体规划设计，建成一条进园大道，两条环厂大道，完成水、电的增容建设，平整、储备工业园建设用地约600亩。

【开拓新的经济增长点】 一是采取"暖企行动"，加强服务企业。在政策、融资、服务等多个方面积极主动帮助企业解决实际困难，鼓励企业上规，产生新的经济增长点，2016年产业集聚地有6个新上规模企业。二是发挥优势、培育新产业。在抓好"新型建材"产业发展的同时，根据县委县政府发展两大"百亿"产业的规划，园区管委会充分发挥蕉岭"世界长寿乡"的品牌优势，全力打造另一个支柱产业"长寿养生产业"，改变单一的经济体系，寻求新的经济增长点，促使集聚地经济的稳定增长。2016年已动工建设的金奥水资源开发和长寿稻米加工项目，以及正在洽谈的铁汉生态健康养生产业园等项目，未来将成为经济发展的又一个亮点。三是优化产业结构，提高产品附加值。围绕蕉岭县传统水泥产业的基础，加大力度延伸水泥产业链，优化产业结构，提高产品的附加值。如推动宏基建材特种水泥的生产，加快嘉源精细化工等新型建材产业的建设等，促进新型建材产业的健康稳定发展。

【抓好项目建设】 全力抓好招商、抓好项目落地，促企业上马，尽快产生效益。在抓项目的过程中，主动出击、全力配合、全身投入，帮助企业尽快解决项目落户或建设过程中遇到的实际困难，给予企业一个舒适的投资环境。塔牌600万吨旋窑水泥生产线首期项目、金发纸业高档灰纸板生产线项目、逾世纪蜡制品项目、富钾矿业钾长石深加工项目、佰霖荧光制品二期项目等落地项目建设顺利开展。

【提升管理服务水平】 是以保安全稳定为目标，强化"红线意识"和"底线思维"，扎实推进安全生产工作，组织开展安全生产大检查等系列安全生产活动。二是加强对集聚地重点区域及周边环境的专项集中治理。通过实施绿化、亮化、美化、人文景观、治污等一系列工程，把集聚地建成环境整洁、风景优美、秩序良好、畅通高效的精品产业园区，促进全区品位整体提升。 (丘恺佳)

2016年广州南沙(蕉岭)产业转移工业园管理委员会负责人名录

主　任：曾祥志
副主任：潘俊强
副主任：郑海万

县综合政务服务管理

【综述】 2016年，县政务服务中心实体大厅共有进驻单位26个，进驻人员80人，进驻事项187项，办件量115486件；县级网上办事大厅进驻单位34个，进驻事项409项，全县网上办事大厅已办结总数44998件（其中县级办结30994件，镇级办结1007件，村级办结12997件），行政审批事项网上全流程办理率达77.01%，网上办结率达98.27%，20.88%的网上申办事项实现零次跑动；"12345"政府服务热线平台总派发工单数119件，无超时工单，按时办结率100%。回访工单数111件，回访群众满意数109件，回访群众综合满意率98.2%。群众反映问题主要集中在环保类问题39件占全年办件量的32.7%，消费类19件占15.9%。

【基层公共服务平台顺利验收】 全县1个县级公共服务中心、8个镇级公共服务中心和107个村(社区)公共服务站已全部建成投入使用，建立较为完备、规范、高效的基层公共服务平台，搭建更直接、全覆盖、常态化、制度化的普遍直接联系群众机制。一是严格按照有机构、有牌子、有办公场所、有办公设备、有制度、有人员、有系统、有经费"八有"的要求，设立县、镇、村公共服务机构，实现统一挂牌、统一配置。二是全面梳理面向群众的公共服务事项，确定县级服务事项187项、镇级服务事项66项、村级服务项目34项，对进驻公共服务中心(站)人员进行业务培训，提高政府办事效率和便民服务质量。三是将县、镇、村(社区)三级基层公共服务平台信息系统接入政务外网完善网络链接，实现县、镇、村三级网上办事服务的全覆盖。四是全部村(社区)服务站均配置自助办理终端机或自动服务区，为群众提供免费wifi，有效满足工作和群众服务需要，搭建村(社区)微信公众号，添加微信公众号后，群众即可通过手机查询各类信息。配备服务评价器和群众意见箱，公开收集社会各界意见，确保全方位监督来防治服务不到位问题，有效提升群众满意度。1月，蕉岭县基层公共服务平台经市级考核验收被评为"优秀"等次。5月，蕉岭县基层公共服务平台经省级考核验收被评为"优秀"等次。

【完成行政许可（公共服务）事项标准编制审核】 通过印发《蕉岭县推进行政许可和公共服务事项标准编制工作实施方案》，举办行政许可和公共服务事项标准编制培训，推动各镇、各单位按照《广东省行政许可事项通用目录(2016版)》及权责清单梳理及编制行政许可和公共服务事项标准。一是按标准规范事项名称、事实依据、服务对象、服务类别等基本要素；二是科学合理地减少申请材料，重点规范受理范围、申请材料、审批条件、办理时限等要素内容。通过细化量化"兜底条款"，为办事群众提供清晰指引，明晰量化"模糊条款"减少群众重复提交申请和到现场办理的次数。经审核，全县8个乡镇和38个单位完成509个行政许可事项、168个公共服务事项的标准编制工作。

（谢　冰）

2016年县综合政务服务管理办公室负责人名录

主　任：罗建阳

副主任：张裕美(3月离任)

　　　　杨淑云

　　　　陈贵平(3月任职)

党史·地方志·档案

党史研究

【完善“中央苏区丛书”蕉岭卷】 根据省、市党史部门对蕉岭县“中央苏区丛书”送审稿提出的意见，党史部门按上级的要求，对“中央苏区丛书”蕉岭卷，进行补充完善。

【推进党史二卷编纂工作】 蕉岭县党史二卷编纂工作于年底完成《中国共产党蕉岭历史》(1949.9—1978.12 年)初稿，全卷共有 4 篇，27 万多字。

【做好全县革命史迹保护工作】 2016 年，重点做好了红四军宿营地（蕉城陂角赖氏宗祠)环境整治工作，把红色元素融入新农村建设之中。

【推进党史其他业务的开展】 按照上级部门部署要求，党史部门积极开展“两学一做“实践教育活动，以学习教育活动促进各项工作的落实。一是做好党史进村工作。在纪念中国共产党成立 95 周年之际，党史研究室认真做好党史进村工作，在三圳九岭村举办党史画展的基础上，又在文福镇乌土村委，举办党史宣传画展，把该村大革命时期党的斗争历史及主要人物编写成画展，让更多的村民了解本县本乡本土革命前辈斗争的光荣历史，把红色元素融入新农村建设之中，增强基层党员的责任感和使命感，为新农村建设加油鼓劲。

二是抓好各类材料的报送工作。按照省委党史研究室关于“纪念社会主义制度确立暨中共八大召开 60 周年学术研讨会”征文通知。党史部门组织人员撰写论文，上报论文有《广东手工社会主义改造》及《谈习近平总书记“两个不能否定” 重要论述对社会主义认识论的贡献》2 篇，其中《广东手工业社会主义改造(蕉岭手工业社会主义改造之研究)》一文入选，作者王增新应邀参加省委党史研究室举办的论文研讨会。根据省委党史研究室推进广东原中央苏区资料库建设，党史部门还配合报送相关历史资料，并上报一篇题为《浅论蕉岭苏区精神的现代意义》的论文。

三是抓好《中国共产党梅州党史》二卷阅读校对工作。2016 年 1 月至 4 月，根据市委党史室的要求，县党史部门积极组织人力对《中国共产党梅州历史》二卷(上、中、下册)进行认真阅读，并对有关蕉岭内容的阐述进行认真校对，及时向市委党史研究室反馈阅读校对情况。

四是做好党史服务工作。充分利用原中央苏区政策，为其他单位提供历史资料和政策依据。

（何松发）

2016 年县党史研究室负责人名录

主　任：张辉明
副主任：丘　虹

地方志工作

【编辑出版《蕉岭年鉴(2016)》】 蕉岭县方志办按年鉴编辑出版方案每年出版一部的要求，过“一修、二改、三校”程序，层层落实保证编纂质量。初稿形成后及时召开年鉴编辑交流会,取长补短,做好补充与核实工作。同时,做好彩页认刊、制作工作。5月完成初稿编辑工作,至10月完成初稿的校对工作,11月送中国方志出版社完成终审并取得正式出版物书号,使蕉岭年鉴编纂出版工作上一个新的台阶。12月送印刷厂付印出版。依时出版发行《蕉岭年鉴(2016)》,走在全市前列。所刊内容为全县政治、经济、文化、和社会等方面的发展状况。设篇、章、节、目、及特辑、重要记事、等专刊,全书约43万字。该年鉴是中共蕉岭县委、蕉岭县人民政府组织编纂的一部地方综合年鉴,为各界人士了解蕉岭、研究历史、文化交流等提供丰富的信息资料;为各级领导进行科学决策提供翔实资料依据。

【蕉岭县地方志资料年报工作】 根据国务院颁布的《地方志工作条例》和《广东省地方志工作规定》《广东省地方志资料年报制度》文件精神,全面、客观地记载蕉岭县经济社会的发展情况,促进地方志资料收集和整理工作的制度化、规范化,为下一轮志书编修工作打下资料基础,为各级各部门和广大群众提供及时、有效的决策参考和信息服务。结合该县实际,2016年各单位应报2015年年报资料,至12月各部门报来材料95份完成90%任务,将继续收集审查材料。

【自然村落历史人文普查】 自然村落是人类聚居的最小单位,积淀着人类演进与发展的历史与文明。广东是中国历史上重要的移民区,中原及各地人士迁入这块土地聚居、繁衍生息,形成了各具特色的自然村落,创造了绚丽多彩、特色浓郁的岭南文化。自然村落保存的各种历史印记,是岭南文化的组成元素与丰富资源,是先人留下的宝贵精神财富。随着城镇化的快速发展,不少自然村落已经消失,自然村落中先人留下的印记也随之淡化、消失,村落历史文化的保护与抢救十分迫切。为保存好岭南文化的根,挖掘和弘扬优秀岭南文化,省委、省政府作出开展全省自然村落历史人文普查的重要决策。这是一项基本省情普查和浩大的文化工程,更是一件利及全省人民群众的善政和功在千秋的善举。为切实做好普查准备工作,制订可行的工作方案,推进蕉岭普查工作有序实施,5月11日在县委党校组织举办全县120位普查员参加的业务培训会,6月普查工作全面推开,12月各镇已经上交初稿材料104份。

【地情网站建设】 全力做好"中国·蕉岭"门户网站的内容保障工作和"蕉岭地情网"的建设,该年"蕉岭地情网"栏目设置10个,比率达到100%,县志一部,年鉴11部、短文1266篇、图片595幅,视频10部等地情资料。

【精准扶贫】 按照县委的安排地方志办公室挂钩省定贫困村长潭高陂村,接到任务后方志办领导高度重视抽出专人负责,至年底已经落村到户摸查确定贫困户,建卡立档工作也已经完成并且实现第一批12户的脱贫任务。

(陈　军)

2016年县地方志办公室负责人名录

主　任:张　福
副主任:林景昌　江萍英

档案工作

【馆舍建设】 针对蕉岭县档案馆舍建设不符合《档案馆建筑设计规范要求》的问题,为更好增加馆藏档案资源,确保档案安全保管,促进档案功能的拓展,该馆充分利用国家重点扶持原中央苏区县地区发展的优惠政策,该局(馆)主要领导多次向上级汇报建设标准档案馆的情况,争取有关部门的支持,新档案馆的选址已经得到县政府的正式批复,其他各项工作正在紧锣密鼓地开展中。在新馆设计中，确保能满足档案馆“五位一体”的功能要求，搞好馆舍建设。

【基础业务】 2016年，该馆的档案事业费有所提高，达到3元/卷。本馆共有419卷民国档案和288卷1953年土改时期的房产土地存根，合计707卷国家重点档案。2016年，抢救50卷国家重点档案，完成待抢救国家重点档案的1/6。全年共接收档案1343卷。至2016年，馆藏档案总量为87548卷186564件。

【保管利用】 全年累计接待利用档案人员680人次，利用档案372卷(件)，为上级决策、经济建设、编史修志、山林土地界址纠纷等提供有效的档案依据，获得社会各界的充分认可。制定政府公开信息查阅利用规定，对有需求的人们进行公开查阅，并及时接收本级政府各部门主动公开的政务信息。全年共接收政府信息公开55件。

【档案安全】 建立并严格执行档案的保管、保密、鉴定、安全保卫等各项工作的规章制度。馆藏档案一般不外借，如有特殊情况需要移出档案馆，严格履行一系列手续。查阅利用保密档案有特别严格的规定，要出具相关证件和证明材料，有专人全程跟踪。

【信息化建设】 档案馆与珠海泰坦软件系统有限公司深入合作，安装DARMS电子文档数据中心管理系统软件，建立局域网。档案目录录入、档案全文扫描工作有序推进。本馆累计完成档案目录录入37万多条，电子目录录入比例达到100%，完成档案全文扫描11万多页。

(江华丽)

2016年县档案局负责人名录

局　长：陈晋芳

副局长：徐洪杰　汤中辉

法　治

社会治安综合治理

【综述】 认真贯彻落实中央、省委、市委和县委的决策部署，敢于担当、主动作为，全力做好各项政法工作，为维护社会大局稳定、促进蕉岭振兴发展作出贡献。

【服务大局主动有为】 政法系统各单位自觉围绕蕉岭振兴发展大局，制订出台服务发展的实施方案，以服务重点工程和民生实事为抓手，主动提出法律意见建议，并加强协调配合，强势执法，着力打击破坏重点工程项目建设领域的违法犯罪行为，为项目建设扫清障碍；严厉打击阻碍蕉岭经济社会发展的各类犯罪活动，为蕉岭振兴发展保驾护航。

【社会政治持续稳定】 深入推进社会矛盾“5+3”专项治理工作，不断提升预测预警预防各类风险能力。全年共召开维稳研判会议12场，排查较大社会矛盾纠纷42宗，成功调处40宗，化解率达95%，基本把矛盾纠纷化解在基层、控制在当地。维护国家政治安全五个专项整治工作取得阶段性成效，积极争创无邪教县活动，深入摸排梳理掌握“法轮功”“全能神”等邪教组织的活动信息，做好对邪教组织的防范处置工作，依法打击邪教违法犯罪活动。

【平安建设卓有成效】 通过推进“平安细胞”建设、公共法律服务平台建设、提升社会治理服务平台建设等,不断夯实“平安蕉岭“建设的基础。公检法各司其职、密切配合,对涉黑恶涉枪、盗抢骗、黄赌毒,形成快侦快破,快捕快诉、快判快结的高效强势司法氛围,有效实现刑事治安警情下降,刑事发案下降,全年共立刑事案件521宗,破385宗。深入排查整治公共安全隐患,加强严重精神障碍患者救治救助和其他特殊人群的管控帮教工作,认真开展危爆物品、寄递物流清理整顿。

【基层治理效果明显】 积极探索完善镇级社会治理服务中心升级试点工作,全力推进“中心+网格化+信息化”,推动干部服务下沉,取得良好的效果。2016年,全县镇村干部累计走访群众4万多户(次),帮助群众解决生产生活困难1800多件,解决民生问题450多宗,代办事项一大批。社会治理服务中心(站)共调处各类矛盾纠纷2250件。全县8个镇办事大厅共接待前来咨询、办事的群众近3万人次,为群众办理、代理各类证件2300多项,镇村两级受理其他便民事项2500多件,群众办事办结时间比法定时限平均提速4倍以上。

【依法治县稳步推进】 全面启动“七五”普法工作,健全完善县镇村三级公共法律服务体系,大力推进一村一法律顾问、政府法律顾问等工作。扎实推进司法体制改革,法官检察官员额制改革顺利完成,公安、司法机关各项改革按计划推进,办案质量、效率和执法司法公信力进一步提升。县人民法院共受理各类案件1221件,审结1124件,结案率92.06%。检察机关共批准逮捕各类刑事案件61件77人,提起公诉114件139人。

【队伍建设全面加强】 深入开展“两学一做”学习教育,扎实推进全县政法系统全面从严治党和党风廉政建设,加强教育培训和实战演练,全年共培训政法干警130多人次,个人和单位均获评诸多荣誉,政法干警政治业务素质明显提高,纪律作风持续好转。 (钟剑文)

2016年中共蕉岭县委政法委员会负责人名录表

县委常委、政法委书记:徐　甦(10月离任)
县委常委、政法委书记:丘德俊(10月任职)
政法委副书记、县委维稳办主任:陈怀保
政法委副书记、县委防范和处理邪教问题领导小组办公室主任:谢志铭
政法委副书记、县综治办主任:邓小强
政法系统委副书记、纪委书记:钟剑文

法治政府建设

【加强依法行政组织领导】 推进依法行政、建设法治政府,重点在落实,关键在领导。成立由县长担任组长,县政府分管领导担任副组长,成员由县府办分管法制副主任,县财政局、县编办、县人社局、县发改和物价局、县统计局、县法制局主要负责人组成的领导小组,县法制局负责抓好工作落实。拟订《蕉岭县2016年依法行政工作要点》报县政府印发,对全年度我县依法行政工作进行整体规划部署,各项工作任务进行分解落实。

【坚持依法科学民主决策】 全面完善行政决策制度,贯彻执行《蕉岭县重大行政决策程序规定(试行)》《蕉岭县政府重大行政决策合法性审查制度》等制度,涉及房屋征收补偿、制定土地基准地价、政府定价、重点项目投资等重大事项均向社会公布、广泛听取社会公众意见,事前进行社会风险评估,严格按照《蕉岭县重大行政决策程序规定(试行)》落实听证,积极推进科学民主决策。积极发挥法制机构把关作用,贯彻执行《蕉岭县重大行政决策和行政规范性文件合法性审查工作规则》。坚持县政

府常务会以及重要的议事会议议题的合法性审查，所有政府合同、涉及法律问题的请示等一律经过法制机构合法性审查把关通过后才提交会议作出决议，确保政府决策的合法性、有效性。

【加强规范性文件管理】 贯彻落实《蕉岭县行政机关规范性文件管理规定》，完善规范性文件合法性审查机制，坚持有案必备、有案必审、有错必纠，县政府及县府办出台规范性文件前，均由法制局进行合法性审查。全年经过合法性审查的文件、请示、批复等共145件。全年没有发生因规范性文件存在违法事由，被本级人大或上级政府责令改正或撤销的情形。

【严格规范行政执法行为】 一是严格落实执法人员资格管理，积极开展行政执法人员清理工作，清理不符合资格的合同工1人，保留符合持证资格的执法人员625人；对新申领行政执法证的执法人员开展岗前综合法律知识培训考试；全年严格审核上报办理行政执法证167人次。二是起草制定《蕉岭县行政执法争议协调办法》，由政府法制机构牵头，依规定厘清各执法部门职责，杜绝踢皮球现象出现。三是强化蕉岭县行政执法单位依法行政考评，印发了《蕉岭县人民政府办公室关于印发蕉岭县2015年度依法行政考评方案的通知》，对蕉岭县行政机关2015年度依法行政工作落实情况进行考评。四是做好省政府和市政府对蕉岭县2015年度依法行政工作考评的迎检工作。2016年年初，省依法行政考评工作组、市依法行政考评工作组分别对蕉岭县依法行政工作情况实施考评，省、市考评工作组肯定蕉岭县依法行政工作取得的成效，同时指出工作中的不足，考评结果为良好等次。

【行政审批制度改革稳步推进】 把好行政审批制度改革法律审查关，改革工作涉及合法性审查的文件、事项，均经过县法制局合法性审查通过。一是全面审查权责清单工作，审查《蕉岭县人民政府关于公布县政府部门权责清单(第一批)的决定》，向社会公布25个县政府部门的各类权责清单事项6810项；审查《蕉岭县人民政府关于公布蕉城镇等8个镇权责清单的决定》，向社会公布镇级权责事项154项；审查通过对8个参公事业单位权责清单，并依规定向社会公布。二是审查《蕉岭县人民政府关于取消非行政许可审批事项的决定》，取消非行政许可事项11项；审查《蕉岭县人民政府关于调整蕉岭县行政许可事项的决定》，全县31个单位共317项行政许可事项目录，通过合法性审查。三是审查规范行政许可中介服务事项清理工作。审查通过《蕉岭县人民政府关于清理规范行政审批中介服务事项(第一批)的决定》，共清理16个县直部门涉及事项68项。

【提升领导干部和执法人员依法行政水平】

一是落实常务会议学法制度，组织2次常务会议学法，通过学法增强领导干部的法律意识和法治观念。二是扎实开展年度执法培训，对已经申领广东省行政执法证的执法人员，定期组织法律知识培训；举办两期全县行政执法人员法律知识培训班，培训学习《中华人民共和国行政处罚法》《中华人民共和国行政许可法》，并组织考试。三是加强法制工作人员专业培训，安排3名县政府法制工作人员分别参加市法制局组织的学习和专题培训，提高法制工作人员的业务素质和专业水平。

【全面推进法律顾问工作】 以政府法制机构为平台，设立政府法律顾问室，在县法制局挂牌。聘请有2名律师担任政府常年法律顾问，完成组建政府法律顾问队伍工作，由法制局负责法律顾问日常管理工作。

【抓好复议应诉工作】 继续坚持以事实为依据、以法律为准绳理念，认真做好行政复议、应诉工作。2016年度，本级受理复议案件2宗，其中1宗维持,1宗复议申请人撤回申请终止。市复议答复案件5宗，其中2宗驳回,1宗终止,1宗被撤销具体行政行为(有关当事人对撤销具体行政行为的行政复议决定不服,向法院提起诉讼，法院判决撤销行政复议决定),1宗确认违法。

行政应诉一审案件共8宗,其中2宗驳回原告诉讼请求,6宗驳回起诉;二审案件4宗,4宗未审结；最高级人民法院再审案件1宗,驳回再审申请。

【落实依法行政工作报告制度】 落实县政府常务会议听取依法行政工作汇报制度,县法制局向县政府常务会作了依法行政工作汇报。督促各个部门和各镇政府向县政府报告本单位法治政府建设情况。做好县政府向县人大、市政府作法治政府建设情况报告。

【完成了领导交办的各项任务】 积极完成领导交办的其他各项任务。为蕉岭县各项重点工作、重大事项提供优质法律服务,较好地完成领导交办的各项工作任务。 (陈金水)

2016年县法制局负责人名录

局　长:江庆昌
副局长:黄胜松

公　安

【综述】 2016年,蕉岭县公安局坚持以党的十八大精神为统领,按照“抓班子、带队伍、促工作、保平安”的总体思路,认真贯彻落实平安建设的部署,坚持问题导向,锐意创新进取,重科技、夯基础、实管理,强力推进社会治安防控体系建设;坚持情报导侦,合成作战,强力打击各类违法犯罪活动;坚持从严治警,强化执行,强力推进队伍纪律作风转变,全县呈现“发案更少,秩序更好,社会更平安,群众更满意”的良好局面,为蕉岭振兴发展和“十三五”规划开局创造更加平安稳定的社会环境。

【维护稳定】 完善维稳机制建设,全力维护社会政治稳定。一是全力做好维稳信息收集。采取传统与科技、网上与网下相结合方式,运用大数据平台,围绕重点领域、重点人员和群体,不间断地滚动排查,全方位收集;定期进行分析研判、预警和报送,全年预警率达100%;处理网上有害信息1800条，上报涉网络舆情16期,报送公安要情121期,全年未发生规模以上群体性事件,政治社会大局稳定。二是进一步做好应急处突工作。建立完善涉暴恐等各项应急工作预案,强化协同能力推演;加强处突队伍建设,向社会公开招聘30名特勤人员,进行封闭训练和管理,打造一支“拉得出、冲得上、打得赢”的处突队伍;强化培训,举办全局民警分期分批参加的群体性事件处置、网络舆情培训班4期民警286人,提高民警应急处置的能力和水平。三是进一步防范和打击邪教组织活动。积极配合党委政府做好对邪教组织的防范处置工作,依法打击邪教组织活动。四是积极化解矛盾纠纷。深化信访维稳长效机制,实行局领导包案制,做好化解工作;各派出所主动融入辖区镇社会治理平台建设中,积极开展矛盾纠纷的排查化解，确保无民转刑案件,无因处置不当引发上访事件。全年共排查化解各类矛盾纠纷362条;受理群众来信来访5件11人,上级交办19件,市县民声90件,办结率100%。7月14日,信访接待室被省公安厅评定为“全省公安信访窗口示范单位”。五是圆满完成各项安保工作。始终坚持预早谋划，主动作为,精心组织,周密部署,圆满完成全国“两会”等各项安保任务110多场(次),确保万无一失。

【打击犯罪】 2016年,进一步增强开展集中打击突出犯罪的责任感和紧迫感,深入开展打击“两抢一盗”、涉毒、涉电信诈骗、涉金融领域犯罪等突出违法犯罪“飓风2016”“秋风”“冬日”等各项专项行动,重拳打击犯罪分子的嚣张气焰,社会面整体持续向好,人民群众安全感不断提升。全年共立刑事案件521宗,破385宗,抓获犯罪嫌疑人231人,逮捕96人,移送起诉116起145人。打击整治涉毒专项行动方面,侦破涉毒案件23宗,刑拘17人,逮捕20人,查处吸毒人员176人,强制戒毒50人,社区戒毒61人;缴获毒品“冰毒”14963.17克,K粉561.86克,吗啡129.41克。打击治理电信网络新型违法犯罪专项行动方面,刑拘9人,举办宣传活动86场次,发放宣传资料30000多份。打击整治涉盗抢专项行动方面,共侦破涉盗抢类案件254宗,逮捕18人,起诉25人。打击整治涉金融领域犯罪专项行动方面,加大打击和预防工作,加强对非法吸收公众存款、集资诈骗等涉众型经济犯罪排查控制,深入开展宣传防范活动,营造宣传声势。同时,严厉打击八大类案件犯罪的力度,快侦快破,全年发命案2宗,破2宗,实现命案100%侦破目标。

【治安防控】 2016年,坚持以现代科学技术为引领,以基层基础建设为支撑,大力加强社会治安防控体系建设,全力提升社会治安防控的整体效能和社会治安治理精细化水平,实现对社会治安的有效防控,人民群众安全感和满意度大幅提升。一是大力建设智慧蕉岭“四个一”社会治理大数据综合应用平台。2016年8月,在县委、县政府的重视支持下,每年租费增加542万元,在原有“平安蕉岭”社会治安视频监控系统基础上,加建300个视频监控点,实现对全县107个村(居委)全覆盖。投入248万元建设城区智能交通管控和电子警察系统。在此基础上,再投入费用350万元,以警用wi—fi热点、手机侦码、智能感知网等实时动态信息采集为龙头,集社会治理信息采集、大数据分析研判与实战应用于一体的智慧蕉岭“四个一”(一个框架下建设、一个池子里汇集、一个平台研判、一个中心运作)社会治理大数据综合应用平台,该平台边建边用,大大提升公安科技实战能力,10月,该项目代表梅州市参加全省公安第二届粤警创新大赛进入复赛,荣获铜奖。全年提供情报信息19条,线索37条,破案80起。二是加大治安防控网络建设。建立城区常态化的治安巡逻和交通秩序整治,把警力摆在街头,动中备勤,网格布警,全面提高见警率和管事率,进一步挤压违法犯罪空间,提升群众安全感。建成市际、县际卡点各1个,逐步完善软硬件建设,10月起投入运作,加大对过往车辆、人员的查验,抓获违法犯罪人员10人,查扣物品一批。积极推进单位内部安全管理,促使落实人防、物防、技防。引导各村群防群治服务队开展巡逻等治安管控工作,构筑警民合力共创平安的良好工作格局。2016年7月至12月,刑事治安警情持续下降,其中10月份有10天零刑事、治安警情,11月份有13天没有刑事、治安警情。三是创新管理方式,提高治理水平。结合“飓风2016”“断流2016”等专项行动,开展出租屋、外来人口、特种行业、娱乐场所、校园周边环境等专项整治行动,强化源头治理工作。牵头做好严重精神障碍患者排查登记工作,“一人一档,一人一警”逐人落实稳控。交警部门积极开展道路交通安全管理,扎实开展城区交通秩序整治,加大对无牌无证、假牌假证、校车、农村客运等专项治理工作,营造安全、有序、畅通的道路交通环境。投入40多万元,在全县镇村(居委)设立“两站两员”,提前实现“两个100%”的目标,11月12日全市“两站两员”建设现场会议在蕉岭召开。全年查处交通违法行为32468起,发生一般以上道路交通事故9起,死亡8人,受伤7人,直接经济损失3100元,与上年同期相比分别下降25%、27.27%、69.57%、27.91%。落实派出所消防监督管理机制,强化消防安全检查,全年未发生伤人、亡人火灾事故。加大对枪支弹药、民用爆炸物品、剧毒化学品的安全管理,及时消除安全隐患,全年收缴枪支82支,破获涉枪案件10宗,查处非法储存、运输烟花爆竹案件4

宗6人,确保安全无事故。强化寄递物流安全管理工作,与全县8家快递经办点签订安全责任书,安装X光机8家,推动企业安全责任制落实。全年查处治安案件766起,处理违法人员745人,行政拘留252人,其中查处赌博案件74起374人, 逮捕7人; 涉黄案件6宗26人,逮捕1人;涉黑恶案件13起55人,判决10人。四是扎实推进"四项建设",深化公安改革创新。扎实抓好基础信息化工作,应采尽采,及时录入,对"一长四必"实行考核奖惩,每月通报, 全年共采集录入相关信息350000多条, "一长四必"考核全省排名前列。扎实抓好警务实战化工作, 建立110社会联动协作机制,着力建立快速接警、快速打击、快速处置等快速反应机制建设。全年,110接警台接电话17218起,其中有效警情6189起,指令处警6189起。大力加强基层基础建设, 全年投入共3700万元保障经费,为一线单位更新单警装备等必配装备和物品,购置4辆移动警务车;加快推进业务技术用房、看守所、拘留所、武警中队等项目建设工作,保证工程建设质量和进度。扎实抓好执法规范化建设,加强案件审核把关和监督,开展执法培训,规范民警执法行为。全年共开展专题讲座培训6场次, 参训民警260人次,开展法制宣传184场次,受教育群众30000多人次,民警无执法过错情况的发生。五是回应群众期盼,切实提高服务水平。推行"互联网+服务"服务平台建设,开展送证下乡、上门制证等服务, 投入80多万元在县行政服务中心门口设立24小时出入境、身份证自助办证大厅。同时,推动服务下沉、服务前移,努力为群众提供更加高效优质的服务。全年受理机动车注册登记1621辆, 年检机动车5243辆,换证6078人,办理户口900多人(次),制发居民身份证10000多张, 受理出入境申请材料18484人(次),其中护照3520人次,往来港澳通行证14060人(次);全局共为民办好事实事1860多件, 救死扶伤34人, 协助找回走失老人、小孩26人。

【队伍建设】 2016年,紧紧围绕上级对队伍建设的有关工作部署,坚持依法治警、从严治警、从优待警方针,大力抓好队伍建设,提高队伍建设正规化水平。一是坚持政治建警,不断提高队伍政治素质。扎实抓好"两学一做"、学习中共十八届六中全会等专题教育活动,多种方式深入广泛地开展学习党章党规,学习习近平总书记系列讲话精神。加强党组织建设,坚持"三会一课"和中心组理论学习制度,创建学习型党组织,坚定理想信念,严明政治纪律;认真抓好党委落实党风廉政建设责任制党委主体责任,制定责任清单,签订责任书286份;按照"三个必训"制度的要求,开展各类培训,提高民警的业务素质。二是坚持从严治警,切实提高队伍纪律作风建设。深入开展纪律作风建设活动,以对照查摆为切入点,以整改突出问题为重点,以完善长效机制为抓手,建立督察、巡查和定期通报等系列制度, 全年共发现问题143条,发督察通报23期、督察通知书19份、督察建议25条,诫勉谈话3人,推进纪律作风的转变和警令、政令的畅通。三是构筑警心工程,树立队伍正能量。坚持文化育警、文化塑警、文化强警,开展文体活动,营造"工作是团队,生活是家园"浓厚氛围,不断提升文化软实力。落实惠警措施,关爱民警,局党委想方设法筹措资金,加大对派出所办公、办案经费的投入,保证正常运作。坚持执行看望慰问、体检、年休假等制度,关心民警身心健康。做好表彰奖励和典型选树, 收集总结队伍中的好人好事,及时宣传一批亲民、爱民、为民的先进典型,树立人民警察为人民的良好形象。按时发放民警警衔津贴,增加绩效考核金,解决民警后顾之忧,不断提升队伍的凝心力和战斗力。

(王广文)

2016年县公安局负责人名录

局　长:温健忠(6月离任)
　　　　张茂欣(6月任职)

政　委：张永忠
副局长：赖仕锋　黄　戈　徐东航　刘青泰

检　察

【概述】 2016年，县检察院深入学习贯彻中共十八大和十八届三中、四中、五中、六中全会精神，以执法办案为中心，以深化检察改革为动力，强化法律监督、强化自身监督、强化队伍建设，全面开展各项检察工作，为加快蕉岭全面建成小康社会提供有力的司法保障。

【围绕中心，服务发展大局】 牢固树立平等保护理念，在县洋臣木制品有限公司等3家非公有制企业设立检察联络点，通过开展送法"进企业"等活动，为非公有制企业提供优质高效的法律服务。围绕县镇换届选举工作，加大预防宣传力度，派出干警到8个乡镇上法制课，在全县107个村（居）委会设立法律宣传栏，营造风清气正的换届选举环境。开展"一镇一检察官"活动，安排8名业务部门主要负责人分别挂点全县8个镇，协助解决阻碍当地经济社会发展的相关问题。扎实做好新时期"精准扶贫、精准脱贫"工作，院班子成员与挂钩村村"两委"班子共同完成帮扶项目工作方案，并拨付帮扶资金支持美丽乡村建设等。

【打击犯罪，维护社会和谐】 发挥批捕、起诉职能，依法打击黑恶势力、严重暴力、多发性侵财等犯罪。2016年，共受理公安机关提请批准逮捕案件82件115人，批准逮捕61件77人；受理公安机关和本院自侦部门移送审查起诉案件127件158人，提起公诉114件139人。探索开展涉案精神病人强制医疗工作，对2名有继续危害社会可能的涉案精神病人申请强制医疗，获法院支持。严格落实检察长接访制度、信访案件首办责任制等信访维稳制度，建立健全检察远程视频接访、国家司法救助等工作机制，增强信访问题化解的公信力。共受理群众来信来访19件21人（次），均作妥善处理。深入开展未检工作推进年活动，挂牌成立未成年人检察工作办公室，实行"捕诉监防"一体化的未成年人刑事案件办理机制。加强社区矫正法律监督，对127名社区矫正人员的执行情况进行监督，防止社区服刑人员脱管漏管。

【惩防并举，推进反腐倡廉】 大力查办贪污贿赂、渎职侵权等职务犯罪，深入开展惩治和预防惠农扶贫领域职务犯罪专项工作，全力营造风清气正的政治生态。2016年，共依法立案侦查贪污贿赂案件6件6人，渎职侵权案件2件2人，通过办案为国家和集体挽回经济损失1490多万元，其中，依法立案侦查惠农扶贫领域职务犯罪案件4件4人，有力地保障惠农政策落实到"最后一公里"；1宗案件获评全省检察机关反贪部门"优质案件"，反贪局被市检察院荣记集体三等功，3名自侦干警获市检察院表彰奖励。把预防职务犯罪放到与查办职务犯罪同等重要位置来抓，结合办案，深入开展个案预防、系统预防和专项预防。共提供行贿犯罪档案查询882次，开展预防调查5次，提供预防咨询60次，选派预防干警到相关单位上法制专题教育课32场（次），受教育人数1800多人。

【强化监督，维护司法公正】 紧紧围绕人民群众反映强烈的执法不公、司法不严等问题，加强立案、侦查、审判等环节的监督。共不捕31人，不诉12人，退回补充侦查10件16人，提出量刑建议64件65人。强化刑罚执行和监管活动监督，检察收押228人，出所177人，依法对6名无继续羁押必要的犯罪嫌疑人向办案部门提出变更强制措施建议。扎实开展民事行政检察工作，办理民事行政监督案件1件，监督、协助法院开展民事执行案件3件。进一步拓宽案件监督管理工作模式，全面上线运行电子卷宗系统，提高办案效率，方便律师阅卷。

【深化改革,提升司法公信】 积极主动、平稳有序地实施各项检察体制改革,做好二批次入额检察官选任工作, 顺利选任出 14 名入额检察官;稳步做好司法责任制、人员分类管理等各项改革的落实,初步明确检察官职责权限划分和权责清单,并结合现有内设机构架构及人员组成情况,初步完成检察官办案组组建。加大案件信息公开力度,公开法律文书 83 份,发布重要案件信息 10 条, 提供案件程序性信息查询 148 条, 受理网上辩护与代理预约 13 人(次)。大力开展检察新媒体建设,在已开通官方微博的基础上,开通微信公众平台和新闻客户端,提升检察机关影响力。加强与人大代表、政协委员的沟通联络, 主动邀请人大代表、政协委员参加观摩公诉出庭、"检察开放日"等活动,进一步接受外部监督。

【学教结合,加强队伍建设】 深入开展"两学一做"学习教育,通过举办专题党课、"党章党规党纪"知识测试、主题征文和演讲等活动,强化干警对党的理想信念和廉洁执法自觉性,引导干警争当"四讲四有"合格党员。把文化育检工作和学习培训工作结合起来,鼓励干警参加学历提高教育, 组织干警参加各类学习培训 800 多人(次),选派青年干警到省检察院参加以案代训, 提升干警的业务水平和综合素养。始终坚持从严治检,层层签订党风廉政建设责任书,与干警家属签订《"廉内助"责任书》,积极开展纪律教育学习月、检务督察等活动,确保检察队伍不出问题。共有 5 个集体,14 人(次)干警获省、市、县级表彰奖励。(陈婷婷)

2016 年蕉岭县人民检察院负责人名录表

党组书记、检察长:蓝　海
党组副书记、副检察长:谢运新
党组成员、副检察长:丘文军
党组成员、副检察长、反贪局局长:杨　文
党组成员、纪检组组长:张世祥
党组成员、政工科科长:徐卫斌
党组成员、侦查科科长、反贪局副局长:温国常

法　院

【综述】 2016 年,蕉岭县法院认真贯彻落实中共十八大和十八大六中全会精神, 牢牢抓住"公正司法、司法为民"的主线,深入推进各项工作,充分发挥审判职能,维护社会公平正义,促进社会和谐稳定,为加快蕉岭全面建成小康社会提供了有力的司法保障。全年共受理各类案件 1221 件,结案 1124 件,结案率 92.06%。

【审判工作】 一是认真开展刑事审判工作,严厉打击各类刑事犯罪。受理刑事案件 116 件 141 人,结案 116 件 141 人,结案率 100%。其中,审结被告人练光珠利用邪教组织破坏法律实施罪等一系列具有较大影响的案件。坚持贯彻落实量刑规范化改革,坚持"罪刑法定"原则和"宽严相济"的刑事政策,判处罪犯 141 人,其中五年以上有期徒刑 6 人,重刑率 4.26%;判处缓刑 59 人,非监禁刑适用率 41.8%。加强未成年人审判工作, 审结未成年人案件 3 件 6 人,强化未成年人司法保护,为 4 名未成年被告人指定辩护律师,对 6 名未成年罪犯的犯罪记录进行封存。二是精心开展民商事审判工作,维护经济稳定和社会和谐。牢固树立司法保障民生意识, 全面加强民商事审判工作,维护经济秩序。受理民商事案件 698 件,结案 659 件,结案率 94.41%,诉讼标的 1.02 亿元。全力推进小额诉讼制度贯彻实施,审结小额诉讼案件 13 件。受理破产案件 3 件,其中,审结 1 件金丰水泥厂破产案。坚持"调解优先,调判结合"的原则,妥善处理群众之间的矛盾纠纷,并充分发挥新铺、蓝坊两个人民法庭化解矛盾维护稳定的前沿阵地作用, 调解撤诉案件 307 件,调撤率 46.6%。为适应司法改革形势,推行大民事审判模式改革,进一步优化民商事审判

资源配置，拓宽民事法官办案思维。三是慎重开展行政审判工作，努力促进依法行政。注重依法保护行政相对人合法权益，稳妥审理涉及人民群众生产生活的征地拆迁、林权、土地、城建等“民告官”案件。受理行政案件5件，结案5件，结案率100%；依法审查并裁定准予执行行政机关非诉申请执行案件5件，推进依法行政。贯彻落实新行政诉讼法，践行“告官要见官”的规定，敦促行政机关负责人依法出庭应诉2件，促进行政机关负责人出庭应诉常态化。

【执行工作】 强化开展执行工作，切实维护当事人的合法权益。规范执行行为，健全执行机制，切实保障各方当事人的财产权益。受理执行案件397件，结案339件，实际执行率50.15%，执行标的到位率45.72%。完善网络执行查控系统，开展“双清双战“活动，活动期间累计办结存案131件、新案136件，发放执行案款98笔648.49万余元，清理执行存款250.84万元，发放清理存款238.84万元。强化公布失信被执行人名单制度，74名“老赖”信息被录入失信被执行人名单，其中15名“老赖”慑于信用惩戒履行义务；加强执行威慑机制建设，对2名拒不执行的被申请执行人采取司法拘留措施；加大强制执行威慑力，对3名有能力履行而拒不履行的“老赖”按程序依法追究刑事责任。做好执行和解工作，促使当事人和解执行案件21件，其中和解的贵州工班邓仕学等26人追索劳动报酬纠纷一案，为农民工追回劳动报酬30多万元，取得良好的法律效果和社会效果。

【能动司法】 坚持能动司法，充分发挥职能服务大局，服务蕉岭振兴发展。围绕蕉岭县委、县政府推进产业转移升级战略，积极稳妥审理好金丰水泥厂等破产案件。为推进城南新区和经济园区的开发建设，及时依法审结相关案件，解决相关法律问题，有力保障建设工程的顺利开展。在塔牌集团600万吨旋窑水泥生产线和油坑集团、皇马公司水泥生产线技改项目建设征地拆迁过程中，发挥了应有的审判职能作用。主动服务金融业健康发展，开展农信社、邮政储蓄等金融机构清贷专项活动，审结清贷案件128件，执结标的额1889.38万元。积极参与社会管理创新，与有关单位联合对缓刑人员、监外执行人员进行帮教、回访50人次，预防和减少重新犯罪。参与普法活动，派青年法官为学生上法制课4节，促进平安校园建设；参与法制宣传、法制教育工作，通过报刊、电台等媒体发表普法宣传稿件43篇、播出电视节目29条。延伸审判职能，结合审判执行工作实际，向有关部门和单位提出司法建议13条，反馈率100%，推动社会管理创新。

【司法为民】 坚持司法为民，落实便民利民措施。打造“一站式”诉讼服务中心，努力满足人民群众多元化的司法需求。更新立案大厅案件开庭公告电子显示屏，安装银行POS机缴费系统，方便群众诉讼。倡导使用诉讼文书电子送达，电子文书送达率14.17%。规范庭审秩序，保障庭审安全，5个数字法庭全面建成并投入使用。做好司法救助工作，成立司法救助委员会，关怀困难当事人，向19件21人次发放救助金额37.05万元。解决涉诉信访问题，接待并处理群众来访258人次，处理来信70件，网上信访答复48件，参加政法系统研办会24次，派专人到信访局联合办公接访24次，信访投诉率较去年同期下降1.39%。加强陪审员参审管理制度，充分发挥人民陪审员作用，陪审员参审案件108件。开通微信公众平台，坚持每周更新门户网站、微博、微信，发布各类信息300多条。加大裁判文书上网力度，连续2年实现裁判文书上网率100%。接受最有力、最具群众代表性的监督，走访人大代表120人次，邀请人大代表、政协委员“庭审观摩”2次20多人、座谈会2场20多人。

【法院改革】 扎实推进司法改革，持续推行立案登记制改革,真正落实"有案必立,有诉必理",从源头上解决"立案难"问题。贯彻落实好第二批司法改革的各项试点工作任务,根据中央政法委、省市两级法院改革试点相关文件和方案,结合实际,制定该院相关实施方案,推进司法责任制改革、司法人员分类管理改革。按部就班做好法官职务套改、法官入额、法院财物统一登记评估和工资省统发、法官单独职务系列等级确定、晋升等相关工作。经过入额法官遴选,第一批有12名法官经公示进入法官员额,并组建11个审判单元和6个相对固定的审判团队。向社会公开招聘书记员一批,并做好经费保障,推动审判组织模式的完善。

【队伍建设】 坚持作风建设,促进队伍素质全面提升。深入开展"两学一做"学习教育,党组成员带头讲党课,争做"四讲四有"好党员、好法官。召开全院干警大会、邀请县委党校高级讲师授课,学习贯彻十八届六中全会精神,研究部署贯彻落实意见,结合系统内的先进典型,进一步牢固树立党员干部的"四个意识"。坚持全面从严治党、从严治院,加强党性教育和道德教育,引导广大党员干警牢固树立社会主义法治理念。抓好法官业务素质建设,以岗位培训、能力培训为重点,结合审判实践开展"一素养三能力"培训,不断提高法官职业素养和庭审驾驭能力、裁判文书制作能力、法律适用能力。该院通过组织干警到厦门大学参加业务骨干培训、参加上级法院培训和视频培训,以及邀请上级法院法官授课培训等方式,做到教育培训全员覆盖。加强法官党风廉政建设,通过"廉政纪律教育月"等活动的开展,加强法官廉政意识教育,提高法官自我约束能力;落实领导干部党风廉政建设主体责任和监督责任,全院干警签订党风廉政建设责任书,约束干警不廉洁行为;做足做实抓早抓小工作,党组书记开展约谈6人次,班子成员约谈35人次,纪检监察、政工等部门约谈20人次,通过谈话提醒、咬耳扯袖,提高干警免疫能力;加强纪检监察和审务督察工作,建立健全监督检查和纪律保障工作机制,强化对干警廉政情况和审务工作的监督,全年开展综合审务督察12次。

(徐映珠)

2016年法院负责人名录

院　长:李苏明

副院长:刘建宏　马琼英(女)　柯彬(11月离任)

司法行政

【综述】 2016年全县司法行政工作深入贯彻落实中共十八届四中、五中、六中全会和习近平总书记系列重要讲话精神,以及中央、省委、市委、县委政法工作会议和全省、全市司法行政工作会议精神,紧紧围绕县委、县政府的工作中心,以构建公共法律服务体系为主线,以创建法治蕉岭、维护社会和谐稳定为目标,认真履行法治宣传、法律服务和法律保障职责,为全县经济发展和社会稳定作出贡献。

【法制宣传教育】 2016年是"七五"普法启动之年,法制宣传创新工作机制,强化普法效果,形式多样、亮点突出。一是制订规划。根据中央和省、市的部署和要求,结合蕉岭实际,认真研究制订法治宣传教育第七个五年规划,并以县委、政府名义印发。二是落实教材。及时编印"七五"普法学习资料一万多本,下发到机关、企事业单位、学校、农村。三是创新模式。运用法治文化公园、微信、楼宇显示屏等宣传模式进行法制宣传;全力打造"蕉岭普法网",精心建设普法网络平台,更新网页版面、内容。利用蕉岭法治在线栏目,在黄金时段进行每天一播。四是举办讲座。邀请海南省司法厅原副厅长张发同志到学校举办《播撒传统文化种子,扎下守规矩的根》专题讲座;组织"关爱明天普法先行"宣讲团成员到全县中小学校上法制教育课40多场次,举办法律讲座20场次,使2.2万多名在校中小学生普遍受到法治教育;组织律师向镇、村干部宣讲《中华人民共和国反家庭暴力法》。五是宣传咨询。利用"禁毒日""国土宣传日""环境保护日""消费者权益保护日""未成年人保护日""妇女权益保护日""预防未成年人犯罪宣传日"和"12·4"全国宪法日等扎实开展法治宣传活动。利用青少年法制教育阵地,开展"禁毒"、打击"六合彩"赌博、集邮巡展等多种形式的宣传活动。深入企业对全县企业管理人员开展安全生产法矿山管理法环境保护法食品卫生法等相关法律法规的培训教育活动。2016年,共出版法治宣传栏70多期次;印发"七五"普法读本10000多册,宣传资料4万多份;编写讲课教材12篇;到机关、乡镇、厂场、企事业单位、中小学校上辅导课40多场次,受教育人数达2.5万多人次;到各镇、场开展法律咨询8场次,法制文艺巡回演出10多场次,受教育人数1.6万多人次。开展普法电影百村行,受教育人数10多万人,通过丰富多样的宣传教育活动,进一步扩大普法宣传教育覆盖面,法治宣传教育取得良好的社会效果。

【人民调解工作】 充分发挥人民调解在社会和谐稳定的第一防线作用,切实加强调委会的组织建设和队伍建设。除了抓好镇、村两级的集中研判制度以外,县局坚持每季度一次的矛盾纠纷集中研判制度,对司法所提交的疑难复杂案件在研判会中集中研判,由律师释法或提出建议,有效提高基层调解的能力和水平,得到市局领导的充分肯定。一年来,共受理各类矛盾纠纷1210件,调处率100%,调处成功1209件,调解成功率99.9%,开展大排查17次,排查各类矛盾纠纷168件,防集体上访9宗,无民转刑案件发生。

【安置帮教工作】 切实加强刑释解教人员网络管理系统建设,做好衔接情况的信息化登记,服刑人员信息录入率、核实率、反馈率达到90%,切实减少脱管、漏管现象,做到底数清、情况准、去向明,全年接收刑释解教人员120人,安置率和帮教率均达到100%。定期进行回访,了解回归刑释解教人员的表现情况和思想动态,协调各相关部门共同落实各项安置救助政策,开展多种形式的教育帮扶工作。协助做好重点人群服务管理工作。

【社区矫正工作】 加强特殊人群的教育管控。进一步健全完善社区矫正信息管理、教育帮扶、评估考核、接收解除等规章制度。充分利用手机定位功能,强化对社区服刑人员24小时全天候监管,监管能力进一步加强。采取个别、分散和集中等形式,组织矫正人员学习教育和公益劳动,组织社区服刑人员学习教育和公益劳动1128人次。2016年,全县累计接收社区服刑人员74人,累计解除社区矫正86人;当前在管社区服刑人员133人,其中缓刑128人,假释5人;无脱管、漏管,无重新犯罪现象发生。对因违反日常监管行为的1名社区服刑人员依法向法院提出建议撤销缓刑,收监执行,法院已采纳。

【公证工作】 全县有公证处1所,公证员2名,辅助人员1名。组织公律人员参与重大项目建设和重要工作的推进。如律师参县党政领导接访,组织公律人员参与城南新区建设、城区"三旧"改造、塔牌600万吨生产线等重点工程征地拆迁工作,为政府出谋划策,协助起草法律文书,提供优质服务,发挥保驾护航的作用。2016年,公证处共办理各类公证466件,其中国内民事公证291件,涉外公证2件,涉港澳台公证173件,没有发生办假证错证案件现象,为全县经济社会发展提供良好的法律保障。

【法律服务工作】 围绕蕉岭县"两区两业"发展战略,不断强化服务职能,突出抓好两项工作。一是积极组织开展"一村(社区)一法律顾问"工作。进一步加大村(社区)法律顾问工作的宣传力度,省司法厅专门组织摄影组拍摄村(社区)法律顾问公益宣传广告,县司法局也通过印制宣传海报、利用楼宇显示屏开展宣传等方式,不断扩大村(社区)法律顾问工作的知晓率和参与率。切实加强村(社区)法律顾问工作协调指导和督促检查,确保律师履职到位、司法所协助到位、村(居)配合到位,真正为基层群众提供方便、快捷、优质、高效的法律服务。2016年,全县村(社区)法律顾问共为村(社区)干部及村民解答法律咨询1590人次,审查、修改合同188份,出具法律意见书6份,代写法律文书65份,调解民间纠纷81件,上法治课及法律培训423场次,取得良好的效果,得到镇村干部和群众的普遍好评。二是推进公共法律服务平台建设。一方面抓好公共法律服务中心硬件建设。严格按照省司法厅文件要求,进行规范化建设,全面完成县公共法律服务大厅软硬件建设;镇法律服务中心、村(社区)建立法律服务工作站全面挂牌运作。为实现全民均等普惠、优质便捷、可持续的法律服务创造优质条件。另一方面抓好软件平台建设,编印司法行政工作手册下发到各镇、村,建立健全法律顾问工作日志、工作台账制度和信息反馈制度,做到一村一卷,一事一记,一次一记,按照规范要求对法律顾问的工作情况由司法所按月统计上报,方便监督检查。

2016年,青松律师事务所、桂岭律师事务所、公职律师事务所共代理各类诉讼案件45件、代写法律文书13份、担任法律顾问27家(不含村(居)法律顾问)、义务解答法律咨询351人次。

【法律援助工作】 认真贯彻落实《广东省法律援助条例》,进一步降低法律援助门槛,扩大法律援助范围,积极为困难群众、特殊案件当事人依法提供法律援助。全年,办结刑事案件12件,民事诉讼案件12件,民事非诉讼案件58件(其中调解25件、和解30件、终止提供3件),各类法律咨询一百多件,实现符合援助条件的案件100%受理。全年办理法律援助案件的数量、质量、结案率、台账、案件入网登录等各项工作指标都完成任务,达到全省法律援助工作规范化要求。按照省司法厅关于加快推进法律援助服务窗口建设的通知要求,投入10多万元,全面完成服务窗口规范化、标准化建设,为提升法律援助水平创造条件。

【基层基础建设】 2016年,县司法局加大硬件建设,筹集资金维修办公楼,添置办公设备,改善基层所的办公条件和办公环境。招录2名公务员充实到基层司法所工作,推进司法助理员队伍建设,最大限度地解决基层司法所人员短缺的问题。

【队伍建设】 一是加强政治理论学习,扎实开展"两学一做"学习教育。制订学习计划,以学党章党规、学系列讲话和习近平总书记对新形势下加强政法队伍建设、司法行政工作的重要指示精神为重点,以学促做,边学边改,促使全体党员立足岗位、勇于担当、建功立业。二是深入开展党风廉政建设和反腐败斗争。2016年,共开展2次党风廉政建设专题会议,贯彻落实中央、省、市、县各级领导机关关于加强党风廉政建设和反腐败斗争会议精神,要求全体党员干部务必遵守廉政各项规定,树立正确的世界观、人生观、价值观。三是加强对外宣传,做好司法公开,提升司法行政形象。继续加大对司法行政工作的宣传力度,通过梅州日报、司法信息、普法网络等媒介多方位、多渠道宣传司法行政工作,使广大群众进一步了解司法行政工作,进一步树立良好的机关形象。2016年,夏新明被广东省司法厅记司法行政系统"个人二等功"一次。

(徐秋燕)

2016年县司法局负责人名录表

党组书记、局长:夏新明
党组成员:林忠平

党组成员、副局长:林建平
党组成员、副局长:李忠福(女)
党组成员、政工办主任:黄敬明

普法教育

【概述】 2016年是“七五”普法的启动年。全年，全县下发《蕉岭“七五”普法学习资料》10000册及部门专业法律法规等宣传资料10多万份(册),各级各部门共举行了200多场的法制宣传教育活动，出墙报专栏600多期次，悬挂横额张贴标语10000多条(张),广告1000多条次;举行法律知识竞赛、有奖测试、挂图展出、法规政策宣传咨询90多场,林业、环保、工商和质监等部门出动执法人员及普法宣传车1000多人次,举办法制教育培训8000多人次,召开法制教育座谈会10多场，举行法律讲座10多场,法制副校长及普法辅导员、普法宣讲员举行法制辅导课200多场,全县具有接受能力的公民相继受到不同程度的普法教育。

【“七五”普法启动】 表彰先进。年初(2月份)县普法领导小组对“六五”普法工作成绩显著的21个单位和48名个人给予通报表彰。蕉岭县7个集体、7名个人获市表彰,为“七五”普法的启动提供精神动力。开展调研。县普法办扎实开展“七五”普法调研,及时撰写报送调研材料,为省市制定“七五”规划提供有力的参考材料。县普法办参与、配合县人大常委会组织的普法调研,为该县“七五”普法规划的制定和人大决议奠定基础。制订规划。为明确全县的“七五“普法工作方向,县委县政府向全县下发《关于批转〈蕉岭县第七个五年法制宣传教育规划〉的通知》(蕉委发〔2016〕87号)。作出决议。县人大常委会在县委县政府下发“七五”规划后，作出《关于继续抓好法制宣传教育的决议》,为做好“七五”普法工作起到强有力的监督作用。落实经费。为使“七五”普法启动有序开展，县财政想方设法地保证年度普法经费，确保正常开展日常普法活动。制订年度计划。县普法领导小组于3月初向全县下发《蕉岭县二0一六年度普法工作实施计划》(蕉普字〔2016〕2号),使全年工作有条不紊。成立“七五”普法宣讲团。根据“七五”规划部署,县普法办组织成立“七五”普法宣讲团,为“七五”规划的贯彻实施奠定坚实的基础。

【法律六进】 一是法律进机关、单位,加强领导干部、公务员学法用法。全县建立各级党委中心组学法制度，进一步完善学法讲座制度，县委县政府全年举办多期领导干部法制讲座;把法治教育列为党校必修课,纳入干部教育培训总体规划;实行公务员晋升依法行政考核制度,加强对领导干部任职前法律知识考查和依法行政能力测试;实行宪法宣誓制度,凡经人大及其常委会选举或者决定任命的国家工作人员正式就职时应公开向宪法宣誓。县普法办年初发放《蕉岭“七五”普法学习资料(一)》,年末组织全县干部职工参加普法统考,以实现全面提高公务员法律素质为目标，较好地完成2016年对全县干部职工进行统一的学习、培训、考试。二是法律进学校,抓好青少年法制教育。县普法办与关工委、教育局等单位联合,组建青少年普法教育宣讲团,以“关爱明天,普法先行”为主题,在全县20多间中小学校巡回宣讲。县公安局组织指挥中心、刑侦大队和蕉城派出所民警于2016年6月24日到县镇平中学开展“反恐怖宣传教育进校园”活动。县安委办、教育、供电、邮政等部门联合开展安全用电知识“进校园·进万家”系列宣传活动。县公安局、教育局等单位联合,在全县中小学校举行主题为“无毒校园,阳光生活”的禁毒宣传教育活动。三是法律进农村、社区,抓好农民学法用法。县普法办根据年度工作计划于年初向全县1400多个村民小组免费发放普法学习资料,与文体旅游局联合组织开展“普法电影百村行”,在影前播放宣传与人民群众生产和生活相关的法律法规知识。人民银行蕉岭支行利用县汽车客运站8台农村公交线路车身广告宣传平台,开展金融知识暨打击电信诈骗宣传。县公安局组织指挥中心和基层派出所民警多次深入到乡镇集市开展防诈骗宣传活动。此外,县司法局选派优秀律师担任村(社区)法律顾问,通过开展一村(社区)一法律顾问工作,为村(社区)委、广大农民提供法律咨询、法律服务和法律援助等法律活动。四是法律进企业,促进企业经营管理人员学法。按照“谁主管、谁负责“的原则,依托蕉岭县企业法制教育基地,重点加强企业安全生产、诚实守信、维护职工权益等方面的法律法规的宣传。加大对民营企业主和管理人员为重点对象的普法力度,推动企业的法制建设和依法治理工作;加强对广大职工进行劳动和社会保障、工会及民主管理方面的法制教育,提高其合法维权的能力;坚持法制教育与诚信教育相结合,引导企业诚信守法经营。围绕外来工的守法和维权开展各种形式的普法活动。县工商和质监局按照“全覆盖、零容忍、严执法、重实效”的要求,组织执法人员对县内旅游景点、宾馆、酒店、商场等人员密集场所以及使用特种设备的重点行业、重点企业进行安全大检查。

【专题法制宣传】 全县各级、各部门以“三八”妇女节和“3·15”消费者权益保护日、“6·25”土地日、“6·26”国际禁毒日、“11·9”消防安全日、“12·4”法制宣传日等重大节日、纪念日、宣传周(月)为契机,开展形式多样的专题法律宣传活动,认真普及相关的部门法、专业法。如工商和质监、烟草、食品药品监管等20多家联合开展的“3·15”纪念活动;为配合“飓风2016“行动,县政法公安机关组织开展的多场宣传活动;县综治办和司法局等单位开展的综治宣传月活动;县工商质监局举办的“大接访“活动及相关法律法规的企业年检培训班以及“红盾护农“保春耕、保护“商标“专用权活动;税务部门的税法宣传月活动;县林业、烟草、计生制作的不锈钢法规宣传牌;县公安消防的“11·9”消防安全宣传;金融各行社联合开展的《中华人民共和国反洗钱法》宣传;食药监局摆摊设点宣传《中华人民共和国食品安全法》;为增强市民的国防观念和防空意识,县人防办试鸣试放防空警报;从11月中旬开始的“12·4”全国法制宣传日系列宣传活动等等。

【法治文化】 为充分发挥法治文化的引领、熏陶作用,该县把法治文化建设纳入现代公共文化服务体系,把法治元素纳入城乡建设规划设计,加强基层法治文化公共设施建设。如依托现有的镇山公园投入10多万元资金打造的法治文化主题公园。围绕构建蕉岭普法教育网,实施“互联网+法治宣传”行动,各级各部门充分运用互联网传播平台,加强新媒体新技术在普法中的运用,打造以报刊、电视、网络、手机客户端、广告宣传媒体为载体的法治宣传平台。

【普治并举】 强化法治理念。把依法治县工作纳入全县经济和社会发展规划、纳入党政重要议事日程,定期研究解决法治建设中的重大问题。县委、县政府聘请常年法律顾问,在各镇、县直部门和企业推行法律顾问制度,重大事项、重大决策、重大问题事先征求法律顾问意见,进行法律论证,运用法律手段管理经济和社会事务,有效提高运用法治思维和法治方式深化改革、推动发展、化解矛盾、维护稳定能力。推动法治实践。建立完善国家机关“谁执法谁普法”责任制,坚持把普法教育与党委、政府的中心工作、重点工程和重大项目建设紧密结合起来,充分运用法治手段解决发展中遇到的问题,促进全县经济社会平稳较快发展。把普法教育与开展人民调解、法律援助、公共法律服务紧密结合起来,把开展工作的过程作为向群众进行法治宣传教育的过程,使群众从亲身经历中学习法律知识,增强法律意识。把普法教育与平安建设紧密结合起来,切实提高群众的群防群治意识,预防和打击各类违法犯罪。

开展法治创建。在全县范围内扎实开展法治县、法治镇、法治单位、民主法治示范村、诚信守法示范企业等创建活动。各镇认真按照民主法治示范村(居)的创建标准,落实"四民主、两公开"制度。凡是村(居)的重大决策事项,村(居)集体收入、支出等情况都予以公开,让广大群众享有知情权、监督权,增加村(居)委会工作的透明度。 (赖冬梅)

2016年县普法办公室负责人名单

主　任:林忠平

经济

基础设施建设

交　通

【交通设施建设】　投入资金1.26亿元，稳步推进各项交通基础设施项目建设。一是稳步推进长潭麻坑至广福石蛇公路新建工程、红星至麻坑公路改建工程、镇山国家森林公园旅游环山公路、205国道(谷仓段)至扬子宫公路、X962金白线路面大修工程、公路安全生命防护工程建设项目、改造提升城区西堤公路美化等级工程、43公里的新农村公路路面水泥硬底化建设工程等8项重点交通基础设施项目建设。二是组织实施三圳大桥至九岭绿道新建工程、三圳电排至九岭综合开发基地公路改造工程、X019城新线1357平方米砼路面挖补工程及多处防撞墙、水毁护墙工程等一大批交通基础设施建设项目。

【公路养护管理】　以强化养护目标责任制管理为手段，坚持以“计量支付”的管理办法，抓好县道197.949公里、乡道704.274公里的经常性养护；以“优质服务、提升形象”为目标，加强日常巡查，依法治理侵占路产、路权和乱搭、乱建等破坏公路的违法行为，2016年累计出动巡查674人次，巡查204天，巡查里程10997公里；违法案件处理114宗。

【交通综合执法】　加大与交警部门联合执法力度，坚持源头监管与路面治理相结合、固定治超站点检测与道路流动稽查相结合的方式，重点开展对国道205线蕉岭境内、石窟河堤两岸公路超载超限运输车辆整治；加强水上交通执法，重点对长潭旅游区的渡口码头实行日常监督，确保船舶航行和游客安全，切实规范运输市场秩序，维护路产路权。2016年，累计出动执法人员3885人次，出动执法车船748车(船)次，立案584宗，结案584宗，结案率100%，缴罚金额102.93万元。

【交通运输管理】　加强运输市场管理，交通运输保障能力明显增强。继续抓好道路客运、驾驶员培训、维修行业的质量信誉考核工作；进一步规范驾培市场，做好异地经营的调查取证工作，联合交警加大对道路客运市场、出租车、危货运输、渡口码头非法营运行为以及车辆超限超载现象的进行治理整顿，圆满完成了春运工作任务。全县客运市场结构得到进一步优化，整体服务能力得到不断提高，实现县内运力运量相对平衡，客运市场运输矛盾有所缓解，运输秩序明显改善，市场活力明显增强。

【交通运输安全】　结合开展“平安交通”“平安蕉岭”等创建活动，着重抓好道路客运、危险品运输、公路桥梁和水上运输等重点领域，严格落实安全生产责任制和责任追究制度。抓好全县农村公路、桥梁和农村客运线路安保隐患排查工作，及时消除事故隐患，提高农村公路及桥梁通行安全性能。　(郭雪平)

2016年县交通运输局负责人名录

局　长：徐洪先(8月免职)
副局长：张远鹏　张运锦　李　芳(5月离任)
　　　　谢其才(5月任职)

2016年县交通运输系统党委负责人名录

党　委　书　记:徐洪先(8月免职)
副书记、纪委书记:钟广斌

2016年交通运输局综合行政执法局负责人名录

局　长:谢汉平

蕉岭汽车运输有限公司

蕉岭汽车运输有限公司隶属梅州市粤运汽车运输有限公司。现使用的车站于1996年建成并投入使用,占地7630.6平方米,建筑面积2320平方米。公司下设7个部门。公司现有职工279人,其中在册职工157人,退休职工122人,经营项目有旅客运输,汽车维修等。公司现有建制营运大小客车53台,其中大客车15台,中巴车18台,农客20台。现经营有蕉岭至广州、佛山、珠海、东莞、深圳、汕头、兴宁、平远、梅县等客运班线和文广福、南北礤、徐溪、新铺4条乡镇农村班线。安全行车里程613.14万公里;完成客运量29.88万人,客运周转量8796.81万人公里,做到收支平衡。

(傅传敏)

蕉岭汽车运输有限公司负责人名录

党支部书记:周炳煌
副 总 经 理:徐思宝　刘晓斌

公　路

【概况】 2016年,县公路局有干部职工199人(含收费站转岗24人),其中机关63人、道班52人,退休人员81人,临时工3人,共199人。下设政秘股、监察股、财务股、养护管理股、工程管理股、计划股、路政股、科技股(内设安全股)、征稽股、工会10个股室和红岌、步上、同福3个养护中心。全局养护总里程92.1公里,其中205国道42.1公里、省道50公里(S223线26公里,S332线24公里)。

【公路建设养护】 1. 全力推进205国道蕉岭县文福至新铺段21.3公里改建工程的配套工程建设。该项目在主体工程完成后,主要完成了亮化、绿化和标志标线等安全设施等配套工程建设。据统计,该项目完成投资2.606亿元。2. 加快推进完工未完成交(竣)工手续的项目2项:一是205国道蕉岭县文福至新铺段改建工程;二是205国道蕉岭县文福坑头至樟坑段路面改造工程。3. 以“迎全省公路检查”为契机,抓好预防性养护及中修工程。完成国省道混凝土路面挖补5800平方米、沥青路面修复15000多平方米,完成沥青路面灌缝50000米,累计完成投资580多万元。4. 投资1000多万元,做好“路网改造”工作。一是做好国道205线白湖桥、八驳桥等四座桥梁的改建、加固工程;二是做好省道223线蕉岭段灾害防治工程。5. 投入200多万元,抓好沿线国、省道绿化新种、补种工作。累计种植秋枫等乔木3500株,大红花等灌木5200株,红檵木等小苗及草皮11000多平方米;同时,完善乌土苗圃场,精心选苗育苗,节约了绿化成本。6. 强化应急抢险管理。面对“莫兰蒂”等多次强台风侵袭,县公路局精心组织,做好各项应急抢险工作。投入400多万元抓好水毁公路抢通修复工作,在人员、物资、机械上做好充分准备,最大程度上预防、减少灾害损失,确保公路畅通。7. 做好“三个文明”创建工作。一是做好“文明示范路”建设。投资300万元,完善国道205线文福至新铺段绿化、美化、亮化和标志、标线、标牌等,把该段路打造成“文明示范路”。二是做好“文明养护中心”建设。投资100多万元,购置沥青路面热再生修补车等养护机械设备,加强各养护中心机械保养,完善道班生产生活设施。三是做好“文明机关”建设。加强干部职工政治理论学习和业务能力培训，加强作风建设、党风廉政建设，不断完善机关环境和办公条件，增强干部职工的幸福感和归属感，打造“文明机关”。

【安全生产】 坚持“安全第一，预防为主”的方针，加强组织领导和监督管理，强化责任落实和目标控制。结合“安全生产月”活动、应急救援演练、“迎国检”活动等，投入50多万元对全线范围内的危险路段、桥梁涵洞、公路养护机械、安全防护设施等进行安全隐患的排查整治工作，保障安全畅通。

【路政管理】 坚持路政巡查制度。实施路域环境整治工作，全年共清理公路沿线杂物153立方米，拆除广告横额280多幅，净化了国、省道两侧的环境。对公路建筑控制区范围内的违章建筑，发现一宗及时处置一宗，全年发现违章建筑35宗，移交交通综合行政执法局35宗，有效地遏制了公路建筑控制区的违法搭建。通过整治，公路的路容路貌得到较大的改观。对损坏路产的行为及时处理，全年共处理车辆事故损坏路产案50宗，追回路产损失50多万元。

【公路规费征收】 2016年，因暂缓年票缴交，征稽所加强内业管理，确保票证保管、财务查核和资料整理规范化，及时准确上报报表资料；主动对前来咨询、缴交年票费的各车主及车属单位做好认真细致的解释工作。（刘维维）

2016年蕉岭县公路局负责人名录

局　长：陈　志

副局长：刁汉新　汤发群　黄　晓

邮　政

【概况】 2016年，蕉岭邮政累计实现业务收入2632.95万元，超额完成市分公司下达的全年收入2599万元任务，同比增长11.39%，实现“十三五”规划良好开局。

【邮政业务】 （1）重点发展代理金融业务。2016年，蕉岭邮政以扭转余额发展被动的形势、做好存款结构调整、提高金融业务收入为目标开展代理金融各项工作。在存款方面：截至12月31日，全县时点余额为114229万元，全年累计增长5732万元，存款规模市场占有率19.73%，比上年底下跌0.54%。在代理保险方面：全年累计保费4589万元，中邮保险累计保费432万元，累计实现收入246.6万元。在其他方面：一是销售理财产品2301万元，年收入5.7万元，同比增长238%。二是新增手机银行1601户，占年目标5900户的27.14%。三是新增中邮证券开户57户，新增POS商户4户，公司账户5户。(2)着力发展函件业务。在函件业务经营工作中，县邮政公司制订工作计划，及时把握营销契机，找准切入点。2016年，累计收入161.38万元，完成全年计划105万元的153.7%，同比增长66%。一是做好消防宣传视频机及消防宣传牌的招商工作，成功与A家家具、供电局、国税局、环保局、地税局、人防办、献血办等28个单位及商家的视频广告业务，实现收入108.38万元。二是联合县供电局、教育局、安监局开展《安全用电知识“进万家”有奖竞答活动》活动，实现收入8.47万元。三是做好DM广告业务的发展，全年共发展供电安全用电、县电大招生、碧桂园、A家家具、普法宣传等16个商家或单位，实现收入23.49万元。四是加大各类广告媒体的转型发展，增加户外广告的宣传（宣传广告牌、宣传栏），实现收入26万元。同时，开发广告宣传品的开发，实现收入23.5万元。五是增加消防宣传视频机及消防宣传牌的选点及安装工作，共增加安装消防宣传视频机50部，消防宣传牌100块，进一步增加广告传媒发展的空间。(3)稳步发展报刊业务。面对日益萎缩的报刊发行业务，县邮政公司广开渠道，以发展竞争性报刊为重点，稳步发展报刊业务。一是强化管理,采取灵活用工的形式,更换部分投递员,既稳定投递队伍,又兑现服务承诺、维护客户利益。二是不断拓展发行业务受理方式,延长业务受理时间,积极推行上门收订、社区收订、集订分送、异地订阅等方式,最大限度地方便读者订阅。三是优化邮路组织和投递道段,缩短运输时限,提升邮发报刊的市场竞争力。四是开展回馈客户活动,3月18日,县邮政公司与县老干局的联合,在老干局礼堂举办"粤邮讲堂"系列之《家庭医生》"退休后·健康生活五处方" 主题讲座,有100位退休老干部参加讲座。(4)创新发展集邮业务。县邮政公司立足县域经济环境,以开展各类集邮活动契机,不断培育集邮文化,有效助长集邮业务的发展。一是为深入推进集邮业务转型发展,培育集邮文化,县邮政公司积极开展形式多样的集邮活动。1月23日、6月25日,分别举办"丙申年"集邮生肖品鉴会和"经典臻藏"集邮珍品品鉴会,活动现场展示的各类珍品,激发集邮爱好者的购买收藏欲望,分别销售11万元和7万元邮品。二是"弘扬长征魂,同筑中国梦"纪念中国工农红军长征胜利八十周年全国青少年集邮教育实践活动广东站启动仪式在蕉岭隆重举行,来自全省各市集邮协会、青少年集邮活动示范基地和青少年邮局联谊会的代表,以及县委、县政府相关领导等共计230多人出席启动仪式。三是借助2016年是长征胜利八十周年的契机,定制《弘扬长征魂 同筑中国梦》纪念长征胜利八十周年大版邮册1500本,创收50.7万元,为完成全年集邮收入任务奠定基础。

【设施建设】 一是加快农村邮政电商站点建设步伐。农邮电商站点是邮政实施"下乡进村"便民工程的重要渠道,县邮政公司全面加快全县城乡农村邮政农电商站点建设步伐,全县新建农邮电商站点55个,提升邮政服务的深度和广度。二是加快自动包裹机投放。2017年,县邮政公司在金碧花园、蕉岭中学等小区、单位,投放自动包裹机10台,方便广大群众领取包裹和邮件。

【企业管理】 (1)加强财务管理,提高了企业经营效益。按照市、县财务维护一体化的各项要求,增强资金维护,对用户欠费及时催交,增强营业收款的维护,保证营业款及时足额,精确安全归集,确保业务款项上缴的时限;加大成本控制力度,继续完备成本费用维护体系进一步提高企业经营效益,以确保全年经营目标的顺利实现;增强财务监督、检查力度,将不定期对各网点执行检查,以确保资金的安全,防止业务收入的跑、冒、滴、漏的现象发生;增强财务人员的业务学习,提高财务人员素质,以适应现代企业财务管理需要。配合推进省级集中核算工作,夯实财务基础管理。同时,制定下发招待费和差旅费报销报账规范,完善相关制度或办法,夯实财务管理工作。(2)加强人力资源管理,提高了劳动用工的效能。一是统筹优化使用好人工成本管控工作,发挥薪酬激励作用。二是继续推进员工成长积分和分类分等为主的绩效考核机制。三是加强人才队伍建设。有五人通过初级人才评价选拔考试,一人被选为市级预备内训师。四是强化用工管控,提升人力资源的效能。五是做好员工教育培训。(3)加强安全生产管理,为企业持续健康发展保驾护航。一是建章立制,落实安全生产责任制。落实安全生产责任制,完善防范设施,健全规章制度。二是求真务实,加强安全生产管理。切实做好各项安全工作,重点加强资金安全管理,确保金融资金和营业资金安全;加强生产作业安全管理,确保职工生命和企业财产安全;加强营业和运输环节的安全防范管理,确保各类邮件安全;加强信息安全管理,确保计算机网络的安全。三是加强安全检查,强化问题整改。严格落实各项检查制度、考核措施,除常规检查外,还经常采取突击检查的方式,加大节假日和夜间突击检查力度。另外,还积极邀请公安、消防等部门对各班组、支公司生产现场进行安全检查,对于每次安全检查中查出的安全问题和安全隐患及时指令责任部门限期整改,并实行“跟踪复查制”,使问题落实整改到位。四是加强员工安全教育,增强员工安全意识。重点加强押钞、守库人员安全教育,每月至少保持四次召开安全学习会议,通报检查情况,观看违规视频,对日常的押钞、守库工作进行强调,做到警钟长鸣。同时,要求押钞、守库班负责人每周组织一次安全学习,每季度组织一次应急预案演练。要求网点负责人组织本单位员工每季度进行一次应急预案演练,以提升员工应急处置能力。(4)强化质监管理,不断提升邮政服务水平。一是启动"代理金融服务品质提升"项目,选定新铺支局、蕉阳大道支局为示范网点,通过标准化流程导入以及工具的规范使用,推进服务工作标准化、信息化和差异化建设,提升网点服务能力和营销能力。二是强化普遍服务检查和邮件收寄“三个百分百”检查,保障邮件寄递安全。三是狠抓快递包裹质量管控,保障重点业务的发展。四是开展常规和专项检查活动,确保节庆日和重点时期的通信服务质量。

【精神文明建设】 一是加强党建工作。11月,成立中共中国邮政集团公司广东省蕉岭县分公司总支部委员会,选举出新一届党总支委员。二是加强党风廉政建设。严格执行中央“八项规定”和各项政治纪律,保证党风廉政建设和反腐败工作的长期开展。三是加强员工政治思想工作。组织员工开展“两学一做”学习教育活动。四是做好帮扶济困工作。切实做好对口扶贫“双到”工作;组织开展献爱心活动,为重病员工、困难家庭、贫困党员捐款捐物,帮助其渡过难关。五是继续开展文明单位行业创建活动。按照现代企业制度要求,提炼并确立企业理念和价值观,培育“求真务实,艰苦奋斗,团结奉献,勇创新高”的企业精神,提高企业的凝聚力和战斗力。 (王洪斌)

2016年中国邮政集团公司广东省蕉岭县分公司负责人名录

党总支书记、总经理:魏军文
副 总 经 理:王裕庆
总经理助理:汤文元 张东明(11月任职)
何平(女,11月任职)

电 信

【概况】 2016年,中国电信蕉岭分公司进一步深化改革创新,加快互联网转型,以服务蕉岭振兴发展为主线,以项目建设为抓手,以改革创新为驱动,抢抓机遇,强化执行,助力地方经济社会发展、企业规模及质量效益提升均实现“十三五”规划良好开局。

【网络建设】 继续加快推进光纤、4G“双百兆”网络建设。全面加快城乡宽带、特别是农村地区的光网络建设。全年投入光网建设资金近6000万元,建设光缆1700皮长公里,共建成光纤接入端口4.8万个,全县行政村100%实现光宽带及高清电视视频业务全覆盖。11月,全县光纤接入渗透率超过80%,成为全市首个“全光网县”。推进共建共享,加快4G网络建设。新开通4G站点18个,实现蕉城及各镇(场)、工业园、景区、主干道4G信号全覆盖以及3G/4G信号城乡无缝覆盖。同时,按照原中央苏区农村无线宽带接入试点工作要求,全面配合推进农村超高速无线局域网建设。

【重点信息化项目】 配合政府相关部门完成基层公共服务综合平台省检验收;按时完成“平安蕉岭”社会治安视频监控系统新增350路视频监控点建设任务;大力推进“教育创现”信息化,完成各镇主要中小学校、幼儿园的光纤接入和网络提速,致力提升教育信息化水平。同时,大力推进行业信息化、园区商企信息化,助力提升重点行业、工业园区软实力。

【社会责任】　继续落实提速降费惠民政策。通过实施光纤免费接入改造、免费提速、优惠提速等实现用户网络升级、速率翻倍。同时,推出流量不清零、流量赠送、全国放心打等优惠服务,切实减轻广大电信用户的通信费支出负担。全年新增光纤宽带用户6400户,光纤宽带用户规模突破16000户,光纤用户渗透率全市最高;电信宽带户均速率超过50兆,比去年底提升近3倍。主动服务重点项目、民生实事建设,重点实施中小河流整治、广福、蕉华工业园区、皇马水泥厂和长潭、三圳等地省级新农村示范点的通信设施升级配套。保障信息安全,严格落实执行电信用户实名登记,配合开展防范打击新型通讯网络诈骗犯罪活动。

（涂平峰）

2016年中国电信蕉岭分公司负责人名录

党总支书记、总经理:陈浩东
副总经理:江国中　谢　凯

移动公司

【概况】　2016年,中国移动通信集团广东有限公司蕉岭分公司加大资源投入,巩固网络优势,提升服务水平,全力推进信息基础设施建设。截至2016年年底,无线网络综合覆盖率超过99%,移动电话市场份额超过86%,光纤宽带入户率超过95%,光纤宽带市场份额超过50%,推动信息基础设施建设跨上新的台阶,促进全县经济转型升级和社会事业全面发展。

【信息基础设施建设】　无线网络:2016年投入无线网络建设及优化资金1000万元,新建102个4G物理站点,4G站点达到300个,4G网络综合覆盖率超过98%,已实现县城优质覆盖、镇村连续覆盖,基本实现全县所有行政村4G覆盖到达。1. 传输网络:2016年,机房建设投资850万元,新建23个OLT和2个传输机房。光纤建设投资450万元,年度新建光缆长约300公里;投资250万元对部分光缆进行升级改造,全面完成行政村村通光纤工程。管道建设投资200万元,建设管道10公里。2. 宽带建设:2016年总投资400多万元,新建光纤宽带预覆盖2万户,光纤宽带入户率超过95%;新增光纤宽带用户9000多户,光纤宽带市场份额超过50%,为蕉岭县"互联网+"发展打下了坚实的网络基础。

【网络安全保障】　抓好基础维护工作,确保网络安全稳定运行,确保重大节假日、重要会议期间网络通信畅通,圆满完成通信保障任务。配合县委、县政府做好中小河流整治、道路改造、美丽乡村建设和工业园区建设,共投入250万元完成5段传输管线迁改工作。

【互联网+行动】　互联网+网络:持续打造以卓越网络为核心的蕉岭县"互联网+"基础网络枢纽设施及服务,进一步完善各级政府、企事业单位办公场所及工业园区光纤网络覆盖,光纤覆盖率达到100%,可为各单位提供质优价廉的光纤网络接入服务,助力"互联网+"行动的落实。1. 互联网+政务:免费为县委、县政府政务OA系统提供升级扩容服务,实现政务OA市县镇村的无缝联接;提供政务OA手机APP应用,实现随时随地通过手机处理公文,着实通过信息化手段提高政务办公的效率。2. 互联网+家庭:落实"宽带中国"发展战略,积极响应宽带"提速降费"号召,充分发挥中国移动光纤宽带"高起点、高技术、低资费、低门槛"的特点,大力开展光纤入村到户建设,行政村光纤100%到达,光纤入户率超过95%,光纤使用用户超过2万户。3. 互联网+4G:发挥移动通信领域的绝对领先优势,完善"移动互联网+"基础网络服务,实施4G+网络升级,网络速率峰值高达300Mbps;持续开展免费更换4G卡、免费升级4G、用4G送流量、买4G手机送话费、新办4G套餐送购机补贴等优惠措施，超过50%移动客户享受4G、4G+畅快服务,4G市场份额超过90%。

【精神文明建设】 坚持“预防为主、标本兼治、重在治本”的方针,加大综治工作力度,全面落实综合治理的各项措施和目标管理责任制,确保火灾事故、通信事故、伤亡事故、违法犯罪和治安事故为零。积极履行社会责任,踊跃参与“爱国卫生运动”、“扶贫济困”、“义务献血”、“义务挥春”、“八一慰问”及青年志愿者行动等系列社会活动,履行社会责任,回报社会。

(黄利芬)

2016年中国移动蕉岭分公司负责人名录

总经理:傅庆强
副总经理:刘茂才
总经理助理:叶庆辉

中国联通

【概况】 2016年,蕉岭联通基础网络承载能力大幅提升，拥有完善的通信骨干基础网络,光纤线路遍及每个乡镇,共建一级、二级干线光缆和本地光缆线路。高速率无线宽带网络基本建成。加快基础带宽网络建设。开展手机上网、宽带提速不提价的惠民活动。全面完善本地化云平台,为智慧城市各领域提供云存储、云计算等信息化服务，并重点建设综合通信保障、行业应用、企业综合通信。

【信息化基础设施建设】 2016年,建设完成第三代移动通信(3G)网络,县城、乡镇、旅游区、国道等100%实现3G全面覆盖,行政村的覆盖率95%以上。其中,4G已在重点区域建成150M精品4G网络。为用户提供手机高速数据业务。加快基础带宽网络建设,2015年大幅投入光纤网络资源。县城宽带覆盖率95%,光纤接入占有率60%，新建小区宽带覆盖实现100%光纤接入;乡镇实现“广接入、薄覆盖”,基本速率达到8M以上,乡镇宽带覆盖率接近85%。

【信息化建设推进】 1.信息强政方面,成功构建电子政务发展新格局,为多家政府机构提供政务信息化应用,覆盖水利、交通、农业、城管等多部门。其中:与市城市综合管理局合作打造的智慧城管已进入试运营阶段;智慧水利监控平台已运营,并协助水务部门逐步将各重点水利设施纳入平台监控和管理；智慧农业方面,产品溯源平台即将运营,并与农业部门合作，将全市农业龙头企业逐步纳入合作平台,方便农业部门对企业进行管理和指导。越来越多的信息化应用项目在电子政务、改善民生、企业管理、生产监控、客户服务等领域发挥作用,得到集团客户、行业用户、中小企业的认同和赞赏。2.紧跟“智慧梅州”建设方面,继智慧城管项目成功运营后，努力服务在智慧农业、智慧执法等重大项目，以及在新建设商圈、房地产、工业园区内加快基础宽带网络和无线网络的建设。

【客户服务】 推出“10010”热线、微博微信客服、网上营业厅、在线客服、短信营业厅、客户俱乐部六大自助服务方式,用户可以根据自己的实际情况，选择适合的渠道资讯服务信息、查询话费详单、缴付话费、选择号码、办理套餐、选购3G、4G产品等等,不再受实体营业厅地域、时间的限制。提升营业厅服务水平,采取一站式服务、自助终端分流等形式,压缩排队等待、临柜业务办理时长,同时对营业厅环境大力进行改造,搭建开放销售柜台,设立体验专区。配合消委会在营业厅内建立“3·15”维权站。管控由被动的事后投诉监督延伸到主动的客户体验全程满意度监测加强推进客户体验监督的前置管理,快速响应和解决影响客户感知的各类问题,带动服务能力的跨越提升。

（杨利红）

2016年中国联通蕉岭分公司负责人名录

总经理:冯育平

供 电

【概况】 2016年,完成企业改制工作,全面完成年度各项目标任务。全年累计完成购电量8.41亿千瓦时,同比增长6.78%;完成售电量8.29亿千瓦时,同比增长7.65%; 当年电费回收率100%;供电可靠率99.684%;全口径用户平均停电时间24.69小时; 用户平均停电次数10.26次;综合电压合格率99.896%;客户满意度81分。

【安全生产】 1.更加注重安全生产各项规章制度在日常工作中的贯彻落实。开展32场安全生产大讨论, 总结梳理23条安全生产方面的建议、意见。在安风体系建设中,结合2015年体系外审报告,查源定措,积极整改,累计完成整改82项,整改完成率96%,保持安风体系建设"三钻"水平。2.更加注重现场管理。全年组织各类生产及施工现场督查703处,总计督查量1169次,查处55起违章行为,纠正31起不规范行为,组织配电线路跨越公路及临近加油站等隐患排查工作, 排查出106处安全隐患。3.更加注重防好"异常"。针对2016年恶劣气候,扎实开展应急演练等工作,提高应急能力。圆满完成台风"莫兰蒂"、"鲇鱼"、"海马"等防御工作。在抗击台风"海马"的工作中,启动近年来首次防风防汛Ⅱ级应急响应,全局上下紧密协作,短时内恢复灾区供电。顺利完成各个重大节假日和重要会议等一系列保供电工作。安全生产形势持续稳定,截至12月31日,全局实现连续安全生产1827天。

【电网建设】 完成总投资2269.52万元的2015年新建配网工程39项, 建设和改造10千伏线路18.776千米,改造(更换)配电变压器33台。建设(改造)低压线路144.772千米。完成总投资2046.71万元的2016年第一批、第二批稳增长工程38项。新建和改造10千伏线路23.21千米,新增和更换配变33台,新建和改造低压台区33个,建设和改造低压线路150.33千米。结合蕉岭经济社会发展,做好"十三五"新一轮农村电网改造升级规划编制和 "一所一册"、中心村"一村一方案"的规划编制,为蕉岭"小康电示范县"建设,作出具体的谋划。完成2017年中低压配电网第一批可研项目的内审及上报工作,同时配合市局开展220千伏油坑(福岭)输变工程的前期准备工作。

【客户服务】 通过整合优化服务渠道,不断提升远程服务渠道服务能力。积极推广业扩"一口受理"、微信缴费等业务。全年有业扩工单564单,其中网厅472单、微信84单、95598有8单。加强客户沟通,切实帮助客户解决问题。开展57场次客户座谈,通过面对面的交流,收集建议,了解情况,解决客户用电的实际问题。扎实开展安全用电、电力法规、代扣业务宣传,抓好两部制电价、用户基本电价执行和宣传解释工作,加强停电事件集中监控,深化营配信息集成对客户全方位服务体系支撑,促进横向协同和客户服务能力提升。

【经营管理】 1.财务及物资管理方面, 优化2016年度资金预算, 提高2017年预算编制准确性。加强物资管理,着重加强应急包管理。合同签订及履约步入规范化运作,九个供电所急救包均达满分。2.营销管理方面,推进费控体系建设, 提高计量自动化水平, 截至12月31日,计量装置轮换累计完成量30009户,完成率100%; 集抄项目累计完成建档数量23874

户，抄表成功率89.13%。深化线损"两个比对"工作，实现电费回收"双结零"，用电检查9188户，查处违规及窃电案件9宗，追补电费及违约金合计3.51万元。

【区域联动】 区域联动工作和供电所指标监控管理方面，搭建对标交流平台，组织45人/次开展对标交流学习，建立梅州县级供电局区域联动领导班子研讨工作机制。扎实开展供电所指标监控工作，结合实际，调整供电所监控考核奖惩办法，2016年，全局供电各项指标实现平稳提高。改革方面，按省公司"子改分"方案，在市局的指导下，扎实推进改制工作，快速完成税务清查、资产移交等各项工作。至12月31日，在保证员工队伍和谐稳定的基础上完成改制工作。抓好2016年岗位组(竞)聘上岗工作，对于组聘上岗后空缺岗位，采取全局公开竞聘的方式，聘请第三方机构组织实施能力测试，择优选择符合条件人员上岗，进一步盘活人力资源，激发队伍活力。

【党建工作】 1. 党建工作更加严实。坚持每周政治学习。扎实开展"两学一做"学习教育工作，贯彻"四讲四有"党员合格标准，不断增强党员干部"四种意识"。完成2008年以来党员缴交党费情况的核查、建档及需补交工作。落实扶贫工作任务。2. 党风廉政建设更加细实。严格落实党风廉政建设责任制，扎实开展廉洁文化建设。开展供电所明察暗访工作，确定了营销方面8个热点难点问题。对8名新提拔干部，开展专题谈话。抓好反腐倡廉惩防体系建设和学习教育，严格落实"八项规定"，严格规范党员领导干部八小时以外的行为。深入开展"四风"问题整治情况"回头看"，全面完成问题整改。3. 队伍建设和企业文化建设更上一层。更加注重共青团建设，组织参加省公司、市局和县委县政府开展的各项有益活动，做好困难职工慰问等工作，全面落实"暖心工程"，完成13处饭堂，47处休息室，20个冲凉房的改造。用心抓好《南网总纲》宣贯工作。开展干部考核考察和日常监督工作，抓好干部轮岗交流。进一步优化人员配置水平，较好地解决冗员与结构性缺员问题；落实员工绩效考核结果的应用，全面兑现年度绩效工资和员工岗薪级晋升。组织实施各类普考、调考、技能竞赛的考前培训，以考促培，员工技能和素质进一步提升，2016年，局培训计划完成率100%，取得中级工以上技能等级证达357人，占全局在岗职工总数77.6%。 (陈德文)

广东电网梅州蕉岭供电局2016年负责人名录

局长、党委副书记：刘森泰
党委书记、副局长、工会主席：涂文权
副局长、党委委员：丘竟君　刘　河
党委委员、纪委书记：黄建锦

城乡规划建设及管理

【概况】 2016年，全县县城规划区面积25.2平方公里，建成区面积7.6平方公里，城区绿化覆盖面积172.87公顷，人均公园绿地面积22.33平方米。桂岭新区规划范围涵盖石窟河城区段东西两岸用地，北至逢甲大道，南至福星大道，西至规划西环路，东到205国道，总用地面积约10平方公里。其中，起步区包括城南片区和长寿新城，总用地面积约3.0平方公里。

【城乡规划建设方面】

一、规划

(一)规划编制情况

2016年编制完成《蕉岭县生态控制线划定规划》和《蕉岭县污水及防涝专项规划》，完成县城地下管线普查及信息系统建设。

(二)规委会办公室工作

2016年召开的规划委员会会议，审议保利园、伍福花园、桂岭学校、广州南沙产业集聚区

(北区)控制性详细规划等规划设计方案。

二、城区扩容提质

(一)蕉岭碧桂园。该项目位于桂岭新区起步区内,总用地面积25万平方米,建筑面积49万平方米,分三期建设。2016年已完成第一、二期和第三期商业广场、农信大楼、迎宾馆、幼儿园和部分商住楼完成建设,完成总投资约90%。剩余4幢商住楼完成工主体工程。

(二)奥园广场商业综合体。该项目位于蕉阳大道西侧桂岭新区核心区,总用地面积99.5亩。主要项目包括大型商业综合楼、商业步行街和公共停车场,打造桂岭新区商业中心。目前已完成第一期综合楼和商业街建设,第二期住宅楼进入装修阶段,奥园广场综合体于2016年10月开业运营。

(三)长寿小镇。该项目位于蕉岭县城南部新区,围绕福星大道进行建设,规划用地面积约300000平方米,主要项目包括福星长寿新城、景川长寿酒店、景川长寿雅苑、公安技术服务大楼、国家水泥检测中心等,打造成为城市门户区。

(四)香港花园。该项目总用地面积19758平方米,建筑占地3205平方米,建筑总面积57484平方米,规划建设高端住宅小区,2016年底完成基础工程建设。

(五)市政基础设施和公共建筑。一是积极配合教育局推进桂岭学校建设项目,桂岭学校总用地面积73500平方米,完成PPP项目招标,进入开工建设阶段;二是按照县委、县政府的部署,完成太行山森林公园大门和桂岭新区雕塑建设;三是完成黄田和城郊安置区基础设施建设工程。

三、村镇建设工作

(一)积极指导和协助各镇镇开展历史建筑保护普查和申报工作,6月中旬向梅州市规划局提交了厚德堂等28座历史建筑的申报材料,其中16座被评定为梅州市第二批历史建筑。

(二)完成大地、高思、南礤3个中国传统村落保护规划编制工作。到目前为止,全县有4个中国传统村落。

【建筑及市场管理基本情况】

一、严格落实安全生产"一岗双责"制度,积极强化安全防患工作措施,落实领导主体责任。 2016年,开展5次全县在建工程质量安全生产大检查,组织检查人员430/人次,检查在建工地69/个次,发出整改通知69份/次,发现安全隐患195项/次,整改195项/次(逐步整改),整改率100%。同时,按照《广东省住房和城乡建设厅建筑工程安全生产动态管理办法》,对安全责任落实不到位的施工、监理企业及其相关责任人进行动态扣分。2016年,共发出动态扣分表77份136条扣440分(其中:施工企业8份10条扣26分,施工企业负责人9份11条扣37分,项目负责人20份40条扣150分,专职安全员22份47条扣155分;监理企业3份3条扣9分,总监理工程师6份7条扣25分,专业监理工程师9份18条扣38分)。

二、建设工程交易情况。 2016年,进入交易中心招投标项目共42项,总造价18573万元,其中:房屋建筑及市政工程31项,工程造价15782万元,建筑面积14441平方米;造林工程11项,工程造价2791万元;公开招标42项,招标率和公开招标率均达到100%。

【房地产开发基本情况】 2016年,全县房地产开发项目完成开发投资4.75亿元,新开工面积约14.26万平方米,竣工面积约7.96万平方米,商品房销售面积约16.79万平方米,销售金额约7.47亿元。其中,商品住宅销售面积15.05万平方米,销售金额约5.92亿元,均价约0.45万元。

(陈立鸿)

2016年蕉岭县住房和城乡规划建设局负责人名录

党组书记、局长、党委书记:古添强
党组成员、党委副书记、纪委书记:徐小烽

党组成员、副局长、党委委员:刘学远
党组成员、副局长、党委委员:张荣发(1月离任)
党组成员、副局长、党委委员:钟卫新
党组成员、副局长、党委委员:傅小平(1月任职)

城市综合管理

【概况】 蕉岭县城市综合管理局为正科级行政单位,主要负责县城区城市市政基础设施建设管理和维护、园林绿化、环境卫生、路灯管理、景观照明、燃气管理、市容综合管理和市场物业等城市综合管理工作。局内设办公室、计财股、综合管理股、市政工程股4个职能股室;直属副科级单位1个:县环境卫生管理局;下设5个正股级事业单位:城市建设管理监察大队、园林所、燃气站、路灯所、物业站;下属企业1个:市政建设工程公司。

【市容环境】 一抓市容管理。全面推进市容环境卫生整治工作。全年共开展12次整治"六乱"的专项行动,以整顿城区内乱摆乱卖、乱堆乱放、乱拉乱挂为重点,全面治理整顿县城城区"六乱"现象,全年教育纠正4100多起的违规乱摆卖行为,教育相关人员4100多人次,通过专项整治行动,切实改善市容环境,进一步巩固文明县城、长寿之乡成果;遵循"以人为本、疏堵结合"的城市管理原则,对环城路、环南路等路段进行整治,要求流动商贩必须规范摆卖,不得阻塞道路通行,极大改善相关街道的环境。同时引导流动商贩到东湖路、三鸟市场、恒塔市场、城南市场里摆卖,尽力给流动商贩营造规范的、良好的市场经营环境;加强晚间夜宵摊档、龙门广场、镇山公园等公共场所占道经营宵夜、跳"广场舞"的管理,全年共组织10次夜间专项整治行动。二抓广告招牌安装监察。全年组织100多人次对城区户外招牌广告、灯箱等进行专项整治。全年共拆除设置不规范、残旧破损存在安全隐患、有碍市容市貌的户外广告、招牌、灯箱等70多块,拆除乱拉乱挂的条幅、横幅、宣传标语等180多个,使蕉岭县城区面貌"整洁清爽"许多;严厉打击各种非法小广告、牛皮癣,维护好市容市貌。三抓违法建设监察。(一)加强对城市规划区内的各类违法建筑的巡查,做到及时发现,及时处理。特别加强对拆迁区域的巡查监管,严格对各种偷建抢建行为进行查处。城监大队全年共发出停工通知书113份,拆除违法建筑面积1700多平方米,有效遏制违法建设蔓延的势头。(二)加大宣传力度,广泛发动市民群众积极参与监管举报违法建设行为,让违法建设成为过街老鼠,露头即打,有效地维护了整齐、有序、优美的城市发展环境。(三)加强对城区内主要道路周边的建筑垃圾、运输渣土、建筑材料的巡查、管理,保证在运输过程中不造成城区内街道路面的污染路面,全年清理建筑垃圾、淤泥渣土310多起。

【市政设施维护】 一、工程建设方面:完成三鸟市场扩容改造和搭建恒塔市场活禽交易区;铺设桂岭新区蕉阳大道北至农贸市场10米宽简易道路250米;新建福星大道北毛石挡土墙护坡;福星大道周边安装围挡约1500米,完成提升改造锡林公园和法政路口小公园。二、市政维护方面;全面维修府前街地砖,全年更换损坏的市政井盖110多只,修复损坏路面约95平方米,修复人行道透水砖约1500平方米,修复花池路沿石、安装铁篦等市政设施。三、排水防涝方面:采用先进方法对城区35条街道的市政下水管道进行疏通、清淤,总长约21000米;全年清理积水地段雨水井20多只、排水沟500多米。

【园林绿化】 为增添元旦、春节、"五一"、国庆节日气氛,节日期间在城区主要街道、广场摆放、换种莳花,给蕉城的节日增添许多喜庆的气氛;坚持不定期和每月不少于两次的全面绿化养护管理检查工作,严格要求卫生保洁工作,对辖区内的公共厕所做到设施齐全、无便迹,园内公共设施保持干净整洁并及时处理存在的不安全因素,要求在规定时间内进行施肥、除杂、修剪和病虫害防治,对残缺苗木及时进行补植和改造,重点地段要求种、摆时花。由于监管到位,园林绿化景观得到一定的提高。

【路灯管理】 以创建美丽寿乡为工作点,不断推进城市道路照明新能源的改造。全年完成县城城区LED光源改造,福星新城LED安装工程、红子至文福出口LED安装工程,叟乐出口至柑橘园LED安装工程、长寿大桥景观亮化工程、一河两岸及各公园破旧灯罩的更换,并对全城各控制箱实施升级改造、更换经纬度时控开关,使全城开关灯时间达到统一的效果。维修逢甲山门、镇山公园及河堤各凉亭灯饰40多处,整体排查路灯安全隐患150多处,查处一批违章私接路灯电源现象,有效地控制违章用电势头、加强路灯用电管理制度,同时加强夜间巡查制度,确保路灯设施的安全运行。

【燃气管理】 为推进燃气安全责任落实到位,年初,燃气站同各燃气企业、销售站签订《安全生产目标管理责任书》,并督促燃气企业层层签订安全生产目标管理责任书,落实安全责任,做到安全责任横向到边,纵向到底,不留死角。增强燃气企业安全管理意识,督促企业加大考核和奖惩力度,提高生产运行人员的素质,增强工作责任心,消除安全隐患的发生。以每星期一次燃气安全检查、每月一次燃气安全联合大检查、节假日燃气安全检查、加强一线送气工人教育培训为重点。全年对各气站及销售点累计检查54次,通过到各销售站点现场检查,发现个别销售站点存在安全隐患,督促各气站对所属站点安全隐患进行整改,消除安全隐患。

【市场物业管理】 一、市场卫生秩序维护:加大市场保洁力度,做到市场垃圾及时清扫,确保市场地面、墙体、顶板的清洁卫生,认真抓好"除四害"及消杀工作;规范经营行为,实行划行归市,分区经营,按线摆卖;加强市场内摊位乱摆乱设、车辆乱停乱靠、棚布乱牵乱挂的整治工作;配备专门的市场管理人员做好责任区的H7N9禽流感等疫情防控工作;积极配合相关职能部门开展食品安全监督工作,确保所辖市场内的食品安全卫生。二、强化市场升级改造:结合城区发展方向,一方面充分利用恒塔市场资源,完善该市场基础设施,搭建1000平方米的棚户区,主要供圩期摆卖三鸟类的产品;另一方面将原来的三鸟市场进行改造,改造后的三鸟市场经营面积约1000平方米,固定摊位200个,市场内水电设施配套齐全,从而拓展了三鸟市场的服务功能,市场交易从单一的三鸟类转换为丰富的农副产品交易,销售的农副产品主要包括肉类、蔬菜以及其他农副产品。

【环境卫生】 一、为加快县城生活垃圾无害化处理步伐,提高生活垃圾处理质量,改善城区环境卫生,结合实际,对蕉岭城区生活垃圾处理费收费进行改革。制定《蕉岭县城区生活垃圾处理收费改革实施方案》提请政府审批。县长办公会议同意了该方案。二、认真组织开展城乡环境综合整治工作,深入扎实地开展城区环境综合整治工作,城区环境面貌明显改善。三、蕉城镇环东河位于蕉城老城区中心,全长约1.75公里,基于环东河保洁及管理需要,已将环东河的清理保洁工作外包给蕉岭县爱心公共事业服务中心,进一步提高保洁的服务质量。四、抓好环卫设备维护及基础设施建设。一是加快垃圾场附属设施建设。投资17万元委托蕉岭县工交建筑安装工程公司对垃圾场渗液收集系统进行改造,工作内容是:开挖垃圾体、封堵PE导流管道、安装HDPE管道、回填垃圾、电气安装等工程项目。二是解决三圳填埋场横龙片群众反映的合理诉求,对横龙村排子上的引水渠进行修建,解决历史遗留问题,有力地促进社会和谐稳定。

【创建“平安蕉岭”】 开展创建“平安蕉岭”活动,成立由局长任组长,部门负责人为成员的创建“平安蕉岭”领导小组,领导小组负责办理各类意见、建议、投诉等。建立健全处理市民网上投诉、咨询的快速反应机制,实行专人负责、分类处置、限时办结。对市民反映的热点难点问题,由局长带队,深入现场,贴近百姓,及时解决群众生活中的急难问题,及时消除矛盾。2016年,办理人大建议、政协委员提案3件,“梅州民声”130多件,群众来电来信来访等100多件,做到件件有落实,事事有回音。

(古苑晖)

蕉岭县城市综合管理局负责人名录

局　　长:黄志权
主任科员:钟岳信
副 局 长:赖会南
　　　　　傅心军(5月离任)
　　　　　赖勇波(5月离任)
　　　　　李　俊(5月任职)

住房保障

【公共租赁住房建设】 全县2009—2016年开工建设公共租赁住房(含廉租住房)908套,其中:基本建成807套,2016年在建101套;政府投资建设509套,企业自筹资金投资建设399套。基础设施完善,分配入住695套(政府投资269套,企业投资426套),保障人数达2558人,100%完成上级下达的保障性住房建设任务。

【棚户区改造】 2016年,城市棚户区改造65户,全部采取货币拆迁补偿方式,货币拆迁补偿2026万元;该项目位于蕉城镇黄田寨背和北阁铺的金晖园;金晖园棚户区改造项目由蕉岭县金盛房地产开发有限公司实施,与65户拆迁户签订房屋征收和拆迁安置协议,完成率100%。

【农村危房改造】 2016年,农村危房改造总任务340户,截至11月20日,开工率100%;建档立卡贫困户有115户已竣工,非建档立卡户有182户已竣工。

(陈维院)

2017年房产管理局负责人名录

局　长:黄跃生
副局长:钟祥科　郭荣平

城区环境卫生管理

【概况】 蕉岭县环境卫生管理局是副科级事业单位,主要负责蕉岭县城区卫生的净化工作。负责城区范围内共108万平方米面积的街、巷的清扫保洁;环东河穿城段河道清理保洁;负责城区内5座公厕的清洗、消毒和管理;负责城区(含城中村)范围内5100多间门店和单位、企业及全城27000户居(农)民住户的生活垃圾上门收集;负责蕉城2座垃圾中转站和县生活垃圾无害化填埋场的管理工作。

【环境卫生管理】 一是抓好环境卫生监管工作。每天环卫股工作人员分片到各辖区进行巡查监督,发现问题及时处理;认真执行《环境卫生评分标准》,每月对城区的卫生进行不定期的考评,考评结果与运营费用直接挂钩,保证城市街道的干净、整洁。二是完善各乡镇中转站基础设施工作,按照县农村工作会议的要求协助各乡镇完善了中转站轨道、运输车辆等设备,保证了各镇中转站正常运行。三是做好《广东省城乡生活垃圾处理条例》的贯彻实施、进一步做好宣传工作,印制10000多份宣传资料发放到各乡镇。四是认真组织开展城乡环境综合整治工作,做好市对县的城乡环境综合整治测评工作,城区环境面貌明显改善。五是抓好三圳生活垃圾无害化填埋场的处理工作,全年处理全县生活垃圾约9.9万吨，城区生活垃圾无害化处理率达到100%。六是对县生活垃圾填埋场渗滤液收集系统进行改造及修建横龙村排子上的引水渠,投资约27万元。七是探索市场化新模式,将全长约1.75公里环东河的清理保洁工作外包给蕉岭县爱心公共事业服务中心运营管理。八是狠抓安全生产工作,定期对各运营公司进行安全检查,把安全隐患解决在萌芽状态,确保安全事故零发生。（王满香）

2016年环境卫生管理局负责人名录

局　长:郭雪峰

副局长:黄志标　丘栋兴

环境保护

【概况】 2016年，蕉岭县空气质量保持优良，全年城区空气质量优良率100%，其中空气质量优的天数为211天,良的天数为131天。地表水水质基本保持稳定。其中,石窟河段新铺市控断面水质均在Ⅱ类—Ⅲ类之间;城区饮用水源水质(黄竹坪水库、龙潭水库)与各乡镇集中式饮用水源水质均为Ⅱ类，达到目标水质。城区环境噪声符合国家2类区标准。

【环境管理】 强化建设项目环境影响评价和“三同时”管理,严把建设项目选址、环评、审批、验收关,推进工业企业清洁生产、以新代老、总量控制等环保政策和制度的执行。2016年,审批建设项目143个,其中编制环境影响报告表的项目29个，填报环境影响登记表的项目114个。核发排污许可证61份,其中新核发11份。

【环境监察】 贯彻新《中华人民共和国环境保护法》,丰富执法方式和执法手段,始终保持高压严管态势。实施“网格化”和“双随机”监管模式,打造"全覆盖"的环境执法网络。坚持日常检查与突击检查相结合,加强联合检查、交叉检查、跨界联合执法,开展为期一年的环境保护大检查、清理违规建设项目、整治违法排污企业保障群众健康环保专项行动、汛期环境安全大检查等多项专项执法行动,2016年，出动1160人次,累计检查企业354家次;发出责令整改通知书27份，立案查处环境违法案件17宗,处罚金额71.56万。全县未发生环境污染事件,环境安全得到有效保障。

【环境监测】 县环境保护监测站围绕环保工作的重点,完成全县大气、地面水、噪声环境质量监测和工业污染源的监督性监测任务,全年取得监测数据10260个。

【污染物总量减排】 围绕2016年省、市减排目标责任书确定的目标任务,扎实抓好结构减排、工程减排、管理减排等各项减排措施的落实。制定实施年度减排工作计划,确定脱硫设施升级改造、烟气脱硝、淘汰落后产能、污水处理和畜禽污染治理五大重点减排领域。综合运用督查督办、定期通报、以奖代补等措施,促进减排工程项目建设,努力削减主要污染物排放总量。经初步核算,2016年,全县化学需氧量、氨氮、二氧化硫、氮氧化物四种主要污染物排放量分别控制在2965吨、344吨、2425吨、7970吨,与2015年(市核定量)相比分别下降5.51%、8.26%、6.65%、5.73%，完成2016年各项污染减排任务。

【环境宣传教育】 不断完善环保网站功能,加强和保障环境信息公开,加大环保法律法规和环保工作动态的宣传力度。及时公开重点污染源信息、总量控制、建设项目审批、排污费征收等环境信息。通过编制《环境宣教简报》和环保宣传资料、开展“6·5”世界环境日宣传活动，大力开展环境宣传教育，全面提高群众环保意识。

【环保责任考核及国家重点生态功能区考核】

对于环保责任考核和生态功能区考核工作，制订相应的工作方案，多次召开会议，明确各部门职责，认真完成各项工作任务。蕉岭县2015年度环保责任考核结果84.79分，为良好等次。在县域生态环境质量考核取得全省第二名的成绩。

【创建国家环保模范城市】 为进一步推进创模工作，专门设立创模办公室，从县环保局、县水务局、县林业局抽调工作人员，具体负责全县创模工作，使创模工作落到实处。县环保局协调有关部门，群策群力，对照创模考核指标，认真查漏补缺，有效推进县创模工作的开展。

【大气污染防治】 研究确定“调结构、控燃煤、抑扬尘、治尾气”的整体工作思路，以改善环境空气质量为核心，采取多种措施，持续推进大气污染防治工作。制订实施年度大气污染治理工作计划，并通过政府督办的方式大力推进各项工作。2016年，完成燃煤锅炉淘汰整治37台，超额完成2台；环保绿标发放60240份；完成17家餐饮单位油烟废气治理。推动城区施工工地包括建筑、市政、水利、公路等工程工地采取施工现场围挡、工地路面硬底化、施工场地洒水等措施，有效减少施工扬尘。

【水污染防治】 一是强化源头控制，严把项目审批关，禁止引入重污染项目。二是综合治理。开展造纸业污染专项整治，全县4家造纸企业全部列入整治范围，全年除1家企业停产外，其他3家企业已经完成整治提升工作。三是加强重点流域综合整治。实施蕉岭县多宝水库水环境综合整治工程二期工程、蕉岭县长潭水库环境突出问题整治工程及蕉岭县南礤镇水环境综合整治工程、石窟河流域环境综合整治工程、乡镇集中式饮用水源地环境综合整治等重点工程。四是继续实施蕉岭县农村环境综合整治示范县项目建设，至2016年年底，建成生活污水收集处理工程10个。

【中央环保督察】 中央环保督查组2016年进驻广东开展督查工作。县委、县政府对中央督察组转交案件实行领导包案制度。每一宗交办件都安排一名县领导包案，落实责任单位和责任人，并制定整治工作方案，明确职责分工，召开整改工作会议落实整改工作，全面推进办理工作。督察期间，共收到转办案件10批次13宗(重点案件0宗，重复案件3宗)。其中，来电4宗、来信9宗，反映工业污染类8宗、反映禽畜养殖及生态破坏类1宗、反映信息公开类1宗、其他类3宗。至2017年2月底，办结12宗。在办理中央环保督察组交办件过程中，立案处罚7宗，处罚金额51.45万元，停产整改5家，关闭2家砖厂和1家养猪场，限期整改2家，约谈涉案人员9人。 (廖丙亮)

2016年蕉岭县环境保护局负责人名录表

党组书记、局长：罗威海
党组成员、副局长：丘新强　何增辉
李小惠(女)

农 业

农 业

【概况】 蕉岭县农业有关部门围绕“世界长寿乡”品牌，以稳定发展粮食生产和农村综合改革工作为重点，有序推进各项农业农村工作，农业生产和农村经济继续保持良好的发展态势。2016年，全县农业总产值211460.8万元，同比增长4.4%，农民可支配收入13823.1元，同比增长7.4%。

【农作物种植】 粮油作物种植。全年水稻播种面积150052亩，总产60017吨；玉米种植面积9225亩，总产2096吨；花生种植面积22625亩，总产3203吨；大豆种植面积7069亩，总产869吨；薯类种植面积7476亩，总产10072吨。经济作物种植。全年水果生产面积50408亩，总产44615吨，主要水果有：柚类19768亩，产量19766吨；龙眼7453亩，产量3850吨；香(大)蕉3871亩，产量5217吨；李子6240亩，产量3258吨；荔枝920亩，产量435吨；橘子3129亩，产量3655吨；茶叶10348亩，产量1996吨。全年蔬菜种植面积（含复种指数）81131亩，总产115687吨。

【种粮补贴和政策性水稻保险】 2016年，落实种粮综合补贴面积14.43万亩，补贴金额1178.54万元；落实政策性水稻保险的承保户数为3.81万户，承保面积13.17万亩，收取保费52.68万元（农户负担部分），保额5267.65万元。承保面积占水稻种植总面积的88.0%，达到省规定80%以上的要求。

【长寿名优品牌】 围绕“蕉岭·世界长寿乡”这一品牌，发展大米、花生、蜂蜜等主导长寿农产品生产，打造名优品牌。至2016年，全县有6个获广东省名牌产品(农业类)，即：广东银葛宝的葛根茶、梅州市金霖竹业有限公司的竹制品、广东省梅州市东恒食品有限公司的腐竹、广东桂岭蜂业科技股份公司的蜂蜜、广东金珠农业科技有限公司的“金珠香米”、蕉岭县泰农黑猪发展有限公司的“泰农黑猪”。蕉岭县泰农黑猪发展有限公司的“泰农黑猪”又获得“广东第二届十大名牌产品”称号。

【水产养殖生产】 2016年，水产养殖面积达7380亩，水产品产量达6316吨，同比增长1.5%。全年种苗场繁育生产鱼花1.8亿尾，同比下降2.5%；优质鱼放养面积达2165亩，同比增加2.54%。同时，积极开展人工增殖放流活动，投放各种鱼苗达200多万尾。

【农业产业化进程】 推进农业产业化经营模式，培育发展农业龙头企业和引导、扶持农民组建专业合作社，加快家庭农场发展。至2016年，全县有各级农业龙头企业41家，其中：省级农业龙头企业7家、市级农业龙头企业27家；农民专业合作社383家，同比增长2.96%。其中：国家级农业部示范社3家，省级示范社11家，市级示范社22家；已登记注册的家庭农场有173家，同比增长42.96%，其中县级示范性家庭农场22家。

【高标准农田基本建设】 完成2014年度蕉岭县石寨村等7个村高标准农田建设项目,进行高标准基本农田建设,实施土地平整、灌溉与排水、田间道路等工程建设,建成高标准基本农田6280亩,总投资1130.4万元。

【农村能源的利用】 实施农村生态能源沼气建设项目,促进环境保护。全县拥有沼气池3426只,大中型沼气工程29座,沼气池总容积6万立方米,年产沼气730万立方米。

【农业技术推广体系建设】 一是完成2015年蕉岭县基层农技推广体系改革与建设补助项目。全年全县开展各类种养技术、防控技术、农业面源污染治理等培训班70多期,印发技术宣传资料2.4余份。二是以镇为单位实行粮食生产责任制考评,安排粮食生产年度任务,层层落实粮食生产责任制,落实粮食安全生产的各项措施,保障粮食生产的稳步增长。三是扎实落实农作物增产、增效的各项措施。2016年重点推广优质水稻高产栽培技术和引进推广优质杂交水稻五优613、五优615等新品种12个,推广高产优质花生粤油7号、黑皮花生等新品种5个,高产优质玉米美玉7号、美玉糯8号等新品种6个,高产优质大豆华春2号、华夏3号等品种6个,全县推广优质稻面积13.81万亩,占水稻总面积的92%;水稻抛秧面积13.67万亩,抛秧99%;推广测土配方施肥面积10.5万亩次,水稻秸秆还田12.57万亩次,改造中低产田2.5万亩次;做好病虫监测预警,发布农作物《病虫情报》10期,预警准确率达95%以上;做好土壤有机质提升项目实施,在长潭镇、三圳镇和新铺镇尖坑、长江2个村推广绿肥种植面积1万亩,建立核心示范区2000亩。四是大力抓好茶果生产,在调整品种布局结构的基础上,着力提高产品质量、档次,增强市场竞争力。五是发展蔬菜生产,通过蔬菜流动公司的龙头带动,引导开发名优特品种,加速产品优质化进程,着力发展规模生产,建设无公害蔬菜商品基地,提升蕉岭蔬菜的市场竞争力。

【农村综合改革】 一是做好土地确权全国试点工作。至2016年,全县97个村已全面完成土地确权登记颁证工作,颁证面积10.78万亩,颁证率98%。充分探索确权成果应用,通过产权交易平台,促进92笔共11570亩农村土地、林地等产权的流转鉴证工作。实现90笔农业经营主体和农户个人农村土地承包经营权的他权抵押融资,总金额455.8万元。流转交易12笔土地承包经营权项目,交易金额46.93万元,流转面积159.26亩;农村土地承包经营权抵押贷款85笔,抵押贷款金额370.8万元,抵押贷款面积349.62亩。二是新农村建设扎实推进,抓好幸福村居示范片建设。中央苏区县幸福村居示范片(线)投入建设资金1800万,全县建成5个名村、4个示范村和2个名村示范点的名镇名村示范村建设。三是推进农业面源污染治理示范工作,在长潭镇上村村、白马村,三圳镇招福村、芳心村,新铺镇尖坑村等3个镇5个村施行农业面源污染治理示范工作,实施耕地面积6498.69亩,水稻晚造播种面积6498.69亩,参与企业3家,农户1824户。全县项目区购买项目补贴农资的农户为1612户,占总户数的88.4%,交易总额105.20万元,补贴金额31.32万元。

【农业综合执法】 以农资市场、植物检疫、农产品质量安全、渔政管理等4个方面为重点,进一步加大农业执法力度,着力提高依法治农水平。一是开展农业法规宣传。全年共印发农业法律、法规宣传资料1.6万份,张贴农药挂图156张。二是加强农资市场监管。2016年共出动执法人员252人次,出动执法车辆51次,查处违规过期农药3宗,发出限期整改农资门店4家,签订《农药安全使用承诺书》42433份,发送安全生产信息1336条次。三是加强植物检疫工作。重点对农资市场的杂交稻种子、果树苗木进行检疫检查。四是加强渔业执法管理工作。2016年,开展水产品检查8次,检查养殖基地10个点,流通市场5个点,出动执法人员75人次,执法车辆16辆次,合格率100%、持证率100%。同时,积极开展打击电、炸、毒鱼等专项整治行动,共开展专治行动7次,出动执法人员98人次、出动执法车20辆次、快艇14艘次;拆除渔船非法电鱼装备6台,电机6台,收缴背式电鱼机3台,非法搭建撑网25张共8500平方米,拆除非法安装定制网10张。

【农产品质量安全】 2016年,完成1个县级农产品质量检测中心、6个镇级和5个种植基地农产品检测室建设;完成了4个农产品无公害认证申报工作。2016年,每月抽检样品达200多个,全年共抽检2661个,合格率达98%以上。各农产品合格率均排在全市各县的前列,全年未发生一起农产品安全事件。（吴天德）

2016年县农业局负责人名录

局　长:吴丽丽(女)
副局长:黄桂庭　谢志锋　陈德胜

2016年县农业系统党委负责人名录

书　记:吴丽丽(女)
副书记、纪检书记:汤　勇

农村工作

【新农村建设】 一是重点打造“客韵寿乡”省级新农村示范片。截至2016年年末,示范片累计投入资金36538万元,共完成78.2公里的道路硬底化工程,实现安全饮用水农户达3134户,实施1200户民居外立面改造工程,建成南入口标识、龙安亲水平台、田园观景驿站、超级稻观景亭、荷花观景平台、盛顺长寿长廊等50多个节点,农村生产生活条件得到根本改善。二是推动全县农村人居环境综合整治和美丽乡村建设。11月3日,全省农村人居环境综合整治工作（粤东粤北）现场会在蕉岭召开,汕头、河源、梅州、惠州、汕尾、潮州、揭阳等七市代表共300多人参加会议。截至2016年末,已完成296个自然村人居环境综合整治任务,占全县自然村总数的67%。已建成18个县级美丽乡村示范村,极大促进了民宿、农家乐、休闲农业等乡村旅游业快速发展。

【农综改革】 一是促进农村产权流转。在全省第一个成立运行县级农村产权交易中心,截至2016年年末,全县8个镇97个行政村均挂牌成立了产权交易中心和产权交易信息联络站,共促成92笔交易鉴证,涉及土地面积1.2万亩、交易金额3300多万元。二是试点土地承包经营权抵押贷款。2016年3月,蕉岭县被国务院批准为农村土地承包经营权抵押贷款试点单位,是全省7个试点区域之一。制定出台《蕉岭县村级农户小额贷款担保基金管理指导意见》、《蕉岭县农村土地承包经营权抵押登记办法(暂行)》等文件,为农村新型经营主体提供新的融资渠道。截至2016年年末,已累计向农村发放95笔共2620万元农村土地承包经营权抵押贷款。三是扎实推进涉农维稳工作。加强涉农维稳形势研判,从源头上预防矛盾发生,确保农村社会大局和谐稳定。2016年,排查矛盾纠纷13宗,已化解9宗,上访17宗,已办结14宗,农村总体形势平稳和谐可控。（刘雪芳）

2016年县委农村工作办公室负责人名录

主　任:陈汉铭(5月离任)
　　　　涂政平(5月任职)
副主任:徐伟良　张红卫

扶贫开发

【精准扶贫精准脱贫工作】 2016年是新时期精准扶贫精准脱贫工作开局之年。据统计，全县农村总核定录入新时期精准扶贫精准脱贫相对贫困人口3234户、6495人，其中有劳动能力贫困户1092户3527人；19个行政村列入精准扶贫精准脱贫重点帮扶村，有贫困人口1041户、2616人。2016年，全县落实帮扶资金4455.75万元（其中投入省定贫困村3021.6万元，非贫困村1434.15万元），实施产业发展扶贫项目364个，组建农民专业合作社29个；举办技能培训168场次，培训2728人次，发放各类型科技宣传资料1万多份，贫困户实现转移就业255人，资助469名贫困户子女教育；完成176户住房困难户住房改造，贫困户100%参加新型农村合作医疗；贫困村60周岁以上贫困老人全部加入农村社会养老保险；没有劳动能力、不能实施开发式扶贫的贫困户，全部纳入了低保、五保社会救济体系，符合条件的贫困户家庭全部实现应保尽保。全县30%以上的贫困户实现稳定脱贫，完成省下达的年度工作任务。

【省级“大禹杯”竞争性项目】 投入356.91万元，其中落实省级补助资金130万元，自筹资金226.91万元，完成长潭镇高陂村排水渠“三面光”1.6公里，修建机耕路1.8公里；完成新铺镇象岭村引水坡2座，修建机耕路2.3公里；实施广福镇洪才村2.2公里机耕路水泥路硬底化。

（谢勇明）

2016年单位负责人名录

党组书记、局长：徐文辉

党组成员、副局长：汤国庆　钟丽阳（女）

涂志姚（9月离任）

畜牧业

【概况】 2016年，全县畜牧业实现发展稳定安全的工作目标，畜牧业总产值5.15亿元，比上年增长1.14%；养殖环节畜产品质量检测合格率100%，未发生重大动物疫情和畜产品质量安全事件，为全县经济社会协调发展做出贡献。

2016年，全县生猪饲养量44.62万头，存栏量18.0万头，出栏量26.62万头；牛饲养量1.76万头，存栏量1.06万头，出栏量0.7万头；羊饲养量2.22万头，出栏量1.09万头；兔饲养量18.0万只，出栏量11.9万只；家禽饲养量214.1万只，存栏量59.2万只，家禽出栏量154.9万只；蜜蜂饲养5.78万箱。肉类总产2.53万吨，畜牧业总产值5.15亿元。

【动物防疫】 按照动物防疫“政府保密度、部门保质量”和“六个100%”的总体要求，扎实开展高致病性禽流感、牲畜口蹄疫、高致病性猪蓝耳病、猪瘟、鸡新城疫等重大动物疫病强制免疫。2016年，全县未发生重大动物疫情。强化基础免疫工作，结合镇、村工作会议，通过有线电视、发放宣传单和边防疫边宣传的形式，广泛宣传动物防疫、消毒、疫情报告等法律、法规和政策，切实增强广大群众做好动物防疫的自觉性和责任感，确保重大动物疫病免疫密度达到100%；组织全县防疫人员及规模养殖场（户）开展动物防疫知识培训，提高了防疫人员的防疫知识水平和防控动物疾病的能力。2016年，全县开展口蹄疫疫苗免疫52.3万头（次），猪蓝耳病免疫43万头（次），猪瘟免疫51.3万头（次），开展禽流感免疫132万只（次），新城疫免疫122.97万只（次），小反刍兽疫免疫2.66万只（次），狂犬病免疫1450头。对重大动物疫病免疫做到“应免尽免、不留空当”，应免动物的免疫密度达到了100%。

【中蜂保护区】 中华蜜蜂(华南型)保护区通过国家畜禽遗传资源委员会专家组的现场审验。通过认真做好蜂产品标准化安全生产等工作,5月16—18日,国家畜禽遗传资源委员会办公室根据《国家级畜禽遗传资源保种场保护区和基因库管理办法》的有关规定,组织专家对全县的"国家级中华蜜蜂(华南型)保护区",通过实地考察环境设施、种群规模,听取工作汇报后专家组形成共识:一是蕉岭县为中华蜜蜂(华南型)的中心产区,蕉岭县人民政府于2007年确定全县为中蜂保护区。保护区范围清晰,蜜、粉源条件良好。周边缓冲区设定合理,且保护区具备良好的隔离条件。二是保护区内有3个保种场,相距12公里以上,饲养种蜂350多群;全县饲养中蜂超过5万群,符合保护区条件要求。三是蕉岭县畜牧兽医技术推广站为该项目的实施单位,技术力量满足保护区建设要求。四是有较完善的保种技术方案、管理制度等。一致认为蕉岭县中华蜜蜂(华南型)保护区基本达到了国家级保护区的要求,同意通过现场审验。

【畜产品安全】 从抓好执法人员培训和对广大群众的宣传引导入手,不断加强动物及动物产品生产、经营、运输等环节的监管,进一步规范饲料兽药生产经营企业、畜禽养殖企业的生产经营行为,努力提升了畜产品质量安全水平。11月底,蕉岭县代表广东省接受农业部畜产品质量安全检测检查合格率100%。

【科学宣传,技术培训】 加强科学宣传。通过印发宣传资料、窗口咨询、实地指导、边防疫边宣传、手机短信等形式,宣传科学防疫知识和有关法律法规。让广大群众充分认识免疫工作的重要性和必要性。树立相信科学,依靠科学,科学养畜,科学防疫的养殖理念,营造群防群控社会氛围。开展科技培训。培训方式上采取举办培训班、以会代训、现场指导、发放宣传资料等多种形式并举;培训内容上包括重大动物疫病防控、突发重大动物疫病应急演练、畜产品质量安全、养蜂技术和相关政策法律法规宣传、新型农民培训班等;培训层次上包括局直属各单位干部职工、基层防疫检疫工作人员、乡村兽医、养殖大户、屠宰加工场户等。培训6期400多人次,印发宣传材料1000余份。通过广泛开展技术培训,有效促进科技兴牧措施的落实,同时提高了广大养殖户的科学养殖水平,促进了畜牧业增效,养殖户增收。

【畜禽养殖污染减排】 加强畜禽养殖业的监管力度,进一步规范畜禽养殖业的污染减排。加大工作力度,采取有效措施,积极引导养殖业主对畜禽污染进行综合整治,全面开展畜禽养殖污染治理工作,深入调查,进一步摸清畜禽养殖业现状,加强监管,进一步规范畜禽养殖业发展,科学规划,优化布局;改进饲养方式,加快畜牧生态小区建设;因地制宜,采用科学的治理模式。

【病死畜禽无害化处理】 在广福镇建立起1间病死畜禽无害化处理厂(蕉岭县益民农业资源再利用处理厂),采用政府主导、部门监管、企业自主经营的模式,对全县境内病死畜禽进行及时收集、及时处理、全程控制、严格监管,确保病死畜禽无害化处理依法依规进行,通过印制、张贴《蕉岭县病死畜禽无害化处理明白纸》1000余份,积极宣传病死畜禽无害化处理的重要性及国家相关法规,让全县养殖户全面了解病死畜禽无害化处理的急迫感,使养殖户、屠宰场知道在养殖、屠宰过程中出现病死畜禽要向病死畜禽无害化处理厂申报,由病死畜禽无害化处理厂对病死生猪进行无害化处理。

【票证使用管理】 规范检疫证、章、标志的使用管理工作。制定管理制度,对票证领用、出入库实行专人专账专职负责管理,定期或不定期对票证使用情况进行检查,发现问题及时采取措施,并从严处理,保证检疫证章的规范使用和严肃性。电子出证专用检疫证明实行“五专五统一”,实现了对检疫出证的实时监控和信息化管理,推进了全县动物卫生监督信息化建设。

(何勇俊)

2016 年畜牧兽医局负责人名录

局　长:钟俊峰

副局长:陈昌华　郭佳群

林　业

【概况】 2016 年,全县林业用地面积 115.2 万亩,有林地面积 113.5 万亩,其中省级以上生态公益林面积 54.9 万亩,占林业用地面积的 47.7%。林地绿化率达 99.83%,森林覆盖率 79.4%,活立木总蓄积量 720 万立方米,比上年增长 29 万立方米,净增率 5.8%。全面完成 2016 年度 9768 亩森林碳汇造林建设任务;完成 2016 年度 989.7 亩生态景观林带重点生态工程提升建设任务;完成 11 个村的乡村美化绿化建设任务,其中省级示范村 3 个,分别是长潭镇白马村、暂垣村和三圳镇福北村;建立义务植树基地 5 个,面积 1000 亩,组织 11 万人次参加义务植树 100 万株,社会造林 8000 亩;完成 2016 年度 24800 亩中央资金森林抚育工程抚育任务、2015 年度 11512 亩森林碳汇抚育工程抚育任务、2015 年度 4982 亩生态景观林带抚育工程任务。做好森林防火工作,森林火灾受害率控制在 0.5‰以下。加强森林病虫害防治,林业有害生物发生面积 578 亩,防治面积 8087 亩,防治率 100%;林业有害生物的防治目标“四率”均达到防控范围要求。

【林业重点生态工程】 1. 森林碳汇造林工程。全县共投入植树造林资金 600 多万元,完成面上造林 8000 亩,引导群众种果、种茶等耕山致富造林 5000 多亩。完成广福镇、文福镇、蓝坊镇、新铺镇、南礤镇、库区林场、皇佑笔林场等碳汇林改造任务 9768 亩。2. 生态景观林带建设。全面完成 2016 年度生态景观林带重点生态工程提升建设任务 989.7 亩。3. 森林进城围城工程。完成新建森林公园 2 个,分别是南礤镇神门口竹海(县级)森林公园和三圳镇花诰山(县级)森林公园。4. 乡村美化绿化工程。投资 100 多万元完成 11 个村的乡村美化绿化建设任务,其中省级示范村 3 个,分别是长潭镇白马村、暂垣村和三圳镇福北村。5. 森林抚育工程。完成 2016 年 24800 亩中央资金森林抚育任务,2015 年度 11512 亩森林碳汇抚育任务,2015 年 4982 亩生态景观林带抚育任务。6. 苗木培育工作。培育各类苗木 95 万株,其中大田育苗 35 万株,容器育苗 60 万株。

【森林防火】 蕉岭县高度重视森林防火工作,坚决贯彻落实省、市森林防火工作会议精神和要求,落实镇党委书记为森林防火第一责任人制度,进一步加强领导,精心组织、强化措施,狠抓落实,提高了全县森林防火工作水平。全年投入资金约 69 万元,新增林火远程视频监控点 14 个,增设数据网络平台 1 套、信息安全系统 6 套、计算机 20 台等信息指挥系统,购置数字对讲机 35 部、便携式移动中继台 10 台等防火通信设备。全年发生一般森林火灾 2 宗,在 1 小时内扑救成功,火灾受害面积共 58 亩,森林火灾受害率 0.05‰以下,山火案查处率为 100%,无发生重大山火和人员伤亡事故。

【森林资源保护】 加大林业执法力度,开展严厉打击破坏森林资源违法犯罪活动,有效保护森林资源安全。2016 年,实际下达采伐商品林 8000 立方米;县公安局森林分局受理刑事案件 10 宗,刑拘 3 人、逮捕 2 人、起诉 6 人;林政、森林公安受理各类林业行政案件 24 宗,收缴林木 148.9 立方米,罚款及木材变价款共计 18 万元多;加强林地管理,2016 年审批征占林地 2

宗,面积 64.3 亩,无越权审批征占用林地的行为;处理非法占用林地 5 宗,面积 292.5 亩;加强木材流通管理和野生动植物资源保护工作,检查木材经营加工厂企业 120 次、酒楼饭店 100 间(次),有效地保护了蕉岭的森林资源和野生动物资源。

【森林病虫害的防治】 加强森林病虫害防治目标责任制考核工作,将森防目标管理指标分解到各镇、林场,责任落实到单位和责任人。制订了林业有害生物马尾松毛虫、松材线虫病、薇甘菊等灾害防治预案。配备专职测报员 54 人,建立一般性虫情测报点 11 个,监测面积达 438 万亩,监测率 100%;防治马尾松毛虫 0.75 万亩;松材线虫病疫情应急处置面积 588 亩,普查面积 30 万亩,防治等面积 0.5 万亩。

【山林权属纠纷调处】 通过“基层调解、集中研判、领导包案”等工作机制,抓好涉林信访维稳工作,构建和谐林业。2016 年,全县山林纠纷案件共 11 宗(其中本年受理案件 3 宗,去年积存案件 8 宗)。本年度调解处理 8 宗(其中协商调解 1 宗,政府裁决 6 宗,驳回 1 宗),积存案件 5 宗。山林纠纷调处率 72.7%。办理涉林信访案件 8 宗,群众来信 11 宗,接待群众来访 22 人次。

【加强生态公益林管理】 全县生态公益林 54.9 万亩,占林地面积的 47.7%。其中,生态公益林一、二类林面积达 545834 占 99%。2016 年度,生态公益林损失性补偿和激励性补偿资金共计 1502.84 万元,本年度已发放和支出补偿资金量为 1391.46 万元,补偿对象总户数为 22153 户,这些补偿资金已通过银信账户发放,直拨到户率 100%。

【深化林改和集体林业综合试验示范区改革】 蕉岭被广东省林业厅列为“2016 年广东省林下经济扶贫示范县”和“2016 年广东省深化林改重点县”。蕉岭一直坚持"三级书记"抓林改的做法,继续落实"县领导联系乡镇、县直部门和镇领导挂钩到村、村两委挂钩到片区、工作队员责任到人"的工作机制,全力抓好确权登记发证的后续扫尾和纠错工作,大力发展林下经济,不断将集体林权制度改革推向深入。同时,开展以集体林地所有权、承包权、经营权“三权分离”,建立健全林业要素市场,建立林权流转的机制和制度,发展农民股份合作赋予集体资产股份权能改革试点为主要内容的集体林业综合改革工作,深化林改工作和林下经济发展取得一定成效。2016 年,发展种植毛竹 5000 亩,其中笋竹两用基地 2000 亩;新种植名贵树木 3000 亩,新种各类经济林 5000 亩,发展各类林业专业合作社 10 家,新增省级林下经济示范基地 1 个(蕉岭县福泰生物科技有限公司)。

【国有林场改革工作】 蕉岭县两个国有林场分别是长潭库区林场和皇佑笔林场。自 2015 年全省全面启动国有林场改革以来,按照改革时间点,蕉岭县认真做好相关工作,积极探索符合本县实际的改革路子,稳妥推进国有林场改革。现已制订国有林场改革方案,将长潭库区国有林场、蕉岭县皇佑笔国有林场定性为公益一类、副科级事业单位,经费由县财政核拨,实行收支两条线管理,明确国有林场的主要职责和任务,核定事业编制,皇佑笔林场事业编制人员 42 人,长潭库区林场事业编制人员 15 人。

【队伍和党风廉政建设】 坚持“标本兼治、综合治理、惩防并举、注重预防”的方针,推进“两学一做”学习教育,加强党员干部的思想政治建设,着力加强机关勤政廉政建设和作风建设,营造遵纪守法、廉洁从业、克己奉公、健康向上的反腐倡廉的良好氛围,不断提升林业部门清正廉洁的形象,以党风廉政建设的新成效为加快“生态蕉岭”发展进程提供有力保证。

(李伟建)

2016 年林业局负责人名录

局　长：林文建
副局长：蔡增芳　利粤东（6 月任职）
　　　　徐咏梅　汤丽芬（女）
　　　　王永华（6 月离任）
党组书记：林文建
党组成员：王贵清　蔡增芳
　　　　　利粤东（6 月任职）　徐咏梅

蕉岭长潭省级自然保护区

【概况】 2016 年，全区林业用地面积 750165.5 亩，非林地面积（含水库水域面积）8769 亩，森林覆盖率 89.5%，绿化率 100%，森林活立木 70 多万总蓄积立方米。区内动植物资源丰富，有维管植物 1300 多种，其中国家珍稀保护植物 21 种；有动物 264 种，其中国家珍稀保护动物 31 种；有鱼类 40 多种。

【森林保护】 树立保护自然资源和自然环境是自然保护区建设管理第一要务的观念，深入开展打击破坏野生动植物资源的“蓝天行动”和“雷霆行动”，强化林政、防火措施，加大巡山护林力度，区内自然资源和自然环境得到有效的保护。

【资源培育】 开展春季造林和“五沿”范围造林绿化大行动，完成沿水（水库）、沿线（旅游景区景点）地段种植枫香、香樟、藜蒴等优良张土阔叶树种 5 万多株面积 300 多亩，大力培育森林资源，提高森林生态功能等级。

【科研监测】 开展生物多样性和森林生态效益等多项监测与研究，并取得显著成效，科研监测能力不断增强。

【宣传教育】 采取网络、宣传牌、宣传车等多种形式加强对广大市民和青少年的科普宣传教育，提高全民生态文明意识。（杨凌云）

2015 年长潭省级自然保护区负责人名录

主　任：林文建
副主任：王贵清

皇佑笔林场

皇佑笔林场位于蕉岭县东北部山区，毗邻蕉城、文福、南礤、蓝坊 4 个镇，现有山林面积 7.8 万亩，活立木蓄积 48 万立方米，森林覆盖率 96%。蕉岭新八景之一的“皇佑叠翠”就坐在其中。辖区内还有黄竹坪和龙潭两座水库，库容总量达到 1608 万立方米，是广东省森林生态旅游示范基地。

2016 年，林场做好涵养黄竹坪、龙潭水库水源为核心的森林资源保护工作，完成抚育中幼林 7000 亩、毛竹抚育 5000 亩；推进国有林场改革，在规定时间里完成国有林场实施方案上报工作；维修林区公路和防火线路 50 多公里，增强了山火抵御能力。全年没有发生一宗山火和没有发生一宗林政案件，全场森林资源得到了有效保护。（王雪梅）

2016 年县皇佑笔林场负责人名录

场　长：郭建忠
副场长：黄柏忠、黄添荣

水　务

【概况】 2016 全年营业总收入 1445 万元，其中发电收入 977 万元、供水收入 468 万元。争取上级补助资金 10316 万元，完成固定资产投资 10246 万元。

【水利项目建设】 2016 年,度农田水利设施维修养护主要建设内容为渠道改造 10 公里、渠道清淤 95 公里。

【民生水利工程】 2016 年,度完成石窟河白马段、石窟河新铺段、徐溪河、南礤河、廖蓆河、高思水治理工程共 6 宗,治理河长 53.11 公里,总投资 1.002 亿元。村村通自来水工程完成 21 宗,完成投资约 2415 万元。蕉岭县 PPP 模式整县推进镇村污水处理设施建设项目总投资 3.6 亿元。包括:1. 县城生活污水处理设施项目。2. 各镇生活污水处理设施项目。3. 村级生活污水处理设施项目。前期工作进展顺利,完成可研报告、初步实施方案、项目具体方案、物有所值评价、财政承受能力论证评估、竞争性磋商采购方式、资格预审,11 家社会资本通过资格预审。

【三防工作】 全年, 共投入近 55 多万元购置充实防汛物资,配备了冲锋舟 13 艘、橡皮艇 5 条、编织袋约 11400 条、救生衣 143 件、应急抢险灯 20 个、铁丝 2000 米、松木防洪桩 500 条、拖车 1 辆等必备物资, 并按要求存放指定地点;同时落实防汛抢险队伍作为应急抢险后备力量,县人武部落实抢险队伍 40 人,各镇共落实抢险人员 3110 人。

【水行政管理】 按最严格制度要求管理水资源,积极推进总量控制、节约用水和水资源保护工作。办理 1 宗水资源论证审查批复,2 宗水土保持方案审查批复; 批准新取水许可申请 1 宗,取水许可变更 19 宗,取水许可延续 5 宗;加强水事规费征收, 征收水资源费 92.2 万元;发出各种责令通知书、整改意见书 19 份,有效地维护正常的水事秩序。完成编制评审《蕉岭县地表水功能区划》,并经县政府批准。黄竹坪水库“五沿”崩岗治理和龙潭水库水资源保护项目完成验收。完成长潭小许坑“五沿”崩岗治理项目。

【移民工作】 完成投资 66.72 万元的 2016 年度大中型水库移民后期扶持项目计划编制上报;总投资 50 万元的蕉岭县 2016 年度(第一批)大中型水库移民后期扶持结余资金项目计划编制上报。 (徐　超)

2016 年县水务局负责人名录

局　长:古育辉

副局长:王　维　李岭平　徐文光　汤伟华
　　　　吴皖飞

气　象

光照

全年日照时数 1397.1 小时,比上年少 81.2 小时。日照百分率(相对日照)为 32%。日照时数最多的月份是 7 月,为 216 小时;日照时数最少的月份是 10 月,为 54.6 小时。

气温

全年平均气温 21.4℃, 同历年平均气温 21.2℃相比偏高 0.2℃。7 月是全年最热的月份,月平均气温 28.5℃。年极端最高气温 37.9℃,出现在 7 月 24 日。2 月是全年最冷的月份,月平均气温为 11.4℃。年极端最低气温-1.8℃,出现在 1 月 25 日。

降水

全年降水量 2789 毫米,比上年多 756.8 毫米, 同历年平均降水量 1658.6 毫米相比偏多 1130.4 毫米,雨量偏多。1、11、12 月降水明显偏少。降水量主要集中在 4 月,4 月为 465.7 毫米。汛期(3 月至 9 月)降水量 2067.5 毫米。全年有 11 次暴雨,分别出现在 1 月 5 日(68.4 毫米)、1 月 28 日 (81.6 毫米)、3 月 19 日(114.7 毫米)、3 月 20 日 (74.4 毫米)、4 月 12 日(70.1 毫米)、4 月 17 日(68.5 毫米)。4 月 30 日(115

毫米)、8月11日 (51.7毫米)、9月2日(67.6毫米)、9月3日 (79.3毫米)、10月21日(86.3毫米)

霜、雪、风及灾害性天气

2016年初霜日为12月18日。无下雪日。全年平均风速每秒1.8米。热带气旋对蕉岭影响较小。 (谢龙生)

2016年县气象局负责人名录

局　长:古　霖
副局长:潘光跃

农业机械

【概况】 2016年,蕉岭县农机局以服务农业,加快农业生产机械化发展,促进农业增效、农民增收、农村发展为主要任务,落实强农惠农富农政策,引进推广适合农业生产的中小型农机具,继续培育和发展壮大农机专业服务合作社,提升服务质量,提高农业生产机械化水平。全年落实购机补贴79.433万元,新购农机具212台/套;全县拥有各类农机具180532台(套),农机总动力183085千瓦;农作物种植机械化作业综合水平达到70.3%。

【主要农机具】 拖拉机1243台,其中中型拖拉机76台,手扶拖拉机1167台,水稻联合收割机283台,水稻插秧机205台,农用车698台,旋耕机1252台,起垄机965台,电动脱粒机、农产品加工机械、植保机械、排灌机械、农田基本建设机械一批。农业机械拥有量可以满足全县农户的生产需求。

【农机化生产】 全年下田作业农机具17912台/套,农机具下田率98%,插秧机、收割机下田率100%。全年水稻生产机耕率89%,机插率37%,机收率92%,农业生产特别是水稻生产基本实现全程机械化。

【技术推广、培训】 印发农机新技术推广宣传资料5600份,举办技术培训12场次,新式农机具现场展示演示6场次,培训镇、村农机技术人员120人次,农户480人次;培训农机专业合作社社员、农机大户、种植大户等专业人员、操作人员等360人次。

【实施农机购机补贴政策】 2016年争取中央财政购机补贴资金80万元。3月底成立"县实施农机购机补贴政策领导小组",制订了本县的实施方案,召开专题会议。至年底总计落实购机补贴79.433万元,共订立指标确认书191户,受益农户151户,补贴机具数212台/套,落实购机补贴完成率99.29%。

【农机生产安全监理】 农机监理工作遵循农业部安全生产监督管理的有关规定,开展拖拉机道路交通安全整治活动,加强农机安全生产宣传教育,落实农机安全责任制,与镇农业站签订农机安全生产责任书。深入基层一线检查农机安全生产情况,并联合公安交警对重点地区、重点路段上路检查,集中力量打击拖拉机无牌行驶、无证驾驶、违法载人、超载超速、人货混载等直接危及人民生命安全的行为,确保全县无安全事故的发生。全年上路检查过往拖拉机6次,暂扣违规违章拖拉机52台,短期培训拖拉机驾驶员35人次,办理证照48例;检查农业机械350多台套,排查安全生产隐患54例,整改54例。农机安全生产全年零事故。

【农机专业合作社】 全县注册农机专业合作社13家,规模较大的有伟强、金珠、晟福等农机专业合作社。长潭镇白马村的晟福农机技术专业服务合作社拥有近500万元的各类新式农机具,是全县较大规模的农机专业合作社。农机专业合作社为全县农户提供大棚育秧、机耕、机插、无人机施肥、除虫、机收、烘干和机械

化选米等一条龙的社会化有偿服务,是农机推广服务的重要社会力量和生力军,为农业增效、农民增收提供机械保障。 (陈利娜)

2016年县农机局负责人名录

局　长:阮东凤
副局长:陈广志　邓程群

移民工作

以解决水库移民地区热点、难点问题为重点,以建设库区移民的美丽家园为目标,加大移民资金监管和项目实施管理力度,实现人居环境改善、移民收入增加、库区和谐稳定。全年向省、市申报项目19个,争取各种移民资金共691万元,着力解决:1.移民区村道改造及硬底化;2.安装长潭上下龙及李黄山村太阳能路灯;3.完成滩头、沙田岭、大角湖3个小组食用水改造维修工程;4.建成长潭村上下龙小组文化活动中心;5.帮助移民缴交2017年农村合作医疗个人缴交部分。实实在在做到为移民排忧解难。 (徐晓芳)

2016年单位负责人名录表

主　任:林小琼(女)
副主任:赖保明　涂贵传　徐晓芳(女)

工业·贸易

经济贸易

【综述】 2016年,全县规模以上工业实现总产值46.61亿元,同比增长1.1%;实现工业增加值11.34亿元,同比增长4.4%,排名全市第六;完成工业投资28.38亿元,同比增长78%,排名全市第二;技术改造投资16.16亿元,同比增长107.5%,排名全市第二。

主导产业运行情况

2016年,全县37家规模以上企业有15家同比产值实现增长。竹木、电力、电子等主导产业生产增速平稳。

1. 建材业。2016年,建材业规模以上15家,企业实现产值33.29亿元,同比增长-1.2%。建材业产值占规模拟上工业总产值71.42%。

2. 竹木精深加工业。2016年,竹木精深加工业规模以上5家,企业实现产值2.27亿元,同比增长0.3%。

3. 电力业。2016年,电力业规模以上2家,企业实现产值5.90亿元,同比增长11.8%。

4. 电子业。2016年,电子业规模以上3家,企业实现产值1.75亿元,同比增长45.1%。

【资源电力】 节能考核:根据省经信委2015年广东省万家企业节能考核工作方案以及市经信局2015年度梅州市万家企业节能考核工作方案要求,聘请粤能公司专家组,对全县重点用能企业开展了2015年节能目标责任评价考核,2016年全县应考核企业4家全部完成节能目标责任评价考核。

电机能效提升:2016年,全县完成电机能效提升1332千瓦,完成了市下达县电机能效提升1000千瓦的任务，主要是梅州皇马水泥有限公司电机系统改造1332千瓦。

成品油、煤炭经营的综合管理：认真做好全县26家成品油经营企业年检工作，加强成品油经营管理工作。2016年，全县共组织联合专项行动43次，行动人数375人次，检查加油站点124间次，要求整改拆除非煤矿山内无证无照储油点12个，查处非法经营储存成品油案件4宗。取缔无证无照加油站1个，没收劣质油品13.6吨，罚款入库5万元，未发现有走私成品油的现象。

【贸易市场】 消费市场：2016年，全县实现社会消费品零售总额371887万元，同比增长10.1%，居全市第六位。从分行业看：批发零售贸易业消费品零售额347992万元，增长10.4%；住宿和餐饮业消费品零售总额23895万元，增长5.8%。

电子商务：2016年全县电子商务发展势头迅猛，继"'京东·特色中国'之蕉岭馆"、奥园跨境电商、云商易购、固特公司电商平台、延源公司电商平台后，其他各类电子商务平台如村淘、镇村电子商务服务站点如雨后春笋不断涌现，有效推动全县"长寿"产业的快速发展。

【对外经济贸易】 外贸进出口：2016年，进出口目标任务30470万元。外贸进出口总额31521万元，完成目标任务103.4%。

合同外资：2016年，合同外资3315万美元，完成全年任务3200万美元的103.6%。

实际利用外资：2016年，实际利用外资434万美元，完成全年任务600万美元的72.3%。

【科学技术】 科技工作管理：2016年，申报2017年省级科技计划项目6项，申报市级8项。同时，加大对在建科技项目跟踪管理力度。2016年，有8项科技项目通过结题验收。2016年，新认定高新技术企业1家(蕉岭县宏基建材有限公司)，重新认定1家(广福建材(蕉岭)精化有限公司)，入库企业1家(蕉岭县宏基建材有限公司)，申报高新技术产品3个。至2016年年底，全县有高新技术企业4家(蕉岭县宏基建材有限公司、广福建材(蕉岭)精化公司、梅州淦源科技有限公司、广东固特超声股份有限公司)，有省级专业镇3家(新铺、文福、三圳)、市级专业镇3家(蕉城、蓝坊、广福)，省级工程技术研发中心3家(龙腾、塔牌、广福建材)、市级工程技术研发中心2家(固特、淦源)，广东省众创空间试点单位1个(固特超声众创空间)。

知识产权管理：加大对知识产权的宣传，提高公众的知识产权保护意识。充分利用网络平台、科技下乡和科普进校园活动宣传知识产权知识，法律法规。2016年，全县专利申请量34件，专利授权38件。

抗震设防工作：加强对广东省地震活动趋势的跟踪，协助省地震局做好在蕉岭县蕉城、广福、新铺3个地震重力测量点的工作，以及省地震预警台网台站蕉岭地震台工作。2016年4月下旬，联合县应急办、教育局等有关单位在县城东小学开展了地震应急演练活动。通过演练，进一步提高师生的防震减灾意识，提高师生承受地震的心理能力、紧急应对、自救互救能力。参加这次演练的师生1300多人，整个演练活动达到了预期目的。 (彭文君)

2016年县科工商务管理局党组成员及行政负责人名录

党组书记、局长：徐永岭
党组副书记：李辉(2016年1月任职)
党组成员、副局长：徐湘琴(女) 赖育兵
吴诚锋 王爱民(挂职)
党组成员：林子锋 郭新期

2016年县经贸系统党委负责人名录：

书 记：徐永岭
副书记、纪委书记：林子锋

二轻工业

【主要经济指标情况】 2016年,完成工业总产值1239万元,同比减少5%,其中建包公司同比减少2.6%、利华德公司同比减少11%;完成销售收入1303万元,同比持平。其中,建包公司同比增长7.3%,利华德公司同比减少14%;工业利润亏损100万元,同比增亏3万元。主要原因:建包公司主产品水泥包装袋从以前10多家销售户萎缩到仅有1家,已难以与民营企业竞争,以致企业生产经营连年下滑;利华德公司主要受近年劳务市场用工工资不断上涨,职工缴交社保金连年增加,造成成本大幅增加,而服装加工费增幅小,以致企业负担重 、招工难,而且原有职工随着年老陆续离厂,周边私人办小型制衣厂在用工方面的不正当竞争,造成企业人员不足,不能正常生产经营。

【学习活动】 继续深入学习贯彻中共十八大和十八届五中、六中全会精神,坚决执行中央“八项规定”,按蕉岭县委“两学一做”学习教育协调小组办公室的通知要求,二轻公司党总支认真动员、部署所属各党支部按县委《关于在全县党员中开展“学党章党规、学系列讲话,做合格党员”学习教育实施方案》的通知精神,高度重视和充分认识开展“两学一做”学习教育工作的重要性,所属各支部迅速成立了“两学一做”学习教育协调小组,召开动员大会,制订开展"学党章党规、学系列讲话,做合格党员"学习教育工作实施方案。“七一”前夕,公司机关支部全体党员前往扶贫挂钩点村上门慰问五位困难老党员。

【内部管理】 1.帮助企业积极应对生产销售滑坡的势态,在困境中求生存、谋发展,尽量保有市场销售的份额,较好地止住了生产大滑坡,基本维持了企业的正常运转。2.认真抓好综治和安全生产工作。一是签订责任书,层层落实责任。公司第一责任人与县综治委签订了年度综治目标管理责任书,下属企业负责人分别与县和公司签订综治维稳责任书,确保综治维稳、普法工作落到实处。二是开展宣传工作,提高综治维稳、创建平安蕉岭和普法工作认识。三是构建防控体系,建设平安环境;四是落实信访工作,及时排查调处矛盾纠纷。保证二轻行业政治、社会稳定,为二轻经济发展提供了良好的发展环境。 (陈政清)

2016年蕉岭县二轻工业公司负责人名录

经理、党总支部书记:赖宇民

安全生产

【概述】 2016年,全县的安全生产工作围绕中共十八届五中、六中全会精神,认真贯彻落实习近平总书记、李克强总理关于安全生产工作的一系列重要指示,强化“红线”意识和底线思维,进一步建立深入开展“安全第一、预防为主、综合治理”的安全生产方针,健全“党政同责、一岗双责、失职追责”的安全生产责任制,全面落实企业安全生产主体责任,扎实开展“安全生产执法年”活动,深入推进隐患查治,主攻事故预防,全县安全生产形势的持续稳定好转。

【安全生产运行情况】 2016年,全县发生各类事故13起,死亡6人(其中:交通事故9起死亡3人、工矿商贸3起死亡3人)。全县事故总数及死亡人数相比上年得到大幅下降,烟花爆竹、人员密集场所等重点行业(领域)实现了零死亡事故,全县未发生较大以上安全生产事故,生产安全形势总体平稳。

【创新监管机制,推广新工艺、新技术】 在安全生产网格化责任体系监管机制的基础上，率先在全市范围内推行《蕉岭县点线面安全监管责任体系》，实现"横向到边、纵向到底"的责任体系。督促指导各级、各部门严格落实安全生产责任安全生产工作，坚持党政同责，一岗双责，明确各乡镇、各部门及各企业主要负责人为安全生产第一责任人。为切实加强安全生产源头治理，抓好镇级安监所建设，每个安监所配备专职安监人员，并做到"人员、机构、场地、办公设备、经费"五到位。全县各行政村配备了1名安全巡查员，县、镇、村三级安全监管网络进一步完善，基层安全监管能力进一步加强。按照国家安监总局提出的"机械化换人，自动化减人"要求，针对地下开采矿山采用手提式风动凿岩机打孔容易造成顶板事故的落后工艺，进行不断的推广应用新工艺、新技术。全县地下开采矿山已订购液压凿岩台车，至2017年全县地下矿山将全面实现液压凿岩台车进行打孔作业，将提高地下矿山的安全开采水平。

【隐患排查治理工作】 突出全面覆盖、彻底治理、完善制度三个环节，全面开展隐患排查治理活动，落实隐患排查治理措施。突出非煤矿山、危险化学品、烟花爆竹、工贸企业、人员密集场所等重点行业和领域，持续开展打非治违和隐患排查治理专项行动。全面开展以危险化学品、非煤矿山、危险化学品、烟花爆竹、职业健康、人员密集场所等行业（领域）安全生产大检查，力求堵塞管理漏洞，强化源头管理，实现"发现一处，整治一处，安全一处"的目标，真正把安全生产各项工作措施落实到基层，落实到企业，落实到一线操作层面。重点开展长潭旅游区水上游船、校车安全运营专项督查检查工作，针对水上游船、校车安全管理方面暴露出的问题，开展联合执法督查检查，避免了群死群伤恶性重特大安全事故。

【完善应急救援预案，加强应急保障能力建设】

形成"多层次、全覆盖、相互衔接"的应急预案体系，根据粤安监应急〔2014〕6号《关于修改〈广东省安全生产监督管理局关于〈生产安全事故应急预案管理办法〉的实施细则〉的通知》精神，完成了《蕉岭县非煤矿山生产安全事故应急预案》和《蕉岭县危险化学品生产安全事故应急预案》两大部门（行业）预案的重新修订和发布工作。按照梅市安监〔2014〕29号《梅州市安全监管局关于进一步规范安全生产应急预案管理工作的通知》要求，督促、指导、协调辖区内分管企业做好应急预案新修订、评审工作，跟进企业应急预案修改情况，完成企业应急预案的备案材料整理、归类、形式审查等工作，全县有26家危险化学品生产经营单位、20家非煤矿山企业的生产安全事故应急预案进行了重新修订并召开了专家评审会议，完成了向市局备案工作；5家工矿商贸行业生产安全事故应急预案新编制、评审，并经形式审查通过予以备案。指导协调常态化的应急演练，督查高危行业企业定期开展演练。全年事故灾难类应急演练82次，部门预案演练7次。结合业务股室行业（企业）安全生产和应急管理工作重点，按照企业应急预案，合理设置情景，科学、安全地组织指导、统筹安排了各类应急预案演练，32场，参与演练人员420人。

【宣传教育工作】 切实加强了对生产经营单位主要负责人、安全管理人员的培训，逐步提高他们的安全管理水平；加强企业新进人员和重点行业和领域农民工的培训，全面提高从业人员的安全素质和安全操作技能；落实特殊工种法定培训，做到特种作业人员持证上岗。一方面，开展企业安全培训和持证上岗检查。结合安全大检查和企业复产复工验收工作，认真检查各生产经营单位开展安全教育培训和从业人员的持证上岗情况，严格执法，对非煤矿山、危险化学品、烟花爆竹等高危行业企业检查率100%。另一方面，抓好安全生产培训工作。截至2016年，举办了2期由生产经营单位负责人和管理人员县级安全生产培训班。企业举办各类人员培训班25期，培训人员1500多人。扎实开展了安全生产月宣传。根据上级要求,详细制定了活动方案,各镇、各部门、各企业成立了“安全生产月”活动组织机构,提早谋划、落实方案、细化措施,营造浓厚的安全生产氛围。县第十五个“安全生产月”宣传咨询日活动于6月18日在蕉岭县城举行。活动采取悬挂安全生产宣传横幅、摆放展板、设立咨询台、发放安全资料手册等方式进行。活动现场,向过往群众发放新《广东省安全生产条例》《广东省生产安全事故隐患排查治理办法》等安全法律法规单行本1500余册,交通、居家、学校、避险防灾等各类安全常识资料15000余份,接受群众咨询300余人。通过安全宣传教育培训,大大提高全民安全生产文化素质。（古国贤）

2016年县市场与安全监管局负责人名录

党组书记、局长:古剑清
党组成员:黄德平　徐绍明
　　陈晓欧(11月任职)
副局长:徐绍明　徐文生(11月离任)
　　陈晓欧(11月任职)　陈建明

商业集团

【概述】 蕉岭县商业集团公司是自收自支的正科级事业单位,内设办公室、计财股和经济组,现有在职干部3人,退休人员18人。下属所有公司已破产、解体、转制完毕。

【商事登记制度改革工作】 服从改革大局,落实改革责任，主动做好商事登记制度改革工作,成功注销企业法人身份,并办理“蕉岭县商业集团公司”事业单位法人证书,为其他单位提供了经验。

【食品公司的依法注销工作】 经2016年11月8日县长办公会议研究决定，同意在县政府收回叟乐食品站所有权后,依法注销广东省蕉岭县商业集团食品公司。国税税务登记证已注销，在相关部门办理注销地税税务登记证、工商营业执照、固定资产过户手续、企业国有资产注销产权等业务。

【发展多项经营业务】 随着大部分商业下属企业全部退出市场,县委、县政府原赋予商业部门的管理、协调、监督、服务的职能已逐渐萎缩。面对这种情况,县商业集团公司把寻求发展作为第一要务,切实转变商业职能,增强市场经济意识,努力探索实业经营型的路子。把酒品营销作为今后的发展重点,认真搞好自身品牌“一生相伴”喜宴酒的经营,把"酒"字文章做好做活。努力开拓市场,在转变职能的过程中实现经济效益的稳步增长。

【挂钩村帮扶工作】 一是协助挂钩村做好计育工作,落实计育日用车制度,派车派员全程协助。二是2016年春节前组织慰问挂钩的新铺镇潘田村、蕉城镇樟坑村贫困户、支持美丽乡村建设和村委班子成员,共送上慰问金及支持村委工作经费合计45731.60元。（张利梅）

2016年县商业集团公司负责人名录

总 经 理:刘应标
副总经理:刘宇威(5月离任)
　　李文杰(4月离任)

蕉岭县供销合作社联合社

【概述】 2016年,是蕉岭县供销社综合改革试点工作实施的关键年、攻坚年和验收年。蕉岭县是广东省供销社综合改革第二批20个试点县之一。蕉岭县供销社围绕广东省供销合作联社和蕉岭县委、县政府提出关于供销社综合改革试点工作的目标任务，全面铺开，重点突出，措施落实，稳步推进，完成综合改革试点的各项工作，经广东省供销社考核验收小组评定蕉岭县供销社综合改革试点工作为93.5分的优秀档次。通过实施综合改革，蕉岭县供销社面貌发生很大变化，基层组织建设与经营服务体系协同发展，综合性、规模化、可持续发展的新型农业化服务体系雏形显现，综合服务能力日渐增强，经济效益、社会效益明显提升。全年商品总购进46284万元，比上年同期增加4685万元，同比增长11.3%，其中农采42436万元，比上年同期增加4777万元，同比增长12.7%；商品总销售50648万元，比上年同期增加5789万元，同比增长12.9%，其中农资销售2556万元，比上年同期增304万元，同比增长13.5%。

【综合改革】 组织体系建设。以农化服务为主题，激活蕉城中心社，重组三圳、文广福2个中心供销社，使下放乡镇管理后陆续破产倒闭的基层供销社得于重组和复活。发展35家农民专业合作社，其中由县社创办15家、领办20家，累计111家，其中创办91家、领办20家。采取“联合社+合作社+基地+农户”运营模式，组建广福桃花源观光农业专业合作社联合社，将文福、广福等镇分散的农业、乡村旅游产业等集结起来，抱团形成更强大的特色产业集群优势。经营体系建设。全面完成蕉岭县兴邦供销农资有限公司农资配送中心建设，建成3家县级连锁配送网点，7家镇级连锁配送网点、4家庄稼医院，开展农技培训、测土配方施肥、信息宣传等农化综合服务，配送服务覆盖全县各个乡镇。在蕉岭县供销农产品合作总社农产品配送中心建成占地面积为80平方米的农产品检测中心，提升农产品配送中心的综合经营服务能力。在三圳镇九岭村筹建蕉岭县农产品综合服务中心，已经完成项目设计和立项等。与梅州市发批发贸易有限公司共建日用消费品配送中心，开展全县日用消费品配送业务。与蕉岭县伟鑫塑料有限公司共建废旧塑料分拣中心，开展废旧塑料回收利用业务。全面完成蕉岭县一叶电子商务有限公司农商电子商务项目建设，建成占地面积200平方米的农土特产品展示厅，线上线下宣传蕉岭县长寿特色农产品。组织蕉岭县特色农产品入驻珠三角“梅州特产连锁店”和线上微店平台，参加各类型农产品展览会，并与广东新供销天业农产品有限公司签订《食品配送合同书》，架起农产品产销对接的“立交”和“高铁”。设立合作社发展基金，制订《蕉岭县供销合作社联合社合作发展基金管理办法(试行)》，蕉岭县政府拨给启动金30万元，省供销社拨给20万元，县社自筹10万元，农民专业合作社意向加入基金30万元。服务体系建设。以租建或与农民专业合作社共建的模式在三圳、长潭、广福等镇建立莲花、优质稻、百香果等服务“三农”试验基地，其中，三圳镇莲花种植基地成为蕉岭县乡村农业旅游的重要景观。按照“政府支持、供销合作社主办、多方参与、市场化运作”的思路，对长潭神岗和广福大坝2家综合服务社进行升级改造，开展融“村务、社务、政务”于一体的公益性服务和经营性服务，并与蕉岭县金融工作局和银信部门合作，将长潭神岗综合服务社作为开展区域性金融合作服务的试点，开办现金取现和小额贷款等业务。与梅州市农校、梅州市职校和蕉岭县妇联等合作共建新型职业农民培训常态机制，下镇进村举办农技知识培训2场，参训人数178人；蕉岭县兴邦供销农资有限公司为农民专业合作社社员、种植大户等举办各类型培训7次，参加培训农民200多人次，送出宣传资料600多份；蕉岭县农产品流通经纪人协会选送1名会员代表参加中华全国供销合作总社举办的培训班学习；蕉岭县桂岭蜂蜜专业合作社组织2次养蜂技术培训，参培蜂农400人次。蕉岭县兴邦供销农资有限公司派出农技人员200多人次，上门为群众解决测土施肥、排灌、病虫害等问题300多个。为农民专业合作社提供全方位服务：完成蕉岭县皇佑茶叶和蕉岭县金畲长寿金线莲专业合作社进驻梅州市供销社电子商务平台；蕉岭县丰农淮山和蕉岭县丰发蔬菜专业合作社被评为中华全国供销合作总社和广东省供销合作联社示范社，并拍成梅州市电视台《服务900》栏目的宣传视频；组织8名农民专业合作社理事长参加珠海市供销社举办的“面向港澳供销社(珠海)农副产品展销研讨会”；通过网站、报刊、电视台和宽乐通短信平台，为系统内农民专业合作社、社有企业、废旧物资回收经营门店等提供政策宣传、业务推广、安全管理信息服务。管理体系建设。蕉岭县委、县政府成立供销社综合改革试点工作领导小组，分管供销工作的副县长任组长，发改、科工、财政、税务、工商等部门领导任领导小组成员。从2016年1月起，蕉岭县供销社正式按照财政全额拨款事业单位的管理办法，纳入县财政预算管理。县政府成立蕉岭县供销系统社有资产管理委员会，分管副县长任主任，办公室设在县供销社，负责资产管理具体工作，县社成立资产经营管理领导小组。在蕉岭县一叶电子商务有限公司建立“三会一层”治理机制。先后选派4人参加中华全国供销合作总社、8人参加广东省供销合作联社和2人参加蕉岭县委党校等培训。扎实开展“两学一做”学习教育，在实施供销社综合改革试点工作过程中，凝聚力和战斗力明显提升。加强日常管理，成立各项工作领导小组，全面落实“一岗双责”制，组织检查烟花爆竹仓库12次、社有企业11次、出租门店7次和重点废旧物资回收门店93家。

【维护稳定】 筹资3.5万元，及时修复蕉岭县兴邦供销农资有限公司2016年5月被龙卷风掀掉的储存仓库瓦面，保障农资经营综合服务业务顺利开展。由于国家烟花爆竹政策不断变化和业务不断发展，蕉岭县供销社与承接烟花爆竹批发业务的蕉岭县鸿鑫烟花爆竹专营有限公司提前终止《烟花爆竹批发仓库租用合同》，使烟花爆竹批发企业在经营、储存、运输等环节更趋规范化、标准化。 （傅　文）

2016年县供销合作社联合社负责人名录

党组书记、主任：吴晓东

党组成员、副主任：黄海峡　谢富伟(3月任职)

烟草专卖

【经济运行】 2016年，实现“两烟”销售收入28556.03万元，缴纳税收4002.86万元。其中，销售卷烟8851个大箱，同比增长0.41%；实现卷烟销售收入25549万元，同比增长1.72%；完成卷烟毛利6424万元，同比增长7.37%。

【规范管理】 严格执行“两项工作”各项制度，严格按照整顿规范工作要求开展工作，按照物资采购、宣传促销、工程投资相关工作程序，严格执行“应招尽招、真招实招”“六个严禁、一个严控”要求，把好决策、工作、执行、监督四道关；召开6S现场管理培训会，在各部门设立6S联络员，严格按照市局6S管理手册要求，做好办公场所物品清点工作，对办公用品进行规范。深入推进办事公开、民主管理，按照局(司)务公开目录，在局(司)务公开栏对大宗物资采购、工程招标等重大事项、专卖许可、专卖行政执法及涉及企业员工切身利益的重大事项等情况进行定期公布，内容完整翔实，形成了企业内部良好的民主氛围，使广大干部职工广泛地享有知情权、参与权、监督权。

【专卖管理】 6月，烟草专卖局与县公安局重新成立联合执法办公室，加强对重点地段、重点市场、重点方向的联合监管。采取错时检查和突击检查相结合的方式，清理卷烟市场，同时开展打假打私专项整治。继续以防控“真烟非法流通”为市场管理的工作重点，突出非烟流出流入的防控，先后开展元旦春节期间、元旦春节后、中秋国庆期间等多项打击非烟的专项行动，严厉打击卷烟市场各类违法经营行为。至12月底，共出动打击假、私、非人员2500余人次，查处各类卷烟违法案件244宗，查获各类违法卷烟60.46万支，案值33.74万元，上缴罚没款41849元，查获烟叶1.305吨，市场净化率保持在98%以上。

【卷烟营销】 截至12月20日，共销售卷烟8851个大箱，同比增长2.27%，超过年初制定的8850个大箱的销售计划；实现卷烟销售收入25549万元，同比增长3.34%，超过年初制定的25400万元的目标，整体排名第五名。截至年底，全县共有订单零售客户756户，其中现代零售终端客户167户，占比22.09%，现代零售终端客户均能按规定进行扫码并上传数据；有网上订货户739户，网上订货率97.75%；电子结算客户有722户，电子结算率95.5%。

【烟基项目】 2016年，完成水利项目15宗7.532千米，机耕路10条3.366千米，总付补贴资金907.6万元。2015年完成的项目486件，投入补贴资金1323.87万元，并于2016年12月通过省级行业验收。2016年度，实施烟基项目45件，补贴资金预算533.34万元，已经完成44件，总付补贴资金79.51万元，水利项目1条1.6千米，补贴资金预算411.84万元，2016年进行预算审核和招标文件编制工作。北礤烟叶工作点项目工程顺利通过验收，进一步提升基层烟站服务水平，促进当地烟农增收。

【班子和队伍建设】 做好支部换届工作；组织班子积极参加国家局、省局举办的培训班。年初局(分公司)制定了43个内部培训班计划，至12月底已全部完成。全年组织6批次19个学员参加技能鉴定考试。

【两学一做】 坚持把“两学一做”学习教育作为党建工作的龙头任务和推动全面从严治党向基层延伸的有力抓手，既引导党员深入地“学”，更组织党员出色地“做”，以学习教育良好成效推动党员队伍素质全面提升。发放学习资料132本，设立了“两学一做”学习教育宣传栏，建立微信群，向全体党员推送“两学一做”内容83条，定期报送新闻线索25条，营造了良好的学习氛围，7月，派代表队参加市局党规党纪知识竞赛荣获“三等奖”；扎实推进“五个一”工作，教育引导广大党员坚定信仰信念、强化政治意识、树立清风正气、勇于担当作为；结合“比学赶帮超”活动，以“四讲四有”为标准，通过“三亮三比三评”，每季度评选5个共产党员示范岗，促进党员模范履行岗位职责，涌现出“广东技术能手”汤海雄、梅州烟草“六五”普法先进个人赖雄飞等先进榜样，提高了党员干部队伍整体素质。

【精准扶贫】 烟草专卖局(分公司)与蕉岭县广福镇广育村对接开展新一轮精准扶贫。制定落实扶贫规划和计划，向上级争取专项扶贫资金15万元，落实镇、村、烟草部门三方监管协议，管好用好扶贫资金。支部党员干部与贫困户实现一对一对接，切实“扶到点上、扶到根上”，凝心聚力做好三年脱贫攻坚战。

【安全工作】 坚持“安全第一、预防为主、综合治理”的方针，实行“谁主管、谁负责”，积极构建“和谐烟草”，全面落实安全生产“一岗双责”制，突出重点整治，有效预防各类重、特大事故发生，保持安全生产形势的稳定。层层签订责任书，抓好综治维稳工作，将矛盾化解在萌芽状态。抓好安全知识宣传培训、防台风、雷雨应急预案的学习，开展火灾事故应急演练，有效提高了干部职工的安全生产意识。积极开展消防应急演练，提高员工安全意识。加大安全排查工作力度，做好隐患整改工作，上半年共检查发现隐患21宗，投入17356元进行落实整改，到目前为止已全部整改完毕，顺利实现了安全生产四个为零的目标。做好安全生产“三同时”工作，协助北礤烟叶工作点新址建设项

目进行建设与管理。（李　琨）

2016年县烟草专卖局(分公司)负责人名录

党支部书记、局长、经理：许继荣(9月任职)
邹家华(9月离任)
党支部副书记、副经理：李林青
副经理：陈　文
副局长：丘乐仪

食盐专营

【概述】 2016年，广东省盐业集团梅州盐业有限公司蕉岭分公司，购进盐产品1100吨。销售盐产品1000吨，其中小包装食盐680吨。销售工业盐及其他盐产品420吨。

【食盐市场的安全保障工作】 蕉岭分公司按照梅州盐业总公司的统一部署，认真贯彻落实盐业法规，保障全县加碘食盐和生产用盐的供应。积极参与县委县政府、食品药品监督管理局及打假办组织的集中统一行动和主动牵头组织开展食盐打假联合执法行动，牵头组织工商、质监、卫生、药监等职能部门联合检查，重点对全县中、小学校、幼儿园、酒楼宾馆及食品加工企业的使用的盐产品安全进行全面检查。注重加强食盐流通市场的日常监管，重点加强毗邻外省、市、县边界地区和城乡接合部的食盐市场监管力度。据统计，2016年在开展食盐市场巡查专项整治行动中，出动盐政执法人员达600人次；检查食盐食品加工单位、单位酒楼饭店学校(幼儿园)食堂和门店2500(个)次，派发宣传资料12000多份。2016年，蕉岭县监测结果实现碘盐覆盖率100%，碘盐合格率100%，合格碘盐食用率100%，碘缺乏病健康宣传取得了显著成效。

【发展多项经营业务，开展非盐经济】 2016年，按照总公司非盐工作部署，蕉岭分公司高度重视，统一思想，积极响应，全力推进酒产品、奶粉、油米等产品的营销工作，锻炼队伍营销能力，实现企业转型升级。利用分公司办公环境升级和“广盐健康大厨房”金字招牌的大好机遇，发动员工 积极做好非盐营销工作，推行“人人都是营销员”理念，充分利用员工人脉网络资源的辐射力，形式多样的宣传促销活动，取得了较好的业绩。并且在各大节假日进行了非盐产品的宣传促销活动，派发宣传单、现场优惠促销等多种形式进行宣传，取得较好的效果，实现销售收入230万元。（徐　庭）

2016年广东省盐业集团梅州盐业有限公司蕉岭分公司负责人名录

局　长：陈　敏

中石化蕉岭石油分公司

【销售工作】 2016年市场形势是总体汽油需求增大，柴油市场需求由于受国际、国内经济形势影响，全年处于供大于求局面，批零价差较大，市场竞争更加激烈。分公司按省、市公司统一部署，紧紧围绕市场情况，统筹兼顾，突出重点，细化措施，灵活安排，切实做好各项零售和非油营销工作。一是按突出抓好新客户的开发，做好县重点工程的供油；二是加强对辖区11座加油站的销售情况，进行日跟踪和月分析，找出加油站制约提量的瓶颈，制定切实有效的措施；三是加大对“广东石油APP”和加油IC卡宣传推广力度，利用办理加油IC卡并注册APP便于车队管理的有利条件，积极开拓行政事业单位车辆和私人企业用油；四是规范员工服务，积极开展“优质服务月”活动；五是重视加油站非油品业务发展，所辖的11座加油站全部都开展了便利店销售工作，全年实现营业额1815万元，完成计划任务的140%。2016

年，蕉岭石油公司零售总量实现销售30953吨，完成年度任务35732吨的86.6%，同比减少7852吨，减幅20.2%。其中，汽油实现销售11867吨，完成年度计划11642吨的101.9%，同比增加781吨，增幅7%；机出柴油实现销售15862吨，完成年度计划20839吨的76.1%，同比减少6673吨，减幅29.6%；直销、批发量达5795吨；全年销售总量27940吨。

【开展多项活动】 2016年积极开展“全员开口营销”活动，3—5月开展加油站“优质服务月”活动，6月开展“全国安全生产月”活动，每月20日所有油站固定开展”加油站应急处置方案演练“活动，同时开展由县政府组织、县经信局牵头的“蕉岭县专项整治非法运输、经营、储存成品油工作”活动。

【安全生产工作】 加强对加油站现场安全管理，配合政府、消防部门每月开展一次“重点部位隐患排查”活动，重点加强油站现场加油、接卸油和维修改造作业各环节安全管理，严禁加油场出现打手机、车辆不熄火加油、营业场所抽烟、塑料桶装油、摩托车用户不下车加油、收银台或员工腰包存放现金过多等不安全行为，确保现场安全管理到位，实现政府和公司下达的年度安全上报等级事故为“0”的目标。

（丘文山）

2017年中石化蕉岭县石油分公司负责人名录

经　理：丘伟明

办公室：丘文山

金融·保险

金融局

【金融工作】 2016年，金融工作紧紧围绕全县改革发展稳定大局，创新工作思路，强化工作措施，落实工作责任，各项工作稳步推进，成效明显。

【推进农村普惠金融工作，擦亮“八项行动”品牌】 2015年农村普惠金融“八项行动”试点顺利通过省验收后，2016年按照“巩固成果，扩大战果，普惠万家”的工作思路，进一步完善工作机制，紧紧围绕县征信中心提质扩容、信用建设向信用县迈进、乡村金融务站“七有”、助农取款点整合、农村产权抵押贷款机制建立、“政银保”合作农业贷款项目落地、妇女创业贷款常态化、金融扶贫村级基金覆盖率提高等目标抓好落实。县征信中心信息库已有41225条农户信用，且大部分得到更新；有2000多条企业和工商个体户信用信息；工商和质监、税务、环保、安监等部门有关信息与县征信中心已实现对接。创建“信用镇”有6个镇，覆盖率为75%；“信用村”74个，覆盖率为76.3%；“信用户”3.3万户，占总农户的73%。“一村一站”“一站一点”服务模式得到群众认可。全县97个行政村金融服务站正常运作，已设立的140个服务乡村金融服务点，农户取现累计17443笔，金额达506.15万元;为农户代缴费用15886笔,金额达233.2万元;刷卡购物、转账等2000多万元。

【信贷投放工作】 积极协调配合金融监管部门认真分析金融形势，广泛开展政银企合作，努力增加信贷有效投放。一是加强工作调度，每季度召开一次金融联席会,汇报情况,分析问题,研究对策,促进工作开展。二是围绕蕉岭县“两个百亿产业”发展,会同县人民银行、县科工商务局,以及金融机构,召开了3次政银企合作洽谈会、推介会,累计为216家企业和农业经营主体落实贷款意向资金13500万元。三是认真分析全县贷存比偏低,贷款利率偏高的原因，协调有关银行机构适当下调贷款利率,让利于企业和社会。2016年,全县贷款余额和贷存比较年初增幅较大，分别为13.96%、2.08%;涉农贷款总量增加,不良率下降。至年末，全县涉农贷款余额52151万元，同比增长15.86%;不良率3.63%,同比降幅0.2%。

【企业挂牌上市】 把加大企业上市融资作为工作的重中之重,积极组织各类上市培训推介活动,加强重点企业跟踪服务,有力地推动了企业上市工作。一是积极抓好企业上市培育工作。在3月,对全县重点企业和科技创业型中小企业进行了调查统计,归类划分并筛选出了13个拟上市备选企业,为培育后备上市资源提供了基础资料。二是努力营造良好上市环境。深入企业加强调研,充分了解企业在改制上市过程中的政策需求,将市金融局编印的《企业利用多层次资本市场上市资料汇编》送到企业,使企业加深了对资本市场的认识;调动了企业上市的积极性。三是与广发证券、第一创业证券公司进行接洽交流,达成合作意向,为拟上市企业提供专业化服务。四是建立拟上市企业定期沟通汇报制度。加强工作调度,及时掌握企业上市进展情况,帮助企业协调解决上市进程中的困难和问题。瑞胜科技、宏基建材、淦源建材等3家企业与券商签订了在“新三板”挂牌的辅导合同,有望在2017年上市;金发纸业列入梅州市主板上市后备重点企业。

【防范和处置非法集资工作】 积极组织开展防范和处置非法集资专项行动,引导公众自觉远离非法集资,积极营造全民参与防范和处置非法集资行为的社会氛围。多次联合公安、工商、财政、人行等部门开展街头集中宣传咨询活动和涉嫌非法集资广告资讯信息排查清理活动;联合人民银行蕉岭县支行出资请县山歌剧团排演金融知识下乡专题文艺节目,在每个镇巡回会演;在全县每个行政村乡村金融服务宣传栏设置“打击处置非法集资维护经济金融秩序”专版,通过乡村金融服务站普及金融知识,使广大群众了解非法集资对生产、生活的影响和危害,教育和引民群众按正规渠道进行理财,谋求生产的发展、生活的安定。针对诸如“泛亚”“e租宝”“金朝阳”及P2P网贷平台等群体性金融事件爆发,先后7次召开处非工作会议，开展涉众型非法集资信息排查和研判、对P2P网络借贷平台加强监管,对长寿投资公司先后两次开展清理整顿工作,发出了整改通知书1份,约谈纪要2份。

【小额贷款公司业务指导和监管】 按照《广东省小额贷款公司管理办法(试行)办法》相关要求,加强对辖内润通、银信两家小额贷款公司业务指导和督促，完善相关风险防范机制,重点防范小额贷款公司非法吸收公众存款或变相非法吸收公众存款风险。建立公司运营月报月送制度和检查抽查机制,坚持开展非现场数据的日常管理和动态监督,每季度现场检查,查大帐、查合同、访客户,有力杜绝了非法集资、非法吸收公众存款、虚假合同、高利贷等金融违法行为，保证了小额贷款公司良性运转,维护金融稳定和社会秩序稳定。

【农村土地承包经营权抵押贷款试点工作】

根据《国务院关于开展农村承包土地的经

营权和农民住房财产权抵押贷款试点的指导意见》(国发〔2015〕45号)和《全国人大常委会关于授权国务院在北京市大兴区等232个试点县(市、区)、天津市蓟县等59个试点县(市、区)行政区域分别暂时调整实施有关法律规定的决定》精神,蕉岭县被国家确定为全国农村承包土地的经营权抵押贷款试点县。县委、县政府高度重视,专门成立以县长为组长,县分管领导为副组长,各职能部门负责人为成员的试点工作领导小组。印发试点工作方案,将各成员单位职责任务分解印发。5月20日,在三圳镇招福村举行了蕉岭县农村土地承包经营权抵押贷款现场授信放款仪式,县农信社分别与10位农户签订了3万—5万元不等的土地承包经营权抵押贷款授信及贷款合约,涉及土地32.03亩,贷款金额达42万元。6月8日,召开全县农村土地承包经营权抵押贷款试点工作推进会。全县至12月末,发放农村土地承包经营权抵押贷款95笔,2620万元,抵押土地532亩,其中县农信联社87笔,2423万元,抵押土地267亩;农业银行蕉岭县支行5笔,187万元,抵押土地252亩;邮储银行蕉岭县支行3笔,9.8万元,抵押土地11亩。

【涉农保险工作】 积极推动农村多层次社会保障体系建设,由县财政投入或补贴的保险,在寿险方面有全县居民自然灾害公众责任险、老年人意外伤害险、计生家庭人身意外伤害险、农村低保户小额人身意外伤害综合险等;在财险方面有农房险、水稻险、生态公益林木险、能繁母猪险等。全县涉农保险险种多,覆盖面广,保险业保障作用进一步得到发挥,切实提高全县居民的生活保障水平。 (汤国洪)

2016年金融局负责人名录

局　长:张　卫
副局长:汤国洪

中国人民银行蕉岭县支行

【落实货币政策】 1.加强窗口指导,完善货币信贷政策传导机制。及时引导辖内金融机构围绕地方的经济发展战略,调整和优化信贷结构,积极增加信贷有效投入。强化地方法人金融机构信贷投放动态监测,指导金融机构保持贷款合理均衡增长,确保新增贷款控制在合意贷款增量内。截至2016年12月末,全县金融机构本外币各项存款余额85.24亿元,比年初增加8.34亿元,比年初增长10.85%;本外币各项贷款余额37.05亿元,比年初增加6.02亿元,比年初增长19.39%。2.灵活运用政策工具,加大对重点领域、重点环节的信贷支持。发挥货币政策工具作用,加大对重点项目建设、"三农"、小微企业、实体经济的金融支持。一是加强存款准备金管理,对蕉岭县农村信用合作联社的存款准备金下降1个百分点,释放2500万元资金,认真贯彻落实农业银行改革试点县级"三农金融事业部"差别化存款准备金率政策。二是切实加大对"三农"的信贷资金投入,管好用好支农再贷款,2016年11月,向蕉岭联社发放支农再贷款3000万元。三是做好中征应收账款融资服务平台推广应用工作,拓宽中小微企业融资渠道,服务其发展。至2016年12月,蕉岭县共有15家机构注册加入平台,促成融资交易14笔,合计融资1.30亿元人民币。四是协助中心支行举办货币政策与融资理财巡回宣传会,积极做好政、银、企融资对接工作。

【县域金融改革创新】 1.推进农村土地承包经营权抵押贷款试点业务。一是提高试点业务知名度。5月20日,蕉岭县农信联社在三圳镇招福村举行农村土地承包经营权抵押贷款现场授信放款,签约仪式上,县农信联社与招福村10位农户共签订42万元的贷款。积极引导辖区金融机构在《梅州日报》《蕉岭新闻》等新闻媒介上投放广告进行宣传，推广农村土地承包经营权抵押贷款试点业务。二是召开试点工作推进会。成立试点工作领导小组，出台配套实施方案，对确保2017年顺利完成试点工作提出要求。三是辖区三家涉农金融机构实现业务全覆盖。创新承包土地经营权抵押贷款专项信贷产品，采取一次授信、循环使用方式，简化审核程序，提高审贷效率。截至2016年12月末，累计办理农村承包土地经营权抵押贷款87笔2620万元，余额2431万元。

2.推进农村信用体系建设。一是开展多渠道、多层次的信用宣传活动。充分发挥农村金融网点、乡村金融服务站的结构优势，发挥报纸、电视、微信等媒体的渗透作用，大力宣传农村信用体系建设，增强农民诚信意识。二是搭建农户信用信息服务平台。依托梅州中支开发的农户诚信信息服务系统、新型农业经营主体诚信信息子系统，开展全覆盖、动态的农户信用评价。2016年4月25日，蓝佛安副省长和广州分行副行长李思敏一行到蕉岭县征信中心参观并听取汇报后，对蕉岭农村信用体系建设方面取得的成效表示了肯定。三是持续深入推进“信用镇、村、户”创建活动。2016年，全县共评定“信用镇”6个、“信用村”71个、“信用户”3.5万户。3.实施“特色金融宣传+”工程。一是举办各类金融知识培训班。深入到蕉岭县党校、蕉岭县广播电视大学、各乡镇村委会，组织金融机构志愿者为基层党组织书记、社区工作人员、村干部开展助农取款、安全用卡等金融知识培训。二是举办金融专题文艺会演。支行积极与蕉岭县山歌剧团开展合作，编排了客家快板小品《信用村的故事》、男女山歌对唱《关心国库买国债》、表演唱《普惠金融惠农家》等5个具有客家特色又有教育意义的节目，以“送戏下乡”的形式，在全县8个乡镇演出7场。三是发挥主流媒体的优势提升宣传效应。与当地新闻媒体蕉岭电视台签订合作协议，及时对新政策、新业务和金融知识进行宣传。结合“(6·14)信用记录关爱日”“金融知识进校园”“金融夜校进社区”等重点活动，在电视台、报刊开展系列报道。2016年，支行开展各类宣传服务活动50余次，服务群众数约60000人次。

【金融管理与服务】 1.认真履行国库经理职责，加强国库核算与监管。一是继续做好国库会计核算管理。截至12月末，及时、准确处理国库业务426226笔，确保国库资金安全。二是做好国债宣传、发行和兑付工作，2016年蕉岭县支库组织国债宣传13次，其中到乡镇8次，县城商超、小区、广场等人员集中的地方进行宣传5次；按要求做好国债监管工作，对辖区凭证式国债发行进行检查监督，并按时上报国债发行周报及国债监管报表、报告等。三是与财政部门联合开展国库集中支付业务检查。蕉岭县支库与地方财政部门于2016年5月对辖区6个预算单位、3个代理商业银行联合开展国库集中支付业务现场检查。通过联合检查，创新国库事中监督方法，夯实我县国库集中支付业务基础，为国库资金的安全运行提供安全保障。2.做好银行卡助农取款工作。在全县97个村中选取161个农家店安装助农取款机共195部，截至2016年12月末，各助农取款服务点累计办理取款21765笔，金额561.31万元，查询5833笔，分别比上年同期增长95.56%、140.75%和64.12%。月平均取款3笔以下的服务点由年初77个下降至39个。3.强化金融监测分析，切实维护辖区金融稳定。一是加强对辖区小额贷款公司、融资担保公司、典当行等地方性准金融机构和蕉岭长寿投资有限公司的资金运作和经营情况及地方政府融资平台、房地产信贷等区域经济热点的监测分析，防范经济金融风险。二是组织召开蕉岭县香榭丽湾楼盘重复抵押贷款风险的金融机构协调会，强化监管，着力维护辖区金融稳定，加强对地方法人金融机构的资产质量、流动性、盈利能力、贷款集中度及资本充足率等监测分析。三是加强重点领域风险监测和排查，建立银行机构信贷风险和交叉性金融风险监测制度，协助上级行对蕉岭联社理财资金的情况进行摸底调查。4.加强人民币收付业务和管理工作,净化人民币流通市场。做好人民币收付及现金管理检查监督工作,规范假币收缴、鉴定和残缺污损人民币兑换行为,提高流通中人民币整洁度。结合蕉岭实际,制订切实可行的《2016年蕉岭县打击假币犯罪专项行动工作方案》,强化警银合作机制,充分调动成员单位的优势资源,净化人民币流通市场。 (郭晓斐)

2016年中国人民银行蕉岭县支行负责人名录

党组书记、行长:丘志书(6月任职)
江 锋(3月离任)
党组成员、副行长:王利芳 丘志书(6月离任)
钟超满(3月任职)

中国农业银行股份有限公司蕉岭县支行

【概况】 2016年,各项贷款余额115783万元,同比增36849万元;本外币存款余额达139966万元,比年初增8317万元;全年实现拨备后利润2912万元,在广东省农行2016年度县域支行综合考评中荣获进步支行,在梅州分行内控评价考核中继续保持一类行,年度综治工作被评为蕉岭县先进集体。

【加大信贷投放力度,助推蕉岭经济发展】

该行坚持以支持地方经济发展为己任,在业务考核中突出资产业务重要位置,采取“突出重点、巧妙营销,主动出击、稳定客户,用心服务、抢占市场”等工作方式,加大信贷资金投放助推蕉岭经济发展,全年贷款投放净增36849万元,增量市场份额在当地金融机构中居第一位。一是重点拓展优质个人资产业务。该行面对新住房、商铺比前年同期下降的不利局面,加大对蕉岭碧桂园三期、奥园、长寿新城楼盘的营销,累计发放个人住房、商铺贷款236笔、7450万元。二是着力加大龙头企业的信贷投放。通过多方联动、高层介入,成功通过总行审批国家重点支持的60家大型水泥企业、蕉岭唯一上市公司广东塔牌集团600万吨项目10亿元贷款(投放3.5亿元),实现信贷拓展历史性突破。三是加大支持蕉岭有发展后劲的优质企业。2016年,先后向市场前景好、发展后劲足的广福建材、宽恒公司和顺安达公司累计发放贷款6000万元。特别是继续支持产品填补国内高端荧光材料空白、发展前景广阔,从事高端精细荧光粉生产的伯霖荧光科技有限公司在去年投放800万元基础上增加200万元贷款,有效地解决了流动资金不足的困难。通过加大信贷投放力度,有力地支持了地方经济的发展,巩固和发展了一批值得信赖的优良客户,为自身经营发展和蕉岭经济腾飞注入源源不断动力,得到县党政领导和客户高度赞誉。

【倾情服务,全力以赴抢占县域市场】 一是扎实开展多层级的营销活动。支行制订客户维护方案,无论是支行行领导、网点负责人、客户经理和员工日常和重大节日都安排有上门拜访各层级客户的名单,定期走访企业高层、私营老板和政府部门领导和财务负责人,通过加强与客户的沟通、联系,不但巩固银企、银政和客户关系,更让政府、企业和群众了解我们农行产品和服务。二是创新营销方式,面对城镇存款向理财、基金、证券分流等不利局面,支行组织营销团队“扫街”,拜访单位、企业、商户及学校,主动营销信用卡和个人存款、基金、理财和贵金属产品。三是充分利用政府各种活动、大型房地产项目开盘、乡镇圩日等进行摆摊宣传,还利用“六个走进”、惠农通宣传等有利时机向客户推介农行各类产品。

【内强素质,强力推进服务质量提升】 着力打造“客户满意银行”的品牌形象,年初就专门制定了规范服务的目标要求,召开专题会议研究加强网点服务规范管理的措施和办法,以城南支行为网点标准化管理(2.0 版)试点单位,指定客户部负责零售业务的高级专员专门负责推广和落实。一是网点 6S 规范服务导入为抓手。开展文明规范服务标准导入,以网点为单位进行服务礼仪、用语、物品摆放到营销技巧进行"一对一"的示范培训,要求网点大堂经理、柜员、客户经理逐个过关。二是全面开展网点压高转岗、弹性排班、团队建设等工作,使辖属三个网点空间布局合理,优化劳动动态组合,增强了网点核心竞争力。全辖网点 19 个柜员压缩至 13 个,进一步夯实低柜和营销队伍力量。三是强化全员技能训练,提升综合素质。支行多次举办柜员业务技能的培训、测试和竞赛及岗位技能考试,对取得好名次的给予表扬和相应的绩效奖励,鼓励员工自觉提高业务技能。四是加大对服务意识、质量督导的力度。对各季度省市行门市服务检查通报中被扣分的员工,责成限期改正并扣罚相应的绩效工资,对连续扣分的员工由客户部经理、网点负责人和主管行长诫免谈话,三次以上者年终考评不能在称职以上。通过有效管理方式,辖属网点服务质量、意识和水平均有很大的提高,深受当地党政和社会各界好评。

【坚持以人为本,充分挖掘员工潜能】 一是正视员工诉求、发掘员工潜能。定期以部门、网点为单位召开员工座谈会,会前将当事单位管理、业绩和员工不良思想状况摆出来,让员工自找问题、自寻症结、自开药方、自求出路。同时,采取层级制谈心活动,让中层干部和员工认识到差距、意识到不足,树立起"比、学、赶、超"的信心和决心。二是加强机关中层干部管理。重视机关部门和网点班子建设,配强中层干部和关键岗位人员,采取压担子、指路子、开方子的方式,明确部门职责、量化任务目标、细化管理要求,保证机关日常管理忙而不乱、有条不紊、张弛有度,有效地提升机关服务基层意识。三是加强网点班子建设。把加强网点班子建设提上重要议事日程,按照德才兼备原则调整 1 位网点主任、提拔一位运营主管;在业务品种较齐全的支行营业部配备了营销副主任,由主任、副主任和正副运营主管组成营业部班子。其他网点则组建由二级支行行长、运营主管和高级客户经理组建班子和网点党支部,初步建成网点负责人为班长,其他成员为辅助的营销管理团队。四是坚持以人为本。在薪酬分配、岗位晋升、福利分配方面坚持做到公平、公正、公开,与各层级员工保持顺畅的沟通。班子成员深入基层,关爱员工,注重倾听员工的心声,采纳干部职工提出的合理化建议,随时与员工保持顺畅的沟通渠道,让每一个员工积极参与支行改革和发展。

【强化管理,确保业务经营稳健发展】 一是完善和制订了《中国农业银行蕉岭县支行 2016 年"三化三铁"考评及部门尽职监督检查实施方案》等多项劳动竞赛考核办法和内部管理规定,建立了部门自律监管制度,规范操作规程,特别是加强业务一线的自身监督。二是加强业务部门自律监督,结合银监部门和上级行关于开展"两加强、两遏制"回头看活动要求,定期或不定期对所辖营业网点进行检查,检查面达 100%,特别是加强信用卡、运营、个人业务、门市规范化服务、操作风险排查、反洗钱、人民币反假、内控评价等业务的检查,对检查结果及时进行通报,有效地纠正了违章操作的行为,切实提高全行内控合规能力。三是支行领导带头深入基层,调查研究,定期和不定期参加网点班前会、支部会、跟班学习和调阅监控录像,及时了解掌握网点业务工作和内控管理情况。四是坚持以"合规文化建设"为指导,扎实开展营业机构 "三化三铁""三化三达标""平安农行"建设推进工作,通过采取注重教育、健全工作机制、强化监督检查等方式,圆满完成安全保卫、运营等各项工作任务,实现内部管理与业务发展齐头并进,取得显著成效,在上级行组织内控评价中(综合得分93.31分)继续保持一类行标准。

【加强党建和行风建设工作，树立农行良好社会形象】 一是扎实开展"两学一做"学习教育、"知法、守法、敬法"等活动。积极开展以"学党章党规,学系列讲话,做合格党员"为主题学习教育,通过有计划、有步骤抓好各个阶段、各个环节规定动作,党员先进性得到提升。支行党委班子坚持从实际出发、先公后私,不怕困难、勇于担当,善于化解矛盾、解决业务发展中碰到的各种问题。二是日常工作中严格执行"八项规定",党委班子率先垂范,高标准、严要求执行党的纪律和廉政建设各项规定,干部使用、财务开支、贷款受理严格执行制度规定,不合标准的人不提拔、不合理的钱不花、不踏实的贷款不放。三是坚持党委中心组和支部"三会一课"制度,班子成员通过为全体员工上党课,廉政教育讲座等形式,讲人生、讲工作、讲奉献,充分发挥党组织战斗堡垒和党员先锋模范作用。四是认真抓好党委主体责任、纪委监督责任和"员工行为网格式管理",落实党委、支部既要管业务,又要管人、管作风的一岗双责,要求部门、网点负责人既要管员工八小时以内,又要了解网格内员工八小时以外情况。坚持定期上门层级家访制度,既掌握了员工思想、又了解家庭情况,更能让员工感受到被行领导和管理层重视、关怀,进一步增强员工归属感。 (朱铭新)

2016年中国农业银行股份有限公司蕉岭县支行负责人名录

行　长:张锐平
副行长:郭再生　朱钦州

蕉岭县农村信用合作联社

【业务发展】 至2016年年末，蕉岭联社各项存款余额257099.78万元，比年初增加33170.31万元，增长14.81%；各项贷款余额139782.37万元,比年初增加24833.63万元,增幅21.6%;不良贷款余额3828.02万元,不良贷款率2.74%；实现财务收入16449.38万元;缴纳所得税费用1442.05万元;创新推出"农村土地承包经营权抵押贷款""教师贷""商赢贷""精英贷"满足县域各领域的经营消费需求;初步形成了网上银行、手机银行、移动pos、微信平台、鲜特汇、助农取款服务等多维度的服务体系;各项业务稳步推进,较好地完成全年各项任务,有力地支持地方经济发展。

【深化改革】 紧紧围绕"立足县域、服务地方、支持三农"的中心工作,以维持股金稳定性为发展基础，以清收压降不良贷款为改革突破口,以完善法人治理架构为保障,以产品和服务创新为驱动,以产权达标升级为目的,通过明晰联社和网点职责、城区与农区业务差异,协调公司、零售、同业金融联动发展,加快形成以创新为主要引领和支撑的管理机制和商业模式,实现以传统业务为基础、以创新业务为驱动的发展态势,深化改革工作进一步推进。

【内控案防】 完善流程银行建设,修改与流程文件相配套的制度290项；严抓案件防控工作,开展股权集中风险自查、员工个人信用状况专项排查、员工异常行为排查等专项检查;稳步推进异地值守工作,2016年完成新铺、金丰、文福、广福、蓝坊、南礤6个网点异地值守设备安装工作,有效提升智能安防,多角度、深层次实现内控管理的合理优化。

【企业文化】 坚持以服务"三农"和县域经济

为切入点，围绕农村和农民最关心的利益问题,发挥自身点多面广、扎根农村的优势,大力推行新农村建设和农村信用体系建设,推进金融服务站的建设和助农取款点建设。扎实深入开展"扶贫济困"工作,解决农村公共基础建,农民脱贫致富等热点问题，为农民做好事、办实事、解难事,树立良好的社会形象。同时,积极开展形式多样的文体活动和公益宣传活动,完善内部职工和退休职工帮扶机制,健全困难职工档案,切实维护职工队伍的稳定,增强企业活力。 （赖志明）

2016年度县农村信用合作联社负责人名录表

理事长:何镇新

主　任:谢纪文

监事长:罗载新

副主任:朱志刚　李锡权

中国建设银行股份有限公司蕉岭支行

【概述】 2016年,蕉岭支行紧紧围绕省、市分行提出的“转型发展、创新驱动、合规保障”总体指导思想和目标,扎实推进“三综合”建设,强化风险管理,做好营销拓展,强化经营管理,增强营销能力，提高工作效率和服务质量,提升市场综合竞争能力,较好地完成全年各项业务指标,实现合规平安年的目标,至2016年年底，梅州市分行蕉岭支行全口径存款余额14.62亿元,比年初新增3.89亿元,新增市场占比62.9 %,新增三大行排名第一位,各项贷款余额4.49亿元,三行占比22.9%,排第二位,全年实现利润2970万元,同比新增306万元,年度计划完成率100%,交增值税89.9万元。

【强化风险管理,保障安全运营】 蕉岭支行根据《梅州市分行2016年“合规平安年”工作方案》精神,认真贯彻落实省、市分行“转型发展、创新驱动、合规保障”的指导思想,全面夯实合规管理基础,有力推进合规管理转型,深化案件综合治理,实现“合规分行、平安分行”管理目标,按照“文化建设为先导、制度规范为基础、统筹检查为抓手、系统工具为支撑、考核奖惩为手段”的工作方针,围绕“六项重点”工作,全面夯实合规管理基础,全面落实案件防控措施,全面强化合规保障能力,实现“四有四无”目标。一是成立安全年、案件防控、综治、普法等工作领导小组,一把手负总责,层层落实签订了《案件防控工作责任状》《党风廉政建设责任书》《2016年蕉岭县社会治安综合治理目标管理责任书》《消防安全 安全生产管理工作目标责任书》等,一级对一级负责,做到领导到位、责任到位、措施到位。二是加强金融风险防范,把合规管理、合规经营、合规操作落到实处,使合规意识和合规文化渗透到每一位员工思想深处，使合规成为每位员工的自觉行为,深化对合规操作的认识，学习和理解规章制度,增强执行制度的能力和自觉性,形成人人讲合规、事事符合合规的工作标准。三是3月积极与当地公安、人民银行联合开展的飓风2016打击非法集资等多场宣传活动。四是不断强化网点基础管理，提高网点案件防控工作,认真贯彻履行“一岗双责”,安全保卫实现了无重大金融诈骗、盗窃、抢劫、涉枪“四类”案件的零发案记录;阻截电话、短信、网上等诈骗客户风险30起，避免资金损失50万元;2016年8月,在受理广东塔牌集团委托我行查询一张来自江苏省盐城分行签发的保证金额120万元的某工程有限公司开具的履约保函时。通过对公信贷系统,发现可疑后,联系对方核实印章,证实为假印章,最终确定对方未签发此履约保函,属于伪造的假保函。支行及时将结果告知塔牌集团，避免了欺诈合同而引发的经济损失，保障了保函受益方塔牌集团的经济利益,也维护建设银行的声誉。继续保持“零案件”

和案件风险“零容忍”的良好态势,实现了安全年“六更四无三提高两建成”目标,为各项业务科学稳健发展提供了有力保障。实现了安全运行,综治、普法、维稳工作考评达标,有效地保障支行各项业务的持续健康发展,积极维护当地金融、经济发展的良好秩序。

【推动业务发展 支持县域经济建设】 一是为减轻民营企业财务成本,实现跨境融资,为洋臣木制品有限公司海外融资 5500 万元, 降低贷款利率,减轻企业融资成本。二是实现社保卡跨行代发功能,无论居民医药费报账还是养老金、失业金发放,不论是哪家银行发放的二代社保卡,只要提供正确的账号、户名及开户银行给社保局,建行就能把上述资金发放到客户二代社保卡内。三是唯一实现公积金自助转账还贷功能的银行,该功能的实施,减轻借款人还款压力,优化公积金贷款户支取公积金还款的流程。四是与学校签约校园通网上缴费合作协议,大大减轻学校因年度开学收费时所花费的人力、物力和财力。五是积极支持地方公益基础建设,经过多方努力,免费提供先进设备,成功与蕉岭县人民医院合作签订 “银医一卡通”服务协议,打破目前患者就医时“三长一短”(挂号、候诊、付费取药排队时间长,就诊时间短)局面,而银医通系统实现后,将挂号、缴费、打印检查报告进行自助化,减少患者等候时间,同时能兼容多家银行卡和社保卡缴费优势,满足城乡居民日益不断提升的医疗服务需求。六是成立专项项目小组,协助宗教事务局完善全县宗教场所证照年审及账务管理,为下一步有关宗教事务场所的规范管理奠定基础,为寺庙场所开立对公账户 32 户。七是在分行下达高新技术企业结算全覆盖和授信半覆盖的指令下,认真贯彻省分行"加强科技金融工作常态化管理"的工作要求,对辖区内三间高新技术企业都进行了融资授信,支持高新技术企业的快速发展。

【加强服务建设,提升服务质量和服务效率】

支行坚持贯彻落实“以客户为中心”的理念,着力抓好网点服务文化建设和金融服务设施建设。一是在府前街、县人民医院院区、县洋臣家具公司、广东塔牌公司办公区新增加 9 台自助柜员机,全县城范围内共投入自助存取款机共计 18 台,服务硬件设施更加完备,同时大力发展 POS 刷卡机及网上银行、电话银行、手机银行、龙支付等电子银行业务,将服务终端延伸,为客户提供高效、方便、安全的现代化金融服务。二是强化服务礼仪。员工着装统一、文明用语、微笑服务、形象标识规范、营业大厅宽敞明亮、卫生整洁、各类告示牌、宣传海报、窗口展示架按统一要求摆放,为客户提供高雅舒适的金融服务环境。三是网点配备大堂经理,大堂助理、产品经理、客户经理,主动引导、分流客户办理各种业务, 通过各岗位的协调、联动,不断优化服务流程,提高工作效率,同时经常性地开展员工从业技能培训学习,不断提高员工履岗能力,加大督导及奖惩力度,有效提高服务质量和服务效率, 大大减少客户办理业务等候时间,提升客户满意度。四是认真落实便民、利民措施。支行每个网点配置万能充电器、小药箱、取款袋、大门口放置防滑垫、防滑提示牌、雨伞架等、张贴安全防范提示等便民服务设施,对特殊群体设置专窗服务,甚至上门服务,充分展示了建行服务贴心、人性化理念。五是注重行风建设,以围绕行风评议提出的意见和建议为重点,对意见和建议认真落实整改,做到不断完善,不断提高,精神面貌不断改变,切实转变工作作风,在民主评议行风建设中取得好成绩。

【加强营销,推动业务持续发展】 一是关注和支持县域水泥龙头企业发展,加强中小企业信贷需求,帮助中小民营企业发展壮大,积极推荐、发放县域中小民营企业贷款,累计发放公司类贷款余额 2.56 亿元。二是加大个人住房贷款、个人助业贷款投放,累计贷款余额 2.77

亿元，做好本县住房公积金贷款代理业务，累计贷款余额 2.9 亿元，个人贷款余额 5.67 亿元，比年初新增 0.9 亿元，完成省行全年计划的 100%，新增市场占比 60 %，新增三大行排名第一位。三是完成跨境人民币结算量 6402 万元，完成全年计划的 377%，完成国际结算量 1611 万美元，完成全年计划的 201%。四是在资产质量与风险控制方面，不良贷款余额 72.1 万元，比年初减少 1008 万元，完成全年计划的 100 %；不良贷款率 0.16 %，比年初下降 1.91 个百分点，其中，公司类不良贷款 25.1 万元，不良率 0.098%，个人类不良贷款 47 万元，不良率 0.17 %。逾期贷款余额 0 万元，完成全年计划的 100 %；逾期贷款率 0%。实现信贷资金良性循环，努力服务于县域经济建设，增大经营收益。 （陈伟剑）

2016 年中国建设银行股份有限公司蕉岭支行

行　长：陈增钦
副行长：谢晋加（4 月离任）
　　　　饶津平（7 月离任）

中国工商银行股份有限公司蕉岭县支公司

【负债业务】 2016 年年末，人民币各项存款 72779 万元，比年初增加 14600 万元，其中对公存款余额为 35744 万元，比年初增加 11331 万元；储蓄存款余额为 37034 万元，比年初增加 3268 万元。

【资产业务】 各项贷款余额 36381 万元，比年初增加 1322 万元，公司贷款余额为 6372 万元，比年初减少 1627 万元，个人贷款余额为 30009 万元，比年初增加 2949 万元。全年的贷款投向主要集中在中小企业、个人贷款，以发展中小企业贷款和个人贷款为方向，加大扶持中小企业发展，壮大个体私营企业。

【服务工作】 根据金融业竞争日趋激烈的环境，中国工商银行蕉岭支行把服务工作当作一项重要任务来抓，一是加强员工思想教育，教育员工牢固树立客户就是上帝、服务出效益的经营理念。二是提高服务质量，把方便客户，让客户满意作为服务工作的宗旨。三是做好业务分流工作，充分利用银行自助设备，引导客户能够在自助设备上办理的业务在自助设备上办理，减轻柜面业务压力，业务可分流率呈现逐步下降趋势。

【内部管理】 通过开展专项整治违反中央八项规定精神和“四风”问题，准确把握党风建设和反腐败形势，切实担当起全面从严治党、从严治行的主体责任和监督责任。抓住制度办法这个根本，进一步促进作风建设常态化、长效化。突出抓好重点领域、重点环节的专项整治，引导全行正确处理好“公和私”“内和外”的关系，坚持做到公私分明、克己奉公。严格落实执行各项规章制度，内部管理工作得到进一步加强，各项业务工作健康发展，支行内控评价被评定为一级。 （丘文生）

中国工商银行股份有限公司蕉岭支行负责人名录

行长、党支部书记：周凌云（1 月离任）
　　　　　　　　　邓卫军（1 月任职）
行长助理：罗新权
内控主管：丘文生

中国人寿保险股份有限公司蕉岭县支公司

中国人寿蕉岭县支公司下辖11个营销服务部，共有从业人员480多人。公司始终秉持"专业、真诚、感动、超越"的服务理念，依托覆盖城乡的服务网络，认真落实与市政府签订的战略合作协议，持续做好"学平险""计生险"的保障服务工作，积极推进"农村小额保险""银龄安康老人保险"等惠农产品，推动农村地区保险保障水平的全面提升，牢牢守住不发生系统性、区域性风险的底线，实现了"十三五"规划的良好开局。2016年，公司业务持续、稳定、健康发展，全年实现总保费收入7188万元，同比增长16.5%，给付各类保险金3606万元(包括满期、退保、赔款、年金等)，上缴地方税收104万元，充分发挥了保险的政治"稳定器"、经济"助推器"、社会"和谐器"、幸福"保障器"的作用，对促进蕉岭经济发展和保障群众生活做出了积极的贡献。 (钟丽娟)

2016年中国人寿保险股份有限公司蕉岭县支公司负责人名录

总 经 理：刘东彬(1月任职)
李维中(1月离任)
总经理助理：林荣春

中国人民财产保险股份有限公司蕉岭支公司

【概述】 中国人民财产保险股份公司蕉岭支公司主要经营范围：企业财产保险、家庭财产保险、货物运输保险、产品质量保险、各种责任保险、人身意外伤害保险、农村个人建房综合险及能繁母猪养殖保险、林木火灾保险等政策性保险。2016年，全面完成各项任务指标，公司共实现保费收入5140万元，同比增长12.5 %；实现利润1001万元，同比增长117%，其中车险保费收入2935万元，同比增长6.8 %，实现车险利润703万元，同比增长937%，车险赔付率42.6%，同比下降30.7%；非车险保费收入1679万元，同比增长25.7 %，实现非车险利润396万元，同比增长35.6%，非车险赔付率33%，同比下降5.4%，政策性业务保费收入526万元，同比增长8.7%。

【提升服务质量和服务水平】 进一步强化服务体系建设，从战略高度加深对服务的认识，通过明确服务内容、服务标准、具体措施、组织架构、职能职责定位和考核办法，建立具有人保保险特色的服务体系。公司以满足客户最迫切的需要为目标，以快速理赔服务为切入点，全面营造车险客户服务体系，提出"快速理赔"的理念。小额车损速赔缩短理赔流程，简化单证，公司现有计算机快速定损软件系统，GPS技术的查勘调度系统，实现远程核赔定损，提升车险管理的技术含量。

【农业保险】 一是开展农村住房保险。采取政府全额出资、全市全县统保的方式，促进农房保险加速在全市推广。蕉岭支公司连续几年为全县农村住房承担了风险保障。二是开展水稻种植保险。2016年，在县政府的推动下，完成当年水稻种植保险。三是开展生猪保险和岭南特色水果类别的险种，使公司政策性业务保费收入新增了近60万元。四是开展自然灾害公众责任险。在县级政府的推动下，连续3年承保了全市的自然灾害公众责任险，为全县民众提供每人10万元的风险保障。

【企业文化建设】 在战略研究和企业文化建设方面，坚持加强职工队伍建设，注重建设具有特色的企业文化，为公司发展战略提供强大的精神动力和智力支持。组织了险种推荐、争先创优等活动，充分调动员工积极性，促进了公司领导与员工间的交流与沟通的同时树立了良好的社会形象。在党建工作方面，围绕党的组织建设开展了大量的工作。公司党支部根据县委、县政府及上级公司的统一安排部署、具体指导和帮助下，公司的“合规经营、诚信服务”、“树新风、讲正气”、反对“四风”、“两学一做”等学习教育圆满地完成，鼓舞了全体员工的士气，收到较好的成效。结合员工的要求，组织各种各样的文体活动，活跃了公司文化生活。

（王国雄）

2016年人保财险蕉岭支公司领导名录

经　理：林文贵
副经理：林文丽
经理助理：林和成

经济管理

发展改革及物价工作

【简述】 2016年是实施“十三五”规划的开局之年。县发改局以振兴发展为主线，认真落实原中央苏区和粤东西北地区振兴发展两大政策，全力推进“三大抓手”、生态环境和民生建设，发挥发改部门的职能作用，各项工作均取得良好进展。

【编制计划】 圆满完成了“十三五”规划的编制。“十三五”规划编制工作先后经历了前期准备、基本思路研究、纲要基本框架研究起草和规划纲要草案完善及专家审议等阶段。编制工作历时一年多，经县十四届人大六次会议审议批准。县政府于2016年3月29日将《蕉岭县国民经济和社会发展第十三个五年规划纲要》(蕉府〔2016〕5号)印发至县府直属各单位。《规划纲要》正文近5.5万字，分为发展基础、指导思想、发展基础、奋斗目标、生态环保、民生改善、功能分区与产业空间布局、主要任务等部分。收集、整理了基础设施、工业建设、民生保障、农林水与生态环保、服务业等重大建设项目238项，总投资达637.6亿元。其中，交通项目30项，总投资62.3亿元；能源项目15项，总投资89.7亿元；农林水项目95项，总投资75.7亿元；工业项目25项，投资116.2亿元；社会事业项目73项，投资297.3亿元。争取更多的政策倾斜和财政补助。蕉岭县“十三五”规划编制是全省“十三五”规划编制的试点之一，得到省发改委的充分肯定。

【重点项目】 2016年，梅州市政府确定蕉岭县列入省重点项目2宗，总投资7.7亿元，2016年计划投资2.4亿元。截至12月底，到位资金9000万元，完成投资9000万元，占年度计划投资的37.5%。列入市重点建设项目有16宗，其中续建项目11宗，新建项目5宗，总投资124.41亿元，2016年计划投资42.60亿元。至12月底止，到位资金46.08亿元，完成投资46.83亿元，占年度计划投资的109.92%，快时间进度9.92个百分点。2016年，县委、县政府确定的重点建设项目有50宗，其中续建项目

16 宗,新开工项目34 宗,总投资 161.16 亿元,今年计划投资 56.77 亿元。至 12 月底,全县 50 宗续建及新开工项目中, 已开工建设的有 40 宗,开工率 80%;到位资金 49.52 亿元,资金到位率 87.23%,完成投资 50.27 亿元,占年度计划投资的 88.54%,

【争取项目资金】 坚持把抓项目资金作为一项重要工作,积极向国家和省、市多报项目、多跑项目。2016 年,向上申报中央和省项目 6 宗,申报资金 2471.96 万元,到位资金 118.74 万元。

【项目审批】 做好项目核准、审批、备案工作。认真完成农业、林业、水务、城建、交通基础设施、重大基础设施建设、卫生、文化教育等社会事业建设等方面共审批项目 212 宗 (其中:备案 19 宗, 总投资 11.02 亿元), 项目总投资 27.78 亿元。

【新能源汽车】 按照市发改局《关于填报新能源汽车推广应用进展情况的通知》(梅市发改产业〔2016〕78 号)。摸清全县到 2016 年 5 月,全县各类汽车保有量 2100 台 (大型汽车 650 辆,小型汽车 1450 辆),公交车保有量 20 辆,出租车保有量 25 辆,2016 年、2017 年计划引进各 5 辆新能源汽车,2018 年计划引进 25 辆新能源出租车,确保新能源汽车推广工作有序进行。

【项目稽察】 根据市发改局《关于转发国家改革委办公厅关于开展 2015 年中央预算内投资计划执行情况专项督查的通知》(梅市发改稽察[2016]102 号)精神。分组对 2015 年中央预算内投资项目(涉及 6 个单位 18 个项目)审批立项手续、工程进展情况及中央、省资金到位和使用情况进行跟踪检查。并对 2014—2015 年中央和省级政府投资水务、粮食、交通、教育、公安等单位 37 个项目进行稽察, 对项目存在问进行全面稽察整改。经查均存在配套资金不到位和工程进度缓慢等的问题,检查组责令各有关单位限期整改。

【PPP 项目】 按照《国务院关于创新重点领域投融资机制鼓励社会投资的指导意见》(国发〔2014〕60 号)、国家发展改革委关于印发的《传统基础设施领域实施政府和社会资本合作项目工作导则》(发改投资 〔2016〕2231 号) 等精神。积极做好蕉岭县省级新农村示范片精品游线建设工程 PPP 项目、县工业园基础设施建设 PPP 项目 、县生活污水处理设施全县捆绑 PPP 项目的立项、入库等相关工作。

【公务用车制度改革】 蕉岭县 2015 年启动了县直机关和各镇公务用车改革工作, 2016 年 6 月前分批对取消车辆进行处置。改革前车辆数 368 辆,改革后车辆数 208 辆。

【价格监测】 加强重要商品市场价格监测、监管。做好节日(平时)市场价格情况报告,严密粮、油、肉、菜、禽、蛋、鱼等居民生活必需品的日常价格监测。对可能引起的市场价格异常波动和引起社会不稳定的倾向性、苗头性、趋势性问题保持高度警惕, 密切关注价格变化,跟踪调查分析价格走势。做好农本调查点(黄坑)三户乌龙茶生产情况调查工作。同时,做好平价商店 40 种粮油肉禽蛋菜农副产品监测等工作。

【收费管理】 按照梅州市发展和改革局 财政局《转发省发改委、省财政厅关于进一步加强行政事业性收费事中事后监管的通知》(梅市发改收费函〔2015〕41 号)文件精神。认真做好行政事业性收费各项数据统计工作。2015 年度,全县行政事业性收费总额 6043.76 万元,比上年增加 1206.35 万元,增幅 24.9%。其中,涉企收费 30 个, 收费项目 180 个, 年收费额 4943.86 万元;涉农和涉企收费 2 个,收费项目 7 个,年收费额 6.67 万元;其他收费 34 个,收费项目 203 个,年收费额 1093.23,本年取消或停止收费涉及金额1.6万元。认真做好取消收费许可证和收费年审工作,做好收费清单目录工作。

【价格认证】 全年受理涉案评估63宗,涉案金额60.4万元,其中行政案件3宗,涉案金额8.8万元,刑事案件60宗,涉案金额51.6万元。为公、检、法、司机关依法办案等提供了翔实的价格依据。

【价格监督检查】 按照省市发改部门开展了交通、建设、工商、国土、消防及相关协会、环保、水务、人社、工商、卫生、食品药品监督局、润玉幼儿园、春运客运票价、成品油等检查。据统计,2016年,共出动检查人员18人次,检查8个单位部门。完成了上级布置的各项检查任务,各单位收费较为规范,没有发现价格违法案件。从而维护了法规政策的严肃性。

【价格信访】 重视价格举报工作。及时受理群众对价格、收费问题的投诉举报,解答群众咨询,积极化解价格矛盾。据统计,全年,受理来访、来电、网络和政府转交“梅州民声”、梅州市“12345”政府热线、“梅州民声”、市发改局在全国价格举报处理平台等投诉转办件等共31宗,涉及自来水安装、管道燃气分档收费、管道燃气价格、长潭码头船票、驾校考试收费、摩托车驾驶证培训、公务车什么时候拍卖、乡镇级事业单位公车改革何时实行等。按规定以及文件精神进行耐心答复,群众满意,办结率100%。

【精准脱贫】 按照省、市扶贫开发工作部署,新时期精准扶贫精准脱贫三年攻坚已于5月启动,派出一位同志专门负责扶贫挂钩点三圳镇招福村的扶贫联络工作,在5月底前通过“四看、五优先、六进、七不进”识别标准进行核查和确认,经张榜公示确定的47户贫困户已落实帮扶人员,全部建档立卡并制订了帮扶计划。另外,在建设新农村方面,局领导班子高度重视,多次到挂钩村联系指导工作,从紧张办公经费中挤出5万元支持招福村建设美丽乡村和整治农村环境卫生。 (赖来生)

2016年县发展和改革局负责人名录

党组书记、局长:丘伟(4月任职)

谢志鸿(3月离任)

党组成员、副局长:徐达新 黄伟忠 赖伟华

审 计

【概述】 2016年,县审计局扎实推进全省审计机关人财物统一改革,坚持“围绕中心,服务大局;发现问题,完善机制;依法审计,秉公用权”的基本原则,依法履行审计监督职责,推进审计全覆盖,发挥审计在国家治理中的基石和重要保障作用。据统计,2016年共计完成审计(调查)项目29个,占审计项目计划任务21项的138%;审计专项资金总额2813万元;抽调10人参加省、市组织的审计项目,派出1个审计组到丰顺县参加乡镇领导干部经济责任异地审计项目。查出违规金额78.8万元,管理不规范金额41886.15万元,应补入账金额128.02万元,非金额计量问题21个,应上缴财政金额78.8万元,上缴财政78.8万元。向财政、住建、发改等部门移送问题11宗;向上级审计机关及县委、县政府提交审计结果报告、信息、专题共30多篇。

【财政审计】 县审计局对本级预算执行和部门预算执行审计重点是:审查预算编制的细化、预算安排和资金分配的科学性和公开性,预算执行的及时性、规范性和效果性,财政转移支付结构、转移支付资金分配使用的公平性和合规性,提高财政资金使用效益。查出少列预算收入、少缴行政事业性收费、未及时足额

拨付专项资金等问题；查出管理不规范资金共计36235.84万元；提出加强财政预算管理，不断改进预算编制办法等审计整改意见建议5条。

【经济责任审计】 县审计局对经济责任审计重点是：审查内部控制，资金拨付、基本支出、项目支出、非税收入征缴、国有资产管理等，围绕中央八项规定精神和国务院“约法三章”要求，加强“三公”经费、会议费使用和楼堂馆所建设等方面审计，促进厉行节约和规范管理，揭示和反映普遍性、规律性问题，推动俭朴政府建设。2016年，对13个单位25名领导干部的经济责任进行了审计；计查出违规资金78.8万元，管理不规范资金10159.3万元，非金额计量问题19个；应上缴交财政金额78.8万元，固定资产补入账金额128.02万元，上缴财政78.8万元。查出主要问题有：非税收入未严格执行“收支两条线”管理规定，应缴未缴财政；固定资产管理不规范；公务接待不规范等。对查出的问题，提出审计意见和建议105条，得到党政领导干部个人和被审计单位的重视和整改落实。

【专项资金审计】 县审计局对专项资金和重点民生资金审计重点是：审查资金管理的规范性、资金运行的安全性和资金使用的成效性。2016年，对县2014年度国家级测土配方施肥补贴专项资金和2013年度蕉岭县长潭镇、文福镇高标准基本农田建设项目资金审计进行审计，涉及专项资金金额2813万元。共查出管理不规范资金115.67万元；审计发现专项资金财务核算、补贴资金未按规定实行专账管理等问题，提出审计建议5条，受到被审计单位的重视和整改，有效地促进被审计单位进一步完善制度，规范管理，确保资金安全运作。

【重要纪事】 根据蕉岭县机构编制委员会文件(蕉机编〔2015〕33号)《印发蕉岭县审计局主要职责内设机构和人员编制规定的通知》的文件精神，蕉岭县监察和审计局更名为蕉岭县审计局。2016年9月8日，蕉岭县审计局正式挂牌并启用“蕉岭县审计局”新印章，同时废止“蕉岭县监察和审计局”旧印章。 (吴春辉)

2016年县审计局负责人名录

局　长：江　斌

副局长：张莉芬(女)　王良文

　　　　赖玉梅(女，9月离任)

总审计师：钟伟荣

统　计

【简述】 2016年，编印《蕉岭县统计年鉴(2016)》250本，印发23期《蕉岭统计分析》，6期《蕉岭统计专报》，为各级党政和有关部门整理提供大量的国民经济和社会发展统计数据。

【统计数据质量管理】 一年以来，县统计局根据上级统计部门关于净化统计调查环境、严惩统计弄虚作假、提高统计数据质量的要求。认真开展了严守统计法律底线，绝不碰“红线”，恪守统计职业道德，严格依法独立组织实施调查、独立上报统计数据、独立开展统计监督，坚决抵制任何形式对统计调查的干预，坚决反对任何形式的统计数字造假行为的活动。一是加强统计管理，严格执行国家的统计制度；二是做好企业核查，严禁无中生有；三是规范数据上报行为，确保数出有据；四是加强数据评估，确保数据之间匹配衔接；五是开展统计执法，查处统计违法行为；六是明确责任，对发生统计违法行为，统计专业人员又不及时采取措施整改的，将严肃追究分管领导和相关人员的责任。

【基层基础建设】 2016年，县统计局按照省、市统计局的要求，扎实开展基层基础建设，统计机构建设、统计业务能力建设和统计工作环境改善等方面取得了较好的成效,促进了全县统计工作水平的整体提升。一是强化统计业务培训,着力提高统计队伍素质。2016年县统计局局分专业举办24批次业务培训,重点培训《广东省一套表联网直报单位统计工作规范(修订)》及专业统计知识。分镇场举办农普培训10场次,全县166名普查指导员、480名普查员参加培训。输送全局干部参加各类培训80多人次。通过培训,有效提高了基层统计队伍和农普人员的整体素质。二是广泛发动基层统计人员参加统计职称资格考试,提高统计人员专业水平。据统计,全县共有10人报名参加统计专业技术初、中级职称考试。三是建立健全统计台账,规范基层统计工作。紧紧围绕《广东省一套表联网直报单位统计工作规范(修订)》的要求,做到布置到位、培训到位、检查到位,各分管领导带领专业人员指导督促全县99家联网直报企业及8个镇1个区统计站建立健全统计电子台账、企业原始记录,为报送统计数据提供参照系。四是加强镇级统计制度建设。把镇级统计制度集中起来,统一制作专栏,统一上墙,规范明了。五是搞好局机房建设及视频设备安装。按照市局的要求,完成了局机房建设,确保数据信息畅通、安全,完成了全市统计系统视频会议通讯设备安装调试工作。

【统计法制建设】 2016年,县统计局局在去年开展"统计法制建设年"活动取得初步成效的基础上,认真总结统计执法检查成功经验,巩固统计执法成果,以提高统计数据质量为核心,全力推进全县统计法制工作再上新台阶。一是加强统计法制宣传。平时结合各专业人员下企业调研和日常统计调查工作,扎实开展统计法制宣传教育活动。结合农业普查,广泛开展宣传工作,利用县有线电视台滚动播放宣传标语、视频及致农户的一封信,历时两个月,制作宣传横额100多条发至镇、村悬挂。及时发放农业普查海报、致农户一封信,使农业普查家喻户晓,得到广大农户的大力支持。二是明确工作职责。成立统计法制建设工作领导小组,加强对全县统计法制建设的组织领导,安排专人负责统计法制工作业务。三是集中开展统计执法检查。2016年6月,县统计局开展了集中统计执法行动,对全县联网直报企业,随机抽查了包括工业、建筑业、贸易业、服务业、固定资产投资和房地产共16家企业进行检查,全县统计执法检查面达到30%以上。这次集中执法检查,对未发现统计违法行为的企业,口头反馈检查情况并发《统计检查结论》,对3家企业分别存在的漏报数据、原始凭证不完善、未建电子台账等问题发出《责令整改通知书》3份,责令其在规定时间内整改并将整改情况书面报告本局。通过一年来的努力,通过抓统计法制宣传,促进了统计法制环境优化;抓统计法制队伍建设,促进了统计执法能力提高;抓统计执法检查和查处统计违法案件,促进了统计权威提升。

【统计服务能力建设】 2016年,县统计局按照市局开展"统计优质服务年"活动的要求,进一步强化优质服务意识,完善服务机制,拓宽服务领域,创新服务形式,努力提高统计服务质量和水平,以优质的统计服务,为经济发展提供统计支持。一是明确目标。按照国务院李克强总理"牢固树立统计服务向客观独立反映、预测预判和对策建议并重转变"的批示精神,紧紧围绕县委、县政府的中心工作,密切关注经济运行中的热点难点问题,为县委、县政府科学决策提供针对性强、参考价值高的咨询建议。同时,围绕实体经济发展,为企业提供统计优质服务;围绕人民群众关注的热点,为社会公众提供优质服务。二是加强领导。县统计局成立了统计优质服务年活动领导小组,并制定工作方案,为"统计优质服务年"开展提供组织保障。三是明确抓手。围绕抓人员培训提升统计分析能力、抓课题研究提高统计分析质量、抓服务平台建设拓宽统计服务渠道、抓工作考核落实工作责任开展服务活动。全年及时为县委、县政府及各经济部门提供了12期《统计快报》、23期《蕉岭统计分析》、6期《蕉岭统计专报》、38篇统计信息，同时抓好《蕉岭县统计年鉴(2016)》编辑出版工作，充实、丰富统计年鉴内容。重视抓好蕉岭统计网站建设，规范栏目设置，及时更新网站内容，为社会提供统计服务。

【常规统计业务】 一是按规范要求做好综合、工业、商贸、能源、建筑业、房地产业、农业、劳动工资、住户调查、固定资产投资等其他常规业务统计工作。二是抓好基本单位名录库建设，利用第三次经济普查成果，全面更新基本单位名录库，严格执行一套表制度，及时做好“四上”企业申报工作，加强与质监、工商、税务、民政、编办等部门的沟通和协作，做好各个季度产业单位的统计调查工作。三是根据市局信息化工作部署，全年100%完成网络安全客户端安装工作，完成更换整套网络核心设备。

【全国农业普查前期工作】 2016年是第三次全国农业普查启动年，县统计局按照上级的统一部署和要求，积极争取各级各部门的高度重视，成立了各级普查机构，抽调人员成立了县普查办，普查经费足额到位，完成了普查小区划分和“两员”人员选聘、业务培训等工作。据统计，全县划分农业普查区105个、划分普查小区465个，镇选聘普查指导员166人、普查员480人。12月15日前完成农业普查摸底汇总工作。各项工作正在有条不紊地进行，为高质量完成第三次全国农业普查数据采集工作奠定了坚实的基础。

【党风廉政建设】 一年以来，县统计局党组按照上级的要求，进一步巩固群众路线教育活动成效，把党风廉政建设放在更加突出的位置，扎实抓好“两学一做”学习教育。一是加强党员干部教育学习。年初制订了《中共蕉岭县统计局支部“两学一做”学习计划》，每月集中两次组织党员干部学党章党规、学习近平总书记系列讲话及中共十八大和十八届三中、四中、五中、六中全会精神，并传达贯彻上级党风廉政建设会议精神。二是抓好党风廉政建设，完善规章制度。局党组严格执行中央八项规定不放松，专门印发了《关于深入贯彻执行中央八项规定精神的实施办法》，紧紧围绕2016年度工作要点，完善修订了包含财务管理、人事管理、廉洁从政、统计调查、数据质量管理和责任追究等18项内容的《蕉岭县统计局管理工作制度》《蕉岭县统计局业务工作制度》，并在工作中狠抓各项制度的落实。三是抓好《蕉岭县统计局权责清单》责任的落实，努力打造作风公正扎实、工作稳健踏实、业务创新求实的廉洁高效统计队伍。

县统计局还派出1名党组成员脱产任挂钩村第一书记，认真抓好挂钩帮扶和精准脱贫工作。同时，做好档案保密、综治普法、人口与计划生育、退管会、妇儿工委等工作。

（黄荣城）

2016年统计局负责人名录

局　长：丘佑平

副局长：林森英　郭　玲　刘丽珍

国土资源管理

【概　况】 蕉岭县土地总面积960平方公里，截至2016年年底，全县耕地面积为9969.33公顷，其中基本农田面积8126.67公顷。境内有石灰石、大理石、锰、铁等23个矿种，其中石灰石资源较为丰富，储量23.5亿吨。蕉岭县国土资源局是政府工作部门，负责全县国土资源管理工作。局机关内设8个股(室、队)，下属7个事业单位，8个国土资源所为派出机构。2016年年底，全系统共有干部职工85人。

【耕地保护】 一是切实抓好耕地保护目标责任落实。与各镇签订了2016年度《耕地保护责任书》。耕地保护工作顺利通过了省、市耕地保护目标履行情况考核和国家督察局对蕉岭县耕地保护工作履行情况例行督查。同时,严格做好用地预审,2016年完成建设项目用地预审3宗,核对用地情况说明7宗。二是加快推进永久基本农田划定和《土地利用总体规划》中期调整。完成了蕉岭县城市周边永久基本农田划定核实举证工作,并报市局审核通过,同时对永久基本农田地块重新设立了保护碑牌,与各镇签订了保护责任书。《蕉岭县土地利用总体规划》中期调整已形成初步成果。三是协助做好基本农田经济补偿工作。协助发放2014年度—2016年度省级和县级基本农田保护经济补偿资金426.46万元。四是科学编制土地整治规划。完成了《蕉岭县土地整治规划(2015—2020)》编制的招投标及前期资料收集等前期工作。五是加快推进补充耕地和高标准基本农田建设进度。完成了顺岭村补充耕地示范项目规划设计等前期工作。总投资2760万元的2013年度长潭镇、文福镇1226.67公顷高标准基本农田建设项目核发市级竣工验收意见函。总投资2826万元的2014年度蕉城镇、南礤镇1046.67公顷高标准基本农田建设项目,已全面竣工。总投资2484万元的2015年度三圳镇、新铺镇920公顷高标准基本农田建设项目完成总工程量的8%。

【土地利用】 一是抓报批。2016年省批转城镇批次用地2宗,面积共3.99公顷。二是抓供应。全年出让国有建设用地77宗,出让面积共9.07公顷;划拨用地2宗,面积9.61公顷。收取土地出让金共计3.3亿元。审批农村私人建房291宗,面积30060平方米。三是抓清理。完成2007—2010年已批土地征收96.05公顷和已批土地供应63.77公顷,分别占批准面积的88.56%和57.95%。完成2011—2015年已批土地征收384.08公顷和已批土地供应403.2公顷,分别占批准面积的95.08%和86.04%。支付拖欠被征地农民征地补偿费1163万元。解决落实征地留用地历史遗留问题有3宗,面积1.93公顷,占任务总数60.9%。四是抓储备。2016年新增储备土地29.16公顷。五是抓改造。完成"三旧"改造项目2个,面积共计2.6公顷。

【矿产管理】 一抓资源配置和保障。以打造年产2000万吨广东水泥生产基地为目标,提出和落实了蕉岭县石灰石资源开发利用的具体措施,为新上水泥项目提供了可靠的石灰石资源供给保障。二抓矿山企业年检。全县矿山总数29家,应检矿山19家,实检矿山19家,年检率为100%。三抓规范化开采监督管理。采取不定期现场检查,季度实测图纸交换、每月报表检查的形式监督各矿山企业的规范化开采管理工作。四抓采矿权登记管理。为横龙石场、叮当石场和山子尾石场办理了延续登记手续,为大塘湖石场办理了扩大矿区范围的变更登记手续,换发了新的采矿许可证。五抓绿色矿山建设。完成了梅州市首批绿色矿山建设的试点企业—长隆山石灰石矿场和黄前岌石灰石矿场的《绿色矿山建设规划(2016—2020年)》编制,并按要求开展绿色矿山建设工作。六抓地质勘查管理。加强探矿权的日常监督管理,完善基础性工作,做好了9家的探矿权的年检工作。

【地灾防治】 一是加强排查。摸清了全县8个镇隐患点的现状,建立了档案和数据库。二是编制预案。编制了《印发2016年度蕉岭县地质灾害防治方案》,落实了防灾"一点一预案"为各级人民政府科学防治提供依据。三是落实责任。重新落实了97个行政村防灾责任人和370位的监测员。四是加大宣传。发放各类宣传资料、宣传单3000多册(张)、"避险明白卡"和"工作明白卡"413张;发出地质灾害预警信息5000多条,转移群众150多人,并在蓝坊镇大光村成功举办了地灾转移群众应急演练。五是加强巡查。全年组织1800多人次,对辖区370处地灾隐患点及山区削坡建房户进行了拉网式的排查工作。六是抓好治理。做好地灾隐患点和关闭矿山治理工程,蓝高煤矿地质环境治理工程已竣工,并经市县主管部门验收通过。七是亮点突出。2016年,蕉岭县被国土资源部评为"地质灾害防治高标准十有县"。全县地质灾害防治连续10年实现无一人员伤亡"零"目标。

【地籍管理、不动产登记】 全力抓好不动产登记发证工作。完成了机构职能整合,设立不动产登记局和不动产登记中心,增加服务窗口。对登记事项、业务流程等进行了梳理和细化,编制了《办事指南》。投入资金,用于设备改造、数据建库、印制表册等。不动产登记发证工作走在全市前列,是全市首个颁发不动产的县(区)。全年累计核发各类不动产权证书2687本,不动产证明3309份。接待群众咨询4000人次以上。全面升级土地登记系统。通过在原有系统的基础上进行升级改造,开发了6个登记系统。其中权籍调查成果、登记业务系统和综合分析系统已投入使用,运行状态良好。

【测绘管理】 数字蕉岭地理空间框架建设已完成任务90%,《蕉岭指南地图》编制已完成初步成果。GPS-E级控制网建设项目已完成外业测量。完成了叟乐村、东山村地形图基础测绘及7个中心镇地形图修补测,面积5.5平方公里。全年累计为不动产登记发证绘制宗地图3700多宗,为相关单位提供免费基础测绘成果服务7宗。

【执法监察】 一是执法行为更加规范。开展执法业务培训,规范执法案件查处工作。印发了《关于规范国土资源违法案件查处文书的通知》《国土资源所查处案件一般步骤》《国土资源违法案件处罚一览表》等资料,规范了各国土资源所查处案件及法律文书的书写。二是动态巡查更加到位。切实落实国土资源动态巡查分片包干责任制,与基层国土资源所签订了在线巡查责任书。2016年,出动巡查人员3600多人次。三是案件查处更加有力。2016年共计立案查处违法案件6宗,面积0.25公顷。与共管责任单位联合查处违法用地9宗,打击非法偷采矿2宗。制止在萌芽状态的违法用地12宗,面积0.25公顷。四是卫片执法更加落实。全面完成全县53个(含蕉华区3个)土地卫片图斑和1个矿产图斑核查,并对核查发现的9宗违法用地进行了查处,8宗违法推填土进行了复耕复绿整改,1宗非法采矿点进行了取缔。五是信访制度更加完善。建立了领导接待群众来访制度。印发了《蕉岭县国土资源领域通过法定途径分类处理的信访投诉请求清单及主要法律法规政策依据》。扎实开展"信访基础业务规范年"活动。全年共受理群众信访案件34起,答复34起,答复率100%。2016年度,土地执法监察考核荣获全省二等奖。 (龙清云)

2016年蕉岭县国土资源局负责人名录

局　长:张永超

副局长:陈伟文　张　顺(5月离任)

　　　　吴珍德　王永华(7月任职)

纪检组长:丘安清

执法监察队队长:林国俊

2016年蕉岭县国土资源局党组负责人名录

党组书记:张永超

党组副书记:陈伟文

党组成员:丘安清　张　顺(5月离任)

　　　　　吴珍德　林国俊

县工商和质量技术监督局

【概况】 1.主要职责:蕉岭县工商和质量技术监督局是蕉岭县人民政府的行政职能部门,担负着市场主体准入、市场秩序管理与维护、消费者权益保护、商标广告、市场合同、质量监管、特种设备安全监察、标准化和计量等20项工作职责,同时牵头落实全县“两建”、商事制度改革和打假工作。2.内设机构及人员编制情况:2016年,蕉岭县工商和质量技术监督局有办公室(信息中心)、人事股、纪检监察股(督察队)、政策法规股(行政审批股)、登记注册股、企业监督管理股、经济检查股(打击传销办公室,与消费者权益保护股合署)、商标广告管理股、市场合同管理股、质量股、标准化股、计量股、特种设备安全监察股、市场监管体系建设协调股(“两建”办公室)14个内设机构;稽查大队1个直属行政机构;蕉城、新铺、长潭、文福、广福、三圳工商和质量技术监督所6个派出机构;原蕉岭县工商行政管理局、蕉岭县质量技术监督局现有技术机构维持现状。截至2016年12月31日,共有在职干部职工105人。3.蕉岭县工商和质量技术监督局办公地址:蕉岭县蕉城镇朝阳路53号,办公楼楼高七层。

【登记注册】 全县各类市场主体保持持续快速发展之势,截至2016年12月31日,全县市场主体总数为12801户。一是私营企业发展势头迅猛。实有私营企业1203户,从业人员10086人,注册资本(金)486509.48万元,分别同比增长20.9%、27.19%和27.99%。其中,新登记私营企业251户,从业人员1589人,注册资本103823万元。二是个体工商户快速发展。实有个体工商户10853户,从业人员19914人,注册资金71998.35元,分别同比增长9.37%、12.19%和26.59%。其中,新登记个体工商户1363户,从业人员3041人,注册资金18289.96万元。三是农民专业合作社发展较快。农民专业合作社392户,成员总数4158人,其中农民成员3943人,出资总额32198.4万元,分别同比增长3.7%、12.26%、11.92%和11.76%。其中,新登记农民专业合作社21户,成员总数137人,出资总额3277万元。四是内、外资企业保持平稳发展。实有内资企业311户,注册资本176703万元。其中,新开业登记的内资企业23户,注册资本31146万元;注销的内资企业为9户。全县有外资企业42户。

【企业监管】 一是完成2015年度企业年报工作,全县应报年报主体11414户,实报10779户,市场主体总体年报率94.43%,年报率超过2013年度和2014年度,年报率排名全市系统前列。二是强化后续监管,推进“先照后证”改革,促进“宽进严管”,进一步强化事中事后监管。建立经营异常名录管理制度,对逾期不按规定公示2015年度年报的企业和农民专业合作社共计447户列入经营异常名录、197户个体工商户被标记为经营异常状态,并依法向社会公示;移出经营异常名录企业133户,恢复正常记载状态个体工商户40户;开展企业公示信息抽查,随机抽查企业37户。三是开展“清无”及安全生产工作。出动执法人员963人次,执法车辆453台次,检查各类市场主体4387户次,查处无照经营案件13宗。积极参加全县“查无”综合治理工作,配合各行政许可部门开展清理取缔非法生产红砖专项整治行动、环保督查、人员密集场所消防安全检查等行动,组织开展安全生产大检查,依法打击非法违法行为。四是推进非公党(团)建工作,全面开展小微企业个体工商户专业市场党团组织覆盖“百日攻坚”行动。

【标准化工作】 一是开展标准备案和登记。协助4家企业制定和修订4项企业标准。落实企业产品和服务标准自我声明公开和监督制度,2家企业在国家“企业标准信息公共服务平台”开展产品和服务标准自我声明公开。二是组织1家企业采用国际标准和国外先进标准并取得国际标准和国外先进标准认证标志。三是开展组织机构代码和商品条码工作，共为10家企业办理商品条码，为16家企业办理商品条码续展，为4家企业办理条码信息变更，发展1家企业开通条码微站使用二维码，确保生产企业商品条码的持续性和有效性。商品条码免费服务性检测服务，送样5家企业10种商品条码进行服务性检测，确保商品条码使用的标准和准确性。

【市场合同】 一是加强禽流感防控工作。严格落实活禽市场每月一休市工作制度，严查相关违法经营行为，配合推进家禽“集中屠宰、冷链配送、生鲜上市”工作。出动人员350人次，检查市场12个，检查禽类经营者680户。二是开展“红盾护农保春耕”专项行动，依法打击违法违规行为，进一步保护农民消费者合法权益。三是完成2015年度全县商品交易市场信用分类认定工作，5个市场被认定为B类市场。四是开展信用兴企。33家企业被公示为“守合同重信用”企业。做好企业动产抵押服务，办理动产抵押登记14宗，抵押登记金额21110万元。五是做好企业拍卖后备案登记工作。共办理拍卖备案登记业务2宗，委托合同2份，成交金额220万元。六是加强网络市场监管。完善网络经营主体数据库，将36个网络经营主体、40个网站纳入数据库；加强辖区数据库主体和网站的监管，巡查主体20个，网站210个。

【政策法规】 一是加强普法宣传，利用“3·15”消费者权益保护日、“12·4”宪法日、定期学法等时机，积极宣传《广东省市场监管条例》《广东省商事登记条例》等法规，共印制发放2000多份宣传资料，制作法规宣传栏12期。二是加强法治建设，促进依法行政。坚持“按规送审”“未审不批”“大案集体审议”原则，核审案件68宗，未出现行政复议和行政诉讼案件。重新发放全局90名公务员的执法证，规范行政执法主体资格。落实机关法律顾问制度，聘请常年法律顾问。举办依法行政培训2期，进一步提高执法人员的依法行政能力。落实行政许可和行政处罚“双公示”工作。做好权责清单工作，梳理出权责事项1024项。加强行政指导工作，发放行政指导通知书160份。三是加强“两法”衔接工作，对每一宗行政处罚案件都按照规定及时录入“两法”衔接信息系统，接受社会监督。

【队伍建设】 一是开展“两学一做”学习教育。局机关党支部被定为政府系统党委“两学一做”学习教育县级示范点，进驻政务中心窗口在县政务服务中心“做合格党员，展窗口风采”“两学一做”知识竞赛活动中荣获第一名。二是加强队伍教育培训。组织举办了行政执法业务研讨会、特种设备和电梯安全知识培训及应急模拟演练活动等一系列培训，参加广东省干部网络培训、全县公务员培训班、行政执法人员法律知识培训班等活动，组织参加特种设备B级监察员培训并有3人通过考试，推进了队伍职能融合，提升了队伍素质能力。三是做好干部的选拔任用、人员福利慰问等工作，提任、选配主任科员、副所长(副队长)3名，举办了“迎春节”等文体比赛活动。四是强化党风廉政和纪律作风建设，加强重点工作及作风纪律督查，保证队伍安全。通过新闻媒体扩大职能升级、服务发展、监管执法等工作宣传，展现良好作风形象。

【计量工作】 一是强化民生计量，实现集贸市场、民用二表、液化石油气充装站、加油站、医疗卫生机构、道路交通等六大领域计量监管全覆盖。开展液化石油气计量专项检查，参与成品油市场专项整治，对个别加油站存在的计量问题进行整改并跟踪整改完毕。二是加强计量检定，免费检定乡镇集贸市场、医疗卫生机构强检计量器具，完成周期检定任务。三是加强计量日常巡查,对安检机构进行不定期巡查监督,严格督促安检机构在用计量器具和检测设备依时申请检定和送检;完成资质认定获证实验室的年度检查。四是强化计量宣传,举行“5·20”世界计量日宣传活动,举办计量知识竞赛;与5家超市签订计量诚信承诺书。五是加强计量基础工作,协助梅州市鑫达旋窑水泥有限公司通过测量管理体系认证,协助广福建材(蕉岭)精细化工有限公司通过二级计量保证体系确认。

【特种设备安全监察】 截至12月31日,全县有特种设备注册使用单位153家。注册特种设备675台(不包括气瓶),在用580台,其中锅炉102台(在用59台),压力容器165台(在用157台),电梯287台(在用274台),起重机械86台(在用55台),游乐设备4台,场内机动车辆31台。其中,按标准三家使用单位的6台(套)列为重点监控设备;另有液化石油气钢瓶检测公司1家,气瓶充装单位3家。一是做好“定期为住宅电梯安全情况全面排查”民生实事工作,开展电梯安全知识“进社区、进企业、进学校”的“三进”宣传活动,发放1万多份“电梯使用安全常识”宣传资料,定期为住宅电梯安全情况排查达100%。二是实施安全生产“一岗双责”,主要领导和分管领导带队开展各类行动,认真做好特种设备安全监察、特种设备安全隐患排查、特种设备安全攻坚战等工作,保障特种设备安全。共检查特种设备使用单位196家(次),制作特种设备安全监察检查记录196份;查处特种设备违法案件6宗,发现一般隐患22处,重大隐患17处,发出特种设备安全监察指令书39份,对特种设备安全隐患责令限期整改,并彻底落实整改情况;对3家使用单位的9台(套)重点监控设备进行3家次的巡查,重点监控设备安全运行。同时继续开展气瓶两站专项整治,开展电梯监管制度改革。

【消费维权】 一是举办“新消法 我做主”为主题的“3·15”国际消费者权益日纪念宣传活动。发放宣传资料7021份,现场开展真假商品对比、曝光假冒伪劣商品20个品种,接受消费者咨询2583人次,现场受理消费者投诉5件;在三圳垃圾填埋场销毁涉烟案制假物品2个品种,总重量42吨,市场标值204.38万元。二是热忱处理消费者投诉举报。受理、解决消费者投诉22宗,解决率为100%,为消费者挽回经济损失4.13万元;接待消费者来访来电咨询236人次;办结从“12345”等渠道转来的消费维权来信来电等18件。三是推进“12315”“五进”规范化建设,拓展“消费维权服务站”6个,全县建立“消费维权服务站”36个。推进消费维权体系建设,与人民银行、人民法院协作,建立健全金融消费维权工作信息资源共享、消费纠纷诉调对接工作机制,构建“维权共建”网络。

【商标广告】 一是加强广告管理。开展广告业统计,统计各类广告业主体25户,进一步摸清底数,为上级工商部门制定广告业发展措施提供依据。强化媒体广告监测,加强户外广告巡查监测,监测媒体广告、户外广告、印刷品广告等各类广告356条次,发现涉嫌违法广告1条次,发出责令改正通知书1份,查处广告案件2宗,罚没入库1万元。二是加强商标知识宣传,指导企业申请注册商标,引导企业申报著名商标,受理商标咨询50人次,引导帮扶南国白珍珠、固特商标申报省著名商标。开展打击侵犯知识产权和制售假冒伪劣商品行动,配合做好长寿品牌保护有关工作,受理商标投诉举报2宗,发出责令改正通知书2份,查处商标案件4宗。

【经济检查】 一是加强市场执法检查。组织开展节日市场监管和消费维权、产品质量抽查、成品油市场整治、打假打私等专项行动,共查处各类案件68宗,案值52.63万元,查处了一批假冒伪劣的开关插座、爆竹包装纸箱、卷烟等物品。二是抓好打击传销规范直销工作。全面摸排辖区内从事非法传销的行为,检查直销企业其他分支机构、服务网点、专卖店、经销商、直销员等,营造创建无传销城市的良好氛围,打造规范、有序、健康的市场环境,行动中未发现违法违规行为。三是集中整治公用企业限制竞争和垄断行为突出问题。深入宣传反不正当竞争法、反垄断法等相关法律法规,突出对供水、供电、供气、公共交通、殡葬等重点行业开展全面摸底排查,重点整治限制交易、滥收费用、搭售、附加不合理交易条件等违法行为,未发现辖区企业有相关违法行为。

【质量监管】 一是依据生产许可证证后监管的相关要求履行证后监管检查工作,按照国家总局、省局有关规定,对全县12家获证企业进行分类监管,对工业产品生产企业基本信息进行登记普查并录入信息中心。配合省、市质监局监督抽查工业产品质量,专项抽查了水泥、碳酸钙、人造板、混凝土、食品接触材料(食品相关产品)和生物质燃料生产等行业共29家企业。二是开展质量强县建设。举行“质量月”活动。完成市对县2015—2016年度质量强县工作考核,考核成绩排名全市前列。组织塔牌集团、皇马水泥有限公司、固特超声、广福建材4家企业申报广东省名牌产品。发动符合条件的企业参加2016年广东省企业首席质量官网络培训、质量管理人员培训等培训。三是服务供给侧结构性改革,对辖区内水泥产品生产许可证获证企业进行监督检查,推动化解过剩产能。

【“国检中心”项目建设】 蕉岭县国家水泥及制品质量监督检验中心项目是市、县重点工作,是继北京、江苏之后兴建的广东首家国家级水泥检测中心,增加了全国唯一的水泥制品检测项目,建成后将使蕉岭又多了一张“国字号”名片,对于推动蕉岭做强做大百亿新型建材产业、打造广东绿色建材基地具有十分重要的意义。该项目于2013年1月15日经国家质检总局批准落户蕉岭,2013年3月5日经蕉岭县发改局批准立项;位于蕉岭县福星大道以北、205国道以西,实际用地面积12734平方米,建筑总面积12956平方米(其中:实验大楼6706.23平方米、检测车间3000平方米、配套楼3250平方米)。项目于2014年10月动工兴建,基建项目工程全面竣工,并于2016年12月19日验收合格;至2016年12月31日,附属工程的场地给排水及硬底化已经完成,进入场地绿化收尾阶段。

【“两建”及服务发展】 一是牵头推进“两建”工作。2015年—2016年“两建”工作得到梅州市检查组充分肯定。二是深入推进商事制度改革。10月1日,启动企业“五证合一、一照一码”(营业执照、组织机构代码证、税务登记证、社保登记证和统计登记证)登记制度改革;11月1日,启动个体工商户营业执照、税务登记“两证整合”改革,促进大众创新万众创业。全县新发展市场主体1658户。三是开展服务双百亿产业的“暖企行动”。与县委宣传部、县文明办联合举办“文明诚信企业(经营户)”评选活动,评选表彰文明诚信企业和经营户150户;与县邮政储蓄银行联合举办“阳光送贷行动520”第三季活动,向中小微企业和个体工商户推出6000万元融资额度。实施挂钩村和挂点服务企业“帮扶行动”,对挂钩村和蕉岭金鹏精细化工、翔锋矿业2个挂点企业进行重点帮扶。实施质量强县、品牌带动、技术标准战略,蕉岭“广东省水泥产业知名品牌创建示范区”获批筹建;广东塔牌集团股份有限公司获得“梅州市首届政府质量奖”;12月21日,蕉岭绿茶和桂岭蜂蜜成功申报国家地理标志产品保护,填补了蕉岭无地理标志产品的空白;开展农业标准化工作,蕉岭多宝富硒专业合作社被评定为省级农业标准化示范区。

【打假工作】 牵头开展全县打假工作。全年各职能单位出动打假执法人员4391人次,检查各类单位8049家次,立案41宗,查处假冒伪劣产(商)品货值17.4156万元,销毁假冒伪劣产品货值4.31万元,刑拘2人,未发生重特大食品安全事故和产品质量安全事故。一是抓好组织保障,落实工作责任。县领导重视打假工作,3月开展“涉烟案制假物品”销毁活动,4月县政府组织召开了全县打假工作会议,签订了打假工作责任书。将打假日常工作机构的经费纳入政府年度预算,保障了打假工作开展。二是扎实开展行动,规范市场秩序。各职能部门各司其职,密切配合,组织开展了一系列专项整治行动,进一步规范市场经济秩序。三是推动打假“两法衔接”,提升工作效能。四是加强宣传教育,营造良好氛围。举办现场咨询活动、宣传讲座、培训班等10多场次,发放各类打假宣传资料1万多份,接受群众咨询1000多人次。（彭幸锟）

2016年县工商和质量技术监督局负责人名录

局　长:刘碧华
副局长:刘建军　黄文敏　邓　峰

2016年县工商和质量技术监督局党组负责人名录

党组书记:刘碧华
党组成员:刘建军　黄文敏　邓　峰　黄小英

食品药品监督管理

【概述】 2016年,县食品药品监督管理局紧紧围绕全县振兴发展工作总思路,以保障公众饮食用药安全为中心,以“抓监管、保安全、促发展、惠民生”为主线,以落实“最严谨的标准、最严格的监管、最严厉的处罚、最严肃的问责”为总要求,以落实有责、有岗、有人、有手段和日常检查责任、监督抽检责任(“四有两责”)为抓手,实行预防为主、风险管理、全程控制、社会共治工作方针,坚持依法行政、科学监管,坚持把握重点、标本兼治,严密防控食品药品安全风险,切实保障全县人民群众饮食用药安全,促进了全县食品医药经济健康快速发展,为蕉岭振兴发展作出了积极贡献,2016年全县无食品药品安全事故,食品药品安全指数得分位居全市前列,食品药品安全状况大力改善。

【食品药品安全监管】 一是着力加强综合协调。充分发挥县食安办综合监督协调职能,坚持强机制、抓整治、促协调,建立信息互通、工作例会、考核评价机制,落实食品安全监管责任制,推进网格化监管,形成“县政府统一领导、镇村属地负责、部门集中监管、公众积极参与、各方联合行动”的食品药品安全社会共治新格局。各职能部门加强无缝衔接,齐抓共管,形成合力。2016年,全县开展食品抽验522批次,检查食品企业723家次。同时,强化应急能力建设,实时监测掌握、分析研判食品药品安全舆情信息,有效处置影响食品药品安全的突发问题。二是着力加强日常监管。县食品药品监管局规范行政审批管理,认真贯彻行政审批制度改革,积极推行电子审批管理系统,大力开展“三证合一”工作,优化办事程序,做到及时受理,及时办结。2016年,办理各类许可698宗,按时办结率达100%,群众满意率达100%。在食品生产环节监管方面,根据产品风险和生产特点,实施生产企业分级分类管理,合理确定企业监管等级和监督检查频次及要求。扎实开展重点品种肉制品、大米、危险化学产品、食品添加剂等生产加工企业的专项监督检查,规范食品安全生产工作,现场检查生产加工企业,督促企业落实并持续满足生产加工的各项要求;做好审证、换证、信息化、监管平台建设等工作,加强对食品生产许可证申办、换发的管理以及广东省食品生产加工小作坊登记工作。2016年,监督巡查食品生产企业134家、小作坊69家,发出整改4份。在食品流通环节监管方面,全力推进农贸市场开展食用农产品快速检测工作，认真抓好总体完成率100%、市场完成率100%“双百”的落实，确保完成2个农贸市场每天的抽检任务，并将快检结果及时在LED电子显示屏向外进行公示，让公众第一时间了解市场食品安全状况，保障“菜篮子”的安全。为实现全县食品安全溯源的网络化监管目标，2016年加入“食品追溯智慧监管平台”系统食品经营企业共168家，上报台账信息的企业82家。同时，开展学校及其周边食品、农村食品安全“扫雷”“清源”“净流”“利剑”行动等专项整治工作，出动执法人员903人次，对386多家食品销售食品经营户进行了专项检查。在餐饮服务环节监管方面，坚持“小摊小贩抓规范、中小餐饮抓卫生、中型餐饮抓提高”的原则，以检查、“两证一卫生”(食品经营许可证、健康证、卫生环境)为突破口，扎实开展专项治理工作，推行“量化分级、文明餐桌、明厨亮灶工程”，加大培训和约谈力度，积极开展工业园区食堂、含铝添加剂、农村食品安全、含罂粟等非食用物质专项检查整治，2016年检查餐饮单位1280家，做好重大活动餐饮保障20多次，切实保障餐饮服务安全。在药械、保化品监管方面，加大对药品、医疗器械、保健食品、化妆品经营企业等重点环节、重点领域的监督检查，增加检查频次，采取例行检查、突击检查、暗访暗查、专项检查等多种方式，加大日常监督检查工作力度，对经营企业索证索票、台账记录、存储条件、广告宣传等行为进行检查规范，深入推进诚信体系建设，积极开展药品流通环节、中药饮片、保健食品、配制酒、玛咖制品非法添加非法声称问题专项治理。共上报药品不良反应105例、医疗器械不良事件40例，全面完成全年任务。三是着力食品药品抽验和稽查执法。2016年，县食品药品监管局加大对食品生产、流通、餐饮、药店等单位的监督抽检力度，完成522批次食品抽验，其中不合格产品6批次，合格率98%；监督性抽验药品72批次，不合格21批次，靶向命中率29%；医疗器械3批次，保健食品4批次，化妆品7批次。监督检查单位数869多户次，受理举报投诉5起，查处各类食品药品等违法违规行为24起，结案24起，结案率100%，罚没款合计5.55万元，发出书面责令整改117起。四是着力创新监管举措。县食品药品监管局创新监管手段，改变传统监管方式，全面提升食品药品安全监管效能。1.率先在全市推进食品安全信息化监管平台建设。平台建设已进入应用和推广阶段，其中食品生产加工、食品流通和食品餐饮服务环节的在线备案和监管平台已经上线并完成192家各类型企业的相关数据录入，31间学校食堂“阳光厨房”已实现在线监管和远程实时动态视频监控。信息化监管平台实行食品药品安全监管、追溯、信息公告、公众服务和视频实时动态监控“五位一体”建设，已取得初步成效，有力促进全县食品药品和长寿食品安全监管，助推全县长寿食品产业快速健康发展。2.重点推进农贸市场快速检测工作。作为县政府2016年十件民生实事之一，快检工作于2016年7月1日起正式运行，主要以蔬菜、水产品为主，通过快速检测的方法有效地防止不合格的食品农产品进入市场销售，保障食用农产品质量安全和全县人民“菜篮子”安全。3.积极推进省级食品经营食品安全示范街创建。重点推动餐饮企业建设“明厨亮灶”，省级示范街内的餐饮单位“明厨亮灶”达到100%，食品安全量化等级“B”级达到100%，促进全县食品经营食品安全保障水平的稳步提高。4.大力完善稽查执法办案室建设。配备信息化设备，对案件调查取证和处罚过程进行录音录像，全面规范稽查执法行为，严格依法行政，坚持严格、公正、文明、规范执法，确保办案质量。

【食品药监队伍建设】 一是结合“两学一做”学习教育活动，改进工作作风，深入基层，积极为企业和群众服务；精简会议和文件，研究解决问题；坚持厉行勤俭节约，严格控制经费开支和公务车辆使用，着力建设“党风纯、政风清、行风正”的廉洁单位。二是加强班子建设。

认真贯彻落实民主集中制，重点问题集体讨论决定，做到决策科学化、民主化；工作上自警自励，生活上自律自慎，形成了“心齐、气顺、风正、劲足”的良好工作局面。规范机关内部管理，形成了用制度管人、管事、管物、管权。三是狠抓廉政勤政教育，增强依法行政和廉洁从政的自律性。加强教育，完善制度，强化监督，确保市场和队伍“两个安全”。四是开展精准扶贫挂钩工作和落实综治及计划生育目标责任管理。结合单位实际，因地制宜地开展扶贫挂钩工作和社会治安综合治理及计育工作，并将工作同食品药品监管工作同部署，同落实。2016年，县食品药品监管局未发生任何安全事故，无贩黄、无吸毒、赌博人员，无一人违反计划生育政策。

【食品医药经济发展服务能力建设】 在做好监管工作的同时，县食品药品监管局为全县的食品医药经济发展服务，推动食品医药企业转型升级。经常深入药品生产经营企业进行现场指导，督促企业保证质量，满足供应，引导发展。加强食品药品从业人员的法律法规和业务知识的培训教育，累计培训1713人次，进一步提高了从业人员的综合素质和科学管理水平。规范行政行为，提高服务质量，认真受理行政许可事项，实现“零”投诉，为企业提供优质高效的一流服务。2016年，全县药品批发企业销售金额达958万元，药品零售企业销售金额达881万元。食品生产经营企业营业金额达6650万元。 (谢雪玲)

2016年县食品药品监督管理局负责人名录

局　长：赖天德

副局长：丘　锋　吴丽蓉(女)

张裕美(3月任职)

张海明(3月任职)

汤达兴(3月离任)

陈贵平(3月离任)

粮食储备管理

【概述】 2016年，县粮食储备局以中共十八大精神为指针，强化保障粮食安全的首要意识和守责意识，紧紧围绕“守住管好天下粮仓，做好‘广积粮、积好粮、好积粮’三篇文章”的总要求，深入贯彻落实科学发展观，认真执行县委、县政府关于粮食工作和上级业务主管部门决策部署，着力全面落实国家粮食流通政策，加强粮食流通市场体系建设，强化粮食安全保障能力，进一步加强国有粮食企业管理，增强发展实力，切实加强自身建设，以促进粮食增产、农民增收、粮食市场供应稳定和确保粮食安全为出发点和落脚点，进一步落实粮食工作安全政府责任制，全县粮食供需保持平衡，市场粮食价格保持基本稳定，确保了军需民食。

【储备粮轮换】 县粮食局成立储备粮轮换工作领导小组，制定轮换计划，落实各项措施，把握时机，抓住市场行情，及时向县财政部门申请轮换，并采取公开竞价的方式对县级储备粮进行兜底轮换。在入库工作中，制定管理措施和办法，落实具体负责人，严肃各项手续制度：一是做好入库前资金、入库器材、仓库腾并、清扫消毒、人员安排等各项准备工作。二是高度重视入库粮源的组织和落实，做到早预测、早计划、早准备，对企业明确了收购计划，在收购工作中严格执行依质论价、优质优价的粮食收购政策，确保了入库质量。三是加强粮食质量监督检查，凡是入库的粮食都必须经过检验，防止不合格的粮食入库。经过抽样到质检单位检验，达到质量标准的要求。顺利完成2016年度省、县两级下达的储备粮轮换任务。四是制定《蕉岭县落实地方粮食新增储备规模工作方案》，与市政府签订了《落实地方粮食储备责任承诺书》，地方粮食新增储备规模得到落实，全面完成新增地方粮食储备规模入库任务。

【储备粮管理】 坚决贯彻“以防为主,综合防治”的保粮方针,扎实做好省、县二级储备粮保管工作,全面加强“一符四无”(账实相符,无虫害、无鼠雀、无霉变、无事故)粮仓建设,按照“一符、三专、四落实”(账实相符、专仓储存、专人保管、专账记载、数量落实、质量落实、品种落实、地点落实)的要求,认真抓好在库储备粮管理制度落实,推行规范化仓储管理,坚持每年例行春、秋两季粮食普查,查不足、查隐患,及时推广好的做法,克服薄弱环节,有效地杜绝了各种事故,确保在库粮油安全。全县在库各级储备粮达到国家、省规定的粮食质量标准,实现“四无粮仓”达100%,水分、粮温均达到安全储藏标准,确保在库粮食数量真实、质量完好、储藏安全。

【仓储设施建设】 着力解决粮食仓储设施不足的问题,以建设“蕉岭县粮食加工仓储现代物流中心”项目作为工作重点,加大投入力度进行新建仓容和“危仓老库”维修改造。重点抓好蕉城仓库3座仓容为2.2万吨的新建仓库建设,于2016年11月完成3座仓库建设。同时,抓好红岗8仓改造建设,于10月改造完成并投入使用。使粮食仓容数量得到显著增加,仓房条件得到明显改善。

【粮食安全责任制考核】 2016年是国家实行粮食安全省长责任制考核的第一年,县政府高度重视,制订《蕉岭县落实粮食安全责任考核工作实施方案》,成立由分管副县长为组长,各成员单位负责人为成员的蕉岭县粮食安全考核领导小组,把蕉岭县粮食安全考核工作分解到各成员单位,通过政府领导下,各成员通力协作,确保全县粮食安全责任考核工作的落实。

【军粮供应】 坚持以兵为本,平战结合,进一步完善军粮供应管理体系,稳定军供业务队伍,建立军粮供应保障机制,按规定做到保证有一个月的军粮销售周转库存。2011年10月起,军供粮油全部由梅州市粮食局定点加工、定点采购、统一配送,从源头入手抓好军供粮油质量,保证军供粮油质量不出问题,受到驻蕉部队的一致好评和肯定。

【队伍建设】 县粮食储备局始终把队伍建设放在首要位置,一是以机关作风建设为契机,狠抓干部队伍素质的提高和机关作风的改变。二是加强党风廉政建设工作,切实加强党员干部的党风党纪教育,增强服务意识,提高工作质量和效率。 (张秀春)

2016年蕉岭县粮食储备局负责人名录

局　长:潘依珊

副局长:黄秋明　徐建伟

财政·税务

财　政

【概况】 蕉岭县财政局是主管本县财政收支、财税政策、国有资产的县政府组成部门。内设20个行政股室,现有行政编制人员32人,机关事业编制人员7人,行政工勤人员4人。参公管理单位2个,现有参公管理人员9人。下设事业编制单位4个,现有事业编制人员16人。

【财政收支运行】 一般公共预算收入完成情况。2016年,一般公共预算收入完成79950万元,同比增收9350万元,增长13.24%,其中:税收收入完成55420万元,占一般公共预算收入的69.32%;非税收入完成24530万元,占一般公共预算收入的30.68%。1. 税收收入完成情况。税收收入完成55420万元,同比增收5455万元,增长10.92%。2.非税收入完成情况。非税收入完成24530万元,同比增收3895万元,增长18.88%。上划中央收入和省市共享收入完成情况。2016年,来源于蕉岭的财政总收入合计158858万元, 同比增收16205万元, 增长11.36%。全县上划中央"两税"收入完成15602元,同比减收1830万元,减少10.50%;上划省市共享税收入完成12555万元(其中:国内增值税4507万元,改征增值税1524万元),同比增收568万元,增长4.74%。一般公共预算支出完成情况。2016年,全县一般公共预算支出完成220543万元, 同比增支20715万元, 增长10.37%。

政府性基金预算收支完成情况。2016年,全县政府性基金预算收入完成35137万元,同比增收8166万元,增长30.28%,主要是国有土地使用权出让收入增收。全县政府性基金预算支出完成43349万元,同比增支7020万元,增长19.32%,主要是增加城乡社区支出。2016年一般公共预算收支特点及存在问题。收入方面:1. 地方一般公共预算收入持续增长。2016年, 全县一般公共预算收入完成年初计划的102.95%,同比增长13.24%,超额完成县人大通过的年初收入计划2290万元。2.税收收入和非税收入共同增收促进县一般公共预算收入增收。2016年,全县一般公共预算收入增收额为9350万元, 其中税收收入增收5455万元,占增收总额的58.34%,资源税是全县税收收入增收的主要税种。非税收入增收3895万元,占增收总额的41.66%,主要是探矿权、采矿权价款收入增收。3.非税收入保持增长,但占比偏高。2016年,全县非税收入完成24530万元,同比增收3895万元,增幅18.88%,占一般公共预算收入的30.68%,比例偏高,且比去年同期略有上升。支出方面:财政支出着重民生,增长较快,重点支出得到保障。2016年,全县一般公共预算支出完成220543万元, 同比增支20715万元,增长10.37%,增支的主要原因是提高住房公积金、调整基本工资等人员经费、农村人居环境整治和扶持发展及上级专项资金增加。继续加大公共安全、教育、社会保障和就业、医疗卫生、节能环保等重点民生项目的投入力度,2016年民生累计支出177047万元,占一般公共预算支出的80.28%,民生支出得到有力保障。财政收支平衡情况。2016年,全县地方一般公共预算收入完成79950万元,上级补助收入

113287 万元，上年结余 20878 万元，调入资金 4164 万元，债券转贷 400 万元，调入预算稳定调节基金 9831 万元，收入总计为 228510 万元。一般公共预算支出完成 220543 万元，上解支出 2692 万元，债券还本支出 400 万元，支出总计为 223635 万元。财政收支相抵年末结余 4875 万元，实现了收支平衡、略有结余的目标。

【规范财政预算编制，提升财政管理水平】

按照新《中华人民共和国预算法》的要求，细化预算支出项日，明确支出类型和支付方式；各预算单位在编制预算时报送本单位 2016 年项目支出，汇总审核后列入 2016 年年度预算，严格遵循了《中华人民共和国预算法》“未列入预算不得支出”的规定，保证了财政预算的精准性，财政预算管理水平日益提升。推行部门预决算和“三公”经费预决算信息公开制度，促进单位预算执行规范管理。

【多措并举组织收入，实现财政收入目标】 围绕财政收入目标，组织协调各征收部门，积极应对经济下行和“营改增”等税制改革的影响，采取措施，克服各种困难，加强收入征管：一是与税务部门保持密切沟通，准确掌握全县财源税源现状及变动情况，并通过涉税信息平台，与地税部门交换涉税信息，从而为地税部门汇总全县涉税信息、拓宽税源提供支持。二是及时和国地税部门沟通，研究完成 2016 年预期收入目标的措施，按月分析财政收支执行情况。三是以“全省非税收入征管电子信息化”为抓手做好非税收入征缴入库管理，开展非税收入入库清理，2015 年以来非税收入连续两年超过 2 亿元。盘活原司法局办公楼等闲置资产，公开拍卖车改车辆，国有资产处置、出租出借和投资收益合计 2025 万元。四是以“蕉岭县农村人居环境综合治理项目”为项目向市农发行融资建设资金 3 亿元，有效解决重点项目建设资金瓶颈问题，创新重点项目建设资金融资筹资新模式。

【加快财政支出进度，提高财政支出效益】

严格落实新《中华人民共和国预算法》等法律法规，坚持“以资金推动项目”“以项目推动发展”的理念，一是抓好进度，用好资金，依法、依规、依时拨付资金，提高财政资金支出效率，切实充分发挥财政政策在稳增长、调结构中的积极作用，发挥财政资金在县域经济发展、重点项目建设中杠杆作用。二是抓好监督，以省级督查、县级督办为推手，严格财政支出考核，每月汇总，全程跟踪监督，建立重点工程、重大项目支出台账，强化财政支出责任，优化财政支出结构，最大限度激活存量资金潜力，确保财政收入支出“两达标、双丰收”。

【优化财政支出结构，增强财政保障能力】

按照公共财政取向，调整和优化支出结构，突出重点，统筹兼顾，有保有压，有促有控，合理有序安排资金，主要表现在：一是较好地保证了全县行政事业单位人员工资、公务交通补贴资金足额发放，2016 年增发住房维修和物业补贴，一年内两次提高住房公积金标准。二是测算机关事业单位人员基本工资标准提高及离退休人员离退休费增加所需资金并在年初预算中作了预留。三是保证了全县低保、抚恤、医疗保险等社保资金的及时足额兑现，按时足额发放增加的基本养老金。与此同时，及时调整党政机关和事业单位差旅费、误餐补助标准并规范差旅费管理，完成了党政机关会议定点场所的招标采购，严控“三公”支出，印发《政府向社会力量购买服务实施暂行办法》和《蕉岭县政府向社会力量购买服务目录（第一批）》，规范和推进政府向社会力量购买服务。

【突显公共财政职能，提高民生保障水平】

1.推进重点工作建设。在县财力较为紧张的情况下，先后筹措 1.5 亿多元用于农村人居环境治理及生猪养殖污染整治工作，投入 3400 多万元推进农村环境连片村庄综合治理和农村生活垃圾整治工作，打造美丽乡村。实施产业扶贫和340户农村危房改造扶贫工程,扎实推进新时期精准扶贫、精准脱贫工作,推进新建粮食仓库和"危仓老库"维修改造。拨付中央基建资金及专项资金30笔共4161万元,同时做好后续监管。2.推进涉农惠农建设。以实施农综项目工作为重点,稳步推进总投资2783万元的2015年度蓝坊、南礤和2014年第二批新铺镇农综项目建设,强化产业化项目监管。落实惠农政策,及时拨付各项惠农补贴资金4280万元,惠及离任村干部、农村低收入住房群众、生态公益林补偿农民、耕地地力保护补贴村民、村监事委等,有力促进农村发展、农业增效、农民增收。开展涉农维稳专项整治工作"回头看",着力解决突出问题。3.推进民生实事建设。继续把提高底线民生保障水平作为财政工作重点,确保底线民生保障水平资金按时足额支付到各类对象手中,全年底线民生支出3867万元,投入4124万元全面推进公立医院改革试点、基本公共卫生服务均等化和基本医疗服务体系建设等三项改革,未来三年将投入18864万元用于卫生强县创建。4.推进社会事业建设。扩大公共财政覆盖面,保障教科文事业经费支出,促进教科文各项事业协调发展,及时拨付各项"创现"资金7840万元,做好创建"广东省推进教育现代化先进县"资金保障,加大对公共文化服务体系建设的投入。

【深化改革创新,健全财政运行机制】 一是精心组织,指导和牵头实施蕉岭县全省基层公共服务平台建设试点工作,先后投入3000多万元,圆满完成县、镇、村三级平台硬件建设、人员配备和培训管理等,整合优化服务项目、操作流程和网络系统等资源,凝聚党心,服务群众,高效便民,全面提升基层公共服务水平,顺利通过省级考核验收,获评为"优秀"等次。二是继续深化国库集中支付,全县97个预算单位的授权支付共2434笔,资金合计44886万元,直接支付财政性基建资金以及其他专项资金521笔,74624万元。全面完成乡镇国库集中支付改革,清理整顿财政专户,撤销了6个财政专户,强化财政监督检查力度,保证了财政资金安全和使用效益。三是推进政府采购管理信息化,举办了电子政府采购交易管理平台操作培训,全县政府采购500宗,采购预算金额10004万元,实际采购金额9560万元,节约资金445万元,节约率4.5%。四是严格把好项目预结算审核关,通过加强前期管理从源头上控制支出,有效地减少财政资金的损失浪费,推进基建项目预算执行的规范化,完成审核工程项目554项,送审总额59184万元,核定总额52148万元,核减总额7036万元。五是深化各类财政改革,做好廉租住房保障资金归集,着力解决城镇"双低户"住房难问题。认真做好会计从业资格证书的考试、申办、核发和注册换证工作,领购、使用、核销三方面把好票据关,开展农村财务人员专项培训,实施一般性转移支付绩效评价,出清重组国有"僵尸企业"。合理按需完成公车改革任务,调配、封存拍卖、报废公车206部,开展车改后违规用车专项治理。

【狠抓资金监督检查,财政管理不断加强】

1.强化财政资金监督。开展2016年蕉岭县财政资金安全检查和会计信息监督检查,实施财政资金实时在线联网监督系统上线工作,推进财政监督信息化建设。2.强化内部控制监督。初步构建以局内控基本制度为主,7个专项内控办法为重点,"1+7+X"模式内控制度体系。加强财政监督、专户资金管理,规范业务操作,建立约束机制,保证财政干部和资金的"两个安全"。3.强化专项工作监督。全面清查地方政府拖欠工程款,专项治理涉农补助资金监管村务财务管理矛盾纠纷及违规公款吃喝,全面开展第六届村委会换届审计,促进农村基层党风廉政建设。进一步核实权责清单、行政审批事项,清理非行政许可审批事项。

【加强财政队伍建设,全面提升工作效率】

一是继续开展全员学习活动,局领导带头

授课，开展各项政治和业务培训，与县委党校联合开设党性教育专题培训班，切实提高财政队伍整体素质。二是以市级示范点建设为契机，创新载体，落实措施，推进“两学一做”学习教育和机关党建，得到上级部门肯定。三是在财政局大楼各楼层悬挂廉政宣传标语牌，营造勤政廉洁氛围和增强纪律约束。推行全局股室工作职能和工作人员分工上墙公开，促进工作效率提升。四是落实责任，真帮实扶，投入23万元开展挂钩村新泉村精准扶贫，用于道路、美丽乡村建设和困难群众慰问。 （黄卫锦）

2016年县财政局负责人名录

局　长：徐杞文（11月4日起副县长兼任）
副局长：傅学秀（女）　林英勤（女）　徐京雄
农财办主任：林峰明

2016年中共蕉岭县财政局党组成员名录

党组书记：徐杞文
党组副书记：傅学秀（女）
党组成员：林英勤（女）　徐京雄
　　张荣涛（女）　张　生　徐海红（女）

国　税

【概　况】 蕉岭县国家税务局主要负责蕉岭县境内增值税、消费税、企业所得税、储蓄存款利息所得个人所得税、车辆购置税的征收管理工作，目前管辖的登记业户5200余户，其中一般纳税人310余户，小规模纳税人4890余户。全局内设办公室、人事教育股、党委办公室、工会、监察室、征收管理股、政策法规股、税源管理一股、税源管理二股、税源管理三股、收入核算股、纳税服务股、计算机信息中心和直属单位稽查局共14个职能股室。现有正式干部职工77人，其中在职中共党员67人，并于2010年成立了中共蕉岭县国家税务局委员会。

【税收收入】 2016年，蕉岭县国家税务局凝心聚力，攻坚克难，圆满完成了组织收入任务。全年共入库工商各税33535万元，占年度计划任务31650万元的105.96%，比上年同期的29986万元增收了3549万元，同比增长12%。

【党风廉政】 全面落实从严治党，切实抓好反腐倡廉，牢固四个意识，压实两个责任。一是全面加强党的建设，落实党建责任清单制度，推进党组织规范化建设。二是坚决纠正“四风”，贯彻中央八项规定，着力抓监督、抓检查、抓通报、抓问责。三是扎实开展廉政教育，组织开展“两学一做”“纪律教育学习月”等学习教育，不断丰富教育内容，加强党员干部党性党风党纪教育，增强廉洁自律的自觉性。

【税收征管】 不断规范和优化税收征管，深入推进依法治税，有效提高征管质效。一是同心协力打赢税制改革攻坚战。蕉岭国税紧紧把握工作重点，协商合作，通过多渠道、全方位解读“营改增”，保障“营改增”企业税收管理顺畅，确保减税政策落实。2016年，全县有“营改增”纳税人1000余户，共入库“营改增”增值税5505万元。二是深度融合打赢征管体制改革攻坚战。国地税合作是新征管体制的重要内容，蕉岭国税主动加强与地税部门之间的协作，扎实稳妥地推进和深化税收征管改革，形成了科学严密的现代化税收征管体系。

【纳税服务】 便民办税，持续优化纳税服务水平。一是创新服务方式，优化办税环境。建设24小时自助办税服务厅，完善自助办税终端设备，大力推广东省电子税务局系统，为纳税人举办多类税收业务培训，落实便民办税。二是多措并举落实税收优惠政策，让纳税人应知尽知、应享尽享税收政策，尽享减税红利。三是构建全方位纳税服务体系，对纳税人开展“面对面”纳税辅导活动,采用个性化服务和针对性管理,真情服务纳税人。四是稳步推动“双委托”业务,继续与县农村信用合作联社开展“双委托”业务,2016年代开发票2968份,代开发票金额8723万元,代征税款254万元。五是开展纳税信用等级评定,与县地税局共同合作做好2016年度纳税信用等级评定工作,共评定A级纳税信用单位20户。

【队伍建设】 “绩效管理”“数字人事”双向激励,打造队伍干事创业新引擎。一是推进绩效管理工作,抓好制度建设和考核管理,突出结果运用力度。二是做好数字人事系统管理,展晒工作纪实,记录个人成长,促进干部职工抓总结、找差距、补短板、求提升。三是认真开展各类岗位业务培训,包括各项税收业务、公文写作、行政管理培训等,有效提高了干部职工的综合素质和工作能力,促进了各项工作的顺利开展。 (郭智明)

2016年蕉岭县国家税务局负责人名录

局长:李郁轩(9月任职) 许 锋(9月离任)
副局长:钟伟标 李 洪 钟伟青 丘昌辉
纪检组长:肖振城

地 税

【概况】 蕉岭县地方税务局主要负责全县辖区内地方各税、社会保险费、教育费附加和上级政府规定的其他规费的征收管理工作。全局设办公室、税政股、征收管理股、人事教育股、监察室、纳税服务股6个股室,稽查局1个直属单位,规费服务中心1个事业单位和蕉城税务分局、新铺税务分局、文福税务分局、蓝坊税务分局4个基层税务分局,现有在编干部职工97人,管辖固定纳税户5244户。

【组织收入】 面对经济下行压力增大、“营改增”政策性减收、资源税改革税率降低等不利因素,始终坚持组织收入原则,严格依法组织收入, 完成了组织收入任务。组织税费收入10.31亿元, 税费收入首次突破10亿元大关。其中, 税收收入6.03亿元, 同比减收3130万元,减幅为4.93%,较好的落实了中央、省政府的减税要求;社保费收入3.99亿元,同比增收1.91亿元, 增幅为91.86%; 其他规费收入2844.93万元。

【税收征管】 不断规范和优化税收征管,深入推进税收征管体制改革,征管质效得到进一步提高。一是加强国地税合作。定期召开联席会议,共同落实合作事项,合力加强税收宣传和辅导,联合开展纳税信用等级评定,协同推进营改增试点工作。二是做好营改增试点工作。与国税部门紧密协作,明确职责分工及工作要求,定对建筑安装业和房地产业营业税清理的实施方案,有计划、有步骤地开展欠税清理清缴工作,全面加强税收宣传,顺利完成营改增试点工作。三是多措并举助推“五证合一”“两证整合”工作。全方位宣传解读登记制度改革内容,组织相关人员参加业务培训,加强与工商、国税等部门的沟通和协调,确保各项工作顺利推进。四是推行税收征管规范1.0版和2.0版。通过短信平台、办公自动化系统、办税厅大屏幕、电视台等媒介加大宣传力度,大量开展相关业务培训, 组织和梳理征管人员岗位职能,全面规范税收征管。五是做好资源税改革。通过媒体报道,召开座谈会,税务人员进企业面对面辅导答疑等方式开展宣传辅导,争取政府支持,联合财政、国土等部门召开了全面推进资源税改革的专题会议。

【纳税服务】 始终坚持纳税人需求导向,落实服务规范,不断优化纳税服务。一是优化纳税服务。认真落实《全国纳税服务规范(2.0)》和“便民办税春风行动”, 加强培训辅导和政策宣传;贯彻落实全省通办、上门服务、网上办税等举措,进一步规范执法行为;认真做好办税平台的建设、办税环境的优化、办税条件的改善和办税质效的提升,加强办税流程规范化,落实办税事项的二维码一次性告知。二是落实“全省通办”。成立领导小组,明确责任与分工,完善办税服务厅软硬件设施,优化岗位配置,加强办税服务厅人员培训,各项工作顺利推进。三是推进电子税务局推广工作。联合国税局,举办电子税务局培训班,为企业代表、国地税相关业务人员全面、系统的讲解和演练电了税务局的总体业务功能以及各项业务操作流程;通过媒体公告、发放操作指南、预受理区咨询等方式,多管齐下告知纳税人相关事宜;指定专人负责电子税务局的业务处理工作,及时处理试运行过程中遇到的问题。

【队伍建设】 坚持人才强税,切实加强人才队伍建设,不断规范队伍管理,有效促进了干部综合素质的全面提高。一是加强思想政治教育。深入学习中共十八大和十八届五中、六中全会精神及习近平总书记系列重要讲话精神,以党组中心组、党总支部、党支部、党小组等为单位,采取参加视频会议、专题辅导讲座、网络学习考试等形式组织全局干部职工学习。二是推进“两学一做”学习教育。加强领导,周密安排,落实计划。召开动员大会,确保学习教育活动顺利推进;督促指导各支部结合实际及时落实“两学一做”学习教育工作计划;创新教育方式,采取请进来与走出去、自学与集训相结合的方式,先后组织党员参加“两学一做”学习教育专题培训班和到红色革命根据地进行体验教育等活动。三是重视加强绩效管理工作。围绕税收业务和行政工作,优化考核指标,突出考核重点,充分利用好绩效管理平台,抓好过程管理,重视分析讲评,加大结果运用力度,使绩效管理成为工作落实的抓手,推动整体工作稳步提升。四是扎实开展教育培训工作。制订年度教育培训工作计划,以岗位大练兵为契机,切实加强机关业务建设,加大干部教育培训力度,并按照按需施教和分级分类培训原则,认真抓好培训计划落实,力提高干部队伍整体素质。

【党风廉政建设】 不断严明纪律规矩,健全监督制约机制,取得党风廉政建设新成效。一是树立政治纪律意识。认真组织学习《关于新形势下党内政治生活的若干准则》《中国共产党问责条例》《中国共产党廉洁自律准则》《中国共产党党内监督条例》《中国共产党纪律处分条例》等一系列党规文件,教育引导广大税务干部特别是领导干部把党的政治纪律摆在首要位置。二是落实“两个责任”。召开党风廉政建设工作会议,组织签订“八个保证”承诺书,指导、监督基层分局领导班子落实“一岗双责”,将年度党风廉政建设七项任务细化分解成21个工作目标,明确责任部门、牵头领导、协办部门和完成时间;按照“三转”要求,梳理纪检监察部门工作职责,清理牵头或参与的议事协调机构12个。三是深化廉政教育。组织开展纪律教育学习月活动,通过开展传统教育、自查自纠、读一批廉政好书、观看反腐倡廉电教片和网上知识测试等形式的活动,举办“二纪”教育培训班和“准则”“条例”的专题辅导培训,组织收看警示教育片《作风建设暗访片》,进一步加强纪律教育。 (曾　旭)

2016年县地税局负责人名录

局　　长:罗冬坚
党组成员、主任科员:饶光淡
副局长:汤向明　林展强
纪检组长:张秋帆
总经济师:谢石松

教科文卫体

教 育

中小学教育

【概况】 蕉岭县教育局位于蕉岭县蕉城镇镇山路。设有8个职能部门:办公室(含党委办公室)、人事股、计划财会股、基础教育股、职业教育与招生股、督导室、文体卫股、德育安全股;3个下属机构:教研室、教仪站、信息中心。有工作人员58人,其中行政编制11人,事业编制43人,机关工勤人员1人,后勤服务人员3人。2016年,全县有教师进修学校电大联校1间。中小学校31间(不含7间小学教学点),中小学生及在园幼儿共29026人。其中:完全中学2间,独立职业高中1间,在校普通高中学生3720人,职中学生851人;初级中学12间(其中九年一贯制学校3间),在校初中学生4676人;完小16间,教学点7间,在校小学生12489人。幼儿园44间(公办园17间,民办园27间),在园幼儿7290人。

【普通中小学教育】 2016年,蕉岭县高中阶段学校有2间,均为完全中学,初级中学9间,九年一贯制学校3间,完全小学16间,教学点7间。高中阶段有82个教学班,初中阶段有122个教学班(其中九年一贯制学校有12个教学班),小学阶段有313个教学班(含九年一贯制)。2016年,蕉岭县中小学校义务教育标准化达标率100%,小学适龄儿童入学率达100%,年辍学率为0,升学率100%;"三残"儿童入学率达97.1%;初中毕业生升学率达100%,初中毛入学率107%,初中三年巩固率97.45%,年辍学率为0。

2016年,以争创"广东省推进教育现代化先进县"为契机,实施"一校一策"提质改造工程,完善学校办学条件,完成了蕉岭中学两栋教学楼修缮及19间学校的校舍、运动场优化升级改造。同时,加快桂岭学校、职校实训楼建设进度,购置师生终端机、补充更新电教平台,推进光纤网络升级,建设"互联网+"资源平台,全面提升了学校教育现代化水平。

【职业教育】 蕉岭县职业技术学校总占地面积35916平方米,总建筑面积12065平方米,装备有计算机室、汽车实操室、财会模拟实验室、烹饪室等14间功能室。学校以"厚德重技、自强不息"为校训,坚持"掌握技能、服务社会"的办学宗旨,强化"欲要成才,必先成人"的育人观,"升学""就业"并举,积极探索有效的人才培养模式,确立以就业为导向、以服务为宗旨的观念,突出职业技能和实践能力的培养,坚持与广州、东莞、中山、佛山等六所国家级重点职校联合办学模式,开设有商务英语、电子技术及应用、现代汽车、粤菜烹饪、学前教育、机电一体化、物流管理、会计等8个专业,2016年,职校有11个教学班,学生851人;教职工72人,其中专任教师61人,本科学历教师65人,学历达标率达90.2%,高级教师人数30人,占教师人数的41.6%,双师型教师65人,占专任教师人数90.3%。

【幼儿教育】 2016年,蕉岭县共有幼儿园44间(公办17间,民办27间),共有公办幼儿专任教师154名,民办幼儿园专任教师234名,学历达标率达79.2 %;在园幼儿7290人,其中公办园幼儿3826人,民办园幼儿3464人,学前三年入园率为98.5%。

【教育教学成绩】 2016年,蕉岭县高考重点本科、本科、专科以上入围率均居梅州市各县(市、区)第一,全县有50人次进入全市总分、单科前50名,其中,蕉岭中学徐剑浩勇夺梅州市文科状元,被北京大学录取;钟媚青获理科综合科全市第一,被清华大学录取。

2016年,顺利举办蕉岭县第七届中小学生艺术花会、第三十一届中小学生田径运动会、校园足球联赛、山歌乐器进课堂、书画比赛等形式多样的活动,不断拓宽学生视野,全面提升学生综合素质。2016年,实验小学获评"全国学校体育工作示范校";城东学校、友邦小学获评"广东省诗教先进单位";蕉岭中学、实验中学、友邦小学、县人民小学被授予"广东省教育国际化实验学校"。

【教师队伍建设】 2016年,全县共有教职工2402人,其中:联校33人,职校72人,普通初中717人,普通高中465人,小学910人,幼儿园162人,教研室22人,教仪站8人,信息中心13人。共有专任教师2202人,其中:幼儿园154人(其中高中阶段毕业以上154人);普通初中691人(其中大专以上学历691人);小学866人(其中中专以上学历866人);普通高中396人(其中本科以上学历396人);职中65人(其中本科以上学历65人);联校30人(其中本科以上学历28人)。

2016年,蕉岭县以"双引双培"和"强师工程"为抓手,大力引进高素质教育人才,共招聘15名华南师大、西北师大等高校应往届毕业生,共选送14名校长参加提高班培训,5名校长到东北师大培训;选拔46人参加国家和省、市级骨干教师培训;组织5人参加校园长任职资格培训;组织1583名教师参加教育信息技术能力提高培训,2302教师参加全员职务培训,2302名教师参加公需科培训;组织2名教师参加教育硕士进修学习。 (林玉玲)

2016年县教育局负责人名录

党委书记、局　长:陈苑娜(女)
副局长:罗惠浩　高锡华　赖增平
党委副书记、纪委书记:陈应有(1月任职)

蕉岭中学

【概况】 2016年,蕉岭中学从育人为先,管理从实出发,强化精细管理、深度研究、实效评价、内涵发展举措;提升全员参与、高效育人高度;拓展紧抓课堂、推进教学研究宽度;促进学校内涵发展,实施品牌强校战略。

【队伍建设】 蕉岭中学坚持以人为本,构建学校文化,创新学校管理,培育"诚、敬、勤、谨"的蕉中人精神;坚持条块结合,分管不分家,分工不分割;坚持刚柔并举,做到制度管理和人文关怀相统一;坚持制度但不迷信制度,无情制度、有情操作,做到"三个尊重""三个宽容",让管理满足教师的自由度。蕉岭中学行政班子加强学习,努力提高现代教育教学精细化管理水平、科学决策水平和执行能力,继续发扬求真务实、艰苦奋斗的优良作风,做到"五个带头"——带头学习提高、带头争创佳绩、带头服务师生、带头遵纪守法、带头弘扬正气,用实际行动做教师的表率。

蕉岭中学强调"爱与责任"是师德之魂,继续倡导"五重五拼精神",弘扬"五种气质",通过读书行动、青蓝工程、专家讲座等形式培养教师专业发展"追求卓越"的主动进取精神。2016年,陈先森、刘满莲等8位教师评为市级以上先进个人,何子龙、傅先梅等33位教师评为县级以上先进个人。

【德育活动】 蕉岭中学在强化德育常规工作的基础上,努力创新德育,以学生存在的问题确定德育内容,以学生的需求为切入点,充分发挥学生的主观能动性、精细化创新德育管理,激发学生潜能、引导学生个性发展,运用充分发展、可持续发展的着眼点进行德育评价。2016年度汤秋菊、黄金森等28位班主任获蕉岭中学"盛顺奖教金"优秀班主任奖励。

蕉岭中学德育工作坚持以活动为载体,通过形式多样的德育活动实现德育总体目标,举行了高一级远足活动,高二级成人礼,高三毕业典礼,第八届科技文化节,第九届体育节,第二十届校园文化艺术节等活动展示学生风采,促进学生主人翁意识。学校还通过"三育人"活动培养学生为他人着想的意识,使学生在为他人的服务中学会关心;培养学生的组织纪律观念,使学生在参与管理中懂得自律;培养学生的劳动服务意识和吃苦精神,增强学生的自豪感、责任感。2016年,徐剑浩、刘楠评为省级优秀学生,钟媚青、陈海妮等29人评为市级各类优秀学生,黄文龙、刘秋玲等一大批学生评为县级各类优秀学生。

【教学教研】 蕉岭中学实行教务处、教育科研处和教学研究督导中心"三位一体"的管理模式,加强教学教研的管理、指导和服务工作。重视教学过程管理,营造良好的学习环境,实施素质教育,进一步加大教育教学改革力度,加强校本培训,积极实施有效教学,不断提高教育教学质量。

蕉岭中学强化精细化教学常规管理,教学研究督导中心及时、准确反馈教学过程检查结果,有效地帮助教师整改、完善、反思;建立有效交流的、互动的管理机制,帮助教师二次定位教学常规各环节的重要作用,提高执行教学常规的主动性、针对性、自觉性。大力推进"有效教学",打造"高效课堂",要求广大教师紧紧抓住课堂教学主阵地,不断深化课堂教学改革,向课堂四十五分钟要质量。根据该校学生实际,认真研究落实课堂教学的定位,确保课堂上学生"吃得下""吃得饱""能消化""有思考",从"有效备课"抓起,课堂教学范围要符合新课标和学科教学要求,帮助学生构建知识网络,实现"低耗时、高效率、高质量"的目标。

【高考成绩】 2016年高考,蕉岭中学一本上线人数173人,上线率20.1%,居全市同类重点中学第二名。本科上线685人,上线率80.02%;专科上线人数862人,上线率99.54%,均居全市重点中学前列。文、理科总分进入梅州市前50名15人,居全市十所广东省国家级示范性普通高中第三名。徐剑浩同学以总分631分高分获梅州市文科状元,并以242高分获梅州市文科综合单科状元,考取北京大学;钟媚青同学以289高分获梅州市理科综合单科状元,并以总分666分获梅州市理科第三名,考取清华大学;黄晖同学考取空军航空大学。 (吴清平)

2016年蕉岭中学负责人名录

党支部书记、校长:林　敏
党支部副书记:谢志平
副校长:古芹花(女)　丘安清　陈纪雄
　　　　汤国柱　汪英巧(女)

华侨中学

【概况】 2016年,华侨中学有教职工243人,其中硕士研究生5人。全校有42个教学班,学生1756人。该校继续贯彻"以严格和关爱打造学生成才,以体艺特色的发展推动学校的发展"的工作思路和"人本、和谐、特色"的办学理念,坚定办学定位、办学方向。抓住人这一要素,努力促进学生的发展和提升,最终目标指向素质教育。紧紧围绕工作中心,从实际出发,从先进的教育思想出发,依照教育规律,有组织地开展教育教学活动,按照学生的需求来打造学校的发展蓝图。树立全局意识和发展意识,增强工作的责任感和使命感,对学校的德育、教学、教务、科研、安全等工作从高提出质量要求。

【校园建设】 2016年建成一个足球训练场、四个篮球场,合计5600平方米。为推进校园标准化建设,规划、改建新华园,提升了校园文化品位,营造温馨的育人环境。文体卫处、后勤部门通力合作,绿化、美化、净化的力度不断加大。

【社会助学】 2016年,“爱心手拉手”公益活动资助29名同学,每人1210元,合计35090元;校友傅游远、黄丽娟伉俪创办的梅州市瀚游传媒有限公司捐资助学活动,高三年级10名品学兼优的学生获得助学金;蕉岭县关工委名誉主任、老干部大学校长汤国云及夫人汤舜莲老师为品学兼优的10名初三学生颁发助学激励金。“黎次珊、汤建英奖教奖学金”颁发资金6万元。

【德育工作】 抓实德育安全常规管理,不断优化育人环境。从抓行为规范教育入手,开展学生行为习惯的养成教育,培养学生形成自我约束、自我管理的能力,自觉养成珍惜自己、关爱他人、维护社会秩序的良好习惯。在全校提出“打造班级管理特色,鼓励学生个性发展”的目标,开展了法纪教育、文明礼貌学习、爱国主义教育、安全教育、“远离屏幕,健康生活”教育、诚信教育、崇尚科学、感恩父母、保护环境、理想前途教育等活动。开展校内外实践活动,提高团的吸引力、凝聚力,以活动为载体,激活、调动学生的积极性,培养共青团员的荣誉感和集体感。主要德育活动:今华“爱心手拉手”团队联合学校,组织部分学生、对应家长以及老师近300人参加公益活动,活动旨在让学生懂得感恩、自信,提高沟通交流能力。组织学生会以及桑梓文学社成员到江西瑞金进行文学采风;组织“中国梦我的梦”演讲比赛决赛;与县关工委、司法局、教育局、综治办、普法办等单位,联合开展“关爱明天,普法先行”的教育活动,向青少年普及法律知识,使他们牢固树立崇尚法律、遵守法律的意识,培养分辨是非、自我保护的观念和能力。团委组织的“社会主义核心价值观”征文比赛在全县征文比赛中分获一、二、三等奖。组织学生骨干和团委委员老师到广东省团校进行骨干培训,并获得优秀学员称号;组织多场学生大会、家长会,指引学生树立学习、生活目标,合理安排学习生活。激励学生自信自强自律,自尊自爱,振奋精神,自立前行,做一个文明的侨中人;组织“感谢师恩”全校性征文活动,并由桑梓文学社评出一、二、三等奖。组织全校性“禁毒宣传活动”;全校住宿学生举行应急疏散演习,提高学生应急自救能力。组织新团员入团知识培训暨入团宣誓仪式。

【教学工作】 一是引领教师追求精神食粮和业务素养,促进教师不断成长。常规教学抓落实不懈,坚持巡查制度,了解全校教学动态。对各级各科教师的作业批改、教案进行检查,并做好登记和评比。每一学期组织多次质检,对教学效果作出评估,分析存在问题。组织各级体艺学科的训练工作,不断探讨毕业班备考方法。做好县课题研究申报工作,共有11位老师参加县级课题申报工作,推荐两位老师申报省级课题。激励老师树立先进教学理念,适应现代教育的需要,为教师的发展搭建平台,组织多批次的微课制作培训,并组织微课制作比赛。二是成绩方面,2016年,高考一本上线3人,二本50人,三A上线181人,三线较2015年均接近翻倍增长。三是教学活动:4月由团省委、省青少年文化促进中心、《黄金时代》杂志社、团县委、县教育局主办的“四合一教学”推广活动在蕉岭县华侨中学开展。活动邀请“四合一教学”科研团队对蕉岭县骨干教师进行培训,旨在提升县中小学教师的专业技能和综合素质,促进城乡义务教育均衡发展,做到不让一个学生掉队。10月,组织中青年教师参加微课制作培训。11月,为适应新课改要求,进一步提高课堂教学效果和教学质量,加强教学实践的研究,组织了为期两天的多媒体教学比赛。12月,举办微课制作比赛,激励老师们提升信息技术应用水平,促进教师教学反思和专业成长。

【文体活动】 组织了高一、初一、二级师生徒步远足活动,以落实“强健体魄,励志远足”的育人精神;举行高二学生成人礼;为传承中国书法艺术,培养学生写规范字的良好习惯,举行了笔墨生香的书法比赛。举行高三学生毕业典礼、师生田径运动会、高一级班际合唱比赛及“出彩侨中人”系列活动。 (徐 岭)

2016年华侨中学负责人名录

党支部书记、校长:刘隆基
党支部副书记、副校长:江远芳
副校长:钟森炎 古红梅(女) 罗仕东

镇平中学

【概况】 2016年,学校现有28个教学班,学生1297人,教职工133人,其中专任教师122人,取得高级职称资格45人,中级职称教师资格69人,初级职称6人,中技工和普工2人,本科学历109人,学历达标率100%,党员54人。

【师资建设】 该校通过政治学习、业务学习,党支部活动,树立老师主动学习、乐于奉献、团结协作三种精神。鼓励教师加强学习,掌握党的教育方针、过硬的业务知识,与时俱进,不断更新知识,适应时代发展的要求,争做优秀教师。加强班子建设。该校全体行政人员深入教育教学第一线,以身作则,发挥一位行政一面旗帜的作用,带好一个教研组、备课组,不断加强班子向心力。

【德育安全】 建设安全文明校园,加强安全意识教育,确保校园安全,师生平安,建文明校园,以活动为载体,结合主题班会、团队活动及“五四”“五一”“七一”纪念活动,采用知识竞赛、文艺会演、征文比赛等形式,开展社会主义荣辱观教育,开展文明班评比活动。完善校园文化墙,创建育人文化氛围浓。引导学生团结友爱,互相关爱,礼貌待人,师生相见互打招呼,建立和谐的人际关系。构建生态校园,建洁净校园。开好校本德育培训,充分利用班主任、全体教职工及社会力量优势以各项安全法规、教育法纪为依据,学校常规管理制度为补充,开展各项安全法纪教育活动。在德育工作中以综合治理为主导,正面教育引导学生,营造好环境。2016年6月中旬,举行“无毒青春 健康生活”禁毒活动,进一步增强学生拒毒、防毒意识,切实提高青少年防范毒品侵害的能力,真正形成社会、家庭积极参与禁毒的良好氛围。举行“关爱明天 普法先行”“交通安全”等活动,通过讲座宣传,使学生深刻体会到法纪、安全教育对健康成长的必要性,为构建平安校园夯实坚实的基础。该校没有学生欺凌现象,犯罪率、辍学率均为零。

【教学科研】 教学质量管理作为管理的核心,开展了优质课评比、多媒体教学比赛、复习示范课评比等活动。关注各年级教学情况,抓好初三毕业班的备考工作,使中考工作顺利进行。抓校风、教风、学风。在教师大会上重新学习与教师签订责任书,要求教师对自己负责,对学生、家长负责,对学校负责,以主人翁精神状态积极工作,履行职责,严抓学风、考风建设,杜绝各种形式的舞弊行为。营造校风好、教风优、学风浓、考风正,教育教学效果好的氛围。积极开展教研活动,不断创新教研活动的新模式。坚持参加各教研组活动,创导“人人都上研讨课,人人都做研究者”活动。加强教研组和备课组建设,引导老师团结协作,集体备课,资源共享,共同进步,树立备课组力争全县第一的教学目标。加强校本培训,教师互相听课取长补短。毕业班、面上班齐抓并进。要求教师

“有效”教学,加强备考,吃透中考纲要,对学生进行分层教学,以抓两头促中间,减少下层生,扩大上层生的策略,加强学生自制,培养良好的班风,加强家校合作,关注学生的思想动态,及时辅导,让每一位学生有希望,有进步。行政领导带头扎实推进学校各项工作的落实,发扬整体作战团队精神,提升教学质量;2016年中考,该校考取重点中学人数达159人,升重率区域第一;初三中考十科中八科区域第一;初二直升蕉中初三,全县招200名,该校考取82人;初二地理、生物中考2科均为全县第一(初二共8科7科区域第一)。2016年,该校被县委、县政府评为“初中教学质量优胜单位”。重视各级各类竞赛工作。2016年,初二年级学科竞赛(数学、生物)均获得全县第一,其中获得一等奖22人次,二等奖36人次(获一等奖人次全县第一);市、县发表论文共11篇;省、县获奖论文5篇;7项书法作品分别获县二、三等奖;获县6项立项课题,其中2项为重点课题;在蕉岭县第三十一届中小学生田径运动会上,获初中组团体总分第一名;荣获蕉岭县第七届中小学生艺术花会县直中学组“综合类”“山歌类”两项一等奖,连续两届第一名。

【特色校园】 学校本着“求真求实、积极稳妥、创造性地开展工作”的工作态度,以“走进古文学”为主题,以“用古文学的精髓及其人文性在校园中的渗透”这一活动为宗旨,创造性地开展特色校园工作。一方面,利用校园广播、设置宣传栏,绘制宣传画,贴挂横额标语等宣传载体对该项活动进行广泛宣传;特设阅览室让同学们畅游“古文学”的新天地。另一方面,围绕“走进古文学”这一主题,先后开展“古诗词、古文学的积累”“古诗词、古文学的赏析”“古诗词、古文学的演讲”“地方民俗的研讨”“我看名家”等系列专题活动,对表现积极的学生予以表彰奖励,曾燕方同学等共216人次获奖。镇平中学特色校园创建立足于“古文的精髓及其人文性在校园中的深刻渗透”这一基本原则,把“古诗词的赏析、古名著的研读、客家民俗的探讨”这三方面的内容,通过讲座、演讲、制作手抄报、出版黑板报、写评论等形式扎实地贯穿在主题为“走进古文学”的系列活动中。该校开展特色校园创建活动,注重了两个相结合:一是老师引导与学生展示相结合;二是校园内外老师辅导与学生自主学习、探究相结合。突出了三个亮点:一是阶段性工作内容清晰、工作目标落实;二是活动形式与内容高度统一;三是全体师生参与活动热情高涨。

(林文勇)

2016年镇平中学负责人名录

校　长:王晓松

副校长:宋贤文　刘干华　钟　闻

县职业技术学校

蕉岭县职业技术学校是蕉岭县一所独立的中等职业学校,创办于2000年,创办初期为蕉岭县镇平中学职业高中部,与镇平中学实行“一套班子、两块牌子”的管理模式。2004年2月正式成为一所独立中等职业学校,为县直属科级建制。该校总占地面积35916平方米,总建筑面积12065平方米,分为四个区域:教学区、实训区(在镇平中学内)、生活区(在镇平中学内)、运动区(在学校的东北面)。该校装备有汽车实操室、财会模拟实验室等共14间。2016年,开设有商务英语、电子技术及应用、现代汽车、粤菜烹饪、学前教育、机电一体化、物流管理、会计等8个专业,有11个教学班,在蕉岭学生409人(联办学校),教职工72人,其中专任教师61人,本科学历教师65人,学历达标率达90.2%,高级教师人数30人,占教师人数的41.6%,双师型教师65人,占专任教师人数90.3%

学校全面贯彻党和国家的教育方针,以

“厚德重技、自强不息”为校训，以“欲要成才，必先成人”的育人观，坚持“掌握技能、服务社会”的办学宗旨，以就业为导向，以技能为核心，以素质为根本，坚持“四位一体”的办学方向：坚持办好“3+证书”高考班，让中职学生成就大学梦想；坚持“校校合作”的联合办学模式，先后与珠三角的广州市旅游商务职校、东莞市东城职中、东莞市轻工业学校(厚街)、东莞市纺织服装学校(虎门)、中山市沙溪理工学校、佛山市华材职业技术学校、广东省电子职业技术学校等七所国家级重点职校联合办学，学生在蕉岭就读一年或一年半、二年后在联办学校继续就读，毕业后由联办学校推荐就业，使蕉岭学生享受与珠江三角洲学生同等的学习、就业机会。坚持“校企合作”合作，让学生学有所用，先后与塔牌集团、油坑集团、固特公司、利华得公司和县城县直四间幼儿园合作，让学生在学校学习后到这些单位实习、实训，得到很好的锻炼。发挥职业教育的优势，坚持与县人社局、县妇联等合作，共同做好职业培训工作。

学校创办以来，办学质量不断提高，毕业生供不应求：毕业生就业率100%；全国计算机等级考试过级率达90%以上、全国英语等级考试过级率达80%以上、化学技能课程证书考试过级率达80%以上，居梅州市同类学校前列。“3+专业技能证书”高考上线率每年均居全市第一。该校先后被授予“全国农村青年转移就业先进单位”、“广东省集邮示范学校”、市“职业技术教育先进单位”、市“明理、诚信、勤学、成才”主题系列活动先进单位、市“五四红旗团委”、县“先进基层党组织”、“德育工作先进单位”、“维稳及综治先进单位”等荣誉称号。2016年，被评为省“五四红旗团委”、省级“示范食堂”，县“高考备考先进单位”、县“德育、安全工作先进单位”。

2016年，学校正在建设占地面积727.60平方米，建筑面积4018.30平方米的实训大楼。

(黄寿生)

2016年县职业技术学校负责人名录

校　长：王洪兵

副校长：林文宇　陈移山　陈子龙

田家炳实验中学

【概况】 2016年9月，蕉岭县田家炳实验中学有36个教学班，学生1690人，教职工177人。该校以蕉岭县争创“广东省推进教育现代化先进县”为契机，实施“五育(德育、智育、体育、艺术教育、社会实践教育)并举，五球(篮球、排球、足球、乒乓球、羽毛球)联动”的发展战略，重特色、强素质，增内涵、促发展。

【师德建设】 该校党支部在党员中深入开展“两学一做”(学党章党规、学系列讲话，做合格党员)学习教育活动，提高党员的素质，增强服务意识。制订师德师风建设实施方案，与教职工签订《师德承诺书》，举办形式多样的师德教育活动。组织教职工学习政策法规，2016年12月14日，邀请县委党校钟晓丽老师到学校作学习贯彻中共十八届六中全会精神讲座。对教师加强敬业精神、团队精神、创新精神的教育，凝聚团队力量，教师爱岗敬业，争做创新型教师。

【德育管理】 优化班主任队伍。加强工作协调和配合，明确分管德育工作的领导、年级组长、班主任、任课教师的育人职责，树立全员德育理念，确保全员参与育人工作。定期召开班主任例会与组织班主任培训，开展新老班主任拜师结对活动，以老带新，加快年轻班主任的成长步伐，提高了班主任的整体素养。抓好校风学风建设。结合教师节、国庆节等重大节日开展系列主题教育活动，加强感恩教育、挫折教育、法纪教育、传统教育。通过班会课、讲座、升旗仪式等活动，加强学生日常行为规范训练，使学生逐渐养成良好的道德行为习惯、学习习惯和生活习惯,促进学生健康人格的发展。加强法制教育,开展法制教育讲座,2016年3月24日,海南省司法厅原副厅长,现任海南省公民道德与法制建设促进会会长张发为师生作“播撒传统文化的种子,扎下守规矩的根”专题报告。增强学生的法纪意识,培养遵纪守法的好学生。抓好安全文明教育。开展交通安全专项宣传教育,与家长签订《安全责任书》,举办百人百场应急安全教育讲座,开展消防、紧急疏散演练。2016年4月12日,团县委、县公安消防大队、县教育局联合在该校举办“消防音乐大唱堂·走进寿乡蕉岭”的消防知识讲座;5月25日,县普法办与县交警大队、县教育局联合在该校举行“关爱明天,普法先行”的交通知识安全讲座。积极配合交警、公安、卫生等有关部门开展校园及周边环境的综合治理,打造师生工作学习的良好环境。

【教学科研】 打造高效课堂。教师创造机会与学生加强交流,经常互动,多用赏识教育,做学生的良师益友,让学生更易亲近老师、更好地接受知识,创造了良好的教育环境。充分利用多媒体辅助教学,采取精讲多练的教学方法,向课堂45分钟要质量。11月组织开展了优质课比赛活动。学校是嘉应学院骨干教师培训基地,张新清等6位老师为该学院培训的教师上研讨课,受到好评。2016年中考,学校考取重点中学人数达187人,平均每班21人,升重点率达54%。加强教育科研。强化对《学生智能发展与高效教学构建》等省级立项课题、《灾难性突发事件中青少年生命安全教育研究》等市级立项课题、《思品中考新变化应对策略研究》等县级立项课题的跟踪管理。细化课题研究过程,每月有跟踪,每周有研讨。承担课题的老师上一节与课题相关的观摩课,期末写出成果总结。调动教师撰写论文的积极性,鼓励发表,《五育并举 、五球联动》等论文发表在市、县级报刊,推动教育科研。推进教育现代化。加大投入,配齐功能场室、添置多媒体电教平台、增加教师办公电脑,完善软件、硬件设施,实现学校有校园网络、班级都有多媒体电教平台、教师都有办公电脑、师生人人有学习空间,提高了学校的教育信息化水平。2016年5月,学校被广东教育学会教育国际化专业委员会评为教育国际化实验学校。

【综合素质】 提高身体素质。学校文体艺处、体育组老师和班主任紧密配合,按照学校素质教育实施方案,坚持每天的大课间跑操,锻炼学生强壮的体格。全面推进“五球联动”,扎实开展篮球、足球、排球、乒乓球、羽毛球等第二课堂的球类兴趣小组活动,举办多种球类比赛,2016年3月,该校被县教育局、县文体旅游局评为青少年足球项目训练基地;6月,学校荣获蕉岭县“校园足球学校”足球比赛初中组第一名;10月28日,学校举行第十届运动会。提高心理素质。学校完善心理健康咨询室、青春俱乐部。利用主题班会课、布置宣传栏、开设辅导课、举办心理健康教育宣传活动等形式,开展心理健康教育、提供心理辅导和心理健康服务,举办了李健安主讲的《从“心”培养你的孩子》健康成长公益讲座,培养学生健康向上的心理品质,促进学生身心的和谐发展。提高综合素质。按照国家课程标准,开齐课程,开足课时。重视音乐、美术、计算机等课程的学习。充分利用地方资源,开展山歌进课堂、乐器进校园等特色文体活动,传承客家传统文化,走特色发展之路。元旦期间举办“勿忘初心、继续前进”为主题的校园文化艺术节及文艺会演。深入开展学校特色建设活动,出版校本教材《名人树》、校报《晨曦》,繁荣校园文化。(钟新民)

2016年田家炳实验中学负责人名录

校　长:郭秋源

副校长:钟剑平　郭广华　黄近芳(女)　黄维锦

新铺中学

【概况】 2016年，新铺中学有9个教学班，学生人数397人；教职工人数65人，其中专任教师60人。

【队伍建设】 以《中小学教师职业道德规范》《蕉岭县教育系统师德师风建设方案》为依据，以“爱岗敬业、教书育人、为人师表”为核心，以构建民主、平等、和谐的师生关系为重点，开展了“甘守三尺讲台 争做‘四有’老师”师德主题活动；在蕉岭县2016年师德建设主题月活动征文比赛中，5位教师获优秀奖；在全体党员中开展“学党章党规、学系列讲话，做合格党员”学习教育活动，进一步巩固和深化党的群众路线教育实践活动和“三严三实”专题教育成果；健全激励机制，激活人才强教兴校，完善和实施学校管理及质量评估奖励制度，激活工作热情，共有35位教师分别获得学校德育管理、教育科研、学科成绩等的奖励；强化班主任队伍建设，围绕德育工作的薄弱环节和突出问题，开展了8场德育工作专题研究会；构建和谐人文环境，丰富校园文化生活，培养高雅情操，举办2016年元旦艺术会演、师生体育运动会等系列活动。

【德育安全】 制定《新铺中学德育每月一专题的内容实施纲要》，共进行8次班会主题活动；利用各种重要节日、纪念日，开展6场爱国主义、民族精神、传统文化等教育活动；加强文明养成教育，落实《中学生日常行为规范》《蕉岭县新铺中学中学学生十禁止》《蕉岭县新铺中学学生一日常规》《蕉岭县新铺中学学生违纪处理暂行规定》等各种制度，并进行12次检查评比；办好校园广播，成为学生了解天下大事、校园新闻及进行爱国主义、心理健康、法制安全教育的重要途径；加强法制安全教育，举行4场全校性的知识讲座，使学生了解基本的法律知识，提高学生的法制意识；结合安全教育月，各班召开法制、安全教育主题班会，学生会向全体学生发出“关注安全，珍爱生命”的倡议书，组织以“珍爱生命”为主题的知识竞赛；加强平安校园建设，通过悬挂条幅、宣传栏、黑版报等形式进行宣传，提高全体师生的自我保护意识；校园内重点位置加装5套监控装置，定期对消防设施、各办公室、场馆、实验室及教师用水用电等进行检查，对存在的问题及时整改，未出现安全等方面的问题；大力开展中学生志愿者服务活动，在“五四”青年节、国庆节、元旦等节假日，组织学生到社区、福利院开展志愿服务活动，培养学生的社会责任感和优良品德。

【教学科研】 夯实教学科研的理论基础，利用教研组、备课组活动时间及平时时间，采取集中学习和自学相结合的方式，组织教师进行《“学讲计划”的解读与应用教与学方式的转变》《先学后教的实践困惑怎样应对》《实施“学讲计划”遇到的九大问题及对策》《学生预习习惯的培养》等一系列教育教学理论的学习，研讨教学过程中发生的新问题及解决办法；全面落实课程计划，提高教学效益，对集体备课、上课、作业批改等教学常规做到每周检查，由教务处、年级组、教研组多级考核，并登记在册列入年度考核；加强教育科研课题的管理与研究，成立学校课题管理小组，负责课题的指导监督工作，课题研究立项申报获县级立项课题的有6个学科共计7人，课题申报率达12%以上；抓好课件制作培训学习，组织举办6期课件制作培训，使教师的课件制作水平得到提高，多媒体的使用更为广泛，课堂容量加大，学生学习兴趣得到提升加强；改进学校教学资源库建设，充实教师教学资源，教学资源上传量达到平均每人每月4篇以上；音体美组及各学科兴趣小组经常开展丰富多彩的活动，在全县中小学生田径运动会上，获得初中团体总分第四名,在蕉岭县中小学生艺术花会上,节目《欢迎你到蕉岭来》《绽放的生命》获得中学组一等奖,2位老师获优秀指导老师奖;教学质量稳步提高,2016年中考参加人数100人,上重点线人数36人,上重点率为36%,其中700分以上3人;5位教师获得县教学教改积极分子表彰,丘敏华老师荣获“梅州市叶剑英基金纪念奖”。 (曾佛元)

2016年新铺中学负责人名录

校　长:宋伟清

副校长:曾佛元　廖广均

广播电视大学

【概况】 蕉岭县广播电视大学是一所运用广播电视、文字和音像教材、计算机网络等多种媒体进行现代远程教育的新型高等学校,是蕉岭县唯一国民教育系列的成人高等学校,也是国家开放大学和广东开放大学现代远程开放教育下属分校。2016年,学校有教职工36人,其中专任教师31人,12人有高级职称,16人有中级职称。2016年,该校积极贯彻落实党的十八届六中全会精神,坚持树立“立足基层、服务社区、服务农村”理念,坚持走内涵式发展道路,积极搭建开放大学学习平台,不断提升成人高等教育为本地经济发展的服务能力。完成了各项预期工作目标,实现了和谐、科学、持续发展。2016年,学校被县委、县政府评为“六五”普法工作先进集体。

【和谐校园建设】 一是结合深入开展“两学一做”活动,认真开展各项学习活动。该校坚持每周组织党员干部和教职工认真学习时事、政策,全校干部职工形成了为学校事业发展努力奉献的共识。全年,学校涌现出一批省、市、县级先进个人,有8位教师被评为省、市、县级先进教师。二是结合平安校园建设,促进学校事业发展。该校高度重视综治、普法、安全工作,落实工作措施,切实保障学校师生和财产安全,构建了“和谐平安校园”。三是结合以精准扶贫工作为着力点,密切党群关系。2016年,该校挂点南礤镇三泰村,学校成立了8个对接扶贫小组,学校班子、扶贫工作组多次组织人员深入三泰村调研,积极筹措帮扶资金,落实了篮球场建设、计划生育、种养指导、智力扶贫、给贫困户送温暖等帮扶工作,使精准扶贫工作初见成效。

【招生与人才培养工作】 2016年,蕉岭电大春、秋两季共招生461人。同时,与大连理工大学、福建师范大学、中国医科大学、四川农业大学等四所高校合作开设了网络学历本、专科教育,共招新生415人。2016年,该校共有各类专业专、本科毕业生436人。非学历培训工作也有序开展。一是开展了社区教育培训工作,与团县委、金融机构、县妇幼保健院等相关单位合作,组织蕉城镇社区居民,开展社区教育系列活动。二是协助县组织部开展了多期全县村(社区)公共服务站工作人员培训工作。此外还为其他岗位培训工作提供场所,扩大了学校办学的社会效应。

【教育教学管理与科研工作】 主要抓好六方面工作:一是抓好师资队伍的建设。严格选聘开放教育教学专、兼职教师,为每门学科配备合格的专业辅导教师。抓好教师培训,选派教师参加省市业务培训,提高教师的业务水平。二是抓好学生网上教育学习活动。学校充分利用中央电大、广东电大和学校网站的多种教学资源,加强网上自主学习辅导,引导学生开展师生或生与生的实时和非实时的教学活动。三是抓好抓网络资源的建设与应用。各门课程都有专业教师负责提供多种媒体的教学资源链接到学校主页,并将中央电大“直播课堂”刻录成光盘发放给学员,满足学员学习需要。四是抓好考风考纪落实。细化考试组织管理,利用各种形式对学员加强考风考纪诚信教育,将考风考纪教育关口前移,规范有序开展考试工作,在全体教职工的密切配合下,该校顺利组织了2016年电大、奥鹏系统期末考试和试点高等学校、网络教育部分公共基础课统一考试等工作。五是抓好学生集中实践环节指导工作。严把论文质量关,成立论文指导领导小组,指导老师、班主任全面指导、督促学生落实论文写作。六是抓好科研工作。重点开展了市级科研课题“开放教育环境下教师角色的转换”和“泛韩江流域旅游资源建设”等多个课题,出版了第九期《蕉岭电大》内刊。全校共有10多篇学术论文在各级刊物发表,学校远程开放教育教学水平得以提高。 (黄英萍)

田家炳师范学校

【概况】 蕉岭田家炳师范学校是田家炳先生捐建的一所中等师范性质的学校,是经省教育厅评估审定的“广东省中小学教师继续教育培训基地”“小学校长培训基地”。2016年,学校有教职工36人。根据《广东省中小学教师继续教育规定》,学校充分利用现代教育技术,优化教育教学资源,积极开展全县教师继续教育和非学历教育培训工作。

【师资队伍建设】 该校主要承担全县中小学校教师继续教育培训工作。为进一步提高师资队伍素质和教师的教学科研水平,该校积极加强教师队伍建设和学生服务平台建设,提升学校软实力。一是学期初明确了各部门岗位职责,明确分工、安排了各部门每位成员的岗位职责,做到责任到人,发挥教职工的主观能动性。二是坚持“培训是最好的奖励”理念,积极开展校本、校外培训。组织全校专业教师顺利完成了2016年专业技术人员继续教育公需科目培训和广东省高中教师网络职务培训。与蕉岭县人民小学、新铺小学、南礤学校合作,建立校外实践基地,组织专业老师到基层学校听课,到农村社区调研,加强了专业教师对全县小学教育教学情况的调研工作,提升了专业教师的教学实践水平。

【教育教学工作】 该校依托“蕉岭教师继续教育基地、成人教育培训中心”平台,积极开展非学历培训和社区教育培训工作。利用现代远程教育技术进行培训教学,根据培训内容与目标要求,采用集中面授、远程网络教学、专题讨论、网上答疑等灵活多样的培训方式,对学员进行培训,让学员学习新知识、新信息、新技术、新成果,提高了继教培训质量。2016年,该校积极开展社区教育培训工作,与团县委、金融机构、县妇幼保健院等相关单位合作,组织蕉城镇社区居民,开展了社区教育系列活动;协助县组织部开展了多期全县村(社区)公共服务站工作人员培训工作。此外还为其他岗位培训工作提供场所,扩大了学校办学的社会效应。

(黄英萍)

2016年县教师进修学校、广播电视大学联校负责人名录

校　长:傅建新

副校长:王卫东　陈　剑　钟苑苑(女)

文化·传媒

广播电视台

【宣传主业】 蕉岭县广播电视台紧紧围绕县委、县政府的中心工作，坚持新闻立台，把握宣传规律，紧贴群众的心声和呼声，全面优化提升时政新闻、民生视点、“中国蕉岭网”、“长寿蕉岭”微信平台的宣传内容、宣传方式和宣传深度，进一步提升宣传的传播力和影响力。围绕中心、服务大局，深入宣传中共十八届五中、六中全会，学习习近平总书记系列重要讲话和“两学一做”学习教育以及省、市、县委全会精神，做好主题骨干新闻策划，先后推出“开好局·谱新篇”“美丽乡村·共建共享”“精准施策·脱贫攻坚”“世界寿乡·美丽蕉岭”“七星伴月照亮寿乡”“五年辉煌新跨越”“城乡人居环境综合整治”等为主要题材的系列报道，2016年，播出新闻1804条；上送市台播出新闻477.5条，继续位居全市各县(市、区)前列。为擦亮世界长寿乡品牌，敢于曝光亮丑，推出“每周一曝”“城乡环境大扫描”“整治城乡环境污染”“整治噪声扰民”等系列报道，推动部门工作，为百姓排忧解难。注重本土文化，突出地方特色。制作播出《航拍看寿乡》《养生福地，宜居绿洲》《长寿蕉岭，远帆扬航》《“十二五”回眸》《耕耘洁净家园，绘就宜居画卷》等专题节目。与中央台合作并于春节期间在央视10套《味道》栏目中播出专题节目——“寻找记忆中的年味之古法烹饪”“寻找记忆中的年味之家宴”和公益广告“世界长寿乡中国蕉岭欢迎您”，寿乡蕉岭声名远播。策划、摄制和播出《咬定目标抓项目，不换频道谋发展，奋力抒写“十三五”开局精彩篇章》《不忘初心，继续前进，为加快蕉岭全面建成小康社会而努力奋斗》《主动融入梅江韩江绿色健康文化旅游产业带，大力发展长寿健康产业》等公益广告。加强“中国蕉岭”网、蕉岭县广播电视台网站网络信息平台建设，完成政府信息公开和重点领域项目信息公开，完善充实网站各项功能和内容更新，加强对服务器操作系统进行补丁升级及配置相关安全软件，不断提升网络安全和信息化水平，进一步增强“中国蕉岭”网的宣传影响力。与梅州日报社合作运营政务微信公众号“长寿蕉岭”，发挥新兴媒体特有的功能应用和强大的宣传效应。

【安全播出】 安全播出，是广播电视“生命线”。蕉岭县广播电视台始终把“安全播出”作为重中之重工作之一切实抓紧抓好抓落实。严格执行安全播出规章制度，严格实行安全播出值班和快速、畅通的联络协调机制，确保春节、“两会”等重大节日、重要活动和重点时段的安全播出。完善硬件设施建设。对碧桂园三期、奥园等小区进行有线数字电视光缆架设，新建成镇山公园二期广播电视发射塔机房，协助省厅科技处发射塔天馈线完成安装并在规定的时间内开播。按要求对镇山公园一期的老发射塔进行拆除，并实现全程安全无事故。在新铺、三圳等5个乡镇新建收费系统，规范收费管理。加强广播电视节目的监管。对广播电视节目实行采、编、播层层审查把关制度和量化考核制度，严把每个工作环节，确保节目安全播出。切实转变工作作风，创新服务方式，提高服务质量，及时解决电视用户反映的故障维修、报装入户换机顶盒等问题,最大限度地满足用户需求。

【事业建设】 一是谋求数字电视产业有新突破。主要围绕电视用户续费率和新入户率“两率”目标,优化网络、强化服务,增加收入。2016年,全县城区用户14950户,新办入户1000多户,收视费收入实现440多万元,各乡镇电视用户13274多户,收视费收入实现250多万元。二是谋求电视广告经营有新突破。1月上旬,对2016年电视广告经营权实行面向社会公开招标。从中标公司经营状况来看,内生动力全面激活,广告市场向好发展,达到了“双赢”的预期目标。三是谋求公司经营有新突破。依托电视、电脑、手机“三屏”资源,采取与单位、企业宣传合作的方式,进一步把资源优势转化为经济优势。蕉岭县广电文化传播有限公司与多家单位、企业合作,实现收入10多万元。

【队伍建设】 以“两学一做”学习教育活动为契机,努力创建一支学习型、创新型、服务型的广电队伍。加强学习教育。专门组织举办学习习总书记系列重要讲话精神和学习贯彻党的十八届六中全会精神两场专题辅导会。通过学习,全台干部职工进一步增强“四种意识”,凝聚思想人心,提升行动自觉。组织全台干部职工上网学习综合知识和专业技术知识,鼓励大家积极参加学历进修、岗位培训、职称考试等学习教育,提高自身综合素质。加强作风建设。组织全台党员干部认真学习《中国共产党章程》《习近平总书记系列重要讲话读本》等,不断增强党性观念和宗旨意识,争做"讲政治、有信念,讲规矩、有纪律,讲道德、有品行,讲奉献、有作为"的广电人。加强内部管理。不断健全完善绩效考核机制,科学配置人才资源,切实提高干部职工的积极性和创造力,形成爱岗敬业、干事创业的良好工作氛围;严格执行财经纪律,加强会计核算,强化会计监督,科学、准确做好经济统计等工作。加强人才引进。2016年,新招聘记者、编辑、计算机等专技人员3人,为广电人才队伍注入了新鲜“血液”。

【融合发展】 2016年12月,蕉岭县广播电视台与广东广电网络梅州分公司签订融合发展合作协议,增加互动点播、时移电视、宽带上网等新业务、新产品,标志着蕉岭广电网络全业务发展开启新的篇章,为广电网络产业发展注入了活力、奠定了基础。 (徐 军)

2016年县广播电视台负责人名录

台 长:管煌南(1月任职)
副台长:徐国新 张丽春(女) 林 梦
总编辑:利静荣(女)

卫生·体育

卫生计生

【概况】 2016年,蕉岭县卫生和计划生育局以建设卫生强县为重点,以发展为基础,进一步完善工作思路,创新工作机制,强化工作落实,卫生计生年度各项工作全面完成,全县卫生计生事业持续健康发展。全年,全县各医疗机构业务总收入15500万元,其中门诊医疗收入6301万元,住院医疗收入9199万元,门诊诊疗人数396095人次,住院人数21298人次。据统计,2015年10月至2016年9月,全县共出生2603人,政策生育率为97.06%,出生率为12.44‰,自然增长率为5.26‰。

【建设卫生强县】 按照建设卫生强县的实施意见,强势推进建设卫生强县工作。一是实施县级医院改造工程。县人民医院投入约4000万元,实施县人民医院徐琳、国荣住院大楼改造,先后完成急诊、门诊区域重新划分、口腔科改造,购置核磁共振、彩色B超等先进医疗设备,规划眼科中心、新生儿科、无痛胃镜中心和医院信息化工程建设。县中医医院投入300万元,进行手术室改造工程和完善信息系统、完成"中医药适宜技术推广视频平台"和中医"治未病"平台建设。二是实施镇卫生院提升工程。投入640万元,对8个镇卫生院进行优化基础设施、建筑布局、服务流程和环境净化、绿化、美化等方面建设,使科室的布局更加合理,流程更加规范,标识更加醒目,并安装中心供氧和呼叫系统,购置一批基层适用的医疗设备,致力打造舒适、优美、安全的医疗环境。三是实施村级卫生站建设工程。对全县97个村进行了调查摸底,通过严格筛查,符合条件建设的村卫生站有69个。

【深化改革】 按照省、市医改工作的总体部署和要求,大胆探索,积极创新,医改工作取得成效。一是全面深化公立医院改革。以加大财政投入、破除"以药补医"和完善补偿机制为切入点,完善3家县级公立医院管理体制、人事分配、药品采购机制、监管机制等改革,全面实行基本药物交易平台采购、药品零差率销售,大大减轻了群众医药负担。二是全面推进医联体改革。蕉岭县建立分级诊疗体系,将全县8个镇卫生院分别作为县人民医院和县中医医院的基层分院,组建医联体,完成标准化建设,实行一体化管理,逐步实现基层首诊、分级诊疗、急慢分治、双向转诊的诊疗模式,进一步提升医疗机构综合服务水平。三是稳步开展基层综合改革。扎实推进国家基本公共卫生服务项目,切实加强重性精神疾病、糖尿病、高血压病人和老年人健康、0—36个月儿童中医药健康管理,建立城乡居民健康电子档案18.7万人,建档率达89.65%。

【惠民服务】 2016年,人均基本公共卫生服务经费标准由40元提高到45元;做好35岁至64岁城乡贫困妇女免费检查乳腺癌、宫颈癌工作,完成1706人的筛查任务;提高符合计划生育政策分娩补助标准,顺产补助从700元提高到1000元、剖宫产补助从1000元提高到1300元;关爱长寿老人,建立健全65周岁以上老年人健康和中医药档案管理率95%。同时，做好红十字会工作，开展贫困先心病儿童等扶贫救助活动，全年共有10名贫困先心病儿童获得救助。

【卫生计生监督执法】 认真履行卫生监督职责，2016年通过审核批准发放公共场所卫生许可38件，医疗机构20件，严厉打击非法行医，共出动监督员687人次，责令改正75家，取缔无证行医窝点4个，没收、销毁药品、医疗器械一批，罚款3000元。开展打击“两非”的专项行动。开展医疗机构医疗废物管理专项检查行动，出动监督人员812人次，检查医疗卫生机构381家/次，防止疾病传播，保护环境，保障人民群众身体健康。在社会抚养费征收工作中，严格按照《梅州市社会抚养费征收管理实施细则》，全县统一规范执法文书和征收程序。全年共征收社会抚养费136.26万元，未发生一起投诉事件。

【疾病预防控制】 坚持“预防为主，防治结合”的工作方针，扎实开展疾病预防控制工作，2016年，全县“一类”疫苗平均接种率为96.36%，共报告乙、丙类传染病14种1272例，死亡0例，无甲类传染病病例报告。全年未发生人感染H7N9禽流感、不明原因肺炎、狂犬病等重大传染病疫情。认真抓好遏制与防治艾滋病工作，稳步落实“四免一关怀”政策。加强严重精神障碍患者救治救助工作，积极推进精神疾病医院—社区一体化管理模式。2016年，全县《严重精神障碍信息管理系统》患者在册数1160例，检出率5.51‰，管理率94.05%，规范管理率89.14%，服药率60.13%。

【妇幼健康服务】 2016年1月，计生服务管理改革，县妇幼保健院和计划生育服务站顺利完成整合，进一步提升了服务水平，蕉岭县被国家卫生计生委评为国家级妇幼健康优质服务示范县。继续加强妇幼卫生服务体系建设，提高出生人口素质。2016年，孕妇地贫筛查2935人，筛查率98%，全县无重型地贫儿出生。积极开展阻断艾滋病、梅毒和乙肝母婴传播工作，2016年孕妇艾滋病检测率97%；梅毒检测率97%，检出梅毒21例，对梅毒感染产妇及所生婴儿进行了规范治疗；乙肝病毒感染产妇314人，所生新生儿接受乙肝免疫球蛋白注射率达100%，降低了梅毒和乙肝母婴传播造成的儿童感染，改善了妇女儿童生活质量及健康水平。2016年，全县产妇2730人，住院分娩率100%，孕产妇死亡1例，死亡率36.42/10万。婴儿死亡率2.55‰；新生儿死亡率1.82‰；5岁以下儿童死亡率4.37‰；出生缺陷儿发生率32.74/万。

【爱国卫生】 积极组织实施春秋季爱国卫生运动，共计1.2万人参与，清除“四害”孳生地1500处，其中大中型“四害”孳生地45处，清除卫生死角2050处，清理垃圾58吨，进一步优化人居环境。认真做好省卫生县城的巩固和提高工作，省卫生县城工作顺利通过复审。积极开展创建卫生村活动，2016年全县共创建了11个省级卫生村，16个市级卫生村。

【无偿献血】 认真贯彻实施《献血法》，规范无偿献血和临床用血管理，采供血工作有序开展，全年组织献血1260人次，献血量25.2万毫升，确保全县医疗临床用血的需要和安全。

【人才培养】 加强人才队伍建设，2016年向社会公开招考27名卫技人员，充实基层卫生队伍，有效缓解卫技人才紧缺的问题；高级人才队伍进一步壮大，全县高级职称人才达39人。2016年9月，全县有3名参加广东省农村订单定向医学生免费培养定向就业；上送2名基层卫生院的医生分别进行为期一年、三年的广东省全科医生转岗培训。

【中医药事业及科技兴医】 加强中医药“治未病”工程建设，积极发挥中医药治疗疑难病、慢性病和“治未病”的特色优势，打造涵盖预防、治疗、康复、养生的中医药服务体系。蕉岭县中医药“治未病”工作代表梅州市在全省中医药管理工作会议上作经验发言。实施乡镇卫生院中医药综合服务区建设项目，2016 年，南礤、广福、长潭、三圳、新铺（中心）等镇卫生院被确定为标准化中医药综合服务区建设项目实施单位。三圳、新铺（中心）卫生院已完成中医馆建设项目，南礤、广福、长潭等镇卫生院工程建设均已进入尾声阶段。在科研方面，共有《椎体成形与椎体后凸成形术治疗椎体压缩骨折的疗效分析》《纤维胆道镜联合钬激光碎石治疗胆道结石的临床研究》等 13 项获梅州市科研立项，在省级以上医学杂志发表论文 28 篇。

【计划生育】 蕉岭县紧紧围绕年度工作目标，强化领导责任，加强层级动态管理，全面提升计生服务管理水平，各项指标均保持计生“一类县”服务管理水平。一是服务好育龄夫妇。2016 年，实施免费婚检 2601 人，婚检率达 86.4%，检出遗传性和传染性疾病 590 人，并进行有效的干预。完成全年孕前健康任务 113%。全县共为 1395 对夫妇办理申请生育两孩登记手续。二是服务好流动人口。扎实开展全省统一的流动人口计生服务管理专项活动。与深圳罗湖区开展流动人口区域协作，双方签订了“流动人口计生服务管理双向协作协议书”，共推流动人口计生服务管理，促进相关基本公共服务均等化。组织医务人员深入企业开展“送健康进企业关爱流动人口”活动，发放健康养生和健康教育读本及职业病、传染病防治等宣传资料 800 多份，为 152 名流动人口建立了健康档案。三是服务好计生家庭。全县 229 名农村独生子女户和二女户子女在中考享受加分政策，其中 16 名享受加分进入重点中学就读。由市、县两级财政投入 32.36 万元，继续为农村独生子女家庭、农村纯二女家庭和城镇独生子女困难家庭购买计生家庭意外伤害保险。此外，积极开展宣传创新工作，将计生政策宣传融入医联体建设工作中，打造人口计生工作宣传创新模式。加大对实施两孩政策解读宣传，印制 5000 本“人口和计划生育政策法规汇编”；加强信息报送，全年共上报信息 190 条，被国家、省、市采用 28 条。

【行风建设】 推进廉政风险防控机制建设，强化党风廉政建设责任制工作。认真贯彻执行《关于开展谈话提醒构建抓早抓小工作机制的通知》（梅市党廉发〔2016〕1 号）精神，把谈话提醒和抓早抓小工作作为落实党风廉政建设主体责任和监督责任的重要抓手和规定动作，建立健全谈话提醒工作机制，确保抓早抓小工作目标任务的落实。2016 年，谈话对象共 31 人，谈话提醒共有 169 人次，其中政治纪律 31 人次、组织纪律 24 人次、廉洁纪律 31 人次、群众纪律 27 人次、工作纪律 29 人次、生活纪律 27 人次。让谈话提醒成为筑牢思想防线的第一步，建立起优良的党风政风。（叶海权）

2016 年县卫生和计划生育局负责人名录

卫生系统党委书记、局党组书记、局长：涂涤江
局党组成员、副局长：陈广平　傅延胜
王均平　曾利霞(女)
卫生系统党委副书记、纪委书记，局党组成员：谢　丹（女）

卫生监督

2016 年，蕉岭县卫生监督所依法行政，完善执法程序，推进综合执法，严格执法责任，加快建设职能科学、权责法定、执法严明、公正公开、廉洁高效卫生监督机构，全面加强医疗市场和公共场所监管。

【卫生监督】 一是规范卫生行政许可，严把准入关。许可项目实行网上公示、网上受理、审

批、办结,行政许可做到公开、公平、公正,达到简化程序、规范审批,行政许可与行政处罚案件严格按照“双公示制度”的要求进行公示。服务窗口共接待实体窗口和电话咨询874人次,完成预约延时服务8次,行政许可58件,卫生行政许可按时办结率100%,全年未发生行政许可相关投诉。二是传染病防治及消毒产品监督。2016年,开展两次传染病防治监督检查,重点对全县医疗机构医疗依法执业、诊疗技术规范、消毒隔离和传染病疫情报告等内容进行监督检查,监督检查二级医院2家,疾控机构1家(重点突出预防接种监督检查),其他医疗单位193家,对存在传染病防控措施不到位的36户医疗单位发出限期整改意见书。每季度对3家餐具、旅店业用品集中消毒单位开展监督检查,重点检查消毒单位工艺流程、洗消剂的索证、从业人员持证情况、抽检报告,对消毒用品存在消毒剂残留和工艺流程不合理的消毒单位限期整改。三是医疗服务、放射卫生、血液安全监督。2016年,对蕉岭县203家医疗单位开展医疗服务和3家临床用血单位、1家采血点,开展全覆盖监督检查。重点检查发热门诊监测监督、诊疗规范、医疗广告、临床采供血管理、精神病和麻醉药品管理、医用放射源(包括移动医用放射源)使用管理规范等。全年共监督检查381户次,出动监督员812人次,下达意见书104份,整改到位率100%。四是公共场所卫生和学校卫生监督。公共场所卫生专项监督检查:组织城区50多家住宿业、游泳场所、理发美容、歌厅等单位,按照卫生管理制度、从业人员持证情况、通风采光、消毒设施、落实禁烟措施等公共场所量化分级的标准具体记分,定出B类2家、C类48家,对未达到C类等其他存在问题的17家公共场所当场发出整改意见书。抽检各类公共场所经营单位137家、学校6所1284项次,12份样本不合格,合格率99.06%,对不合格指标的单位发出整改意见书,要求查清存在问题的原因。加强对学校生活饮用水、教室内环境和传染病管理的监督。监督检查各类学校23家,发出整改意见书11份。五是饮用水卫生监督,2016年按丰水期、枯水期开展饮用水监督工作,出动卫生监督员78人次、协管员146人次,对全县5家日产千吨以上的集中式供水纳入系统管理,对管理制度不完善、无卫生管理人员、水源防护存在问题、检验能力不足、消毒记录不完善等存在问题发出5份整改意见限期整改。

【专项检查行动】 打击非法行医和打击“两非”专项整治工作,是卫生监督工作的重中之重,常抓不懈。按照“政府主导、卫计牵头、部门协作、属地管理”的综合治理模式,始终保持高压态势,扎实开展打击非法行医和打击“两非”(非法鉴定胎儿性别、非法选择性别终止妊娠)专项行动。做到宣传到位、“打”“疏”结合,逐步建立健全打击非法行医和打击“两非”专项整治的长效机制。打击非法行医工作,重点清理黑诊所、游医摊点、医疗机构聘任非卫生技术人员、超范围执业、违规使用B超、非医学需要人工中止妊娠、辅助生殖技术等违法行为。全年出动监督员687人次,取缔黑诊所4户,责令改正75户次,没收销毁广告4幅,没收药品、器械价值2000元,行政罚款2宗共3000元。

【培训和宣传】 制订和完善各项培训宣传计划和实施方案,组织职工开展政治学习和业务培训。派送15人次监督员分别到北京、广州、珠海、清远学习卫生法律法规知识和技能培训,增强业务素质,加强内涵建设,提高依法行政能力。

为让群众更多地了解法律、法规和卫生知识,在“3·15 ”消费者权益保护日、“12·4”法制宣传日等期间开展《传染病防治法》《中华人民共和国执业医师法》《医疗机构管理条例》《中华人民共和国母婴保健法》《公共场所管理条件》等宣传活动,全年编印4期《蕉岭卫生监督信息》,发放宣传资料3000多份,举办公共场所负责人、村医个体诊所负责人、卫生监督协管员培训班5期,共360多人参加。培训期间进行卫生法律、法规知识学习,提高从事医疗卫生相关工作的从业人员和广大人民群众的知识水平和自我保护能力。

【其他工作开展情况】 一是卫生监督协管工作 。为规范卫生监督协管,提高卫生监督协管能力,推进卫生监督协管工作,对全县18名卫生监督协管员、97名卫生监督协管信息员开展学校卫生、传染病、食品安全信息、职业病咨询、打击非法行医和打击“两非”专项整治、生活饮用水卫生等相关知识的培训工作。全县8个镇、1个社区卫生服务中心、97村建立了和健全的卫生监督协管服务体系。全年巡查456次,报告可疑非法行医、涉嫌“两非”信息4次,核实非法行医案2宗。二是卫生监督稽查。成立卫生监督稽查领导小组,制定《蕉岭县卫生监督行政处罚案件审查、评查制度》,根据年度计划,开展投诉举报、行政许可、行政处罚案卷、日常监督等稽查工作。三是餐具饮消毒和卫生监督保障工作。4月起,开展对餐饮具消毒专项整治工作,从卫生制度、个人卫生、环境卫生、工艺流程、二次更衣室、产品包装标识、洗涤剂、检验室等方面展开监督检查,针对存在问题发出整改意见书8份,限期整改。同时,在重大节日和重大活动前加强住宿业卫生监督,确保节假日住宿卫生安全。 四是投诉举报处理。成立投诉举报和信访工作领导小组,制定《蕉岭卫生监督所投诉举报和信访工作管理规定》,完善值班制度,确保“0753-7860280”投诉举报热线24小时畅通, 健全来人来信投诉举报的受理、登记和处理工作,全年受理2起非法行医案和2起有关生活饮用水水质问题的投诉,全部投诉举报均得到相应处理,并及时将处理结果反馈举报对象,投诉者均表示满意。

（刘晓红）

2016年县卫生监督所负责人名录

党支部书记、所 长:刘仁方

副所长:何增权 刘晓红(女)

县疾病预防控制中心

【概况】 县疾病预防控制中心重点加强传染病的预防控制,认真开展传染性非典型肺炎和流感、人禽流感、艾滋病防治知识的培训以及预防知识的宣传工作,完善疾病监测,疫情报告系统。

2016年,筹集资金重点抓好实验室建设和仪器补充更新,充分利用检验设备,加强实验室能力建设,提高仪器的利用率,不断提高检测检验能力和水平,积极参加省、市疾控系统组织的各项实验室质控和能力验证活动, 完成各项卫生检验任务。全年共完成生活饮用水水质检测164份,合格121份, 合格率为73.37%(其中县东宝供水有限公司水质样品60份, 合格率100%);公共场所卫生监测20间次,合格20间, 间次合格率为100%; 采集并检验各类公共场所样品212份,合格212份,样品合格率100%;医疗机构消毒质量监测14间次,采集并检验各类医疗机构样品252份, 合格252份,样品合格率100%;食(饮)具消毒卫生监测30间次,合格25间次,合格率为83.33%;采集并检验样品300份,合格269份,合格率89.66%;重点职业病监测与职业风险评估122间企业;完成城乡居民用户碘盐抽样检验300份,合格率为100%;开展因病缺课监测,监测26间学校(全县中小学校、职校);开展病媒生物监测4种。2016年,完成食品、公共场所从业人员预防性健康体检3210人, 机动车驾驶员健康体检5530人, 职业健康体检520人次。

【计划免疫工作】 全年计划免疫用苗(含纳入计划免疫管理疫苗接种)查册接种、基免、加强达到 99%以上，新生儿建卡、建证率达 100%。全县 8 个乡镇卫生院和蕉华医院都开展“四大”监测工作，新铺镇卫生院、县人民医院和中医院是 AFP 的哨点医院，县疾控中心网络直报 AFP 监测报表 5 种 108 份；麻疹监测报表 2 种 24 份；新生儿破伤风监测报表 3 种 36 份；接种率报表 2 种 48 份。“四大”监测工作全年未出现迟报、漏报现象。全县未报告有疑似预防接种异常反应病例，报告一般反应 12 例。全县共有托幼机构、中小学 105 间，经卫生部门和教育部门的密切配合，查验了 105 间，机构查验率为 100%；应查验儿童 6389 人，实查验儿童 6389 人，查验率为 100%；应补种剂次 439 剂，实补种剂次 254 剂，补种率为 57.86%。扎实开展全县预防接种门诊分级自查工作，经市卫生计生局考核，蕉岭县 9 间预防接种门诊评审等级均达 AA 级以上，其中 AAAA 级 2 间、AAA 及 2 间、AA 级 5 间。制定《蕉岭县预防接种规范管理专项活动实施方案》，扎实推进预防接种规范管理工作，顺利通过省级的考核。

【传染病防控】 通过《国家疾病监测信息报告管理系统》和《突发公共卫生事件信息报告系统》对 SARS、人感染高致病性禽流感、不明原因肺炎、狂犬病、流感等急性传染病进行动态监测。根据《国家疾病监测信息报告管理系统》数据统计，2016 年，共报告乙、丙类传染病 14 种 1226 例，死亡 0 例，无甲类传染病病例报告。蕉岭县辖区内未发生 SARS、人感染高致病性禽流感、不明原因肺炎、狂犬病等重大传染病疫情。全县共报告手足口病病例 155 例。与 2015 年同期相比下降了 8.28%；开展禽类市场环境禽流感病毒污染监测工作，共采集禽类标本 60 份，其中 59 份为阴性，6 月有 1 份检出 H7N9 禽流感病毒核酸阳性，接到蕉岭县禽类市场环境标本检出 H7N9 禽流感病毒的报告后，县委、县政府迅速组织召开联防联控成员单位工作会议，落实各部门工作职责和任务，要求认真落实部门职责，严防禽流感病毒，全年未报告人禽流感病例；为全力做好登革热防控工作，该中心开展蚊媒监测及风险评估，3 月份开始采用布雷图指数法和诱蚊诱卵器法进行伊蚊密度监测，监测结果为伊蚊诱蚊诱卵指数风险等级为控制登革热传播的阈值。县爱卫办定期组织消杀专业队在公园、广场、公厕等蚊虫孳生地开展杀虫药剂滞留喷洒，彻底清除蚊虫孳生环境。动员群众参与防蚊灭蚊，通过出版宣传栏等多种方式向广大群众宣传防蚊灭蚊的知识和方法，动员群众参与防蚊灭蚊，2016 年蕉岭县未发生登革热疫情；在狂犬病防控方面，开展狂犬病门诊暴露人群监测工作，按时统计上报。结合世界狂犬病宣传日，县疾控中心组织专业人员开展宣传工作，全年监测狂犬病门诊暴露人群共 1534 人次；开展公安司法监管场所被监管人员 HIV 监测工作，县疾控中心、县人民医院、妇幼保健院三个 HIV 自愿咨询检测点均按规范开展自愿咨询检测工作，并将数据及时上报至艾滋病咨询检测信息报告系统。

全年日常发放各类宣传单 11000 张、宣传折页 2800 份、知识手册 200 份，张贴宣传海报 250 张。

（黄茂开）

2016 年县疾病预防控制中心负责人名录

主　任：杨继荣

副主任：钟　毅　古尧平　许　涛　梁奋峰

县人民医院

【概况】 2016 年，全年总诊疗人次达 19.3 万人次，同比增长 6.76%；出院病人 1.59 万人次；实现业务总收入约 1.3 亿元，较上年增长 17.81%；病床使用率为 99.94%；社会满意率 98%。

【硬件建设】 旧楼改造方面：徐琳国荣住院大楼改造工程于 2016 年 7 月 1 日正式开工建设，克服旧楼条件所限的困难，不断优化大楼设计方案，装修一层搬迁一层。眼科中心、信息中心、无痛胃镜中心稳步推进，在徐琳、国荣住院大楼改造完成后同时启用。设备设施方面：按照《广东省加强县级医院设备装置建设实施方案》，省财政、省卫计配备资金经过多方论证，蕉岭县人民医院购置包括 1.5T 西门子磁共振(MRI)、颈动脉多普彩超(GE)、血气分析仪、电子阴道镜数字成像系统等设备。就医环境方面：对门诊药房进行改建，增加服务窗口，减少患者排队等候时间；选址改建血液标本采集处，增加服务窗口；开设银行柜员机自助服务；候诊大厅增加候诊椅、提供热水、口杯等体现人文关怀。同时，针对日益增多的血透病人，对血透中心进行改扩建，由原来的 7 张病床扩充至 13 张病床，缓解群众就医难的问题。在后勤保障上，对职工饭堂进行装修，改善用餐环境；重新规划救护车车位停放及志明大楼挡雨车棚建设；围绕节能减排的工作目标，逐步对住院大楼等地方的照明电灯进行节能整改。

【软件建设】 加强学科建设。一是持续加大对重点建设专科和扶持专科的支持力度，规范科室管理。各科积极开展新技术，眼科开展白内障超声乳化手术、内三科开展幽门杆菌吹气试验，骨科成功实施一台膝关节置换术，同时新开展的"椎体成形术"得到较好的推广，外一科成功开展腹腔镜联合胆道镜下胆总管切开取石术，低位直肠癌保肛根治术日趋成熟。二是通过加大与上级医院沟通，提高院内技术服务水平。邀请省中医院、广州市红十字会医院、深圳眼科医院等多名专家到院进行业务指导、现场查房、疑难病例讨论、学科建设、义诊等活动；邀请省人民医院客服部到院洽谈远程会诊合作。三是聘任广州红十字会医院陈瑞光副主任医师、放射科何敏聪副主任医师为蕉岭县人民医院特岗专家，带动其骨科及放射科整体水平的提高。抓好人才培养引进。2016 年共招聘医疗技术人员 22 名，充实专业技术人员队伍。在人才培训方面，举办各类学术讲座 13 次，邀请上级医院专家到院讲课 10 次；临床科室定期进行业务学习；选派多名医务人员到中一、南方医、市人民医院等省市医院进修学习，派出约 100 人次参加全省的各类短期培训和学术活动，引进新技术，带动医院诊疗水平。强化优质护理服务。坚持护理目标管理，强化培训，完善"护理部—护士长—质控员"三级管理体系；坚持护士长例会制度、护理查房制度，定期考核，不断提升护理服务质量，进一步巩固优质护理活动成果。在管理方面，坚持护理查房，定期对危险因子、护理不良事件及护理缺陷进行分析讨论，提高防患意识，全年无严重差错及事故的发生。民生实事惠民利民。蕉岭县人民医院推出"2016 年春季、夏季复明行动"的慈善行动，符合手术条件的白内障患者都可以免费实施白内障超声乳化摘除加进口人工晶体植入术，为 150 余名白内障患者成功实施手术，使得他们重见光明。组织省市专家举办大型义诊 7 次；组织健康教育进校园活动等。通过多项惠民活动，服务群众万余人。

【党建工团发展】 "两学一做"活动：通过书记讲党课、红色教育、党员志愿者服务、走访慰问等活动丰富内涵。与深圳大学医学部党委共同举行"不忘初心、重温誓词"纪念活动，开展退休党员座谈会。在"七一"、春节前夕，党总支部对生活困难党员的基本情况进行一次系统的调查摸底，共慰问困难党员 5 人次。文化活动：举办"三八"妇女节登山活动、"5·12"护士节户外拓展活动和"纪念建党 95 周年医联体篮球比赛"等活动，蕉岭县人民医院组建了足球队、篮球队、羽毛球队、乒乓球队，邀请县消防中队官兵到院进行消防安全讲座及实际演练等等。先后涌现"梅州市最美护士"汤利娟、十大"感动蕉岭"候选人钟灵霞等先进个人，检验科丘海峰响应上级号召，参加援非医疗队，成为中国第28批援赤道几内亚医疗队队员，进行为期一年半的援非工作。行风建设:一是进一步健全机构、完善各项规章制度,落实民主集中制原则和重大事项集体决策原则。设立院务委员会,同时建立“三重一大”制度,建立党总支委员会、院务委员会联席制度,凡是涉及事关全医院发展、组织人事、工程招投标、较大开支等重大问题,交由集体研究决定,重大发展项目交由职工代表大会征求意见。二是严格执行医患双方签署不收和不送“红包”协议工作的规定,未发现有医务人员违规现象。杜绝在物资采购中出现的“红包”、回扣行为。三是不断完善公开制度,以会议、公示栏、网站等多种形式进行院务公开,发挥社会监督作用,使院务公开逐步走向一个较为完整的运行体系,进一步巩固“广东省厂务公开先进单位”称号。四是委托第三方中介组织机构开展第三方调查,从医疗质量、服务、人文关怀、就医流程、费用等各方面入手,进行患者、职工满意度调查。

（邓文轩）

2016年县人民医院负责人名录

院　长:郭峰松

副院长:彭　刚　徐晓楠(女)　林关朋
　　　　张东文

县中医医院

【概况】　2016年，蕉岭县中医医院认真贯彻执行新一轮医疗卫生体制改革有关会议文件精神,坚持中医医院办院方向,按照省中医药局“四有五抓一提升”的总体思路,务实创新,主动作为,积极主动落实卫生强市“强基创优”行动计划,不断加强和完善医院管理,加强专科专病建设和人才学科建设，抓好医疗质量,鼓励开展科研,加大中医药知识宣传,突出中医特色,各项工作取得新进展新成效。医院有正式在编职工98人,院聘职工42人,退休职工50人。在职人员中有高级职称9人,中级职称37人,初级职称69人。卫技人员占职工总数的82%。全年共收治门急诊人次72463人,收治住院病人2635人次；医院总收入3238.0万元,与上年同期对比增611.3万元，增幅23.27%;其中业务收入2334.7万元与上年同期对比增268万元,增幅12.95%;医院总支出3398.6万元,与上年同期对比增787.1万元,增幅30.14%,其中人员经费支出1645.4万元,与上年同期对比增397.7万元,增幅31.88%。

【行风建设】　2016年,该院积极开展“弘扬大医精诚精神,提升中医药服务能力”主题活动,在院内广泛掀起学习、诵读《大医精诚》热潮,通过组织朗诵、撰写心得体会等形式深刻领会《大医精诚》的丰富内涵,结合“改善医疗服务行动计划”和党员干部“两学一做”活动,不断加强医院行业作风建设,树立中医药行业良好精神风貌。

【公立医院改革】　该院坚持县级公立医院公益性质,以破除“以药补医”机制为关键环节,按照患者总体负担不增加、医疗合理收入不减少、政府和医保可承受的原则,取消药品加成,调整医疗服务价格，在医院内部实行绩效管理,深化用人机制,完善内部分配和激励机制等。通过推进改革,进一步调动医务人员积极性,提高医院运行效率,提升医院医疗服务能力和质量。

【围绕卫生强省、市、县开展中医药工作】

根据《中共广东省委、广东省人民政府关于建设卫生强省的决定》(粤发〔2015〕15号)、《中共梅州市委、梅州市人民政府关于建设卫生强市的决定》(梅市发〔2016〕2号)和《中共蕉岭县委、蕉岭县人民政府关于建设卫生强县的实施意见》(蕉委发〔2016〕2号)等深化医药卫生体制改革的相关部署,该院就做强县级医院积极开展工作。

1.以病人为中心,开展信息化建设。该院信息化建设按照“立足当前、着眼长远、方便患者、规范工作”的原则,强调临床实用性、规范性和就诊流程的优化,经过充分考察,医院与湖南三棵树公司软件开发团队建立合作,根据医院实际情况,建立包括门诊挂号收费系统;药房药库管理系统;门诊医生工作站、医技工作站、住院医生工作站、住院护士工作站、病案工作站、医保接口等,并在10月全面启用。通过医院信息化建设,不断优化就诊服务流程,为患者提供方便快捷的服务,减少等待时间,进一步规范了诊疗行为,使医院的管理水平和服务水平明显提升,患者满意度明显提高。

2.进行手术室改建和添置诊疗设备。对原用手术室进行改建,新建一间高标准、较先进的百级层流手术室。添置目前骨科手术最迫切需要的C型臂X光机。此外,医院还分批购置了16排32层CT、骨科手术床、微泵、心电监护仪、中频电疗机、离心机等临床急需的医疗设备和微波治疗仪、多功能艾灸仪、熏洗坐浴器、人体成分分析仪等中医诊疗设备,医院诊疗条件得到明显改善。

【中医药事业】 1.开展中医适宜技术,突出中医特色。该院重点开展的中医药适宜技术服务有:熏洗法、中药贴敷疗法、耳穴压豆、灸法、热熨法等十余种。医院将简、便、廉、验的中医适宜技术,应用辨证施护原则,因病因人贯穿整个治疗过程,全年通过中医适宜技术诊疗受惠的住院病人高达98%。提高疗效,降低医疗成本,满足患者的需求,在下调药品比例方面也起到助力的作用。

2.引进中药配方颗粒设备。为了满足群众的用药需求,适应临床用药需要。该院于2016年年初与一方制药公司协作,引进中药配方颗粒设备。医院严格按照规范化、标准化要求建设“中药免煎颗粒房”。中药配方颗粒设备投入使用以来,解决了患者中药煎煮不便的难题,同时在住院患者中开展病床前服用中药的服务,确保患者按时按量按法服用中药,达到最好的治疗效果。这是医院方便群众就医推出的一重大举措,同时在梅州市范围内尚属第一家,深受群众的欢迎。

3.用好专项资金,加强专科专病建设。通过积极争取,该院先后获得“治未病”预防保健服务示范单位建设资金200万元、广东省县级中医药适宜技术推广视频平台建设专项资金40万元和中医药特色专科(骨伤科)建设项目50万元。至2016年底,各个项目均在推进过程中。

(1)“治未病”示范单位项目建设。为做好“治未病”工作,构建起中医特色明显、技术适宜、形式多样、服务规范的服务平台该院的多项举措促进“治未病”服务体系建设。一是加强“治未病”科建设。为做好“治未病”工作,该院建立健全了“治未病”工作流程和服务规范,添置现代医学设备和中医诊疗设备,垫实科室发展基础,各项相关服务日趋完善。二是把“治未病”与健康体检、临床医疗相结合,在到医院体检人员和住院患者中全面开展中医辨识体检,提供养生保健指导服务,并为一些有系统保健需求的人提供包括中药、微针、刮痧、拔罐、药熨、熏蒸等中医传统疗法的综合养护。2016年,在"治未病"科室带动下,医院健康体检人次和体检收入取得较大幅度增长。健康　体检人数2650人与上年同期713人对比增1973人,增幅276%。三是深入基层,扩大治未病服务范围和影响力。该院积极发挥县级中医医院在中医事业发展的龙头作用,深入基层面向全县推广针灸、推拿、按摩、拔罐、药敷等中医适宜技术,为广大群众提供中医辨识体检和中医药健康咨询,传播中医“治未病”技术和理念。通过义诊、健康咨询、发放宣传资料等方式加大对中医“治未病”知识的传播。“治未病”示范单位建设工作开展以来,每月均派出专家队伍到各乡镇开展义诊、健康讲座等活动,先后前往广福、文福、三圳、蕉城、新铺等乡镇,受到群众的欢迎。四是依托基地的示范带动和辐射作用,定期下乡举办中医适宜技能培训和中医药知识培训班，不断加强对基层医疗机构和乡村医生的培训，重点从治未病技术指导帮扶、理念传播、人才培养、适宜技术推广应用等方面进行培训，全面提升蕉岭地区中医“治未病”服务的能力和水平，逐渐搭建起县-镇-村级全覆盖中医预防保健服务网络。

(2)中医药适宜技术推广视频平台项目建设。该院已建1个适宜技术推广示范教室，并按要求购置了投影仪、音响、视频传输、播放设备等；使用专线与省级平台对接；示范教室面积约110平方米，能同时容纳120人左右现场授课；2016年期间，该院和各乡镇卫生院医务人员在示教室开展了15场次参加人数2110多人次的省级、国家级专家实时的中医适宜技术视频培训。

(3)中医特色专科建设情况。该院骨伤科为广东省中医特色专科建设科室，亦是医院发展龙头科室，该科室充分吸取中医骨伤和现代医学特长，根据不同患者的不同需求，选取最适宜的治疗手段为患者解除疾苦，并辅于外敷、熏洗、外搽等中医特色治疗，取得了较好的疗效。该科室开展业务包括四肢单段、多段骨折的治疗，关节脱位的整复固定，锁骨、肩胛骨、胸骨、骨盆骨折等的手术内固定及全髋置换手术等。

4.加强人才建设，提升中医药服务能力。

该院把人才建设放在医院发展的首位，创造条件吸纳人才，培养人才，2016年招聘吸收卫技人员22人，为医院发展壮大提供人才基础。

为提高医务人员的技术水平，该院制订了学习培训制度，每月安排四场次中级职称以上人员的业务知识讲座，每周安排一次中医适宜技术示教培训，不间断地选送中青年技术骨干到上级医院进修，借助番禺区中医院对口帮扶的有利时机，2016年先后派出医、护、药、技人员12人到番禺区中医院进修。 （黄金红）

2016年县中医医院负责人名录

院　长：范发君
副院长：刘仁森　杨凯桂(女)　黄德民
　　　　钟其正　林辉霞(女)

县妇幼保健院

【县妇幼保健院和县计划生育服务站整合工作】 根据蕉岭县机构编制委员会（蕉机编〔2015〕16号）《关于整合蕉岭县县镇妇幼保健和计划生育技术服务机构的通知》文件精神，撤销蕉岭县妇幼保健院、蕉岭县人口和计划生育服务站。整合设立蕉岭县妇幼保健计划生育服务中心，为副科级公益一类事业单位，核定事业编制70名。1月8日下午，召开妇幼保健和计划生育服务机构整合大会，县妇幼保健院和县计划生育服务站正式合并；为保障整合工作的顺利完成，中心成立整合工作领导小组，认真做好人员、经费、资产整合的相关工作，建立人、财、物台账，统一管理，统一调配，统一使用，为实现资源共享、优势互补，提升妇幼保健和计划生育整体服务能力打下坚实的基础。

【业务建设工作】 2016年，围绕蕉岭县建设卫生强县三年行动计划目标和医改试点工作，以“质量好、医德好、服务好、群众满意”为目标，扎实开展妇幼健康服务工作，抓好业务建设，推进卫生强县工作的实施。一是通过完善医疗质量管理核心制度建设，抓好医疗服务质量。健全医院规章制度和人员岗位职责制度，特别是医疗质量和医疗安全的核心制度，包括首诊负责制度、三级医师查房制度、分级护理制度、疑难病例讨论制度、会诊制度、危重孕产妇抢救制度、术前讨论制度、孕产妇死亡评审制度、查对制度、病历书写基本规范与管理制度、交接班制度等。同时，重点加强新入业务人员的业务学习、带教工作，加强医疗护理方面的业务学习,不断提高医护人员的医疗服务质量,按省《助产技术服务基本条件》规范产科建设,加强产科人员的业务培训工作,落实产科常规和《关于加强梅州市高危孕产妇管理工作的实施意见》,严格执行高危妊娠三级转诊制度,高度重视产科医疗安全,加强医疗纠纷防范,降低差错、事故发生率。二是组织“5·12”国际护士节岗位技能情景演练竞赛。来自产科、住院部、护理部、药剂科、儿保科、检验科等各科室的7个代表队20多名医护人员参加,参赛队伍模拟日常工作中常见的羊水栓塞抢救、新生儿窒息复苏抢救、日常护理查房流程、患者入院流程、普通处方调配、一岁半儿童保健技能、糖耐量检查等职业技能进行情景演练,有效促进各科日常工作的开展和应对突发事件的应急能力,保障医疗安全。三是选派医疗护理骨干参加培训。2016年,选派医疗护理业务骨干参加省、市、县参加业务培训129人次,重点学习新的管理理念、新的技术和方法,从而促进该中心医疗保健业务水平的不断提高。组织业务骨干到龙川市妇幼保健院、江门市妇幼保健院、恩平市妇幼保健院参观学习妇幼保健学科体系建设;选送医疗、护理骨干各1名到广州医科大学附属第三医院进修宫颈、新生儿护理专业;选送5名检验骨干分别到梅州市妇女儿童医院进修医学检验专业;组织中心业务培训14场次,参加学习人员达578人次。四是加强硬件建设。筹集100多万元购买化学发光免疫分析仪、全自动生化分析仪、大型洗衣机等医疗设备设施,保障医疗安全。五是加强医德医风教育,转变服务意识。强调主动服务,为群众提供高效安全的医疗保健服务。通过加强对中心职工的医德医风教育,强化制度约束,树立全心全意为人民服务的宗旨。开设投诉电话、信箱、发放征询意见表,多渠道听取群众的意见和建议。针对群众提出的意见、建议,及时给予研究和改进,不断提高群众的就诊满意度。与患者签订《医患双方不收和不送“红包”协议书》,规范医疗服务行为,促进中心政风行风建设上新台阶。2016年,发放意见建议调查表899份,回收899份,满意率达99.9%。六是抓好医改试点工作。该中心是县级公立医院综合改革试点医院,2016年加强了医疗服务能力、推广优质护理、合理用药、积极实施临床路径、推广中医适宜技术等建设。规范药品销售和医用耗材采购供应,实行药品销售零差价制度,减轻群众药品费用负担约15.18万元。2016年,完成门诊35318人次,与上年同期对比增加9357人次,增长率为36%;住院人数1491人(其中住院产妇904人),与上年同期对比增加189人,增长率为14.5%;化验84408人次,与上年同期对比增加22766人次,增长率为37%;B超13019人次,与上年同期对比增加4953人次,增长率为62%。

【妇幼健康优质服务示范工程和省市民生实事】 一是加强妇幼健康教育、培训。通过设立门诊、住院宣教室,在院内走廊制作宣传栏,加强对预防艾滋病、梅毒和乙肝母婴传播工作、地中海贫血防控知识的宣传,发放地中海贫血防控知识宣传折页、小册子共4种达3000份,发放地贫防控宣传DVD10张,宣传挂图13套。2016年5月8日是第23个“世界地贫日”,中心组织婚前保健、孕前保健等相关工作人员开展了主题为“防控地贫,从孕前开始"的义诊咨询公益宣传活动,将地贫干预宣教工作与常规婚前、孕前、孕期、优生优育、新生儿疾病筛查及培训等相结合,让广大群众了解地贫虽然难以治愈,却可以通过婚前检查、孕前检查和产前检查进行防控。通过全面加强地贫相关知识的健康教育,提高群众对地贫的认识,宣传国家孕前优生健康检查政策、服务内容和服务理念,增强育龄群众对孕前优生健康检查的认同感,增强育龄群众的优生优育意识,对降低全县出生缺陷、提高出生人口素质、构建和谐幸福家庭起到了积极的作用。为提高医务人员专业技能和管理水平,于2016年7月18日至21日在县卫计局举办“蕉岭县基本公共卫生服务妇幼保健项目培训班”,县直医疗保健机构、县计划生育服务站、各镇卫生院、计生服务所等 85 名卫技人员参加培训。二是加强妇幼保健“三级”网络建设。2016 年保健科下基层督导 90 人次,到基层 9 个镇(场)召开保健员例会 20 场次;培训镇妇幼干部和村保健员 300 人次;召开妇幼干部例会 12 场次;召开信息统计会议 12 场次;召开孕产妇、围产儿死亡评审会议 3 场次。三是落实省市民生实事,推进三道防线工作。实施免费婚检 2601 人,婚检率达 86.4%,检出遗传性和传染性疾病 590 人,并进行有效的干预。实施省民生实事广东省免费孕前优生健康检查项目:完成国家免费孕前优生健康检查 3166 人,咨询指导 3166 人,指导率为 100%,信息系统建档 3166 人,建档率为 100%;评估具有风险因数 262 人,风险因素率为 8.3%;早孕随访 1342 人,随访率为 100%;妊娠结局随访 552 人,随访率为 100%。实施省市民生实事广东省地中海贫血预防控制项目:完成婚前地中海贫血筛查 2601 人,筛查率为 100%,地中海贫血筛查阳性 315 人,阳性率为 12%,确诊为夫妻同型地贫 9 对。孕妇地中海贫血筛查 2935 人,筛查率为 98%。地中海贫血初筛阳性 697 人;基因检测 574 人,基因检测率 82.4%。发现夫妻同型地中海贫血 37 对,进行胎儿产前诊断 21 人,发现重型地中海贫血胎儿 4 例,均实施终止妊娠,全县无重型地贫儿出生,达到了预期目标。实施市民生实事梅州市城乡贫困妇女“两癌”免费检查项目:完成城乡贫困妇女“两癌”免费检查 1706 人。其中,宫颈癌检查 1706 人,2016 年发现常见病多发病 447 例,发病率 26.2%,发现可疑异常 33 例,完成阴道镜检查 17 例,阴道镜检查发现可疑异常 15 例,异常人员全部进行宫颈活组织病理检查,病理检查发现宫颈癌前病变 11 例,其中:CINII–III11 例。乳腺癌检查 1706 人,发现可疑异常 22 例,其他良性病变 7 例,已做乳腺钼靶检查 22 例,确诊乳腺癌 1 例,对“两癌”检查异常人员分别给予指导、治疗和随访。

【基本和重大公共卫生服务妇幼项目】 2016 年全县辖区(年报)产妇 2730 人,活产 2746 人。建卡率 100%;孕早期检查率 95.1%,产检率 99.4%;系统管理率 95%,产后访视率 99%;住院分娩率 100%;高危产妇 413 人,监护率 100%;孕产妇死亡 1 例,孕产妇死亡率 36.42/10 万。婴儿死亡率 2.55‰;新生儿死亡率 1.82‰;围产儿死亡率 1.82‰;5 岁以下儿童死亡率 4.37‰;7 岁以下儿童保健覆盖率 98%;3 岁以下儿童系统管理率 92%;出生低体重发生率 3.79%;5 岁以下儿童低体重率 1.11%;5 岁以下儿童生长迟缓率 1.27%;5 岁以下儿童中重度贫血患病率 1.04%。出生缺陷儿发生率 32.74/万。2016 年,新生儿疾病筛查率为 99.5%;甲状腺功能低下初筛阳性 31 人,落实召回后确诊 0 人;地中海贫血初筛阳性 464 人,6–磷酸葡萄糖脱氢酶缺乏 154 人,先天性肾上腺皮质增生初筛阳性 15 人,初筛阳性者均告知家属带患儿到梅州市新生儿疾病筛查中心进行复查,实施阳性人群专案管理。新生儿听力筛查率 99.8%,听力筛查阳性 37 人,转诊后听力障碍确诊 0 人。通过筛查,对患儿进行早期的干预治疗,减少了出生缺陷致残率。继续实施阻断艾滋病、梅毒和乙肝母婴传播工作,2016 年孕妇艾滋病检测率为 97%;梅毒检测率为 97%,检出梅毒 21 例、乙肝病毒感染产妇 314 例及所生婴儿均进行了规范的随访和治疗;实施农村妇女增补叶酸预防神经管缺陷项目,2016 年增补叶酸预防神经管缺陷 931 人;实施农村孕产妇住院分娩补助项目,2016 年给予补助 1167 人,补助金额 128.39 万元。

2016 年,到各镇及县直各单位举办妇女保健知识讲座 6 场次,共 3000 人参加。开展义诊 4 场次,惠及 2000 多群众。开展托幼机构儿童体检 4848 人次。 (丘耀忠)

2016年县妇幼保健计划生育服务中心负责人名录

主 任:黄莉珠(女)
副主任:汤秋香(女) 赖映华(女) 丘李生

文体旅游

【概况】 2016年,县文体旅游局大力实施文化繁荣工程,初步完成图书馆总分馆制试点建设;抓好市运会备战和各项体育比赛,推动竞技体育实现新的突破。主动对接梅江韩江绿色健康文化旅游产业带建设,充分依托"世界长寿乡"金字招牌,扎实推进文体旅游事业发展。据统计,预计全县旅游接待人数达378万人次,同比增长15%,旅游总收入达29亿元,同比增长15%。

【文化事业】 一是广泛开展群众文化活动,大力实施文化繁荣工程。先后举办了春节、元宵文艺系列活动;举办"长寿蕉岭·美丽蓝坊行"油画摄影展、"百名艺术家游寿乡采风笔会书法作品展";组织纪念红军长征胜利80周年百人合唱《长征组歌》表演活动;在庆祝中国共产党成立95周年,梅州市第十二届"百歌颂中华"歌咏活动中荣获银奖;为推动两岸暨港澳地区文化艺术交流,积极推进国家级非物质文化遗产代表项目"客家山歌"的传承和传播,蕉岭县山歌剧团积极参加2016"两岸暨港澳地区"客家山歌邀请赛,歌伴舞《长潭情歌》荣获银奖。二是加快公共文化服务体系建设。全县8个乡镇,107个村(居)委的电子阅览室的电脑、乐器等设备已拨付到位,已全部投入使用。完成10个农村文化俱乐部建设。三是积极开展非物质文化遗产名录的挖掘和申报工作。《三圳酿粄》制作技艺成功申报梅州市第七批市级非物质文化遗产代表性项目;蕉岭县非物质文化遗产丛书之《蕉岭莲池舞》被列入广东省第三批省级非物质文化遗产名录;完善传承基地发展,为广福船灯传承基地进行挂牌。四是扎实推进文物保护工作,完成国保单位谢晋元故居消防工程及文物风貌改善项目纳入"十三五"文物保护利用设施建设规划项目申报工作。做好蕉岭古(驿)道实地走访踏勘调查工作;全面完成博物馆馆藏文物第一次全国可移动文物普查工作。2016年,县博物馆普查申报登录数量为8531件/套,已登录数量为8531件/套,实际数量为8625件。五是图书馆认真做好服务读者的工作。全年共接待读者32万多人次;新增图书35427册;订阅报刊390多种;阅览书刊20万多册次;外借图书16万多册次;举办讲座、培训18次,参加人次1800人;举办阅读推广活动16次,参加活动人次近9万人;举办展览12次,参观人次近8万人;送书刊下乡2800册;征集社会各界人士赠送书刊达30500册;总分馆藏书量232500万册。在"齐运动·健身心—2016年世界阅读日粤港澳创作"比赛中荣获广东省文化厅、广东省立中山图书馆颁发的"优秀组织奖"。图书馆总分馆制试点建设即将初步完成。建立以县级图书馆为总馆,乡镇(街道)综合文化站为分馆,村(社区)综合文化服务中心(文化室)为服务点的总分馆体系,实现图书统一采编、资源统一调配、人员统一培训、服务统一规范、绩效统一考评。六是新闻出版和广播影视管理工作。完成9家印刷企业和12家出版物经营单位、复印打字店的年检核验工作。做好全县农家书屋提升工程相关工作。完成企业软件正版化试点工作。加强广播电视安全播出、安全生产、宣传、广告业务的监管,确保广播电视各项工作业务依法安全有序开展。协助县农村电影放映服务中心做好农村电影放映的审核工作,并检查督促客都电影公司依法经营和做好安全生产工作。七是农村公益电影放映工作。严格执行省市县的总体要求按时、按质、按量地做好每一场电影放映工作。完成全年电影放映任务1246场,其中(全县97个行政村电影放映任务1164场,外来农民工电影放映任务 82 场)，观众达 134500 多人次。

【旅游事业】 抓好蕉岭县红色旅游景区基础设施建设项目建设,抓好石寨古村落保护项目建设工作,积极推进乡村旅游建设,举办千车万人乡村游、文化旅游活动月等主题活动,推进蕉岭县特色旅游快速发展。一是打造文化旅游精品景区，促进文化产业与旅游业融合发展。重点推进总投资 1.5 亿元、以“抗日三英杰”故居为核心的红色旅游基础设施项目建设,将全县红色旅游景点串珠成链,打造经典红色旅游景区。充分挖掘整合丰富的客家文化资源,抓好石寨、高思等古村落保护利用。二是坚持农旅结合,积极推进乡村旅游建设。把建设美丽乡村与乡村旅游景点打造紧密结合，按照“一村一品”原则,规划建设“龙安福祉、九岭田园、尖坑名迹、白马水乡、逢甲故里、石峰绿洲、高思风情、石寨古堡”等一批各具特色的县级新农村示范点,着力打造让人“望得见山,看得见水,记得住乡愁”的美丽乡村景区。上合花海、九岭荷花成为蕉岭县最热的景点。三是完善旅游基础设施建设。重点做好旅游公厕、旅游标识牌建设，目前完成长潭镇、三圳镇等 6 个镇和省级新农村示范片 9 个村联动的旅游标识牌制作和安装,蓝坊、南礤两镇标识系统建设也在有序推进中。四是推进民宿发展。对全县民宿现状和村民发展意向进步初步摸底调查，草拟扶持民宿发展工作方案和奖励办法,待审批通过后实施。五是扎实推进旅游扶贫工作。认真协助规划团队做好龙潭村、尖坑村、堑垣村、蓝源村、大地村等旅游扶贫村旅游发展规划的现场勘察、资料收集、规划编制、意见反馈和评审工作。完善扶贫村的旅游标识牌、文化广场、旅游厕所、供水系统等基础设施建设,改善村庄环境,引导村民发展旅游产业,力争实现脱贫致富的目标。

【体育事业】 一是群众体育赛事发展,以满足广大人民群众多元化的体育健身需求为出发点,开展形式多样、群众喜闻乐见的体育活动。春节元宵篮球、足球、乒乓球、中国象棋、围棋比赛;举办粤赣闽三省边界八县老年人体育联谊会和全县“税务杯”乒乓球联赛;举行百街千镇乒乓球和乡镇足球选拔赛、“百城”、“千村”气功大赛;在蕉岭县第十七届“体育节”上,举办启动仪式和全民健身活动展示；举办全县“县长杯”足球、篮球联赛等活动。二是坚持备战训练和参赛两手抓,推动竞技体育实现新的突破。2016 年,蕉岭县业余体校重点抓好青少年竞训体育工作,该校运动员及输送运动员参加市级以上比赛成绩显著:参加梅州市“体彩大乐透杯”青少年足球调赛获女子 2005 及以后年龄组第三名、男子 2006 及以后年龄组第四名、女子 2001—2002 年龄组第四名;詹利平获亚洲中学生女子乒乓球单打冠军、混合双打冠军;2016 年广东省青少年乒乓球锦标赛詹利平获女子甲组单打冠军,钟饶获甲组男子团体第五名,游立钱获乙组男子团体第五名;县足球队参加广东省足协杯五人制联赛获梅州赛区冠军。县业余体校输送到广东省队在训运动员有足球 1 人、田径 1 人、乒乓球 1 人;输送到市体校在训队员有足球 3 人、田径 4 人、乒乓球 4 人、跆拳道 2 人。 (陈平彬)

2016 年县文体旅游局负责人名录

局长(党组书记):汤东康

副局长(党组成员):朱翠英(女) 郭建新 张荣发

党组成员:丘治岭 张立忠 黄伟良

社会生活

民　　政

民政工作

【社会保障】 截至2016年12月，全县在册低保对象3530户7033人，其中：农村对象3171户6388人，城镇对象359户645人；城镇低保标准每人每月485元，城镇低保对象月人均补差水平每人每月419元；农村低保标准每人每月335元，农村低保对象月人均补差水平每人每月191元；全年发放城乡低保资金1819万元，其中：城镇低保资金340.5万元，农村低保资金1478.5万元。全县农村五保供养对象710人，其中集中供养127人，分散供养583人；集中和分散供养五保对象的供养标准统一为每人每月645元；全年发放农村五保供养资金541.5万元。实施医疗救助885人(次)，发放医疗救助资金354.3万元。按《梅州市人民政府办公室关于印发梅州市临时救助实施细则(试行)的通知》(梅市府办〔2015〕44号)要求，实施临时救助25户，发放救助资金9.68万元。按集中供养每人每月1340元、散居供养每人每月820元的标准，发放36名孤儿生活费40多万元；按每人每月500元的标准，发放83名事实无人抚养儿童生活费40多万元。发放残疾人"两项补贴"资金686万元，其中2627名重残人员护理补贴451万元，2008名残疾人困难生活补贴235万元。

【救灾救济】 2016年冬春期间，累计下拨中央和省级冬春生活救助资金48万元，其中：救济款39万元、棉衣被575床(件)，使灾区2000多名灾民的基本生活得到有效保障。下拨重建资金62万元，全县15户"全倒户"和10户"重损户"灾后重建工作顺利完成。做好了农村住房统保和自然灾害救济救助公众责任保险，全年出险报案69宗共201户，累计理赔39.7万元。

【拥军优属】 全年发放抚恤补助资金650多万元，惠及优抚对象1070多人；投入40多万元，将优抚对象纳入医疗保险，由政府统一购买医疗保险，医疗机构优惠减免的医疗保障制度不断健全；按时足额发放2015年度74名自主就业退役士兵安置补助资金160多万元和义务兵家庭优待金183户165万元(户平标准9009元)。双拥共建工作深入推进，积极开展春节、"八一"期间的拥军优属活动，驻地联欢慰问活动有声有色、内容丰富，节日慰问金达70多万元。安置驻军随军家属4名，子女入学入托政策落实。全年奖励在部队服役期间荣立"三等功"以上的4人次，奖励4000元。同时，以县复退军人服务中心为纽带、县镇复员退伍军人之家为阵地、各村(居)委会复员退伍军人联络点为据点，深入推进复员退伍军人体系建设工作。继续深入宣传《梅州市军队退役人员有关政策解释》等优抚政策法规，扎实做好复员退伍军人的来人来访接待服务，全年无复员退伍军人矛盾纠纷诉求上访信件。

【社会行政事务】

(1)基层民主政治建设。深入探索实践基层民主政治建设工作，紧紧围绕《蕉岭县"村(居)民自治改革创新工程"试点工作方案》、《蕉岭县深入推进农村社区建设试点工作方案》要求，以发挥村(居)民“自我管理、自我服务、自我教育、自我监督”作用为目标，全面推进“双向考核、完善村务公开民主决策、规范村(居)务监督委员会建设和加强城乡社区公共服务站建设”等工作，推动政府治理和社会自我调节、居民自治良性互动的基层治理模式。在此基础上，深入抓好“建设基层公共服务平台、创新基层民主治理、完善公共服务、优化社区环境、促进农民增收”等措施，使得“村(居)民自治改革创新工程”和“农村社区建设”两个试点工作，取得了阶段性新成果，并在国家民政部农村社区示范建设培训班、省级推进工作会议和全市基层政权和社区建设工作会议上予以总结推广。

(2)婚姻登记。深入加强婚姻登记处规范化建设，不断提升婚姻登记员业务水平，截至2016年年底，全县婚姻登记业务量2847宗，其中办理结婚登记1771对，离婚登记571对，补领结婚证474对，补领离婚证31件，证件准确率及登记合格率均达到了100%。

(3)民间组织管理。依法依规进行民间组织的登记、管理，至2016年年底，全县依法登记在册的社会组织有223家(其中：社会团体185家、民办非企业单位38家)；2016年度新登记社会组织14家(其中：社会团体7家、民办非企业单位7家)。登记在册的社团组织充分发挥社会组织的正能量作用，积极参与社会事务管理、救助困难群众、帮教特殊人员等，得到了社会的广泛认可，有力地推动了全县城乡社会的稳定、和谐。

(4)殡葬管理。继续制订县、镇、村年度殡改工作考核责任书，推进一把手负责制，火化率继续保持100%；坚决落实殡葬惠民政策，继续实行免收殡葬基本服务费，全年遗体火化1600多具，减轻群众负担240万元；抓好公墓山管理制度建设和监督检查，加大墓区绿化建设，推进绿色殡葬、江河葬有历史性进展；清理整治(含绿化遮掩)坟墓71座，初步完成“三道两区”占地毁林建坟整治工作。2016年3月，建筑面积3458平方米的新殡仪馆综合办公大楼正式建成并投入使用，同时还规划建设了5000多平方米停车场，殡仪服务设施进一步完善。

(5)区划地名。深入推进第二次全国地名普查工作，稳妥推进地名普查工作顺利开展，普查进度走在全市前列。积极开展“平安边界”创建活动，完成界线和界桩的维护管理工作，确保了边界地区的稳定、社会和谐。

(6)老龄工作。继续落实好80岁以上户籍居民的高龄补(津)贴制度。全年下拨全县高龄老人补(津)贴资金约300万元。扩大全县政府统保范围，使全县“银龄安康行动”实现新突破，据统计，全县由政府统保共10344人(含华侨农场)，参保金额20.69万元；全县自费投保人数9237人，自付保费50.74万元，走在全市前列。

(廖海华)

2016年县民政局负责人名录

局　长：汤自优

副局长：林淑瑜　陈森荣　黄锦坤

劳动保障·社会保险

人力资源和社会保障

【就业工作】 (1)城镇就业再就业方面。全年城镇新增就业人数2147人，城镇下岗失业人员实现再就业1723人，其中就业困难人员实现再就业255人,分别完成市下达目标任务的107%、107%、106%,城镇登记失业率控制数为2.4%,比市下达的控制数低0.1个百分点。(2)劳动力培训转移方面。全年组织劳动力技能晋升培训1971人，劳动力新增转移就业2557人,分别占全年任务数的104%、106.5%。全年组织参加技能鉴定580人次。(3)创业带动就业方面。促进创业242人，完成全年任务的121%,带动就业937人。其中,创业培训9期共360人,合格人数341人;创业资金帮扶(小额担保贴息贷款)受理25人,经审核符合条件的有20人,累计受理50人,累计发放贷款45人，发放贷款总额428万元，2016年共贴息16万元。(4)公共就业方面。举办“春风行动”“春暖梅州”“高校毕业生招聘周”“民营企业招聘周”等各类招聘会共45场次,吸引293家企业进场招聘,通过“就业通”短信平台、网站等发布岗位信息6680条,进场求职人数4268人次,达成意向人数1887人,现场录用人数355人。

【社保工作】 (1)社保基金征收情况。企业职工养老保险实际缴费人数21391人;职工医疗保险实际缴费23639人；工伤保险实际缴费15232人;失业保险实际缴费7505人;生育保险实际缴费18053人。全年征收企业职工养老保险费31614.13万元,完成市下达征收任务的151%；征收职工医疗保险费6500.65万元,完成市下达征收任务的112%；征收工伤保险费205.2万元,完成市下达征收任务的87%;征收失业保险费364.36万元,完成市下达征收任务的116%;征收生育保险费280.27万元,完成市下达征收任务的106%。城乡居民养老保险收入(含各级财政补贴)7028万元;城乡居民医疗保险收入（含失地农民养老和各级财政补贴)12543万元。(2)社保基金支付情况。全年社会保险基金共支出50681万元。其中,企业职工养老保险支出28245万元;职工医疗保险支出4437万元;工伤保险支出218万元;失业保险支出437万元，生育保险支出198万元;城乡居民养老保险支出4751万元，城乡居民医疗保险（含大病医疗保险）支出12395万元。(3)社会保障卡使用工作情况。为更好地发挥社会保障卡便民惠民的作用,该县继续积极扩大社保卡的应用范围,社会保障卡在职工医疗保险、工伤保险、生育保险和城乡居民医疗保险待遇的支付方面得到了广泛应用,使用率达99%以上,全县通过社会保障卡发放养老金达8956人。(4)机关事业单位养老保险经办工作情况。2016年8月,该县政府成立了机关事业单位养老保险制度改革工作领导小组,负责机关事业单位养老保险改革日常业务,并组织相关人员到惠州参加全省机关事业单位养老保险经办启动实施工作暨业务培训会议。该县参照市局的相关做法,联合组织部、编办、财政等部门,草拟了机关事业单位工作人员养老保险制度改革工作实施方案。2016年12月,组织开展全县第一批财政全额拨款的机关事业单位养老保险参保登记工作,逐步扩展到全县的其他机关事业单位。

【劳动关系工作】 创建了5个和谐劳动关系示范企业。受理直接投诉案件140多宗,涉及900多人次,主要涉及工资拖欠、下岗失业安置、社保补缴、工伤赔偿、退休办理及待遇申领等问题,为劳动者挽回经济损失700多万元。其中比较典型的案件有:福建省惠一建设工程有限公司(碧桂园建筑工地)拖欠400多人工资600多万元,经人社、住建、公安等部门的联合调处,付清工资;蕉岭迎宾馆装修工程(福建豪太装饰有限公司)拖欠25人工资45万元,经人社、住建共同调处,付清工资;奥园广场工程(县建筑工程有限公司)拖欠17人工资43万元,经调处,工资已支付;梅县新城物业管理有限公司31位下岗工人要求经济补偿案,油坑集团下岗工人要求补缴社保案、淦源建材科技有限公司下岗失业工人要求支付工资及经济补偿等案件。严格执行广东省企业工资指导线和最低工资标准,依据《梅州市人民政府转发广东省人民政府关于调整我省企业职工最低工资标准的通知》(梅市府函〔2015〕38号)的规定,企业职工最低工资标准由原来的1010元调整为1210元,执行最低工资标准和全市非全日制职工小时最低工资标准(12元/小时)。

【人才工作】 全年新增人事代理68人,档案保管41人;人事关系转入转出共152人,接受人才政策等业务咨询共1100多人次。累计人事代理1018人,档案保管938份。劳动事务代理共7858人,办理退休手续的有203人,档案查询232人次。

【依规办理工作】 办理早期离开企业人员一次性缴费2人,征收7.31万元;单位漏办补缴79人,征收49.87万元;企业未参保一次性补缴94人,征收267.53万元;离开机关事业单位人员一次性补缴3人,征收21.56万元;大龄补缴73人,征收504.54万元。核减定点医疗机构不规范的服务行为所产生的费用约30多万元不按医疗服务协议执行的费用。受理医疗审核报销6970宗,其中132宗约93.2万元不符合基金支付已拒付;加强对外伤病人的调查,拒付不符合报销范围的费用约67万元。提高仲裁效能,全年共处理争议案件101宗,其中案外调解49宗,立案处理52宗(9宗不予受理,12宗申请人撤回申请,2宗尚未结案,其余均裁决结案),法定审限内结案率100%。涉案人数共计549人;全年收到工伤认定申请62宗;其中材料齐全,同意受理的62宗,结案54宗;认定为工伤的有54宗,处于调查阶段6宗,撤回申请1宗,协商解决1宗。基金支付医疗费52宗,雇佣方支付医疗费4宗。办理调动手续2人,吸收企业合同制工人9人。 (邓惠玲)

2016年县人力资源和社会保障局负责人名录

局　长:刘红锦

副局长:陈卫东(6月任职)　黄君玲(女)

林建军　王军胜(6月离任)

社会保险基金管理

【概述】 2016年,企业职工养老保险实际缴费人数21391人;职工医疗保险实际缴费23639人;工伤保险实际缴费15232人;失业保险实际缴费7505人;生育保险实际缴费18053人。全年征收企业职工养老保险费31614.13万元,完成市下达征收任务的151%;征收职工医疗保险费6500.65万元,完成市下达征收任务的112%;征收工伤保险费205.2万元,完成市下达征收任务的87%;征收失业保险费364.36万元,完成市下达征收任务的116%;征收生育保险费280.27万元,完成市下达征收任务的106%。城乡居民养老保险收入(含各级财政补贴)7028万元；城乡居民医疗保险收入(含失地农民养老和各级财政补贴)12543万元。(2)社保基金支付情况。全年社会保险基金共支出50681万元。其中，企业职工养老保险支出28245万元；职工医疗保险支出4437万元；工伤保险支出218万元；失业保险支出437万元，生育保险支出198万元；城乡居民养老保险支出4751万元，城乡居民医疗保险(含大病医疗保险)支出12395万元。

【调整征收标准和待遇水平】 本年度按政策调整了社会保险征收标准和待遇水平：企业养老保险(含灵活就业人员参保)缴费工资上限为16575元，下限为2408元，费率23%(其中单位15%、个人8%，灵活就业人员按20%(全部由个人缴纳)；职工医疗、工伤、生育保险缴费工资上限为16575元，下限为2701元，灵活就业人员、退休人员参加职工基本医疗保险按月缴费的，按4502元申报缴纳。职工医疗以单位参保的按8.3%，其中单位6.3%、个人2%；灵活就业人员按8.3%(全部由个人缴纳)；工伤保险：一类行业0.2%，二类行业0.4%，三至八类行业0.5%(全部由单位缴纳)；生育保险0.5%(全部由单位缴纳)。失业保险缴费工资上限为13506元，低于13506元的应如实申报，不得低于梅州市企业职工最低工资标准1210元，费率为1%，其中单位0.8%，个人0.2%。职工补充医疗保险缴费标准为每人每月13元(其中单位8元，个人5元)。从2016年1月1日起，为该县16290名企业退休人员调整了企业退休人员养老保险待遇，调整后，月人均增加养老金117.78元，月人平均退休金达1488.56元；从1月起，城乡居民养老保险基金基础养老金标准提高至每人每月110元；从3月起，调整城乡居民医疗保险住院医疗费基金支付比例，市内二级医院基金支付比例由80%提高至85%，市内一级医院基金支付比例由90%提高至95%；从7月起，为42名企业军转干部增加了生活困难补助资金，月人均增加200元。

【启动机关事业单位养老保险改革】 2016年8月，县政府成立了机关事业单位养老保险制度改革工作领导小组，常务副县长任组长，县委组织部长和分管副县长任副组长，成员由县委办、县府办、财政局、人社局、组织部、编办、社保局等相关人员组成；领导小组下设办公室，办公地点设在人社局，主要负责机关事业单位养老保险改革日常业务。组织业务人员到惠州参加了全省机关事业单位养老保险经办启动实施工作暨业务培训会议。参照市局的相关做法，联合组织部、编办、财政等部门多次进行商讨，草拟了蕉岭县机关事业单位工作人员养老保险制度改革工作实施方案。2016年12月始，组织开展了全县第一批财政全额拨款的机关事业单位养老保险参保登记工作，陆续扩展到全县的其他机关事业单位。

【落实城乡居民大病保险制度】 城乡居民医疗保险实行市级统筹，分级管理，统一缴费标准和保障水平，统一“三大”目录等。为城乡居民购买大病保险，参保人在医保基金支付后需个人负担的合规医疗费用年累计超过1.2万元以上部分，由大病保险按60%—70%比例进行再次报销，年度补偿累计最高限额为15万元。

(丘玲玲)

2016年县社会保险基金管理局负责人名录

局　长：王志(6月离任)　王军胜(6月任职)
副局长：曾劲锋　丘燕香(女，3月离任)
陈冬梅(女)　古伟荣(女，3月任职)

居民收入与消费

城乡居民收入与生活消费

【城乡居民人均可支配收入】 根据120户城乡居民住户调查资料显示，2016年全县全体居民人均可支配收入为17847.5元，其中：城镇居民人均可支配收入21815.9元，农村居民人均可支配收入13823.1元。从收入构成看：工资性收入11048.1元、家庭经营性净收入3379.2元、转移性净收入2712.4元、财产性净收入为707.8元。

【城乡居民人均可支配收入的比重】 2016年全县全体居民人均可支配收入17847.5元，其中工资性收入占61.9%、家庭经营性净纯收入占18.9%、转移性纯收入占15.2%、财产性净收入占4.0%

【城乡居民人均生活消费支出】 2016年，全县全体居民人均生活消费支出为15144.8元，其中城镇居民人均生活消费支出17133.8元，农村居民人均生活消费支出13127.8元。在八大类生活消费支出中，其中：食品烟酒类支出为5987.2元、衣着类支出621.9元、居住类支出3243.3元、生活用品及服务类支出901.7元、交通通信类支出2105.2元、教育文化娱乐类支出1140.6元、医疗保健类支出960元、其他用品和服务类支出184.9元。

【城乡居民人均生活消费支出的比重】 2016年，全县全体居民人均生活消费支出为15144.8元，其中：食品烟酒类支出占39.6%、衣着类支出占4.1%、居住类支出占21.4%、生活用品及服务类支出占6.0%、交通通信类支出占13.9%、教育文化娱乐类支出占7.5%、医疗保健类支出占6.3%、其他用品和服务类支出占1.2%。 (黄荣城)

乡镇·省、市驻蕉岭单位

乡镇概况

蕉城镇

【概况】 蕉城镇位于蕉岭县境中部，东面靠山，西面临河，205国道贯穿全境，地处全县政治、经济、文化中心，是县城所在地、省定中心镇。全镇总面积57.68平方公里，下辖11个村委会和4个社区居委会，共181个村民小组，户籍总人口7.6万人，其中农业人口2.5万人。2016年，全镇工农业生产总值10.65亿元，同比增长9.0%，其中工业总产值7.66亿元，同比增长9.2%，农业总产值2.99亿元，同比增长8.9%；农民人均收入15686元，同比增长9.5%。蕉城镇素有“金城雄镇”之称，风景秀丽，人文气息浓厚，境内有镇山国家森林公园、兴化寺等旅游景点。

【经济建设】 2016年，蕉城镇紧紧围绕县委、县政府的战略部署，扎实推进各个重点项目建设。一是加快中心城区扩容提质步伐，全力抓好用地保障，依期完成了城南教育用地、福星大道桃源东路北区域、金城工业园扩园、自来水厂扩建等土地征收工作。二是加快发展“两区两业”，坚持培育发展铁汉生态、A家家具、鹏宇装饰材料、固特超声、金发纸业等一批主导产业，同时加大招商引资宣传力度，创优投资环境，提升服务水平，吸引优质企业集聚。三是积极培育百亿长寿健康产业，依托世界长寿乡品牌，结合推进梅江韩江绿色健康文化旅游产业带建设，大力发展精致高效农业、生态观光农业和休闲养生旅游业，建设和完善一批酒店、景点等旅游服务基础设施。

【新农村建设】 围绕打造“世界寿乡·美丽蕉岭”的目标要求，蕉城镇结合实际，切实找准新农村建设的切入点和突破口，以城乡环境综合整治、畜禽养殖污染整治、农村生活垃圾收集处理、基础设施建设为抓手，扎实推进全镇新农村建设。全年投入2000多万元打造龙安村省级新农村示范点，全村实施村道改造18公里，实施圳道改造7公里，拆除旧房5000多平方米，完成外立面改造2万多平方米，新建休闲小公园4个；全力推进叟乐、陂角县级美丽乡村示范点建设，陂角村美丽乡村示范点建设获评优秀；截至2016年年底，生猪养殖污染整治总进度达85%；全面实行农村生活垃圾收集处理制度并形成长效管理机制。

【社会事业建设】 蕉城镇坚持把保障和改善民生作为各项工作的根本出发点和落脚点，将各项惠民利民政策落到实处，着力解决最直接、最现实、群众最关心的问题。一是聚焦扶贫工作，以“核准扶贫对象、找实致贫原因、摸清帮扶需求、落实帮扶措施”为原则开展精准扶贫工作，2016年，蕉城镇梳理上报贫困户395户，涉及贫困人口919人，结合贫困户的实际情况和需求，通过产业帮扶、医疗救助、助学帮扶、就业帮扶、危房改造、社会保障等多措施相结合的形式制定帮扶计划，开展帮扶措施；二是认真落实最低生活保障政策，2016年全镇享受低保人数616户1187人；三是落实孤儿基本生活保障制度，保障全镇孤儿和事实无人抚养儿童生活稳定；四是继续完善就业援助制度，全年帮助困难人员认定和灵活就业申请社会保险补贴 200 多人。

【平安法治建设】 一是坚持问题导向，深化矛盾纠纷排查调解，充分发挥基层调解委员会的主体作用，有效维护辖区的社会稳定。全镇全年受理、调处各类民间纠纷 134 宗，调解率 100%，调解成功率达 98.7%。二是保持综治信访维稳良好局面，全年直接排查受理各类民事纠纷 57 宗，已化解 54 宗，调处成功率 95%，镇综治信访维稳中心全年及时分流并调处各类民事纠纷 110 宗，调解成功 105 件，调处成功率 96%，辖区内均未发生群体上访信访和不稳定情况。三是不断强化调解网络建设，推进民主法治进程，"一村(居)一法律顾问"全年为各村(居)解答法律咨询 194 次，调解矛盾纠纷 27 次。

【党的建设】 一是加强班子队伍建设，坚持党委中心组学习制度，结合"两学一做"学习教育，每月开展一次集中学习，提高领导班子整体思想政治素质；二是强化基层党组织服务水平，整顿软弱涣散村党组织，建立健全各项工作制度，定期督查整顿工作，增强了村级班子战斗力和凝聚力；三是抓好违纪违法案件线索排查。坚持"突出工作重点、强化办案效率、注重抓早抓小"的工作思路，扎实开展农村基层党员、干部违纪违法线索排查工作，全年排查线索 22 条，立案 6 条。 （陈　敏）

2016 年蕉城镇党委、政府负责人名录

党委书记：肖培彬
党委副书记：徐伟彬
王裕胜
涂伟文(5 月任职)
镇　　长：徐伟彬
镇人大主席：肖培彬(10 月离任)
王　志(10 月任职)
党委委员：罗丽红(女)
陈文清
陈维志(1 月离任)
林玉荣(女,5 月离任)
陈晓欧(5 月任职,7 月离任)
林志荣(5 月离任)
古文粤(5 月离任)
刘东海(5 月离任)
梁媛仪(女,3 月任职)
丘兆仕(3 月任职)
翁松彬(3 月任职)
曾峻彬(8 月任职)
汤新运(女,8 月任职)
郭东华(8 月任职)
徐宋文(8 月任职)
副镇长：赖文曦(3 月任职)
涂伟文(5 月离任)
罗　卫(5 月离任)
徐　忠(10 月离任)
罗丽红(女,10 月任职)
黄小军(10 月任职)
汤新红(女,10 月任职)
镇人大副主席：刘小波(5 月离任)
徐　忠(10 月任职)

新铺镇

【概况】 新铺镇位于蕉岭县最南端，石窟河沿岸，毗邻梅县、平远县。该镇交通条件优越，天汕高速公路、205 国道横贯全镇；自然资源和物产丰富，具有良好的发展潜力，是著名的水泥之乡、茶果之乡、华侨之乡、文化之乡，是省级建材专业镇、蕉岭县中心镇。全镇总面积 184.9 平方公里，其中耕地面积 2.67 万亩，林业用地 21.3 万亩，森林覆盖率达 78%，下辖 21 个村委会及 1 个社区居委会，户籍总人口约 4.5 万人。2016 年，全镇工农业总产值 20.82 亿元，同比增长 10%，其中：工业总产值 16.35 亿元，农业总产值 4.47 亿元；农民年人均纯收入 1.38 万

元,同比增长9%。2016年,该镇坚持以振兴发展为主线,抓住机遇,精准发力,统筹推进,咬定目标抓项目,不换频道谋发展,主要经济指标超额完成,经济社会各项事业健康快速发展。

【优势产业做强做特】 一是新型建材产业提质增效。始终突出"工业强镇"发展战略,强化服务意识,主动作为,协调好企业与群众的利益关系,妥善处理厂社矛盾,为企业做强做大创造良好的发展环境;全面解决皇马征地遗留问题,为企业节能技改项目建设提供保障,龙腾150万吨生产线技改项目扎实推进,220千伏油坑(福岭)变电站征地工作已完成;抓住大招商、大开发、大建设机会,采用以商招商、以产业链招商、乡贤回归等形式,尽快盘活油坑工业基地的已征土地资源,吸引优质建材企业早日入园、早日动工、早日见效,实现工业总量和经济质量的全面提升。二是长寿健康产业成效显著。以列为"梅江韩江绿色健康文化旅游产业带"为契机,融合"世界长寿乡"品牌,围绕一杯茶、一粒米、一瓶水、一棵笋、一瓶蜜等"五个一",致力对接珠三角市场、发展无公害绿色蔬菜基地,面向全国,打好"黄坑茶"、"竹稻米"和"银葛宝"品牌,着力抓好大快乐食品有限公司鸭蛋等深加工,提高产品附加值;在尖坑村实施世界银行贷款广东蕉岭农业面源污染治理项目,减少环境污染,减轻农户经济负担,提高水稻产量,促进农户增收;充分调动农民科学种田和农业技术人员指导生产的积极性,选派代表参加蕉岭县粮食高产竞赛活动,并荣获第三名的佳绩。

【特色文化做精做细】 一是形成特色旅游景观带,打造山青水绿生态圩镇。结合自身实际,积极主动融入梅江韩江绿色健康文化旅游产业带,坚持"创新、协调、绿色、开放、共享"发展新理念,咬定目标狠抓项目,引进国内先进设计团队规划设计,高标准高质量规划建设"三园两桥一街一堤一镇一名居"(建设滨水公园、森林公园、湿地公园,塔牌五桥、南山桥,古街改造,生态堤围,足球小镇,谢晋元、钟孟鸿、林修明等名人名居)新铺特色旅游景观带;滨水公园完成工程的80%,湿地公园已完工,满山红森林公园已完成工程的55%,古街的规划设计和招标投标工作已完成,第一阶段外立面改造正在进行中。二是塑造特色文化品牌,擦亮新铺特色旅游名片。积极传承客家文化底蕴,2016年新铺"七月半"文化节活动取得圆满成功,古镇文化得到有效宣传,同时,深入推动完成新铺"七月半"非物质文化遗产申报和"千年古镇"新铺宣传片拍摄工作,提升千年古镇形象,建设新铺特色文化旅游产业,推动新铺经济社会又好又快发展。

【城乡面貌焕然一新】 一是美丽乡村建设力度不断加强。用足用活各种优惠政策,进一步推动尖坑、象岭、镇郊等美丽乡村示范点建设,重点推进滨水公园、湿地公园和满山红森林公园建设,辐射带动全镇新农村建设;提高美丽乡村建设水平,挖掘各村历史文化底蕴,加大名人故居的保护和开发力度,打好历史文化名村、古村落等乡村文化品牌,将文化资源优势转化为产业发展优势。二是人居环境综合整治有力推进。成立领导小组,制订整改方案,对圩镇和重点道路河流沿线"六乱"进行整治,生猪污染整治行动投入约1853.26万元,猪舍拆除及去功能化3432户,共191538.12平方米;制定考核办法,建立农村生活垃圾处理长效机制,形成"户投放、村收集、镇转运"的垃圾处理二级网络,建成1个垃圾转运站,实现村村有专职保洁员和垃圾收运每日清理,农村环境大为改观,群众环保意识逐渐增强;长江村建立村级污水处理设施,节能减排工作逐步推进。三是镇村基础设施建设持续完善。构建"两横三纵"圩镇立体交通网络,圩镇新东路和新福路铺设沥青路面完成升级改造,全面完成圩镇段约6公里路灯亮化工程和新油线、新铺大桥等重要节点绿化美化工程;启动中小河流域治理工作，石扇河清淤工作已全部完成，护坎建设进度约为90%，徐溪河清淤工作基本完工，护坎建设进度为80%以上；建设靓丽堤围风景线，石窟河新铺段新建堤围工程项目完成工程总量的85%，约900米的河堤沿线进行固脚抛石，征地清障工作全部完成。

【民生工作稳步推进】 一是创新服务群众模式。公共服务站点实现全覆盖，站点工作人员全备齐，同时，加强站点工作人员技能培训，提升窗口服务功能，解决联系服务群众“最后一公里”问题；健全社会矛盾排查调处机制，把驻点直接联系群众制度与基层社会治理网格化及化解信访积案等工作相结合，抓好源头治理，畅通信访渠道，切实解决群众合理诉求。二是稳步推进新时期精准扶贫脱贫工作。2016年，全力推进省定贫困村潘田、下南、象岭、金沙等4村的扶贫工作，全镇贫困户脱贫490户681人，脱贫率为44%，高于全县平均水平，无劳力低保、五保户贫困户实现全面脱贫；无劳力贫困户年人均纯收入达到4020元以上，有劳力贫困户年人均纯收入超过了5000元；扎实开展危房改造专项整治工作，共投入109万元，完成21户新建、29户危房改造任务。三是完善社会保障体系。加大社保扩面征缴力度，该镇适龄城乡居民参保率达到100%；民政经费支出213.58万元，各项应保尽保资金全面落实；9月，成立蕉岭县新铺镇关爱协会，重点资助全镇单亲特困家庭，让困难群众子女有书读，并助力该镇人居环境综合整治工作。四是抓好安全生产工作。认真组织开展安全生产专项检查，加强应急值守，严防自然灾害引发的生产安全事故，保障人民群众生命财产安全；高度重视森林防护工作，切实加强林区巡查布控，保护森林资源，加大绿化造林力度。五是大力发展社会事业。切实加大教育投入围绕争创广东省推进教育现代化先进县目标，提高教育质量；认真落实畜禽养殖污染整治行动和爱卫活动，有效控制重大动物疫病的发生和蔓延；继续做好人口计生工作，着力做好对计生政策变动的宣传解释工作，进一步提升全镇人口素质和计划生育率；国防、征兵、妇女儿童、应急、广播电视、档案、残联、畜牧等工作取得新成绩。

【党建工作创新局面】 一是抓班子，落实党建工作责任。坚持完善科学规范的党委班子运行机制和议事决策机制，形成分工合作、相互配合的集体领导体制，努力提高党委议事决策的科学化、民主化、制度化水平；建立抓基层党建工作的责任体系，坚持定期研究基层党建工作制度，形成书记抓党建、党委委员带头抓落实的工作态势；坚持把学习和经济建设相结合，认真开展党委中心组学习活动，把党建工作列入农村(社区)、非公企业重要工作内容，形成党建工作与经济社会发展同部署，同落实、同考核的有效抓手。二是抓治理，加强基层组织队伍建设。严格发展党员程序，控制总量、优化结构、提高质量、发挥作用；深入整顿软弱涣散基层党组织，镇党委班子通过民主生活会、阶段性工作分析、个别交心等方式，与村“两委”干部之间不定期互相谈心、交换意见；选优配强农村“当家人”，认真完成2016年的县镇两级换届工作，注重做好村(社区)党组织书记培养和监督管理工作；专项整治基层干部不作为、乱作为等损害群众利益行为。三是抓思想，创新服务模式，增强服务实效。深入开展“两学一做”学习教育活动，扎实推进直联工作，全镇15名班子成员和80名机关干部，组成22个驻点团队驻村(社区)直接联系服务群众，全年共走访群众10373户，收集群众问题647个，答复解决问题643个；严格管理镇服务中心和21个村级服务平台。四是抓发展，党建成效促进农民增收致富。以项目建设为动力，增强农业农村发展后劲，2016年全镇确定重点项目28个，采取一个项目，一位领导，一套人马，一抓到底的工作机制，各个项目有序推进；积极争取农业和农村项目建设资金约6000万元，建设完善镇村各项硬件、软件基础设施；以农民增收为目的，培育农业龙头企业，积极探索“公司+基地+农户”“协会+农户”的发展模式，带动农业增效，农民增收；服务支柱产业，做优做强建材，全情服务油坑建材、皇马公司等规模企业，实现水泥产业的优化升级，延长产业链条。

（凌 欢）

2016年新铺镇党委、政府负责人名录

党委书记：钟光庆
党委副书记：林 威(5月离任)
郑康文(5月任职)
谢其才(5月离任)
罗文波(11月离任)
林文胜(5月任职)
王 江(5月任职)
镇 长：林 威(5月离任)
郑康文(5月任职)
党委委员：林 巧(5月离任)
黄选文
谢志玉(女,5月任职)
李 浩
罗 丹(女) 何海英(5月离任)
周满桂(5月任职)
黄麟胜(5月任职)
黄焕永(5月离任)
谢李华(5月任职)
刘秀云(5月离任)
邓伟峰(5月离任)
副镇长：林 巧(5月离任)
王 江(5月离任)
谢志玉(5月任职)
钟永健(5月任职,7月离任)
邓伟峰(5月任职)
古德新(10月任职)
人大主席：钟光庆(5月离任)
林 巧(5月任职)
人大副主席：谢荣昌(5月任职)

长潭镇

【概况】 长潭镇位于蕉岭县石窟河以西，东与蕉城镇隔河相望，西与平远县接壤，南与三圳镇相邻，北与广福镇相邻。全镇总面积91.59平方公里，下辖神岗、上村、浒竹、堑垣、新泉、白马、麻坑、高陂、长潭、长东、百美11个村委会和1个居委会，共177个村(居)民小组。至2016年底总户数5080户，总人口19063人。

长潭镇是广东省乡村旅游特色镇，境内生态旅游资源丰富，拥有国家AAAA级旅游区、一线天、百竹园、名木古树园、珍稀园、千亩枫叶园、高台庵、澳洲山庄、闽粤赣释迦文化中心等多个自然人文景点。辖区内有广东长潭粤电站和省级自然保护区，文化底蕴深厚，先后涌现了抗清志士林丹九、赖其肖，画家林乃干、联合国高级专员钟嘉谋等名人。

【镇域经济持续发展】 2016年，全镇完成生产总值45546万元，比上一年增长8.5%；人均收入12889万元，比上一年增长7.8%。现代农业发展势头强劲。以白马上合农工商发展有限公司为示点，引导发展复合型现代农业经营体系；大力发展本地水果、有机蔬菜种植、蜜蜂养殖等生态农业，集中做好优质黑稻、茶叶、蜂蜜、金橘等精深加工，延长产业链，实现村集体增收与农民致富同步；将现有的科诚家庭农场、长寿庄园基地、花海种植基地有机结合，规划建设农业景观区、农耕体验区、采摘品尝区、农家餐饮区、民宿体验区等项目，积极打造农业大公园。传统工业发展进一步增强。长潭一线天、玉纯等酒业生产线项目建成投产，构建米香型白酒和客家黄酒生产基地；蜂蜜酒研发取得成效，成功打造“天然、有机”新型品牌。长寿旅游发展提档加速。提升改造长潭码头、停车场、游客服务中心等综合服务设施，成功打造白马上合新农村景观、百美乡村旅游等特色景点,以旅游带旺经济发展。

【镇村面貌日新月异】 一是村庄建设有序推进。完善村庄道路、圳道、农田水利设施等建设;推行农村改厕项目,推广沼气、太阳能等新能源使用;选取上村田心片为全镇“三拆三建”试点自然村,采取“拆建”兼施的方式,拆除危旧房屋,打造客家特色民居,带动全镇拆危、拆旧、拆乱的热潮;对长潭街和沙尾街进行画线停放,规范车辆停放,同时对周边的铁皮瓦进行整治,确保群众居住安全。二是美丽乡村建设成效显著。完成百美进村道路、上村横堤路、堑垣西堤村道等道路改造,上村、神岗、堑垣、浒竹、新泉“五村联动”、乡村旅游慢行线项目成效显著,白马上合美丽乡村被列为县美丽乡村“七星伴月”格局中的一星,成为县级美丽乡村典范。三是生态环境巩固提升。成功建立“村上门收集、镇统一运转、县无害化处理”的生活垃圾清运长效机制,投入资金230多万元,配备垃圾转运车辆16辆(平均每村1.5辆),保洁员47人(其中龙吉顺公司保洁员6人,达到406人配备1名保洁员),为全体镇村干部和保洁员统一配备火钳、口罩等,生活垃圾实现日产日清;建立水库水面漂浮物打捞清理长效机制,水库水环境明显改善;以上村村湿地公园建设为龙头,全面推进全镇40多个农村污水处理设施建设;按照“拆、转、治、清、管”思路,根据网格化管理原则,由镇村干部一同到养殖户家中进行政策宣传,做养殖户思想工作,动员养殖户拆除猪舍,转型发展绿色产业,减少养殖污染。

【基层创新成效明显】 一是基层治理成效显著。干部驻点普遍直接联系群众制度全面落实到位;完善“三资”管理制度,实行"村账镇管"机制,加大对村级财会人员培训力度,规范财务使用程序,确保“三资”管理的公平、公正、公开;推进基层公共服务平台建设工作,建成村公共服务站12个,全面实现公共服务事项“一站式”办理、“一条龙”服务。二是农综改革凸显示范。成功建立镇、村产权交易平台,推动农村资源流转交易,土地资源得以盘活;完成小型水利工程确权工作。

【社会大局和谐稳定】 一是民生福祉持续改善。投入大量资金用于粮食直补、良种补贴、农机购置、汽车下乡、生态林、农村无害化改厕、道路、路灯等民生实事建设;为低保户、五保户、重点优抚对象、残疾人等发放补助金,完成农村低收入住房困难户住房改造;完成堑垣文化活动广场、浒竹文化活动广场、白马上合文化活动中心、长潭村文化活动中心等公共设施建设,丰富群众文娱生活;堑垣、浒竹2个省定贫困村顺利实现脱贫,集体经济收入均在5万元以上。二是社会事业全面进步。完善白马中心小学校园基础设施建设,深化教学队伍素质提高和教学内容改革,顺利通过省教育强镇复评验收;突出抓好计育政策落实,开展“四术”落实、免费孕前健康检查、“单独二孩”、“全面二孩”等计育新政策宣传、新家庭计划等各项工作;开展法律知识讲堂,着力宣传《广东省信访条例》等政策法规,依法依规做好信访工作,有效调处民间纠纷158宗,成功调处155宗,调处成功率达98.10%;全面落实安全生产“一岗双责、党政同责”制度,从严监管非煤矿山、烟花爆竹、消防、水上交通运输、饮食等重点行业,共排查各类企业148家(次),排查安全隐患68处,已整改65处,整改率达到95.58%,全镇安全势态稳定。

【镇级换届选举顺利完成】 成立换届筹备工作领导小组,严明纪律,确保换届风清气正,镇级换届顺利完成,共选举产生领导班子13人。

【干部建设全面加强】 开展“两学一做”教育活动,严格落实中央“八项规定”,着力纠正“四风”,认真落实干部驻点直接联系群众制度,有效畅通联系服务群众“最后一公里”;推进网上办事大厅和政务公开平台建设工作,及时办理群众来信来访,权力运行更加透明公开。

(钟 丹)

2016 年长潭镇党委、政府负责人名录

党委书记:丘 伟(4 月离任)
丘志铭(4 月任职)
党委副书记:丘志铭(4 月离任)
王 辉
范政宜(5 月任职)
涂军海(5 月任职)
镇 长:丘志铭(4 月离任)
王 辉(4 月任职)
副 镇 长:汤锦元(5 月离任) 钟红琴
李春光 吴春香(7 月任职)
党委委员:李春光 丘文杞(5 月离任)
陈剑锋(5 月离任)
涂玮球
杨小梅(女,5 月离任)
林玉荣(女,5 月任职)
黄 钢(5 月 任职)
林志荣(5 月任职,7 月离任)
人大主席:丘 伟(4 月离任)
赖勇波(5 月任职)
人大副主席:郭东华(5 月离任)
丘文杞(5 月任职,7 月离任)
林志荣(7 月任职)

三圳镇

【概况】 三圳镇地处蕉岭县中南部,东接 205 国道和蕉华管理区,西与平远县交界,南与新铺镇接壤,北与蕉城镇相邻,距蕉城 10 公里,石窟河贯穿而过。全镇面积 96 平方公里,耕地 1.54 万亩,山林 7.53 万亩,森林覆盖率 69.9%,辖 9 个村和 1 个社区居委会,143 个村民小组,总人口 16863 人。

三圳镇是全国农村综合改革示范点、第一批省级宜居示范城镇、省蔬菜种植技术创新专业镇、省无公害蔬菜生产基地、省教育强镇、梅州市农业结构调整先进镇、梅州市蔬菜种植专业镇、梅州市尊师重教“先进单位”、梅州市人口与计划生育综合改革示范创建先进单位、蕉岭县长寿镇、信用镇,同时,也是国家农业部确定的创建中国“美丽乡村”试点镇和“客韵寿乡”省级新农村建设示范片主体建设镇。2016 年,被评为“广东省休闲农业与乡村旅游示范镇”,九岭村党总支被评为“广东省先进基层党组织”,顺岭村被评为“广东省卫生村”,九岭村被评为国家生态村。

【镇村经济发展】 2016 年,全镇农村社会总产值 2.086 亿元,同比增长 1.8%;农民年人均纯收入 11851 元,同比增长 1.5%。三圳镇以发展特色农业为抓手,创新经济模式,促进农旅结合发展,打造产业亮点。一是持续强化产业核心。吸引乡贤投资,建成九岭莲子基地、“客家农夫”现代农业科技示范园、芳心葡萄园基地、福北白鳗鱼基地、东台铁烟草基地等产业基地,其中“客家农夫”现代农业科技示范园总投资预计达 1.6 亿,现已建成花海、高科技大棚、青少年科普基地、跑马场等设施,促进全镇农业结构进一步从传统分散向现代集成转变。打造自主品牌,鼓励企业结合本地优势发展农业品牌,打造“客家农夫”生鲜、“玖龄”莲子系列产品等本地农业品牌,借助企业的专业化经营手段塑造、推广、销售长寿产品。二是大力推进农旅结合。统筹规划生态观光旅游业发展,以村庄“一村一品”规划和新农村建设景点为基础,通过九岭精品游线、莲子基地、芳心生态菜园等观光型农业基地,有力带动了本地客流、农业发展和群众就业。三是探索发展合作社模式。创新经济发展模式,进一步盘活农村闲置资源,鼓励、引导成立九岭丰发蔬菜专业合作社等以土地、劳力、置业等方式入股的股份合作社,通过向企业出租、经营乡村民宿等方式获取

盈利,每年定期分红,促进资源市场化流转。

【省级新农村建设】 一是深化项目建设。科学谋划、精准发力,促成一批高质量、多内涵的项目落地建设。实施圩镇管沟改造工程,联合供电等多个部门,统一改造管沟,实现三圳圩镇所有挂空管线地下埋藏。打造九岭村精品旅游线路,游线长度约1100米,沿线建设培训学院、长寿膳食坊、双创中心、电影广场、咖啡屋等配套设施,与30余个休闲公园廊亭相互映衬补充,向游客提供优质深度的特色乡村游。实施福北兰畲新区建设,打造民居道路齐整、交通灵活高效、区域划分科学的新农村片区范本。二是引导树立和谐村风,促进精神文明发展。通过镇村引导和理事会牵头,涵育人人有关怀、事事大家议的优良村风。推广芳心村坪子上理事会等试点经验,逐步在有条件的村和理事会建立乡贤群众筹资、理事会制定规范的互助互爱基金,针对环境节点维护、高龄老人、困难家庭、国重考生等群体或项目进行扶持资助,促进村庄氛围和谐友爱。全年共800户农户被评为星级文明户,发放五星门牌,宣传文明示范家风。三是继续促进村民理事会良好运行。共培育建立村民理事会144个,实现村民小组全覆盖。

【环境综合整治】 一是大力开展禽畜污染整治。在县级统一部署下开展覆盖全镇的生猪养殖整治,动员全镇养猪户对猪舍进行拆除或去功能转产,引导群众采用统一圈养等方式,实现禽畜和人居的分离,有效提升农村的空气和水体质量。二是构建垃圾收治体系。组建专门的保洁队伍,以村(社区)为单位聘请保洁员,制定保洁员工作监督制度,日常对主村道等主要地段进行保洁。每家每户发放可回收和不可回收两类家庭专用垃圾桶,镇村配备清运车辆,实现垃圾日产日清。充分发挥村党组织、村民理事会的作用,各村(社区)全部实现了垃圾收治费用收取,收取率96%,垃圾收治体系的运行得到有效保障。三是促进垃圾资源循环利用。充分利用废弃池塘、污染小溪等地段,在九岭、芳心等村建设生态浮床和三级化污池,通过美人蕉、菖蒲等水生植物根系吸附、三级跌落沉降污染物等方式,实现农村生活污水循环利用。在芳心村建设垃圾资源化利用站,将枯枝落叶、厨余垃圾、废弃蔬果转化为化肥。制定积分兑换制度,以积分兑换生活用品的方式调动群众循环利用垃圾的积极性,为农村生活垃圾处理提供新途径。

【党的建设工作】 一是抓严抓实党建重点工作的落实。组织村党组织书记抓党建促发展述职评议会、实行党代表常任制、在理事会中成立党组织,不断强化党的核心领导作用。全面摸底排查全镇党员信息,做到“不漏一个支部、不少一名党员”,并通过发放党员证巩固排查成果。加强“两新”组织党建工作力度,不断提高“两个覆盖”率,目前已单独组建党组织3个。严格把关,依法依规选好县、镇党代表和人大代表。筹备村级换届选举工作,发展年纪较轻、责任心和服务意识较强的培养对象。二是创新学习载体深化“两学一做”。通过组织镇党委书记讲党课、党章知识测试、集体公开承诺、设置“两学一做”宣传展板等活动,提高党员参与学习的积极性和主动性,巩固"两学一做"学习教育的成效。据统计,全镇设置"两学一做"大展板14个,各村(社区)党组织书记讲党课共12场、各类学习活动27场(次)。三是多重举措促进软弱涣散党组织转化。加强专项资金管理和财务公开,强化村监委会作用。联合驻村律师,发挥驻点直联工作优势,及时解决群众间的矛盾纠纷。召开党员大会,落实“两学一做”,组织村两委干部观看《镜鉴》等宣教片。

【基层社会治理】 一是严格落实制度,确保服务质量。完善首接负责、限时办结等制度,促进“一办一中心”提高服务水平。制定干部餐票和服务联系卡,确保每月与群众同吃四餐、每周下乡三次的下沉服务规定落实到位。实行纸质与电子相互结合的台账体系，每月张榜公布记录结果，促进台账记录规范化。全年办事大厅共接访服务群众超过2500人次，驻点团队接访群众1101人，走访7424人，解决群众诉求238件，服务效率和质量显著提升。二是构建基层服务平台。按照“八有”的建设标准，在全镇各村(社区)建设基层服务平台，将服务窗口开设到村，解决服务群众“最后一公里”问题。针对基层服务站专职人员组织业务技能培训，确保工作人员掌握良好的电脑操作技术和服务接访能力。完善制度建设，建立了一套工作成果与绩效考核相挂钩的考评制度，督促工作人员认真做好窗口服务。三是促进“一核三元”村级治理体系良好运行。引导各新农村建设主体村召开协商议事会，通过村民代表讨论表决，通过了道路硬底化、公园建设、助学奖学等议案，不断创新和完善村级民主决策、民主管理、民主监督方式，促进农村和谐稳定。

【社会事业发展】 一是开展好新时期精准扶贫精准脱贫工作。严格按照省定标准，精心组织力量，认真做好相对贫困村、相对贫困户的精准识别、建档立卡、精准帮扶等工作。促进产业扶贫力度，推进东岭村养蜂、铁西村烤烟基地的落地建设，通过发展九岭莲子基地等股份合作社，不断增加贫困人员就业和收入。二是提供好计生服务。全面开展开放二孩政策普及宣传工作，通过发放宣传资料、直接入户宣传、下乡组协助等方式加强群众对开放二孩政策的了解。继续开展日常计划生育服务，更新录入流动人口信息，确保计划生育工作稳步进行。三是落实好社会保障工作。开展低保五保核查、事实无人抚养儿童的摸底调查、留守儿童、老人、妇女人员调查统计工作，认真落实城乡居民养老保险、城乡居民医疗保险等各项政策，积极进行保费征缴。将低保、五保、优抚工作作为重点“民生工程”来抓，不断完善低保五保相关工作制度，实现“阳光低保”和应保尽保。

【综治平安建设】 一是配强安全维稳力量。全镇共组建治安联防队9支154人，完成辖区内重点和主要街道路视频共60个监控系统设施安装，实现重点地区全覆盖。规范调处、精准化解纠纷，全年镇综治司法部门共调处各类民间纠纷80余宗，调处完成率100%。镇综治信访维稳中心平台2016年受理10宗案件，圆满解决10宗案件，解决率为100%，有效地维护该镇的社会政治和治安稳定。二是开展严重精神病患者排查工作。联合镇卫生院对全镇范围内和本镇户籍的精神病患者开展地毯式排查。详细记录患者信息、病症种类、监护人员等资料，将重症危险人员送院治疗，有效保障全镇治安稳定。三是严抓安全生产和防火防汛。坚决贯彻落实安全生产责任制，党政领导带队定期深入各矿场、石场、企业、老祖屋、果园等生产经营单位进行安全巡查，对存在安全隐患的企业，坚决依法依规进行停工并责令整改，充分保障人民群众的生命财产安全。 (赖勇维)

2016年三圳镇党委、政府负责人名录

党委书记：曾伟峰

党委副书记：陈春妮(5月离任)
张艳辉(5月任职)
谢淳晖
陈雁劳(7月任职)

镇长：陈春妮(5月离任)
张艳辉(5月任职)

副镇长：陈雁劳(7月离任)
饶友义(7月离任)
陈晓欧(5月离任)
徐乐(10月任职)
涂建强(10月任职)
王中强(10月任职)

党委委员：陈雁劳(7月离任)
饶春雁
涂建强 谢建祥
周满桂(5月离任)

徐　乐(10 月离任)
赖裕芳(7 月任职)
黄志雄(7 月任职)
人大主席:曾伟峰(10 月离任)
何良发(10 月任职)
人大副主席:张新卫(10 月任职)

文福镇

【概况】 文福镇位于蕉岭县城以北 12 公里,是近代抗日志士,爱国诗人、教育家丘逢甲先生的故乡。天汕高速公路、205 国道贯穿全镇,自然资源丰富(石灰石、锰、铅、锌、铁、稀土等丰富的矿产资源)。辖乌土、红星、鹤湖、白湖、长隆、坑头、暗石、逢甲 8 个村委会(142 个村民小组)和 1 个居委会。全镇总人口 19960 人,总面积 122 平方公里。全镇耕地面积 1.06 万亩,森林总面积 13.4 万亩,其中生态公益林面积 8.2 万亩,森林覆盖率达 78.6%。

【镇村经济稳中有进】 2016 年,全镇工农业总产值 14.65 亿元,同比增长 8.1%,其中农业产值 2.13 亿,同比增长 7.8%,第三产业总产值 1.89 亿元,同比增长 12.3%。一是工业快速发展。该镇紧紧依托资源、地缘和品牌等"三大优势"和省、市级建材专业镇、省级技术创新示范点等"两大平台",以及按照县委县政府打造百亿新型建材产业,加快振兴发展的战略部署,重点支持龙头企业的生产转型发展,工业得到全面快速发展。二是农业活力增强。通过加快农村土地确权与流转,鼓励农户进行土地集约化经营,发展生态观光农业,把发展长寿食品产业与建设现代农业示范基地结合起来,大力发展长寿食品。着力扶持建立辣椒、香芋、蜜柚三大种植基地,引导农户向专业化、规模化发展,巩固和提升种植水平,增加了农民收入。三是旅游业日益完善。该镇结合美丽乡村建设工作,积极推广客家文化,以"逢甲故里·幸福村居""院士之村—羊岌"为主线,逐步完善各村的基础设施、生态保护和公共服务设施的建设。

【镇村治理扎实开展】 一是基础保障扩面提质。不断完善社会保障制度,为民谋实惠、谋福利。持续开展精准扶贫工作,顺利完成红星、坑头村 2 个省定贫困村的结对帮扶工作, 帮助 519 户贫困户基本脱贫,并以扶贫成果为经验,扎实推进新的精准扶贫工作;全镇城乡居民基本医疗保险覆盖率达到 100%; 新型农村社会养老保险投保参保工作持续推进。二是社会治理服务稳步提升。持续优化行政运行机制,继续完善镇级"一办一中心",实施办事大厅集中服务,简化办事程序,提高办事效率,切实帮助群众解决实际困难。全镇 8 个村 1 个居委成立村级公共服务站,方便农村群众办事,农村服务群众的综合能力得到有效提升,进一步加强行政效能建设, 提高政府工作的能力和水平,树立政府的良好形象。三是社会保持和谐稳定。紧紧围绕创造良好社会治安环境的目标,维护社会和谐安定,创建平安文福,形成治安防范和维护稳定的大综治格局。充分发挥镇综治信访维稳中心作用, 畅通群众诉求渠道,积极稳妥处理群众信访突出问题。全镇治安案件、刑事案件发生率逐年减少,人民群众安全感不断增强。加强"六五"普法教育宣传,人民群众的法律意识、法制观念不断增强;实行打击与预防相结合, 严厉打击各种刑事犯罪活动。扎实开展各项安全生产专项整治活动,认真推行"一岗双责"制度的落实,加大对人员密集场所、非煤矿山、企业、烟花爆竹等易燃易爆场所的执法检查力度,做到对安全隐患"零容忍",不断创新监管方式,提高监管效率,杜绝较大及其以上安全生产事故的发生,为全镇经济发展和社会和谐稳定创造良好的环境。

【党建工作不断强化】 强化学习教育。结合"两学一做"学习教育,进一步强化干部党性意识和服务意识,提高干部的理论水平、服务水平和管理水平，营造“敢担当、比奉献”的干事创业氛围，打造一支作风过硬、业务精通的镇村干部队伍。作风建设趋于常态。不断推进廉政建设，结合开展党的群众路线教育实践活动、践行“三严三实”，严格执行中央“八项规定”，面向全镇的发文会议继续减少，“三公”经费利用率高，“庸懒散奢”现象得到有效整治，作风建设走向常态化。建立健全政务公开制度，为群众提供公开、透明、高效的公共服务，增强政府工作的透明度，提高政府公信力。抓好党风廉政建设。落实党风廉政建设主体责任，通过建立健全党员干部学习教育制度，认真抓好党员干部的党性、党风、党纪教育，强化民主监督机制，筑牢党员干部思想道德防线，营造出“不敢腐、不能腐、不想腐”的廉政氛围。

【镇村面貌明显改善】 镇村环境不断优化。全面改善农村人居环境，提升农村生活品质，逐步把各村打造成“生态美、生产美、生活美”的美丽乡村。基础建设不断完善。一是积极协助县交通部门完成205国道的城乡道路改造和建设，结合新农村建设积极筹措资金，完成各村30多公里的村道建设。二是结合农综项目及中小河流域治理在文福全面实施的有利契机，通过筹集各方资金，完成乌土河19.3公里治理改造工程。生态建设取得实效。深入开展“绿满文福”大行动，推动绿色崛起，通过积极筹措资金，至目前，完成各类造林500多亩、碳汇造林及景观林带建设1.1万亩，全镇森林覆盖率达78.1%。城乡文明更富内涵。完成红星、坑头农村文化活动广场建设，健全农民健身广场软、硬件设施管理，为群众提供娱乐健身、休闲活动的好场所。

【综治维稳工作扎实推进】 该镇畅通群众诉求渠道，积极稳妥处理群众信访突出问题，维护社会和谐安定，创建平安文福，形成治安防范和维护稳定的大综治格局。2016年，全镇接访受理群众来信来访21次36人，受理各种纠纷38宗，成功调处36宗，调解纠纷成功率达95%；综治信访维稳中心接访32宗来信来访，成功调处31宗，调解纠纷成功率达97%；民事案件调处8宗，调处率100%；村级综治工作站共调解各类型矛盾100多宗，调解成功率达98%。预防和减少了各种案件的发生，群众满意度高。（涂焱峰）

2016年文福镇党委、政府负责人名录

党委书记：丘建安
党委副书记：谢　刚
　　刘萍珍（女）
　　张学文（5月任职）
镇　　长：谢　刚
副 镇 长：傅心康　陈德民
　　黄小军（5月离任）
　　徐佛新（10月任职）
党委委员：傅心康
　　涂焱峰
　　谢志玉（女，5月离任）
　　张鹏锋（8月任职）
　　傅春梅（女，10月离任）
　　刘秀云（女，8月任职）
　　张伟增
　　黄志雄（5月离任）
　　谢伟宁（8月任职）
　　汤伟强（8月任职）
　　黄沐开（7月离任）
镇人大主席：丘建安（10月离任）
　　杨钦增（10月任职）
镇人大副主席：傅春梅（10月任职）

广福镇

【概况】 广福镇位于蕉岭县北部，地处闽粤两省交界，距县城24公里，毗邻福建省武平县岩前镇、下坝乡、中赤乡，是广东省首批中心镇之

一,区位交通便利,205 国道和长深高速公路贯穿全境。全镇总面积 107.3 平方公里,其中耕地面积 10078.05 亩,山林面积 145008 亩,森林覆盖率达 78%。辖有 10 个村委会和 1 个社区居委会,户籍总人口 15029 人。境内有较丰富的大理石、锰、铁、钙、钾等矿产资源和水资源;历史文化古迹有广福寺遗址、石峰村粟坝罗氏大围屋、省古村落乐干九栋等;传统民间艺术有船灯舞等。

【发展镇域经济】 2016 年,全镇实现生产总值 4.33 亿元,同比增长 6.1%。其中,农业生产总值 1.71 亿元,同比增长 5.5%;工业总产值 2.02 亿元,同比增长 6.8%;第三产业总产值 6177 万元,同比增长 7.9%;农民人均纯收入 8896 元,同比增长 5%。一是做好工业集聚区(北区)建设。配合太平洋集团推进蕉岭工业集聚区(北区)3000 亩“三通一平”基础设施建设,优化集聚区环境,积极推动企业实现“绿色转型”发展。配合做好园区道路规划、建设和管理工作,开通了蕉城至集聚区的公交专线。 二是推动现代农业发展。推进石峰村现代农业示范基地的农田水利设施和道路硬底化建设;做好优质烟叶生产基地建设,优化烟田周边道路和水利设施,确保烟叶提质增收。全镇传统产业烤烟年种植面积约 6400 亩, 年产值 2080 万元;仙人草种植面积 3500 亩,年产值 630 万元;种植金橘约 190 亩,年产值 20 万元。三是加大特色产业扶持力度。鼓励农家乐休闲旅游项目和发展特色农产品,扶持发展大坝百香果园、鹰嘴桃种植基地和洪才金橘采摘园等特色产业,以体验采摘推动特色农业发展,促进广福生态特色农业有新发展、新突破。

【优化人居环境】 一是推进农村生活垃圾治理。全年投入农村垃圾治理工作资金约 96.35 万元,有序推进镇村垃圾上门回收和分类处理工作体系。配备 4 辆三轮垃圾转运摩托车、4 辆勾臂车和 10 个勾臂箱, 购置 20 个垃圾箱和 600 个分类回收垃圾桶, 加强环境治理硬件建设。二是抓好生猪养殖业污染整治。全镇九村共有生猪养殖场(户)1424 户, 总面积 211705.77 平方米, 全年已拆除关闭养殖场(户)1172 户,已拆除猪舍(含去功能化)面积 108126.2 平方米, 合计补偿金额 14921526.6 元,拆除关闭率达 51.1%。三是推进美丽乡村建设。重点抓好石峰村、广育村、乐干村和留畲村四村的美丽乡村建设。着重抓好石峰粟坝围屋的整修工作,在辖区内修建占地 800 平方米的篮球场、1000 平方米的文化小公园和休闲亭廊,规划性地设立入村标识和完善基础设施建设等; 辐射带动其他 3 个村做好村级亮化、绿化、美化工程,并对四村道路扩宽和硬底化建设约 13800 米,农田水利工程建设 3300 米,村容村貌焕然一新。四是抓好圩镇扩容提质。积极实施三溪河河堤规划改造工程,打造一河两岸景观带;拓展城镇发展空间,切实加强镇村综合规划管理工作,促进镇村高效、生态、和谐发展。

【落实民生实事】 一是推进总投资 1518 万元的乐干河中小河流域治理工程,修缮河道周边的机耕路,改善生态环境和人居环境,保障沿线村民安全。二是积极开展乐干九栋古村落申报项目,并于 2016 年 10 月成功入选第五批广东省古村落,成为蕉岭县的第三个广东省古村落。三是推进总投资 5000 万元、全长 32 公里的麻石公路建设。四是打好精准扶贫攻坚战,重点抓好石峰和洪才两个省定贫困村的帮扶工作。全年完成 328 户贫困户的核查工作,完成了三年帮扶规划。全年围绕群众关心的就业、就读、就医、社会保障等问题,办好各项民生实事。

【构建平安广福】 一是抓好消防整治和安全工作。2016 年,广福镇被列为全市第八批火灾隐患重点地区挂牌督办单位,全年共组织开展消防安全培训班 17 场次, 约 900 余名各类从业人员接受培训，强化消防安全队伍建设。严格按照“党政同责、一岗双责、齐抓共管”的要求，全面强化安全生产监管，确保安全生产形势和谐稳定。二是完善信访工作制度。镇村干部驻点普遍直接联系群众实现常态化、规范化，密切党群干群关系，信访形势不断好转。全年镇级受理接访3件，上级转办8件，梅州民生14件，初调率100%，成功调处27宗，调处成功率100%。三是扎实做好防汛防风防旱和森林防火工作。建立健全突发事件应急预案，强化自然灾害防御措施，加强应急队伍人员培训，保障突发事件、紧急事务处置妥当及时，确保全年总体呈稳定态势。

【抓好廉政建设】 一是完成领导班子换届选举。从严从实做好乡镇换届风气监督，确保换届工作有序健康平稳进行，圆满完成镇级领导班子换届选举工作。二是深化党风廉政建设。强化党风廉政建设“两个责任”和“一岗双责”，坚定不移推进源头治腐，建立健全权力运行制约和监督机制。加大案件查办力度，坚持有案必查、有腐必反、有贪必肃，认真总结普遍性规律性问题，发挥反面典型的警示教育作用。三是抓好“两学一做”教育。让广大党员干部受警醒、明底线、知敬畏，提升党员队伍思想政治素质，保持党的先进性和纯洁性。四是转变干部作风建设。坚持执行领导干部包村包户、驻点直联群众等制度，通过深入基层听取意见、调查研究，深入群众、了解实际，发现问题、解决问题。 （李 滔）

2016年广福镇党委、政府负责人名录

党委书记：付华艺
党委副书记：郑康文（5月离任）
　　王城庆（5月任职）
　　邓 彪（5月任职）
　　何祥永（5月任职）
人大主席：付华艺（5月离任）
　　张 顺（5月任职）
镇长：郑康文（5月离任）
　　王城庆（5月任职）
副镇长：刘森辉
　　徐小珠
　　钟 毅（2月任职）
　　林文胜（2月离任）
党委委员：刘森辉
　　赖耿斌（5月任职）
　　吴雯雨（女，5月任职）
　　黄胜均（5月任职）
　　谢院新（5月任职）
　　张鹏锋（5月离任）
　　龙远秀（5月离任）
　　黄 钢（5月离任）
人大副主席：曾子文（5月任职）
　　谢荣昌（5月离任）

蓝坊镇

【概况】 蓝坊镇位于蕉岭县东部，距县城6公里，全镇总面积134.6平方公里，其中耕地面积776公顷，山地面积10319公顷；辖11个村委会和1个居委，总人口约1.8万人。境内矿产资源丰富，矿产资源主要有煤、钨、稀土、铁、铝、锡、花岗岩等。有龙潭飞瀑、文峰插汉、岁福星故居、克修公祠、水口塔、贞节牌坊等旅游资源。

【尊重规律，发展特色产业】 在产业发展上，该镇因地制宜、扬长避短，积极推进“一村一品”、“几村一品”、农业合作社、家庭农场等特色农业发展，毛竹、蜜柚、优质李、粉蕉等特色农产品基地不断发展壮大，基本建成以南国白珍珠酒厂和高泉酒厂等两间“国证”酒厂为骨干的客家米酒生产基地。2016年，全镇生产总值实现16820万元，同比增长2.5 %，其中，农业产值16226.3万元，同比增长约2.4%；工业产值627万元，同比增长约10%；年人均收入

11334.5 元,同比增长 7%。

【凝心聚力,全面优化环境】 一是抓好中小河流域治理项目与美丽乡村建设双结合,治理河道 15.996 公里。该项目的实施很大程度上完善排涝和改善河流生态环境,形成人水和谐的生态景观;二是全民参与人居环境大整治,开展以生活垃圾回收、河道清淤清障、整治畜禽养殖污染为重点的农村环境卫生综合整治工作,采取"户集中、村收集、镇处理"的处理模式,分级负责落实垃圾处理。全民动员,全民参与,辖区内的脏乱现象得到有效整治,农村卫生无死角,镇村环境面貌焕然一新。三是美丽乡村建设扎实推进。点面结合,以点带面,打造美丽乡村。投入 500 多万元,实施峰口寿乡文化广场、蓝坊绿道建设、石湖福寿公园绿化提升、禾碧潭公园、龙潭休闲广场等项目建设,营造舒适宜居的农村环境,同时充分发挥村民理事会作用,广泛发动群众参与美丽乡村建设。

【夯实基础,加强组织建设】 一是扎实开展驻点直联活动。结合全镇实际,制定出台教育实践活动实施方案等文件,科学安排学习计划,认真学习各级重要讲话精神,组织镇村干部职工上好党课,仔细撰写心得体会;同时,把活动聚焦到作风建设上,扎实抓好"四风"问题整改,有效促进工作作风转变。二是加强基层组织建设。强化对农村工作的监督管理,确保村级班子在执行"四议两公开"、"三会一课"、"一事一议"、民主评议、党务政务及财务公开等制度方面不走样。三是抓好党风廉政建设。坚持重激励、硬约束、严考核,完善部门、村级目标管理考核,实行民主评议、科学奖惩,加大违法违纪案件查处力度,党风、政风和社会风气进一步好转,镇村干部战斗力明显增强。

【克难攻坚,改善社会民生】 一是扶贫工作有新进展。以峰口村、高思村两个省定贫困村为主战场,以全镇 426 户贫困户为重点,以产业扶贫为主线,转变帮扶观念,创新帮扶形式,深入开展新一轮扶贫脱困工作,帮扶工作取得实效。同时,实施农村危房改造 50 户,其中重建 14 户,修缮 36 户,涉及全镇 11 个村,竣工率达到 100%,基本完成 2016 年上级下达的农村危房改造计划,帮助农村贫困户实现了"安居梦"。二是卫计工作有新局面。积极推行新型农村合作医疗制度,全镇共有 17059 人参加,参合率达 100%,顺利通过省、市、县检查。2016 年,全镇共出生 197 人,其中政策内 191 人,政策外 6 人,政策生育率达 96.95%。三是惠民工作有新提高。共落实城镇最低生活保障 12 户 17 人,农村最低生活保障 400 户 811 人,发放资金 194.4288 万元,重点优抚对象 37 人,发放抚恤金 32.586996 万元。五保户共 69 户,其中集中供养 4 户,散养 65 户,共发放资金 53.406 万元,发放 60 周岁以上退役士兵 44 人,共发放资金 5.856 万元。

【立足基层,提高服务质量】 完成 12 个村居基层服务中心建设,全面推进镇村两级公共服务平台(中心)建设,镇级综治信访维稳中心共受理来信来访案件 30 宗,答复 30 宗,答复率达 100%,村(居)委综治信访维稳中心站受理并调解案件总数 95 宗,群众满意率达 98.6%,精神障碍人员排查管控人数为 121 人。全年未发生非正常上访和群体性事件。

【统筹协调,促进事业发展】 一是换届选举工作圆满完成,选出了民心、选强了班子(13 人)。二是教育工作实现新突破,全镇初中升高中参考人数为 30 人,考取重点高中 11 人。三是生态建设持续改善。广泛发动干部群众参与义务植树活动,扎实管护好森林资源,加强森林防火宣传教育,提高群众防火意识,加大山林纠纷调处力度,成功调处山林纠纷 5 宗,全面落实护林防火责任制,全年无森林火灾发生。四是安全生产形势良好。加强对炸封煤矿、非煤矿山、道路交通、食品安全、地质灾害隐患点、

"三小"场所的巡查监管,共排查整治安全隐患16起,全年实现安全生产零事故;五是文化生活日益丰富。新建2个文化活动中心,1个图书馆,全镇农家书屋全部免费对外开放,成功举办"金融知识暨打击电信诈骗宣传"专题文艺晚会。此外,教育、文化、统计、卫生、武装、侨统、残联、应急、档案等部门立足本岗位发挥优势,扎实推进各项工作的开展。 (曾 璐)

2016年蓝坊镇党委、政府负责人名录

党委书记:邓汝芬(女)
党委副书记:林敦权
李 俊(5月离任)
吴国君(5月任职)
周月芬(女,5月任职)
镇 长:林敦权
党委委员:吴国君
周月芬(女)
何海英(5月任职)
张学文(1月离任)
黄焕永(5月任职)
林 鹏(2月任职)
刘丽珍(女,5月离任)
刘宇威(4月任职)
王志均(5月离任)
黄荣胜(5月任职)
副 镇 长:周月芬(女,5月离任)
何海英(5月任职)
王志均(5月任职)
钟永健(5月离任)
黄永辉(7月任职)
人大主席:邓汝芬(女,5月离任)
曾向君(5月任职)
人大副主席:黄青海

南磜镇

【概况】 南磜镇位于蕉岭县东北部,是革命老区,距离县城22公里,北部与福建省的武平、上杭两县毗邻,东面与梅县的松源、隆文两镇相连,总面积173.9平方公里,其中耕地面积1.27万亩,山林面积21.5万亩;辖16个村民委员会,全镇总人口20273人,其中农业人口17826人,总户数5409户;境内山清水秀,森林和水力资源丰富,是蕉岭县木材和毛竹的主要产区之一,森林覆盖率达85%。

2016年,南磜镇以振兴发展为主线,以项目建设为支撑,以改革创新为动力,认真落实原中央苏区和粤东西北地区振兴发展两大政策,全力推进基层党组织建设、经济建设、基础设施建设、新一轮精准扶贫等工作,全镇呈现出经济发展、社会稳定、民生改善的良好局面。全镇工农业生产总值增长4.2%,达到2.34亿元;其中农业生产总值增长3.9%,达到1.44亿元;农民人均纯收入增长5.1%,达到8891元。

【经济发展】 2016年,南磜镇特色农业发展态势良好,经济环境整体平稳。积极采取了封山管护、劈山抚育、科学选植等措施多管齐下增强毛竹培植,全年毛竹及附加产品(冬笋、笋干等)增产增收。烟草种植面积约2190亩,产量约6088担。茶叶基地建设工作进一步加强,2016年茶叶长势良好,产量可观。金山南药、蜂蜜、灵芝等长寿食品培育情况良好,"林下经济"产业发展快速。以客家山村民居文化为特色,立足"健康、生态、文化"三大理念的长寿旅游产业得到进一步开发,辖区新农村建设、美丽乡村建设及石寨村古村落保护建设成果丰硕。

【民生实事】 一是人居环境综合整治。2016年,南磜镇全面开展以生猪养殖污染整治和农村生活垃圾治理为主的人居环境综合整治工作。抓好生活污水处理设施项目建设,做好镇村生活污水处理设施和生态浮床处理工艺设施的选址申报工作。抓好中小河流治理工作,突出做好南礤镇辖区内中小河流治理、水生态保护、水利工程管护工作。二是精准扶贫。将扶贫定位在产业发展、设施建设、劳动就业。成立多个扶民专业合作社培育灵芝沙田柚等绿色食品,共计投入帮扶资金约1400万元,惠及368户贫困家庭。三是人口与计生。开展2016年度流动人口集中服务管理活动,宣传全面实施“二孩”政策,提供优质计生服务。四是社会管理服务。扎实推进省基层公共服务平台试点工作,全镇建成17个公共服务站。积极引导各村建立村民理事会服务基层民主管理,全镇共计召开协商议事会21场次,提交议题24个,办好(含在办项)民生实事24项。

【社会稳定】 一是坚守稳定底线。推动乡镇领导干部普遍直接联系群众工作,持续做好镇村干部网格化服务和干部坐班值班工作。扎实开展社会治安综合治理工作,全年辖区内无重大刑事案件发生。全面排查掌握严重精神障碍患者底数情况,做好诊断评估、救治救助、分类管理和动态管制工作。持续做好安全生产检查、森林防火巡查等常态化工作。二是大力弘扬社会主义核心价值观,开展各类群众性精神文明创建活动。宣传好家训、好家风,发展乡贤乡土文化,推进农村电影放映、农家书屋、农村文化俱乐部等文化惠民工程。三是扎实开展爱国卫生运动。宣传环境保护、疾病防控等知识,营造健康舒适、安全有序的生产生活环境。四是积极推进绿满蕉岭大行动,实施绿化造林约1.5万株,推动乡村绿化美化生态工程建设,全力维护好南礤的生态优势。

【基层党建】 夯实基层党建基础,达到全面从严治党的要求。一是创建学习型党组织,建立健全党员长期受教育,永葆先进性的学习机制,全年共组织集中学习和交流9次。二是加强基层党组织建设,积极开展“两学一做”学习教育,促党建工作规范,全年累计开展各类学习会议40多场;抓好村级党组织后备干部培养工作,建立“两代表一委员”工作室,为党员群众解决困难8个。开展一系列“送温暖”慰问活动,引导困难党员申请党员关爱基金,夯实基层组织的群众基础。全年,南礤镇党组织共吸收入党积极分子22人,发展预备党员12人,预备转正式党员12人。三是深入开展党风廉政建设和反腐败工作。配合县纪委督查组开展农村基层党员、干部违纪违法线索集中排查活动的督查行动,实施对全镇16个村进行两轮共约32次的巡查,进一步强化南礤镇党风廉政建设,将反腐倡廉、从严治党引向深入。(曾 龙)

2016年南礤镇党委、政府负责人名录

党委书记:黄万彬
党委副书记:王洪星
王海胜(5月任职)
陈剑峰(5月任职)
镇长:王洪星
副镇长:郭裕华
王建强
何伟东(5月任职)
党委委员:郭裕华
林芳烈(5月任职)
凌　凯(1月任职)
丘怡山(5月任职)
宋雪丹(女,5月任职)
古文贤(5月任职)
钟靖荣(7月任职)
谢伟宁(5月离任)
赖裕芳(女,5月离任)
汤新运(女,5月离任)
人大主席:黄万彬(5月离任)
林　丰(5月任职)
人大副主席:黄环瑶(5月离任)
黄国城(5月任职)

省、市驻蕉岭单位

广东粤电长潭发电有限责任公司

【概况】 2016年，该公司认真抓好安全生产、优化水库调度、调整经营策略、拓宽发展空间、抓党建促和谐等重点工作。获得广东省消防安全委员会授予的“热心消防公益事业先进集体”、粤电集团授予“AAA级先进发电企业”、“技能人才培育贡献奖”等荣誉，年度发电量和经营利润创建厂以来历史新高。

【主要经营指标完成情况】 2016年，发电共计3.163亿千瓦时，上网电量3.113亿千瓦时，为建厂以来最高发电量；至2016年12月31日，公司安全运行1122天；来水预测综合准确率77.14%，高于目标值70%；平均降雨量为2708.8毫米，较建库后多年平均值(1717.7毫米)偏多991.1毫米；发电水耗10.40立方/千瓦时，较2015年10.42立方/米有所降低，上述指标均优于下达的目标指标任务。

【提升安全管理水平】 认真贯彻粤电集团的安全生产工作会议精神，始终坚持安全生产基础地位不动摇，安全生产形势稳定。认真履行企业主体责任，做到安全投入到位、安全培训到位、基础管理到位、应急救援到位，确保了全年未发生人身和设备安全事件，安全生产稳定有序。

做好防汛和大坝安全管理工作。长潭发电公司认真做好三防工作，确保水库安全。受超强"厄尔尼诺"和"拉尼娜"现象交替影响，暴雨级别或最大三日降雨量超过75毫米以上的有13次，发生较大的洪水有8场。公司高度重视水情预报预测分析，协调三防机构、电网调度和上下游电站，提前开展汛前安全大检查工作，做好防汛物资清查和储备工作，水库上、下游均未发生洪水灾害，确保了水库安全度汛。第四轮大坝安全定期检查，经大坝中心专家组综合评定大坝为A级正常坝(最高级)。抓好环保生态建设工作。长潭发电公司一直坚持库区生态保护，认真协助当地水库管理部门完成水面漂浮物的清理。组织职工学习环保知识，在现场管理中，按安健环要求对废料进行分类处理，节约办公纸张、油、水、电等资源，提高员工环保意识。

【大力推进绿色发展】 挖掘企业经营和发展潜力。长潭发电公司主动作为，发挥生产经营工作的主观能动性。严格依法依规做好闲置资产盘活工作，保证企业资产的保值和增值。密切关注国家扶持政策，控股机组长龙水电站5号机组增效扩容项目成功通过“十三五”时期农村水电增效扩容改造财政资金支持审批。全力配合广东风电公司开展的梅州市风电项目，2016年年初，平远茅坪、梅州明山嶂风电项目获得发改委核准，平远泗水风电项目取得发改委路条，目前已派人参与平远茅坪风电场现场施工前期工作。另外，也积极寻求梅州地区分布式光伏发电项目，力争谋求更长远发展空间。

【提升管理和科技创新水平】 开展管理创新工作。长潭发电公司立足于管理机制创新，走内涵式的发展道路，对生产管理机制改革进行全面系统的研究和长周期的规划设计，充分评估风险并积极稳妥的持续推进。结合实际情况，提出推行水电“运维合一”生产管理模式，经粤电集团评审通过，2016年申报试点工作。长潭发电公司的管理项目《整合水电企业管理体系研究》创新项目获得了粤电公司管理创新项目二等奖，参与的科技项目《调峰调频水电机组多维度耦合轴系稳定性研究及工程应用》获得广东省科技进步三等奖、中国电力科学技术奖二等奖。《整合水电企业管理体系研究》管理创新项目获得了粤电公司管理创新项目二等奖。《水情测报系统改造》《上位机和通讯主机改造》《三号水轮发电机组动平衡试验》三个项目获得集团科学技术进步三等奖。

【加强人才梯队培训建设】 积极开展劳动竞赛和技能培训。以中青年员工为主开展“一专多能”的技能培训，逐步扩大生产管理人员和维护班组的专业管辖范围。组织参加粤电集团水库调度职业技能竞赛，长潭发电公司代表队摘得团体二等奖，姜洪友、杨明得分获个人第二、四名，粤电集团授予“技能人才培育贡献奖”。开展“活力缤纷大讲堂”活动，打造长潭发电公司“精品”项目，锻炼和培养充满激情和活力的员工队伍，为职工提供展示平台，发挥各专业技术管理人员的专长，开展“传、帮、教、学”活动，提高员工队伍的业务技术技能水平和综合素质，推动党建和企业文化建设等各方面的工作。结合“两学一做”与“运维合一”主题，形式多样、内容丰富、参与面广、富于活力。加强管理型、技术型、技能型人才队伍的梯队建设，为保持长潭发电公司持续稳定发展提供坚强的人力资源支撑。

【坚持党要管党，从严治党】 坚持党的政治核心地位，修订完善了党务相关工作管理标准，推动党建工作由软约束向硬指标转变，促进党支部班子自身建设，提高党支部党建工作水平；召开第七次党员大会，选举新一届党委班子和纪委班子，完成党支部换届。加强党员素质教育，发挥先锋模范作用。在党员中全面开展"两学一做"主题教育活动，公司领导带头讲党课，党支部开展专题学习讨论，召开专题组织生活会和开展民主评议党员，在“两学一做”学习教育中抓好党员组织关系排查、党费收缴工作专项检查等基层党建七项重点任务。7月开始，全体党员开展佩戴党徽、摆放党员牌，亮党员身份，树党员先锋模范作用等活动。掌控意识形态主导权，把握正确舆论导向。始终坚持做好宣传媒介的舆论管理，加强宣传队伍建设，规范宣传和信息工作的管理，提高宣传及信息工作的质量和水平。10月初，建立公司微信订阅号后，定期及时发布“两学一做”、普法知识、时事新闻等信息。

【促进和谐企业建设】 关爱职工，营造和谐氛围。全年共计召开4次民主对话会，广泛听取职工意见和建议，做好解决或解释职工反映的问题，督促职能部门实施，化解了矛盾，促进沟通理解；开展了12次微信公众号普法宣传活动，组织全体职工118人参加蕉岭县普法办举行的普法考试，提高职工守法意识，为“平安企业”“平安蕉岭”的建设营造良好的法治环境；积极开展“送温暖”活动，对病困职工及时进行探视和慰问；支持分工会和文体协会组织开展文体活动，组织参加集团公司工会举办的第四届“粤电杯”乒乓球比赛，取得第四届“粤电杯”乒乓球混合团体赛第四名的佳绩；在粤电集团举行的青年演说比赛、“风采杯”歌唱比赛等活动中展现了长电的风采。

深入推进“精准扶贫、精准脱贫”定点帮扶工作。长潭发电公司党委根据梅州市委组织部要求，选派运行支部书记担任定点帮扶村上村第一书记，从2016年5月起脱产参与扶贫帮困工作。长潭发电公司与广州南沙区选派的扶贫干部组成的扶贫工作组通过调研排查，充分利用打造“美丽乡村建设”的政策助推脱贫攻坚。对53房贫困户进行登记造册，并制订帮扶措施，其中为37名无劳动能力的贫困户办理了低保；为16名有劳动能力的贫困户采用种、养、技术等帮扶方式进行帮扶，人均3000元的帮扶资金也已落实到位，积极引导群众多渠道、多元化脱贫致富，共建地企和谐环境。

（郭庆涛）

2016年广东粤电长潭发电有限责任公司负责人名录

董事长、党委书记、总经理：陈　旺
董事、党委副书记、纪委书记、工会主席：罗兴权
董事、副总经理：骆伟明

广东塔牌集团股份有限公司

【概况】 广东塔牌集团股份有限公司（下称"塔牌集团"）是一家被列入国家重点支持发展和《广东省建材行业结构调整实施方案》鼓励扶持发展的以水泥为主业、跨地区、关联多元化发展的梅州市骨干企业集团之一，是广东省唯一一家水泥上市企业。经过多年的发展塔牌集团已形成广东梅州、惠州、福建武平"三大"水泥生产基地，水泥年产能1500万吨；混凝土搅拌站50多家，混凝土产能2000万方。截至2016年12月31日，塔牌集团拥有12家全资子公司、1家分公司，在职员工3000多人，总资产67亿多元，净资产46亿多元。

"塔牌"水泥是"广东省名牌产品""福建省名牌产品"，"塔牌"商标是"广东省著名商标"，在粤东地区是广大用户的首选品牌，并畅销深圳、广州、东莞、惠州等珠三角发达城市，以及毗邻广东的福建、江西两省部分地区，成为高速公路、水电大坝、铁路、机场和高层建筑等大型工程、重点工程和搅拌站市场指定专用建筑材料。

塔牌集团先后荣获"全国质量工作先进单位""全国建材行业先进集体""全国工会系统'五五'普法先进单位""中国建材百强企业""国家守合同重信用企业""中国水泥上市公司综合实力10强""广东省最具社会责任感企业""广东省十大诚信企业""广东省诚信示范企业""广东省五一劳动奖状""广东省和谐劳动关系先进单位""广东上市公司综合实力10强""广东上市公司最具盈利能力10强""广东省企业500强""广东省民营企业100强""2016中国最受投资者尊重的上市公司（入围奖）""节能减排突出贡献企业""梅州市政府质量奖""梅州市先进民营企业"等国家和省、市级多项荣誉。

【经营情况】 2016年，公司实现水泥销量1,484.91万吨，较上年同期增长1.39%；实现营业收入362,916.65万元，较上年同期下降5.34%；实现归属于上市公司股东的净利润45,423.02万元，较上年同期增长19.22%。

【降本增效】 2016年，公司持续加强生产过程的精细化管理，不断优化生产流程管理和加强成本管控工作，继续提高劳动生产率和产能利用率，依靠技术进步不断地降低煤耗、电耗及其他材料消耗，实现成本费用率下降和产品毛利率上升。水泥销售价格同比下降了7.29%，水泥销售成本同比下降11.26%，综合毛利率同比上升2.78个百分点。

【项目发展】 2016年，塔牌集团文福万吨线项目建设用地、矿山建设用地和排土场用地基本完成征租工作，项目建设所需的主要审批手续基本完成，第一条生产线建设和配套矿山建设已完成项目投资11亿元，占第一期项目总投资的50%，第一期项目土建工程建设进度约完成80%、设备制作安装进度约完成40%。为解决项目建设资金问题，公司于2016年启动了非公开发行A股股票募集资金，截至2016年年末，非公开发行申请已经获得中国证券监督委员会受理。

【转型升级】 2016年，塔牌集团加快转型升级步伐，在深圳成立塔牌创投公司，初步组建了工作团队，与部分券商和投资机构初步建立合作关系，积极开展新兴产业发展工作，努力寻找符合国家政策导向、符合国家“十三五”规划要求、发展前景看好的产业项目。同时，塔牌集团积极配合宝新能源做好梅州客商银行的项目申报审批工作，2016年年底，塔牌集团作为主发起人之一的梅州客商银行已经获批筹建。

【节能环保】 2016年，塔牌集团严格遵守和依法履行建设项目环境影响评价和“三同时”制度，依法领取排污许可证、按时缴纳排污费。公司各种污染治理设备设施完善配套、有效运行，各类污染物全部达标排放，未发生任何环境问题和政府行政处罚情况。节能方面，2016年塔牌集团按照“生产自动化，管理信息化”的思想理念推进“水泥智能化工厂”建设。投入135.24万元分别对鑫达公司、福塔公司、惠塔公司进行节能技术改造，可实现年节标煤约250吨。投入276.92万元对惠塔公司窑燃烧系统综合技术改造，通过窑燃烧系统综合技术改造，可实现节标煤约1000吨/年。投入135.999万元对恒发公司A线预粉磨系统工艺设备进行技术改造，可节电300万千瓦时/年。环保方面，继续抓好新型干法旋窑生产降氮脱硝SNCR+低氮燃烧管理工作，一直保持稳定运行。水泥窑烟气氮氧化物排放浓度由原平均600—800mg/Nm^{3}的降至目前的230—310mg/Nm^3，脱硝效率达60%以上，氨逃逸率小于10PPm。同时，积极开展综合利用工业固体废物用于水泥生产，实施低品位无烟煤用于水泥窑煅烧技术、脱硫石膏与陶瓷石膏、化肥厂氟石膏与磷石膏综合利用技术、钢铁厂钢渣与铁渣、火电厂的粉煤灰与炉渣、综合利用技术，以及绿色水泥助磨剂开发利用技术，全年综合利用各类工业废渣300余万吨左右。环保工作有序开展，实现“零事故”和“零投诉”。

【安全生产】 2016年，塔牌集团坚持"安全第一、预防为主、综合治理"的方针，积极开展安全生产管理活动。通过认真落实企业主体安全责任，落实安全生产措施，改善安全生产环境和条件；加强对员工的培训和教育，提高安全生产能力；强化安全监管网络建设，规范和完善安全管理制度建设；建立健全安全隐患排查整改机制、事故隐患及时报告制度、重大事故隐患由主要领导督办制度；大力开展安全特别是交通安全进家庭、进企业、进车间和安全生产宣传咨询、知识竞赛等多种形式的宣传教育活动。全年，企业生产人员参加培训2000多人次，参培率100%。全年，安全隐患整改率实现100%，没有发生重大安全事故。

【企业文化】 2016年，塔牌集团通过树立“共创塔牌事业、共享塔牌成果”的思想旗帜，弘扬“团结、求实、奉献、创新”的企业精神，践行“诚信、规范、发展、效益”的经营理念。发挥企业党组织以及纪检监察部门对企业经营决策、生产流通等各个环节全过程的检查监督作用。形成具有塔牌特色的优秀企业文化，使企业文化成为推动企业不断发展的强大动力和精神支撑。

【社会责任】 2016年，塔牌集团把承担社会责任作为企业的长期发展战略的重要组成部分，并视为一项应尽的责任和义务。同时，积极引导广大员工积极参与社会公益事业，促进公司与社会、社区、自然的协调、和谐发展。据统计，2016年全集团干部职工共100多人积极参与义务献血，献血量达12000多毫升；为地方公益事业、教育事业及新农村建设捐赠水泥1510吨、捐款50万元。 （钟奕平）

2016年广东塔牌集团股份有限公司负责人名录

党委书记：李　斌

董 事 长：钟朝晖

总 经 理：何坤皇

广东梅州蕉华工业园区

【概况】 2016年,蕉华工业园区管委会认真贯彻落实中央、省和市的一系列决策部署,突出园区主业,狠抓招商引资和项目建设,实现蕉华经济社会健康发展。

【招商引资】 充分发挥长寿资源优势,继续围绕既定的"城镇精品化、园区特色化、环境生态化"的目标和"产城联动、三产互动、融合发展"的思路,有序推进编制园区控制性详细规划工作,加快南部健康食品园区、北部新型工业园区、中部综合服务区、西部现代农业园区、东部健康养生园区等五大功能区建设,涵盖食品饮料、医药健康、养生旅游、现代农业等产业的大健康产业集聚地初具雏形。全年新签合同项目11个,投资总额12.2亿元,新动工项目10个,投产项目5个,完成工业固定资产投资10.796亿元,全面完成省、市下达的10亿元固定资产投资任务,实现国税、地税税收收入5448.32万元。

【用地保障】 做好园区土地利用总体规划中期规划调整工作,新增建设用地规模905亩,新增建设用地可占用耕地面积803亩。全年,共回收土地610亩,拨付土地收回补偿资金6500万元;完成用地报批3宗211亩。探索"零土地"招商路子,盘活空置厂房,全年共有客家磨坊、宏海实业、奋进威、汉邦实业等4家企业租赁厂房落户,超强现代农业项目通过租赁农田落户。严格执行"双控"措施,提高节约集约用地水平。适时调整供地价格,工业用地出让价格上调为200元/平方米,为园区发展提供了强有力的用地保障。

【环境建设】 围绕发展健康食品主导产业,加快园区基础设施配套,着力优化园区发展环境。全面完成205国道园区段"绿化、亮化、美化"工程,基本完成新开发的南部健康食品产业园"三通一平"配套基础设施建设,园区污水处理厂2016年年底建成通水试运行,管道燃气在春节前实现通气使用,集中供气供热项目正在建设,蕉华幼儿园拆建工程完成设计、立项、招标。此外,通过实施投资达2200多万元的农村"一事一议"、环境综合整治、农业综合开发等一批惠农项目,改善了园区周边环境,让园区群众共享发展成果。

【队伍建设】 全面落实"三会一课"制度,完成380多名党员组织关系排查、9个基层党支部换届和党费补缴等基层党建7项重点任务。全面落实班子成员和部室主任党风廉政建设"一岗双责"制度,制订完善《梅州市蕉华管理区开展廉政风险防控工作实施方案》,审定并备案涉及工程建设、土地回收、专项资金使用管理等各类廉政风险点共183个。以班子成员为重点,采取集体谈话、工作提醒、个别谈话等多种形式,促班子成员带好头、履好责、管好人。全年共选拔干部9人,评议满意率达100%。

(钟渊元)

2016年梅州蕉华工业园区管理委员会负责人名录

党委书记、主任、场长:刘洪洲
党委委员、副主任、副场长:徐　文
　　赖志坚
　　曾建宇
党委委员:赖应安

社会经济统计资料

社会经济统计资料

蕉岭县基本情况

表 2

单 位	农村基层组织		总户数(户)	乡镇劳动力(人)
	村、居民委员会(个)	村民小组(个)		
合 计	111	1520	74473	92561
蕉城镇	15	181	27602	12509
新铺镇	22	327	11249	24115
广福镇	11	124	4885	7149
文福镇	9	142	5636	10965
三圳镇	10	144	5022	8170
长潭镇	12	167	5442	9932
蓝坊镇	12	188	5811	5344
南礤镇	16	195	6131	10468
蕉华区	4	52	2695	3909

单 位	总人口(人)				出生人口(人)	死亡人口(人)
	合 计	比 2015 年+、-	其中			
			乡村人口	城镇人口		
合 计	237056	869	175494	61562	3587	1132
蕉城镇	75902	694	24415	51487	975	251
新铺镇	42764	-1438	39792	2972	673	245
广福镇	15145	74	14427	718	287	60
文福镇	19946	123	18373	1573	321	97
三圳镇	16860	-67	15897	963	337	93
长潭镇	19442	379	18849	593	299	86
蓝坊镇	18077	-5	17053	1024	247	109
南礤镇	21019	1107	20118	901	308	127
蕉华区	7901	2	6570	1331	140	64

说明:居委会共 10 个,其中蕉城 4 个、长潭 1 个、三圳 1 个、新布 1 个、广福 1 个、文福 1 个、蓝坊 1 个

国民经济和社会发展主要统计指标

表3

项　目	单　位	2016年	2015年	对比增长±%
一、年末总人口(户籍)	人	237056	236187	0.37
城镇人口	人	61562	63927	−3.70
乡村人口	人	175494	172260	1.88
出生人口	人	3587	3629	−1.16
死亡人口	人	1132	1347	−15.96
出生率	‰	15.16	15.42	−1.69
死亡率	‰	4.78	5.72	−16.43
自然增长率	‰	10.38	9.69	7.12
二、年底社会从业人员	人	118189	114682	3.06
第一产业	人	49433	47113	4.92
第二产业	人	30660	29597	3.59
第三产业	人	38096	37972	0.33
三、生产总值(现价)	万元	730624	671065	6.10
第一产业	万元	124550	113933	2.40
第二产业	万元	217074	202459	8.80
其中:工业	万元	191545	180226	8.00
第三产业	万元	389000	354673	5.70
人均GDP(现价)常住人口	元/人	34734	32032	5.60
人均GDP(现价)户籍人口	元/人	30877	28505	5.50
四、财政总收入	万元	227389	229740	−1.02
公共财政预算收入	万元	79950	70600	13.24
财政总支出	万元	227389	229740	−1.02
公共财政预算财政支出	万元	224175	199828	12.18

说明:生产总值增长速度按可比价计算

续表 3

项　目	单　位	2016 年	2015 年	对比增长±%
五、金融机构本外币存款余额	万元	852385	768937	10.85
#住户存款余额	万元	578862	536079	7.98
金融机构本外币贷款余额	万元	370474	310307	19.39
六、固定资产投资额	万元	393628	283890	38.66
1.城镇投资总额	万元	393628	283890	38.66
#国有单位投资	万元	62839	38814	61.90
#房地产企业	万元	50693	99927	−49.27
2.农村投资总额	万元	0	0	0.00
七、社会消费品零售总额	万元	371887	337727.5	10.11
其中:批发零售贸易业	万元	347992	315132.1	10.43
住宿和餐饮业	万元	23895	22595	5.75
八、在岗职工年平均工资	元/人	61738	54918	12.42
城乡居民人均可支配收入	元/人	17847.5	16436.2	8.59
其中:农村居民人均可支配收入	元/人	13823.1	12870	7.41
城镇居民人均可支配收入	元/人	21815.9	20227.5	7.85
九、外贸出口总额	万美元	5580.4	4434	25.85
实际利用外资	万美元	434	916	−52.62
旅游总收入	万元	293566.75	254851.75	15.19
十、居民消费价格指数	%	102.3	100	2.30
商品零售价格指数	%	100.2	100	0.20

说明:1. 2011 年开始固定资产投资统计范围是指投资总额在 200 万元及以上

2. 金融机构存、贷款余额改为金融机构本外币存、贷款余额

续表 3

项　目	单　位	2016 年	2015 年	对比增长±%
十一、教育	—	—	—	—
在校学生人数	人	22482	21958	2.39
小学	人	12866	11906	8.06
中学	人	8637	8981	−3.83
职业中学	人	979	1071	−8.59
十二、卫生、体育	—	—	—	—
病床数	张	523	553	−5.42
卫生技术人员	人	1049	1006	4.27
执业医师	人	330	314	5.10
执业助理医师	人	113	97	16.49
注册护士	人	372	338	10.06
其他	人	234	257	−8.95
参加市以上运动会获奖牌数	块	6	11	−45.45
金牌	块	5	5	0.00
银牌	块	0	6	−100.00
铜牌	块	1	0	
向省、市输送运动员	人	10	10	0.00
其中：省	人	0	1	−100.00
市	人	10	9	11.11

说明：城乡居民可支配收入统计口径有调整，对比基数有变化

国内生产总值构成及指数

表 4

项　目	生产总值	一产业	二产业	三产业
一、绝对数(万元)	—	—	—	—
2016 年	730624	124550	217074	389000
2015 年	671065	113933	202459	354673
二、构成	—	—	—	—
2016 年	100	17.1	29.7	53.2
2015 年	100	17	30.1	52.9
三、发展速度	106.1	102.4	108.8	105.7

建筑企业经济概况

表 5

项　目	单位	2016 年	2015 年	对比增长±%
一、企业个数	个	8	8	0.0
一级	个	—	—	—
二级	个	3	3	0.0
三级及以下	个	5	5	0.0
二、建筑业总产值	万元	850964	87934.1	−3.2
三、税金总额	万元	3858.3	7701.2	−49.9
四、利润总额	万元	1812.4	2046.4	−11.4

农业总产值及构成

表6

项　目	单　位	2016年	2015年	±%
一、绝对数(现行价)	—	—	—	—
合　　计	万元	209261.35	190592	2.3
1.农业	万元	104708.94	96468	2.2
2.林业	万元	31596.44	29768	6.6
3.牧业	万元	62212.12	55117	−2.1
4.渔业	万元	6163.85	5296	14.1
5.农林牧渔服务业	万元	4580	3946	13.5
二、构　　成	—	—	—	—
合　　计	%	100	100	
1.农业	%	50.04	50.61	
2.林业	%	15.10	15.62	
3.牧业	%	29.73	28.92	
4.渔业	%	2.95	2.78	
5.农林牧渔服务业	%	2.19	2.07	

说明:农业总产值增长速度按可比价计算

主要农产品产量

表7

项　目	单　位	2016年	2015年	对比增长±%
一、主要农产品产量	—	—	—	—
粮食	吨	64386	64496	−0.17
其中：稻谷	吨	60017	61021	−1.65
花生	吨	3209	3149	1.91
烤烟	吨	1395	1544	−9.65
蔬菜	吨	115687	108896	6.24
茶叶	吨	1996	1972	1.22
水果	吨	44615	42498	4.98
水产品	吨	7218	6273	15.06
二、出栏及存栏情况	—	—	—	—
生猪出栏	头	235687	242446	−2.79
牛出栏	头	5761	5661	1.77
山羊出栏	头	14069	13898	1.23
生猪存栏	头	105752	109739	−3.63
牛存栏	头	8214	8415	−2.39
山羊存栏	头	6712	6510	3.10
肉类产量	吨	22012	22494	−2.14
其中：猪肉	吨	18062	18580	−2.79

全县工业总产值及规模以上增加值完成情况

表 8

项　目	单位	2016 年	2015 年	±%
一、工业总产值(现行价)	万元	800620.9	803010	1.00
1.规模以上工业	万元	454820.9	461010	0.99
2.规模以下工业	万元	345800	342000	1.02
二、规模以上工业增加值(现价)	万元	111933	111433	4.4

规模以上工业生产经营情况

表 9

指标名称	计算单位	2016 年	2015 年	±%
产品销售收入	万元	432838.7	420571	2.92
实现利税总额	万元	58438.1	46817	24.82
其中:利润总额	万元	35725.3	26502	34.80
税收	万元	22712.8	20315	11.80
水泥产量	万吨	915.57	805.64	13.65
发电量	万千瓦时	61156	44363.64	37.85
其中:火电	万千瓦时	29499	27856.55	5.90
水电	万千瓦时	31658	16507.09	91.78
商品混凝土	立方米	196021	72814.6	169.21
人造板	立方米	25859	25749	0.43
印制电路板	平方米	269656	229154	17.67
全社会用电量	万千瓦时	99729.2	94780.97	5.22
全工业用电量	万千瓦时	81538	78768.91	3.52
其中：规模以上工业用电量(含发电厂自发自用)	万千瓦时	81530	77764.85	4.84

说明:工业产品销售收入、利税总额、产品产量等,取的是规模以上 35 家工业企业的快报数

居民消费价格和商品零售价格指数

表10

类　　别	2016年	比上年升降幅度(%) 上年同期为100	备　注
一、居民消费价格指数	102.3	2.3	
1.食品烟酒	105.8	5.8	
2.衣　着	99.5	−0.5	
3.居　住	99.4	−0.6	
4.生活用品及服务	100.3	0.3	
5.交通和通信	99.3	−0.7	
6.教育文化和娱乐	103	3	
7.医疗保健	102.3	2.3	
8.其　他	102.3	2.3	
二、工业生产者出厂价格指数(PPI)	99.5	−0.5	
三、商品零售价格指数	100.2	0.2	

交通、运输、邮电通信情况

表11

项　　目	单位	2016年	2015年	±%
一、公里通车里程	公里	1341.6	1341.6	0.00
其中高速公路通车里程	公里	40.46	40.46	0.00
公路密度	百平方公里	139.8	139.8	0.00
二、客运量	万人	1531	1404.6	9.00
公路	万人	1418	1301.2	8.98
水运	万人	113	103.4	9.28
三、旅客周转量	万人公里	39040	35171.5	11.00
公路	万人公里	38750	34910	11.00
水运	万人公里	290	261.5	10.90
四、货运量	万吨	1878	1738.75	8.01
公路	万吨	1878	1738.75	8.01
水运	万吨	0	0	0.00
五、货物周转量	万吨公里	105332	97081	8.50
公路	万吨公里	105332	97081	8.50
水运	万吨公里	0	0	0.00
六、年末固定电话用户	户	29677	33681	−11.89
移动电话用户	户	166058	163199	1.75
互联网用户	户	41390	31215	32.60

财政收入情况

表 12　　单位:万元

收　入　项　目	2016 年实绩	2015 年实绩	比上年增减±%
总收入	227389	229740	-1.02
一、公共财政预算收入	79950	70600	13.24
(一)税收收入	55420	49965	10.92
1.增值税	7158	6344	12.83
2.营业税	2272	4991	-54.48
3.企业所得税	1886	2431	-22.42
4.企业所得税退税	—	—	—
5.个人所得税	747	1291	-42.14
6.资源税	28529	11567	146.64
7.固定资产投资方向调节税	—	—	—
8.城市维护建设税	1637	1575	3.94
9.房产税	1404	3263	-56.97
10.印花税	511	402	27.11
11.城镇土地使用税	4784	6680	-28.38
12.土地增值税	1639	2720	-39.74
13.车船税	579	518	11.78
14.屠宰税	—	—	—
15.筵席税	—	—	—
16.农业税	—	—	—
17.农业特产税	—	—	—
18.牧业税	—	—	—
19.耕地占用税	17	4685	-99.64
20.契税	3510	2731	28.52
21.烟叶税	767	767	0.00
(二)非税收收入	24530	20635	18.88
1.专项收入	2327	3935	-40.86
2.行政性收费收入	6658	4811	38.39
3.罚没收入	918	1637	-43.92
4.国有资本经营收入	523	1354	-61.37
5.国有(资源)资产有偿使用收入	10451	2959	253.19
6.其他收入	3653	5939	-38.49
二、上级补助收入	110318	142235	-22.44
三、地方政府一般债券转贷收入	-54	2572	-102.10
四、调入其他资金	16297	916	1679.15
五、上年结余收入	20878	8645	141.50

财政支出情况

表 13

支 出 项 目	2016 年实绩	2015 年实绩	对比增减±%
总支出	227389	229740	-1.02
一、公共财政预算支出	220543	199828	10.37
1.一般公共服务	30967	19133	61.85
2.外交	—	—	—
3.国防	—	—	—
4.公共安全	9638	8703	10.74
5.教育	50834	44199	15.01
6.科学技术	210	176	19.32
7.文化体育与传媒	3865	5985	-35.42
8.社会保障和就业	34371	33117	3.79
9.医疗卫生与计划生育	23121	21961	5.28
10.节能环保	18470	15931	15.94
11.城乡社区事务	2517	2191	14.88
12.农林水事务	29677	29456	0.75
13.交通运输	691	797	-13.30
14.资源勘探信息等支出	6663	5849	13.92
15.商业服务业等	745	840	-11.31
16.金融监管等事务支出	—	—	—
17.地震灾后恢复重建支出	—	—	—
18.国土海洋气象等支出	932	3307	-71.82
19.住房保障支出	2211	2208	0.14
20.粮油物资储备支出	1652	321	414.64
21.债务付息支出	195	115	69.57
22.其他支出	3784	5536	-31.65
23.债务发行费用支出	0	3	-100.00
二、一般性转移支付	—	—	—
三、专项转移支付	0	0	0
四、上解上级支出	2704	294	100.00
五、债券还本支出	-54	2572	-102.10
六、增设预算周转金	0	-3663	-100.00
七、安排预算稳定调节基金	2290	9831	-76.71
八、年终结余	1906	20878	-90.87

各类学校基本情况(一)

表14

项目		学校间数(间)	班数(个)	实际毕业人数(人)	实际招生人数(人)	在校学生数(人)
普通教育	合　计	29	624	5647	6159	23340
	普通中学	15	211	3169	2842	8637
	初　中	13	128	1623	1626	4838
	高　中	2	83	1546	1216	3799
	职业中学	1	33	390	298	979
	小　学	12	336	1614	2560	12866
	特殊教育学校	—	—	—	—	841
	教师进修学校和广播电视联校	1	44	474	459	858

各类学校基本情况(二)

表15

项　目	毕业班学生数(人)	教职工人数(人)			
		合　计	其中:专任教师	合计中	
				教育部门办学	社会力量办学
合　计	8098	2884	2492	2518	366
1.普通中学	2935	1275	1115	1275	0
初　中	1573	785	719	785	—
高　中	1362	490	396	490	—
2.职业中学	372	72	65	72	—
3.小　学	1832	877	893	877	—
4.幼儿园	2756	627	390	261	366
其中:县属	1539	261	190	261	—
5.特殊教育学校	—	—	—	—	—
6.教师进修和广播电视联校	203	33	29	33	—

表彰名录

先进集体

国家级先进集体

表 16

单位名称	授称时间	授予单位(会议)	荣誉称号
蕉岭县社会科学界联合会	2016 年 10 月	全国大中城市社科联工作会议主席团	2016 年度全国社科组织先进单位
蕉岭县	2016 年 12 月	国土资源部	地质灾害防治高标准“十有县”
蕉岭县	2016 年 12 月	国家卫生计生委办公厅	国家级妇幼健康优质服务示范县
广东粤电长潭发电有限责任公司	2017 年 2 月	中国电机工程学会 中国电力科学技术奖励工作办公室	2016 年度中国电力科学技术奖二等奖

省级先进集体

表 17

单位名称	授称时间	授予单位(会议)	荣誉称号
广东粤电长潭发电有限责任公司	2016 年 1 月	粤电集团	科学技术进步三等奖
反贪污贿赂局	2016 年 3 月	广东省人民检察院	广东省检察机关反贪部门 2015 年度“优质案件”
共青团蕉岭县委员会	2016 年 3 月	共青团广东省委员会	2015 年度广东省中小学团队工作先进单位
城东学校	2016 年 3 月	广东中华诗词学会	广东省诗教先进单位
蕉岭县国土资源局	2016 年 6 月	广东省人民政府办公厅	2015 年度土地执法监察考核二等奖
中国人民银行蕉岭县支行	2016 年 6 月	中共中国人民银行广州分行委员会	中国人民银行广州分行先进基层党组织
蕉岭县公安局法制信访室	2016 年 7 月	广东省公安厅	全省公安信访窗口示范单位
广东粤电长潭发电有限责任公司	2016 年 7 月	粤电集团	管理创新项目二等奖

续表 17

单位名称	授称时间	授予单位(会议)	荣誉称号
广东粤电长潭发电有限责任公司	2016 年 9 月	粤电集团	AAA 级先进发电企业
友邦小学	2016 年 10 月	广东省教育厅	广东省红领巾示范学校
实验小学	2016 年 10 月	广东省教育厅、 共青团广东省委员会	广东省红领巾示范学校
新铺镇中心小学 501 中队	2016 年 10 月	共青团广东省委员会 广东省教育厅 少先队广东省工作委员会	广东省少先队先进中队
广东粤电长潭发电有限责任公司	2016 年 11 月	广东省消防安全委员会	热心消防公益事业先进集体
广东粤电长潭发电有限责任公司	2016 年 11 月	粤电集团	技能人才培育贡献奖
广东粤电长潭发电有限责任公司	2016 年 11 月	粤电集团	水务竞赛团体第二名
蕉岭县广播电视大学	2016 年 12 月	广东开放大学	广东电大系统教材管理工作先进集体二等奖
蕉岭县城	2016 年 12 月	广东省爱国卫生运动委员会	广东省卫生村
蕉城镇金星村	2016 年 12 月	广东省爱国卫生运动委员会	广东省卫生县城
长潭镇白马村	2016 年 12 月	广东省爱国卫生运动委员会	广东省卫生村
三圳镇顺岭村	2016 年 12 月	广东省爱国卫生运动委员会	广东省卫生村
新铺镇矮岭村	2016 年 12 月	广东省爱国卫生运动委员会	广东省卫生村
新铺镇狮山村	2016 年 12 月	广东省爱国卫生运动委员会	广东省卫生村
文福镇红星村	2016 年 12 月	广东省爱国卫生运动委员会	广东省卫生村
文福镇乌土村	2016 年 12 月	广东省爱国卫生运动委员会	广东省卫生村
蓝坊镇大地村	2016 年 12 月	广东省爱国卫生运动委员会	广东省卫生村
南礤镇石寨村	2016 年 12 月	广东省爱国卫生运动委员会	广东省卫生村
南礤镇金山村	2016 年 12 月	广东省爱国卫生运动委员会	广东省卫生村

续表 17

单位名称	授称时间	授予单位(会议)	荣誉称号
南礤镇皇佑村	2016 年 12 月	广东省爱国卫生运动委员会	广东省卫生村
中国农业银行股份有限公司蕉岭县支行	2017 年 1 月	中国农业银行广东省分行	2016 年度县域支行综合考评进步支行
广东粤电长潭发电有限责任公司	2017 年 2 月	广东省人民政府	2016 年度广东省科学技术三等奖

先 进 个 人

国家级先进个人

表 18

姓　名	授称时间	授予单位(会议)	荣誉称号	获荣誉时所在单位职务
刘建军	2016 年 11 月	国家工商行政管理总局中国个体劳动者协会	全国个私协会系统先进工作者	梅州市蕉岭县个协私协会长
钟汉君	2016 年 11 月	国家人口和计划生育委员会	“从事人口和计划生育满十五周年”荣誉称号	三圳镇计生办干部
徐志良	2016 年 11 月	国家人口和计划生育委员会	“从事人口和计划生育满十五周年”荣誉称号	文福镇计生办主任
丘瑶芳	2016 年 11 月	国家人口和计划生育委员会	“从事人口和计划生育满十五周年”荣誉称号	文福镇计生办干部
傅海云	2016 年 11 月	国家人口和计划生育委员会	“从事人口和计划生育满十五周年”荣誉称号	文福镇计生办干部
丘雪云	2016 年 11 月	国家人口和计划生育委员会	“从事人口和计划生育满十五周年”荣誉称号	文福镇计生办干部
马砚琳	2016 年 11 月	国家人口和计划生育委员会	“从事人口和计划生育满十五周年”荣誉称号	新铺镇计生办主任
徐利清	2016 年 11 月	国家人口和计划生育委员会	“从事人口和计划生育满十五周年”荣誉称号	妇幼保健计划生育服务中心医生

省级先进个人

表 19

姓　名	授称时间	授予单位(会议)	荣誉称号	获荣誉时所在单位职务
罗雯珠	2015 年 12 月	广东省人民检察院	广东省法学会第九届检察学研讨会三等奖	县检察院公诉科副科长
李红梅	2015 年 12 月	广东省人民检察院	广东省法学会第九届检察学研讨会三等奖	县检察院民行科副科长
张菊莉	2015 年 12 月	广东省人民检察院	广东省法学会第九届检察学研讨会三等奖	县检察院办公室副主任
宋　汴	2015 年 12 月	广东省人民检察院	广东省法学会第九届检察学研讨会三等奖	县检察院公诉科科员
林金山	2016 年 1 月	广东省人民政府	广东省扶贫工作先进个人	县供销社副股长
古芹巧	2016 年 3 月	广东省人民政府	特级教师	县人民小学校长
涂永平	2016 年 4 月	羊城晚报社	最佳通讯员	县委办副主任、正科级新闻秘书
黄欢欢	2016 年 5 月	共青团广东省委员会	广东省优秀共青团干	团县委办公室主任
夏新明	2016 年 6 月	广东省司法厅	个人二等功	县司法局党组书记、局长
钟钦勤	2016 年 6 月	中共中国人民银行广州分行委员会	中国人民银行广州分行优秀共产党员	人民银行蕉岭县支行办事员
汤海雄	2016 年 8 月	广东省总工会	广东省五一劳动奖章	广福烟叶工作站负责人
郭再生	2016 年 8 月	中国农业银行广东省分行	优秀共产党员	农业银行蕉岭县支行副行长
何增辉	2016 年 9 月	广东省人民政府	“十二五”广东省环境保护先进工作者	县环保局副局长
涂永平	2016 年 10 月	南方日报社	优秀新闻秘书	县委办副主任、正科级新闻秘书
钟爱珍	2016 年 10 月	共青团广东省委员会、广东省教育厅、少先队广东省工作委员会	广东省优秀少先队辅导员	友邦小学教师

续表 19

姓　名	授称时间	授予单位(会议)	荣誉称号	获荣誉时所在单位职务
何明铢	2016 年 10 月	共青团广东省委员会、广东省教育厅、少先队广东省工作委员会	广东省优秀少先队辅导员	长潭镇中心小学少先队辅导员
温运生	2016 年 11 月	广东省消防安全委员会	热心消防公益事业先进个人	粤电长潭发电公司安生部副部长
姜洪友	2016 年 11 月	粤电集团	水务竞赛个人第二名	粤电长潭发电公司运行部水务班技术员
杨明得	2016 年 11 月	粤电集团	水务竞赛个人第四名	粤电长潭发电公司运行部水务专责
徐爱岭	2016 年 12 月	广东省人民检察院	广东省法学会第十届检察学研讨会二等奖	县检察院公诉科科长
朱铭新	2016 年 12 月	中国农业银行广东省分行	2016 年第 11 期岗位职业轮训优秀论文作者	农业银行蕉岭县支行综合管理部经理

市委、市政府表彰先进个人

表 20

姓　名	授称时间	授予单位(会议)	荣誉称号	获荣誉时所在单位职务
陈先淼	2016 年 1 月	中共梅州市委 梅州市人民政府	梅州市第七批专业技术拔尖人才	蕉岭中学教师
肖春华	2016 年 9 月	梅州市人民政府	优秀教师	城镇中学教师

文件辑存

在中共蕉岭县第十二次代表大会第三次会议上的报告

（2016年1月25日）

温向芳

各位代表、同志们：

中国共产党蕉岭县第十二次代表大会第三次会议，是在我县胜利收官“十二五”，开启“十三五”发展新征程的关键时期召开的一次重要会议。会议的主要任务是，深入学习贯彻习近平总书记系列重要讲话精神，全面贯彻落实党的十八届五中全会、省委十一届五次和六次全会、市委六届六次全会精神，总结“十二五”和去年工作，谋划“十三五”发展，部署今年各项工作任务，动员全县上下立足新起点，谋求新跨越，全力打好”“十三五”开局攻坚战，为全面建成小康社会奠定坚实基础。

下面，我代表县委常委会向大会作工作报告。

一、矢志振兴发展，“十二五”收获丰硕成果

“十二五”时期，是我县发展速度最快、百姓实惠更多的五年。全县人民在省委、省政府和市委、市政府的坚强领导下，在历届县委、县政府打下的坚实基础上，深入贯彻落实省进一步促进粤东西北地区振兴发展决策部署，科学应对淘汰落后水泥产能冲击，成功战胜2013年“5·19”特大水灾挑战，主动适应经济发展新常态，全力加快赶超促振兴，基本实现了“十二五”规划主要目标任务，全县经济社会站在了一个新的战略起点，跨入了一个新的发展阶段。

——五年来，全县实现了稳增长促赶超的新突破。经济总量大幅增加、公共财政预算收入实现翻番，主要经济指标在全市排名不断进位前移，并获得2014年振兴发展评估考核居全市各县(市、区)第一。2015年，预计全县实现生产总值66.84亿元，是2010年的1.57倍；人均生产总值3.18万元，是2010年的1.55倍；固定资产投资总额28.39亿元，是2010年的2.54倍；公共财政预算收入7.06亿元，是2010年的2.69倍。

——五年来，全县取得了一批增后劲蓄势能的重要成果。淘汰落后水泥产能319万吨，新上旋窑水泥750万吨、独立粉磨产能400万吨，传统支柱产业转型升级步伐扎实稳健，新型建材的工业龙头地位进一步巩固。大批休闲养生旅游、健康食品、健康用品项目相继落地，长寿产业规模不断扩大，支撑县域经济发展的新增长极地位日益突出。同时，新电子、新能源、跨境电商等新兴产业加快发展。三次产业结构由2010年的18.7：44.9：36.4优化调整为2015年的16.4：32：51.6。

——五年来，全县干成了一些打基础利长远的大事实事。累计完成固定资产投资99.26亿元，是历史上基础建设投资最多的时期。总面积10平方公里的桂岭新区、总面积20平方公里的“客韵寿乡”省级新农村建设扎实推进，“一河两岸、生态宜居”县城总体发展格局、“七星伴月”新农村建设格局基本形成，城镇化率提升到50.85%。投入13亿元在交通、农田水利、污水处理、电力、通信等领域建成一大批重大工程,城乡基础设施服务功能明显提升。大力实施“五大生态工程”,扎实推进节能减排降耗,全县森林覆盖率达79.35%,单位GDP能耗累计下降20%。

——五年来,全县实施了一系列添活力惠民生的新举措。深化改革创新蹄疾步稳,行政审批制度改革、公车改革、商事登记制度改革等扎实推进,农村综合改革入选全国创新典型,镇级“一办一中心”改革评为“全省基层社会治理创新优秀项目”,村居治理创新获誉全国基层治理改革样本,是国务院农村综合改革示范试点县、省基层公共服务平台建设试点县。扶贫“双到”成效显著,两轮共40个重点帮扶村、1.1万农村贫困人口实现脱贫。覆盖城乡的公共服务和社会保障体系建设取得重大进展,教育、文化、卫生等社会事业加快发展,高考本科、专科线以上入围率连续八年保持梅州各县(市)第一,干部职工工资待遇、城乡居民收入大幅提高,人民群众幸福感明显增强。2015年,农村居民人均可支配收入13178元,是2010年的1.88倍;城镇居民人均可支配收入20375元,是2010年的1.95倍。

——五年来,全县形成了风气正干劲足的良好局面。深入学习贯彻习近平总书记系列重要讲话精神,党的群众路线教育实践活动和"三严三实"专题教育取得明显成效。全面从严治党扎实推进,中央八项规定精神切实贯彻,"四风"问题得到有效整治。党风廉政建设党委主体责任和纪委监督责任全面落实,反腐败斗争保持高压态势,政治生态和社会风气明显净化,全县崇尚实干、敢于担当、狠抓落实的氛围更加浓厚。

同志们,回顾既往,面对层层考验,我们没有丝毫懈怠、没有消极等待、没有丧失机遇、没有落后于人,我们脚踏实地走过了“堵缺口”“稳增长”“加快发展”“赶超发展”的奋斗历程,实现了蕉岭发展的凤凰涅槃、浴火重生。打拼充满艰辛,成绩来之不易。这得益于我们始终不折不扣贯彻省市决策部署,结合实际创造性开展工作,全力破解改革发展难题;得益于我们始终知不足、不知足,勇于在承认差距中迎头赶上,敢于在学习先进中奋起直追,扭紧“三大抓手”,坚守“两条底线”,推动振兴发展大步向前;得益于我们始终坚持在抓好传统产业的基础上适应经济发展新常态,适时提出“中心带动,两翼齐飞,整体推进”战略、建设“三区三基地”、培育“两大百亿产业”等发展举措,走出了一条蕉岭特色发展之路;得益于我们始终紧抓民生改善、基层社会治理创新不放松,重心下移促和谐,赢得了良好的发展环境;得益于我们坚持党的群众路线,践行“三严三实”要求,从严治党,正风肃纪;得益于我们以“为官一任、造福一方”为己任,团结全县上下谋事创业、实干求进。这些做法和经验,是我们多年积累的宝贵财富,值得在今后工作中发扬光大。

成绩要倍加珍惜,发展中存在的问题,也要清醒认识。一是发展基础不坚实。经济总量不大、结构不够优、支柱产业不够强,传统产业增长空间收窄,新的产业尚未形成规模。区域合作效益欠佳,区域招商引资和产业发展同质化竞争加剧。二是基础设施瓶颈制约大。新型城镇化进程还不够快,交通基础设施仍然是制约我县经济发展和对外开放的瓶颈。三是资源环境约束趋紧。保护耕地和保障发展的矛盾仍然突出,用地指标争取难度大。跨流域水污染治理形势严峻,环境保护压力增大。这些困难和挑战,有些是暂时的,有些将在一段时间内存在,我们一定要有充分的认识和准备。

二、加快赶超发展,2015年开创崭新局面

过去一年,县委常委会按照市委、市政府提出蕉岭要建设梅州绿色发展先行地的要求,牢牢把握振兴发展主题,突出做强百亿元新型建材和百亿元长寿“两大产业”,紧紧扭住交通基础设施建设、产业集聚地扩能增效、中心城区扩容提质“三大抓手”,全力抓招商、上项目、强产业、促赶超,经济社会发展保持良好势头。2015年,预计全县实现生产总值66.84亿元,比增10.1%;规模以上工业增加值11.14亿元,

比增17.1%;完成固定资产投资28.39亿元,比增51.75%;公共财政预算收入7.06亿元,比增21.1%;农村居民人均可支配收入13178元,比增11%;城镇居民人均可支配收入20375元,比增10%。

(一)发展势头强劲。新型建材产业强势发展。塔牌600万吨水泥生产线顺利获得国家发改委和工信部的核准,全面加快建设,未来两至三年可从经济上再造一个蕉岭。油坑150万吨水泥生产线点火试产,100万吨粉磨站建成投产,150万吨水泥技改项目动工扩建,将成为我县新型建材产业的又一航母。同时,皇马100万吨粉磨站、宏基建材商品砂浆生产线建成投产,广福精化增资扩产项目动工建设。长寿产业开局良好。"世界长寿乡"吸引了奥园集团、碧桂园集团、铁汉生态公司等众多知名企业看好蕉岭、进驻蕉岭,加快发展健康养生、健康食品、健康用品。蕉岭(北京)健康长寿产品展销暨电商中心、寿缘饮品公司山泉水生产线等项目建成投产,长寿投资股份公司建成运营,锦绣山河运动休闲、奥园长寿食品种植加工生产基地等一批项目加快推进。"一批项目"形成新增长点。全年共招商引进项目29个、计划总投资93.9亿元,已完成投资27.2亿元。佰霖荧光、永旺科技首条生产线投产,成为新的规模以上企业;洋臣A家家居产业园首期工程建成投产,直营中心开业;固特公司在新三板成功上市,金发纸业增资扩产项目动工建设。

(二)狠抓"三大抓手"。抓交通,筑牢发展基础。全面完成了205国道等"一桥五路"、新农村公路等总长109公里的城乡桥路建设改造工程。同时,投入1.5亿元完成了规模化节水灌溉增效综合示范建设、省级农田水利重点县建设和3宗省山区中小河流治理等水利工程。抓园区,加快产业集聚。采取PPP模式推进产业集聚地北区建设,全县工业建设用地达4224亩,推动产业集聚发展。去年产业集聚地基础设施和项目建设完成固定资产投资12.6亿元,规模以上企业实现工业增加值8.4亿元、实现税收1.79亿元。抓新区,推进扩容提质。蕉岭迎宾馆开业运营,碧桂园商住项目基本建成,长寿新城、奥园广场商业综合体、桂岭学校、景川长寿酒店等城市基础设施建设项目扎实推进,粤东西北及闽赣首家大型跨境电商产业园落户蕉岭并开始运营,桂岭新区起步区已初具规模,城市经济新业态逐步形成。

(三)坚守"两条底线"。坚守稳定底线。大力开展涉黑、涉毒、涉暴力等打击整治行动,严厉打击各类违法犯罪活动,群众安全感不断提升。扎实开展"社会矛盾化解年"活动,强化安全生产监督管理,全县社会和谐稳定,全年未发生较大以上安全生产事故,全年全县信访总量同比下降57.1%。坚守生态底线。严格环保准入,严把建设项目环保门槛,有效控制源头污染。铁腕推进城乡环境综合整治大会战,大力建设美丽乡村,扎实推进以产业发展带、生态休闲景观路等"一带一路"为重点、总面积20平方公里的"客韵寿乡"新农村省级示范片和各镇县级示范村建设。开展"绿满蕉岭"大行动,守住山林、守住生态,被确定为全国集体林业综合改革试验示范区、全省深化林改工作重点县。

(四)办好民生实事。十件民生实事件件落实。累计投入6000多万元,扎实推进并基本完成了保障底线民生、推进教育均衡、改善医疗服务、提升养老服务等去年的十件民生实事。同时,实行财政供养人员津补贴县财政统发,全面提高和规范机关事业单位津贴补贴。各项社会事业稳步发展。扎实推进省基层公共服务平台试点工作,全县建立起112个公共服务中心(站),县、镇、村(社区)三级公共服务实现全覆盖。成功获评"全国义务教育发展基本均衡县",高考本科、专科线以上入围率继续保持全市各县(市)第一。医联体改革稳步启动,公立医院改革全面铺开,各镇卫生院"五个一"医疗设备全部配齐。完成县广播电视台宣传与经营"两分开"改革,成立全市唯一的县级足球管理中心,建成1个"三厅"数字影院和6个农村文化俱乐部,以及爱心自行车慢行系统,获评"中华诗词之乡"。第二轮扶贫攻坚全面打赢。投入帮扶资金3400多万元，落实38个村帮扶项目、2500个户发展项目,20个重点帮扶村集体经济收入均达到5万元以上,1302户有劳动能力的贫困户全部实现稳定脱贫。完成了40户“两不具备”贫困村庄搬迁和330户农村危房改造。

(五)从严管党治党。加强基层组织建设。增投入强保障,确保每个村(社区)年办公经费达到5万元。抓实驻点联系工作,去年全县各驻点团队扎实开展定点接访、入户走访群众活动,解决群众问题3000多个,解决率达93%。引导成立村民理事会521个,覆盖98%的村民小组,通过“民事民治、民事民办、民事民议”,实现基层民主自治重心下移。加强干部队伍建设。严格按照《干部任用条例》规定的标准和程序选拔任用干部,坚持德才兼备、以德为先的用人导向,实行县管干部任免常委会无记名票决制,2015年县委常委会共讨论调整任免正副科级干部316人,其中提拔(重用)任用49人,交流轮岗43人，行政体制改革任命27人,其他任免32人，清理消化超职数配备干部165人。抓好乡镇干部"本土化"调配工作,全县6个镇的领导班子和干部队伍本镇籍比例达到了30%以上,每个镇至少有1名本镇籍干部担任党委专职副书记或委员副镇长,镇级班子结构进一步优化。加强党风廉政建设。深入开展“三严三实”专题教育,切实纠正“不严不实”问题。扎实推进预防和查处村官贪腐、涉农职务犯罪、集中打击农村黑恶势力“三项整治”和涉及群众切身利益问题的6项专项治理,着力解决基层干部不作为乱作为问题。坚持落实“两个责任”,严厉查处违法违纪案件,加强审计监督,党风廉政建设和反腐败斗争取得新成效。与此同时,支持人大、政协依法履职,推进人大制度和组织建设,促进政治协商、民主监督、参政议政。发挥工青妇等人民团体和民主党派作用，不断巩固和壮大最广泛的爱国统一战线。发挥司法机关的主体作用，推进法治蕉岭建设。重视党管武装工作,加强双拥共建和军地融合发展,驻蕉人民解放军、武警部队、民兵预备役官兵和公安干警在保障重点项目建设、维护社会稳定等方面发挥了重要作用。

三、科学谋划未来,开启“十三五”宏伟蓝图

“十三五”时期,是蕉岭高起点加快振兴发展的关键期,也是与全省全市同步率先全面建成小康社会的决胜期。科学谋划“十三五”发展,必须认清形势、把握大势。

从全局形势看,蕉岭发展的机遇和挑战并存。既要看到,新常态下我国经济长期向好的总体趋势没有变,珠三角等发达地区产业转移加快的形势没有变,国家和省委、省政府促进原中央苏区、粤东西北地区振兴发展的政策和决心没有变。蕉岭有明显的生态优势、良好的产业基础、和谐的发展环境,振兴发展的机遇不可多得。也要看到,宏观形势更加错综复杂,政策和土地、环境等要素约束趋紧,影响发展的不确定性增加,保持经济快速稳定增长的难度加大。

从区域发展看,蕉岭发展的动力和压力并存。既要看到,“十二五”以来蕉岭经济持续稳定增长,发展势头良好,广大干群的干事创业热情空前高涨,抓改革、抓发展、抓民生的能力全面提升,具备在更高起点谋求更大突破的基础。也要看到,在新一轮经济发展期,各地都在抢抓机遇、你追我赶。放眼全市,梅州各兄弟县(市区)发展速度令人惊叹;放眼全省,我们和珠三角发达地区的绝对差距在拉大。这些都表明,我县在区域竞争中将面临巨大压力,标兵疾进、追兵逼近,稍有松懈就有落后、掉队的危险。

从我县实际看,蕉岭发展的优势和短板并存。既要看到,我县拥有丰富的生态资源,是世界长寿乡,随着绿色发展高速推进,宝贵的资源不断升值,将会成为我县加快发展的重要筹码;近年来,我县一大批重大产业和基础设施项目先后动工、竣工,为今后的发展蓄积了强大后劲。也要看到,目前蕉岭的发展还处在蓄势、追赶阶段，经济总量不大、距离小康目标还远，要实现总量的突破、发展的振兴，需要我们持续付出艰辛努力。

总体上看，蕉岭正处在力争GDP过百亿大关，人民奋力奔小康的历史转折点上。转折关头、决定命运，实现振兴、攸关长远。全县上下一定要科学判断和准确把握发展形势，在改革创新、破难攻坚中坚定信心，在抢抓机遇、加快发展中奋发有为，不断开创蕉岭经济社会发展新局面。

基于上述形势分析，综合考虑各种因素，结合蕉岭实际，明确“十三五”时期我县经济社会发展的指导思想是：高举中国特色社会主义伟大旗帜，全面贯彻党的十八大和十八届三中、四中、五中全会精神，以邓小平理论、“三个代表”重要思想和科学发展观为指导，深入贯彻习近平总书记系列重要讲话精神，以及省委胡春华书记来蕉调研重要指示精神，树立创新、协调、绿色、开放、共享发展理念，加快适应经济发展新常态，以发展“两区两业”为主线，以提高发展质量为中心，以改革创新为动力，以提升人民群众获得感为导向，统筹推进经济建设、政治建设、文化建设、社会建设、生态文明建设和党的建设，奋力实现与全省、全市同步全面建成小康社会，全力建成梅州绿色发展先行地。根据这一指导思想，我们提出未来的奋斗目标是：到2018年，生产总值比2010年翻一番，到2020年，生产总值突破100亿元大关，增速持续高于全省、全市平均水平。围绕实现这一目标，全县上下务必把握好以下五个方面：

（一）坚持创新发展。深化重点领域改革。深入贯彻中央和省关于推进全面深化改革的总体部署，在重要领域和关键环节上取得突出成果。坚持社会主义市场经济改革方向，深化行政体制、行政审批、投融资体制、商事登记制度等方面的改革创新，巩固提升基层改革实践探索，着力形成有利于创新发展的市场环境、投资环境、社会环境、人才环境，推动大众创业、万众创新。大力发展两区两业。发挥独特的资源优势和世界长寿乡品牌优势，坚持以科技创新、环保健康为导向，完善北部新型建材产业发展区、中南部长寿产业发展区规划，提升产业集聚地的承载能力和集聚能力，全力打造两大百亿产业。改造提升传统产业。深入实施新一轮技术改造，强化企业在技术创新中的主体地位，引导鼓励企业技术创新，改造提升烟草、酿酒、蜂产业、农副产品加工等传统产业，让创新成为具体的经济活动，增强企业的发展活力。加快发展新型产业。积极发展旋窑水泥余热发电、风电、电子、家居、物流、电商等新兴产业，构建蕉岭特色现代产业体系。

（二）坚持协调发展。构筑快速综合交通体系。全力实施铁路、高速公路、国道等“三纵三横”跨省出县通道，以及南山大桥、红麻公路等“四桥五路”城乡路桥路网的规划、立项和建设，实现交通内畅外联，努力把蕉岭建设成潮汕平原北上开拓腹地的重要枢纽。推动城乡协调发展。坚持新型城镇化与工业化、信息化、农业现代化深度融合发展，发挥桂岭新区、产业发展区核心载体作用，加快推进产城融合，实施棚户区改造，全面提高城市规划、建设、管理水平，合理引导产业、人口、资源向城市和城镇集聚。坚持以“产业支撑、金融扶持、生态文明、村民自治”为抓手，扎实推进“客韵寿乡”省级新农村示范片和各镇新农村示范点建设，构建“七星伴月”新农村建设格局，辐射带动全县美丽乡村建设，推动农村加快发展。推动物质文明和精神文明协调发展。始终把握正确的舆论和主流文化导向，大力弘扬社会主义核心价值观，传承和弘扬优秀客家文化、长寿文化和廉政文化，凝聚发展正能量。繁荣文化事业，加快构建覆盖城乡、便捷高效、保基本、促公平的现代公共文化服务体系。

（三）坚持绿色发展。发展绿色经济。围绕加快产业转型升级，引导支持企业发展循环经济，进行节能环保改造，推广绿色生产、绿色制造，大力发展绿色生态工业。围绕粮食增产和农民增收目标，加强农业科技支撑，推进农业适度规模经营，提升产业化经营水平，大力发展现代特色农业。围绕观光体验、特色文化、休闲养生、美丽乡村等旅游业态，实施旅游全域开发战略，大力发展文化生态健康旅游。强化环境整治。严格源头预防，持续开展城乡环境综合整治，采取硬措施有效推进大气、水体、土壤污染防治工作。加快推进污水处理、固体废弃物处理等基础设施建设，提高集中处理率。全力推进多宝水库、长潭水库跨界水污染监控和治理。推进生态文明。严守资源环境生态红线，筑牢生态安全屏障。推进生态景观林带等四大重点生态工程，加强森林和湿地保护管理，构建森林公园、湿地公园和自然保护区体系。加强气象防灾减灾，加快城市生态气象观测体系建设。

（四）坚持开放发展。加强对外合作。加强与广州南沙区、福建龙岩市、港澳台、蕉华区等地在基础设施、产业投资、商务贸易、人力资源、环境生态等重点领域的合作，探索建立跨区域的合作机制。实施乡贤回归工程。利用乡贤众多的优势，组织开展有针对性的招商引资，动员、鼓励、吸引在外乡贤回乡投资兴业。积极参与“一带一路”建设。积极抢抓国家实施“一带一路”战略的机遇，鼓励有条件的企业借助国家“一带一路”战略“走出去”发展。加强与海外华人华侨的联系，大力引进外资、项目、技术和人才，发展外向型经济。

（五）坚持共享发展。统筹城乡公共服务。坚持新增财力向农村基层、困难群众和社会事业倾斜，全面推动基础设施向农村延伸、公共服务向农村覆盖，推动城乡基本公共服务均等化。大力发展社会事业。优先发展教育事业，加快推进教育现代化建设，促进教育公平，推动教育均衡发展。加强三级医疗卫生服务体系建设，深化医药卫生体制改革，着力提高健康服务水平。实施更加积极的就业政策，大力促进就业创业。建立健全覆盖城乡居民的社会保障体系，着力保基本、补短板、兜底线，推动社会保障城乡一体化。坚持精准扶贫和精准脱贫，确保如期完成第三轮扶贫攻坚任务。维护社会和谐稳定。落实“一把手”维稳第一责任人职责，依法化解矛盾纠纷和信访积案，着力维护群众切身利益。推进“平安蕉岭”建设，始终保持对各类违法犯罪行为的严打高压态势，以铁的手腕严防安全生产事故，着力保护人民群众生命财产安全。坚定不移贯彻" 依法治国"方略，全面推进依法治县，推进依法行政、严格执法、公正司法、全民守法，加快建设法治蕉岭。高效运作基层公共服务平台创新社会治理，发挥县、镇、村三级公共服务平台的作用，实现服务群众便民、高效、全覆盖；深化村居治理体系创新，发挥村民理事会作用，实现基层民主自治重心下移。

事业成败，关键在党。做好“十三五”时期各项工作，必须充分发挥党的领导核心作用，把握方向、谋划全局、统筹推进。全县各级党组织要严格落实全面从严治党政治责任，严明党的政治纪律和政治规矩，推动党的作风建设常态化、长效化。深入推进党风廉政建设和反腐败工作，努力营造风清气正的干事创业环境。要动员全县人民群众团结奋斗，为实现振兴发展目标、全面建成小康社会提供强大的思想保证和精神动力。要坚决贯彻省市决策部署和县委要求，落实县委《建议》确定的指导思想、工作目标、重点任务和重要举措，确保各项决策部署落到实处。

四、努力赢在新起点，确保 2016 年精彩开局

奋战“十三五”，开战在今年。做好今年的工作，开好局、起好步、打好基础，对于实现五年发展目标至关重要。做好今年和今后一个时期的工作，重要的是要深入学习贯彻习近平总书记系列重要讲话精神，认真把握实现中国梦、“四个全面”战略布局、经济发展新常态、五大发展理念等新思想、新战略、新要求，切实把思想和行动统一到中央和省市的决策部署上来，坚定信心、保持定力，全力加快蕉岭苏区振兴发展步伐。

全年工作的总体要求是：深入贯彻党的十

八届五中全会和省委、市委全会精神，以及习近平总书记系列重要讲话、省委胡春华书记来蕉调研重要指示精神，坚持振兴发展不动摇，发展两区两业不放松，大力推动产业转型升级、城乡统筹发展、环境优化提升、民生持续改善和党建从严从实，咬定目标抓项目，不换频道谋发展，奋力抒写“十三五”开局精彩篇章。

主要预期目标是：全县生产总值增长12%，一般预算财政收入增长10%以上，固定资产投资增长30%，城乡居民人均可支配收入增长12%，城镇登记失业率控制在3%以下。

重点抓好以下几个方面的工作：

(一)突出特色发展，推动产业转型升级

把抓招商上项目作为转型升级的第一抓手。目前，我县发展的大框架已经搭好，大招商、大开发、大建设的时机已经成熟。要加快招商促转型，重点围绕打造"两大百亿产业"，突出以商招商、产业链招商，努力实现由点对点招商向产业链招商转变，力争招一个带一群。要大抓项目促转型，树立项目为王的理念，全力推进重点项目建设，尤其要把总投资40亿元的塔牌600万吨水泥生产线项目、总投资30亿元的铁汉生态公司系列项目建设作为推动产业转型升级、加快振兴发展的一号工程来抓，全情服务，全力保障，力促项目早日建成、早见效益，着力打造蕉岭经济发展的强力支撑。要用好用活“两大政策”，把重点放在政策的研究和对接上，尽可能将每一项政策细化成可以对接的实体项目，加强与国家发改委等国家和省直有关部门的沟通衔接，对获批的项目争取更大支持、尽快开工，对已上报的项目争取尽快走完流程、及早审批。

把“两区”布局作为转型升级的重要平台。抓住与广州南沙区合作共建和享受省产业转移优惠政策的契机，围绕北部新型建材产业、中南部长寿产业的“两区”发展布局，突出扩容增效、项目引进、设施配套、服务提升、管理创新等关键环节，以更大的力度加快产业集聚地建设。扎实推进总投资10亿元的北区3000亩土地基础设施建设，探索、鼓励、带动社会资本以PPP模式参与产业集聚地建设，着力把“两区”打造成创新的摇篮、创造的基地和创业的乐园。

把发展“两业”作为转型升级的特色之路。坚持把新型建材、长寿“两大产业”作为转型升级的先锋产业来谋划、作为改善民生的基础产业来发展、作为提升品位的形象产业来培育，力争塔牌600万吨水泥第一条生产线、龙腾150万吨生产线技改、金发纸业和广福精化增资扩产等项目建成投产，铁汉生态公司健康产业园、长潭旅游开发、石窟河一河两岸景观提升，以及蕉岭金奥公司粮食加工和水资源开发、苏萨公司健康饮品、明森公司矿泉水生产线、润兴公司生态长寿肉类食品加工等项目快速推进，推动“两大产业”尽快成为百亿产业。与此同时，大力实施创新驱动战略，积极发展新材料、新电子等新兴产业，加快推进固特超声器械、永旺电子园、佰霖环保荧光材料生产线等项目建设，增强经济活力，扩大就业容量，推动产业体系向多元化发展。

(二)突出宜居宜业，推动城乡统筹发展

注重城市个性塑造。突出秀美山水、客家元素和长寿文化等特色，按照“拉大框架、完善功能、突出特色、提升品位”的思路，坚持城市建设、城市经济、城市管理“三城统筹”，进一步完善县城总体规划和控制性详细规划，以特色规划引领桂岭新区建设，以长远规划引领老城区改造提升。加快推进桂岭新区北部“三校一馆”(桂岭学校、党校、进校电大联校、档案馆)、养生酒店、养生社区、市场、公厕、垃圾中转站，南部景川长寿酒店、长寿新城二期、学校、医院、湿地公园，西部香港花园养生地产等项目建设和西街、寨背棚户区改造，拓展城市发展空间，增强城市发展活力。加快奥园跨境电商产业园、洋臣A家家居产业园等一批符合产业创新的载体建设，着力发展金融、商贸物流、休闲养生、总部经济，提升县城人气、商气、财气，推动产城融合、联动发展，让县城成为基础设施一流的产业集聚区、景城一体的最佳宜居区、配套功能完善的经济核心区,塑造"望得见山、看得见水、记得住乡愁"的山水绿城。

注重特色新农村建设。坚持"政府引导、农民主体、社会参与"的原则,继续抓好"客韵寿乡"省级新农村示范片建设,确保顺利通过省验收。通过环境综合整治、强化产业支撑、营造主题景观,同步打造七个县级新农村示范村,努力形成龙安福祉、尖坑名迹、白马水乡、逢甲故里、石峰绿洲、高思风情、石寨古堡围绕客韵寿乡的"七星伴月"新农村建设格局,实现"处处是风景、村村有亮点、户户有内涵",推动全县美丽乡村建设。

注重基础设施完善。加快"三纵三横"跨省出县通道,以及计划投资9.8亿元的塔牌五桥、南山大桥、蕉岭大桥、艾坝大桥、红麻公路、镇山公园环山公路、金白公路、蕉北公路、乌富公路"四桥五路"等城乡桥路和客运站的立项和建设。扎实推进计划投资1.65亿元的石窟河新铺段等中小河流治理和村村通自来水工程,加快220千伏油坑(福岭)变电站、泛华集团投资10亿元的城市生态环保基础设施项目建设。

(三)突出绿色和谐,推动环境优化提升

打造山清水秀的生态环境。继续深入开展城乡环境综合整治大会战,努力形成常态化长效化治理机制。加快三圳无害化垃圾填埋场、蕉城污水处理厂等环保基础设施建设,进一步增强垃圾和污水集中处理能力。积极实施生态景观林带、森林进城围城、乡村绿化美化、森林抚育等重点生态工程建设,加强森林资源的管护,大力发展林下经济。

打造和谐稳定的社会环境。全面深化社会治安综合治理,加强防控体系建设,高度重视国家安全工作,重拳打击违法犯罪,巩固平安蕉岭创建成果。创新社会治理,完善社会治理决策机制,落实重大决策社会稳定风险评估机制,充分发挥村民理事会作用,引导带领广大群众积极参与美丽乡村建设、公益事业建设、矛盾纠纷调处,推动基层民主自治重心下移。加强信访和矛盾调解工作,从源头上消除不稳定因素。强化安全生产责任制,从严加强安全监管,铁腕整治安全隐患。推进依法行政和公正司法,营造公平正义、守法诚信、平安有序、人民满意的社会环境。

打造充满活力的改革环境。以精简行政审批事项,加强对政府权责清单动态管理为重点,继续深化行政审批制度改革,进一步厘清政府、市场和社会边界,促进政府精准作为。以乡镇国库集中支付改革为重点,继续推进财政体制改革,实现县本级预算单位公务卡全覆盖。着力深化农村综合改革,创新农村产权制度和农业生产经营体制,积极培育省、市级龙头企业和农民专业合作社、家庭农场;紧扣乡镇领导干部驻点普遍直接联系群众工作,进一步加大资源整合力度,把镇级"一办一中心"改革中形成的干部下沉网格服务、干群"同吃"制度、手机"一册通"等成功的制度实践和良好资源,全面融入驻点联系工作轨道,让我县农村"三大改革"不断焕发新的生机活力。

(四)突出服务均等,推动民生持续改善

增强社会保障。充分发挥社会政策的托底作用,扎实做好促就业、增收入、强保障等各项工作。实施就业促进工程,加强就业培训,开发就业岗位,鼓励大众创业。坚持广覆盖、保基本、多层次、可持续原则,进一步扩大城乡基本养老保险、基本医疗保险覆盖面。健全困难群体、困难家庭帮扶救助体系,提高城乡低保、五保供养、医疗救助等保障水平。

统筹公共服务。以"确保公益性,服务老百姓,调动积极性"为目标,继续做好公立医院改革、医联体改革等各项医改工作,重点推进新铺、三圳卫生院医联体一体化建设以及蕉城卫生院公共卫生业务楼建设,逐步建立起覆盖城乡的公共卫生服务体系。紧紧围绕省市部署要求,依法推进全面两孩政策在蕉岭落地。全力争创"广东省推进教育现代化先进县",加快推进桂岭学校建设、城镇中学扩容提质、县职业技术学校实训大楼改扩建等硬件工程,促进教育均衡发展，努力使每个孩子都能接受公平、有质量的教育。扎实推进340户农村危旧房改造、101套公共租赁住房、65户棚户区改造工作。按照精准扶贫、精准脱贫要求，加强与广州南沙区的帮扶合作，及早谋划、及时对接、有序启动、扎实开展第三轮扶贫开发“双到”工作。

提高服务水平。深入开展省农村社区建设试点工作，建立以党的基层组织为核心的农村组织体系，建好农村基层综合服务管理平台，打造一批管理有序、服务完善、文明祥和的农村社区建设示范点。发挥基层公共服务平台的作用，优化工作流程，完善运作模式，促进行政项目审批权下放，着力将管理和服务的端口延伸到村一级。建立统一的公共服务信息系统，梳理清楚项目，将现有信息有机导入，实现县、镇、村三级网上信息查询、业务办理、投诉举报等“一站式”服务。

（五）突出作风建设，推动党建从严从实

夯实基础，加强党的基层组织建设。围绕“五定五联五保障”，深化驻点联系工作，实现镇党政正职真驻点、联系群众全覆盖。落实好“四个精准”要求，着力整顿软弱涣散基层党组织。加强乡镇干部“本土化”培养，完善村干部“微权力清单”、坐班值班等制度，加强镇村党组织落实“两联席会议”主体责任。优化党的基层组织设置，强化“两新”组织党建工作，进一步扩大党的组织和工作覆盖面。坚持德才兼备、以德为先，坚持注重实绩、注重基层，把选干部、备班子与管思想、管作风、管纪律结合起来，扎实做好县镇领导班子换届各项工作。

正风肃纪，推进作风建设常态长效。深化党内经常性教育，巩固拓展“三严三实”专题教育成果，持续抓好整改任务落实。深入贯彻《关于加强党员领导干部“八小时”以外活动监督管理的意见》，做好“八小时”以内的本职工作，管好“八小时”以外的个人生活。树立“项目为王、用结果说话”的理念，坚持正确的执纪和用人导向，教育惩治庸政懒政干部，保护鼓励勤政有为干部，切实纠正“为官不易”“为官不为”的错误认识和行为，引导党员干部积极作为、干事创业。

从严治腐，不断深化党风廉政建设。强化党风廉政建设“两个责任”和“一岗双责”，坚定不移推进源头治腐，建立健全权力运行制约和监督机制，加强对重点部门、重点岗位、重点人员的监督管理。坚定不移加大案件查办力度，坚持“一案双查”，坚持有案必查、有腐必反、有贪必肃，既追究当事人责任，也追究监管领导责任。要认真总结普遍性规律性问题，发挥反面典型的警示教育作用，让广大党员干部受警醒、明底线、知敬畏，做到敬法畏纪、遵规守矩。

加强领导，凝聚谋事创业强大合力。加强和改进党对各项工作的领导，支持人大及其常委会依法履行职权，支持政协开展民主监督、重点提案督办，支持司法机关依法独立行使职权。不断提高党管武装水平，推进国防教育训练基地建设，加强国防教育，积极争创省“双拥模范县”，进一步密切军政军民关系。强化阵地意识，把握正确舆论导向，弘扬主旋律，传播正能量，最大限度地凝聚社会共识和全县力量，同心同德推动事业发展。

同志们，“雄关漫道真如铁，而今迈步从头越。”站在新的起点、踏上新的征程，挑战考验着我们，希望鼓舞着我们，责任激励着我们，让我们坚定信心，振奋精神，开拓创新，团结奋进，咬定目标抓项目，不换频道谋发展，奋力抒写“十三五”开局精彩篇章！

政府工作报告

——2016年1月27日在蕉岭县第十四届
人民代表大会第六次会议上

蕉岭县县长　陈伟明

各位代表：

现在，我代表县人民政府向大会作工作报告，请予审议，并请政协各位委员和其他列席人员提出意见。

一、“十二五”时期工作回顾

“十二五”时期，县政府在市委、市政府和县委的正确领导下，在县人大和县政协的监督支持下，深入贯彻落实党的十八大和十八届三中、四中、五中全会精神，以及习近平总书记系列重要讲话精神，紧紧依靠全县人民，凝心聚力，共谋发展，经济社会发展取得明显成效，较好地完成了“十二五”各项工作任务。

过去五年，是经济平稳较快增长、综合实力不断增强的五年。初步统计，2015年全县生产总值66.84亿元，比上年增长10.1%，是2010年42.47亿元的1.57倍，年均增长11.4%；来源于蕉岭的财政总收入14.27亿元，比上年增长13.97%，是2010年5.68亿元的2.5倍，年均增长20.23%；公共财政预算收入7.06亿元，比上年增长21.1%，是2010年2.62亿元的2.69倍，年均增长21.93%；全县城镇居民人均可支配收入2.04万元，比上年增长10%，是2010年1.05万元的1.95倍，年均增长14.3%；农村居民人均可支配收入1.32万元，比上年增长11%，是2010年7008元的1.88倍，年均增长13.5%。先后获得世界长寿乡、全国国土资源节约集约模范县、全国农村综合改革示范试点县、全国义务教育发展基本均衡县等荣誉称号。

过去五年，是新型产业快速发展、产业结构不断优化的五年。三次产业由2010年的18.7∶44.9∶36.4调整为2015年的16.4∶32∶51.6，产业结构发生了积极变化。关闭淘汰落后水泥产能319万吨，油坑150万吨旋窑水泥生产线，塔牌、油坑、皇马共400万吨水泥粉磨站建成投产，塔牌600万吨水泥生产线建设进展顺利，建材产业规模不断壮大。永旺电子科技园、佰霖荧光科技等项目建成投产，固特超声在“新三板”挂牌上市，新兴产业实力不断增强。依托“世界长寿乡”品牌，积极培育长寿健康产业，建立七大农产品生产基地、7家规模以上长寿健康食品企业，新增省级农业龙头企业5家、市级农业龙头企业11家，新培育家庭农场114家，新认证无公害农产品30个、有机农产品4个、绿色食品1个，长寿健康产业发展迈出坚实步伐。

过去五年，是城乡发展更加协调、宜居环境不断改善的五年。五年来，共投入城乡基础设施建设资金13亿元，城乡环境和发展条件持续改善。扎实推进规划面积10平方公里的桂岭新区建设，碧桂园、奥园广场、福星新城等城市综合体基本建成，城镇化率达50.85%。扎实推进“十村示范、百村行动”美丽乡村和省级新农村示范片建设，创建中国传统村落4个，省宜居示范城镇2个、示范村庄2个，广东名村3个，城区垃圾无害化处理率达100%、农村生活垃圾有效处理率达100%。扎实推进交通、水利等基础设施建设,完成国道改造42公里、县道改造71公里、农村道路改造215公里,新建和维修17座桥梁,完成高标准农田建设、长潭灌区改造及6宗中小河流治理工程。扎实推进林业生态建设,完成碳汇林改造3.9万亩、生态景观林带53.2公里,建设市级森林公园1个、县级森林公园2个、湿地公园1个,创建省级乡村绿化美化示范点30个。

过去五年,是各项改革全面深化、发展活力明显增强的五年。全面深化全国农村综合改革试点工作,率先在全省完成农村土地承包经营权确权登记颁证工作,率先成立全省首个县级农村产权交易中心,全国小型水利工程管理体制改革、全国集体林权制度主体改革、省农村普惠金融试点改革全面完成。全面深化农村基层社会治理改革,镇级"一办一中心"改革被评为"全省基层社会治理创新优秀项目",镇村基层服务中心实现全覆盖,省基层公共服务平台建设试点县顺利通过验收,积极探索"一核三元、四权同步、多层共治"村级治理机制,我县农村基层社会治理改革经验在全省推广。全面深化行政体制改革,顺利完成"大部制"试点、食品药品监管体制、卫生人口计生、工商质监、公务用车,以及商事登记制度、医药卫生体制、行政审批制度等改革工作,政府职责权限更加明晰。

过去五年,是民生福祉持续改善、群众幸福感不断提升的五年。五年来,累计投入民生资金42.5亿元,财政对民生投入占公共预算支出比重从2010年的53%增至2015年的77%,发展成果惠及更多群众。城乡居民基本养老保险标准、80岁以上老人高龄补贴标准,以及低保、五保、孤儿、重残等底线民生水平逐年提高;爱心自行车服务系统建成投入使用;完成621套保障性住房、910户农村低收入住房困难户住房改造;完成农村文化俱乐部等公共设施建设。两轮40个重点帮扶村、1.1万农村贫困人口实现脱贫。全力推进学校标准化建设,建成和改造一批教学大楼、学校礼堂和田径运动场,8个镇通过"省教育强镇"复评验收,成为全国义务教育发展基本均衡县,高考本科、专科入围率连续8年保持在全市七个县(市、区)第一位。

过去五年,是社会事业蓬勃发展、社会保持和谐稳定的五年。科技工作扎实推进,49项科技项目获国家和省、市立项。文化事业稳步发展,8个镇被评为市文化先进镇,我县荣获中华诗词之乡称号。卫生事业持续加强,县妇幼保健院改造、县人民医院住院大楼项目竣工使用。体育设施不断完善,群众性体育活动蓬勃开展,蕉岭籍运动员谢豪获伦敦残奥会自行车团体项目金牌。低生育水平保持稳定,成功创建国家级"计划生育基层群众自治示范村"4个、省级13个。全面实施安全生产网格化管理,安全生产形势总体稳定。推进食品安全信息化监管平台建设,食品药品安全形势稳定向好。加强社会治安综合治理,群众安全感大幅提升,县公安局再次获得"全国优秀公安局"称号。自觉接受县人大及其常委会的监督和政协的民主监督,五年共办理人大代表意见和建议226件、政协委员提案237件。国防动员、人防、征兵、民兵预备役,以及广播电视、妇女儿童、民族宗教、外事侨务、审计、粮食、气象、档案、工会、环卫、应急等工作取得新成绩。

各位代表,五年的砥砺奋进,开创了全县改革发展稳定的新局面,奠定了加快振兴发展的良好基础。在这里,我代表县政府,向全县人民,向驻蕉部队、武警官兵,向所有关心支持蕉岭发展的港澳台同胞、海外侨胞、各界朋友,表示衷心的感谢并致以崇高的敬意!

回顾五年来的实践,我们深深体会到:一是必须始终坚持特色发展不动摇。五年来,我们紧紧依托丰富的矿产资源、优美的生态环境、独特的长寿品牌,大力发展新型建材和长寿健康产业,优化了产业结构,壮大了经济总量,增强了发展后劲。实践证明,只有立足自身优势,坚定地走特色发展、错位发展之路,才能有效推动经济的快速发展。二是必须始终坚持生态优先不放松。五年来,我们牢固树立“既要金山银山,更要绿水青山”的发展理念,大力推进城乡环境治理、林业生态保护、美丽乡村建设,既发展壮大了县域经济,又有效保护了生态环境。实践证明,只有坚持开发与保护并重,才能实现经济发展与生态保护双赢。三是必须始终坚持改革创新不停步。五年来,我们全力推进农村综合改革、农村基层社会治理,社会和市场活力进一步释放。实践证明,只有坚持改革创新,破除一切不利于发展的体制机制,才能为振兴发展提供可持续的动力。四是必须始终坚持以人为本不含糊。五年来,我们坚持每年规划实施一批民生实事,着力解决好人民群众最关心的问题,广大群众得到了更多实惠。实践证明,只有为民谋利,才能得到人民群众的拥护和支持。五是必须始终坚持高效行政不懈怠。五年来,我们坚持转变政府职能,简政放权,着力建设勤政廉洁高效政府,政府效能不断提升。实践证明,只有坚持勤政为民,提高行政效率,才能更好地为人民群众服务。

在看到成绩的同时,我们也清醒地看到,我县经济总量小、人均水平低,与振兴发展目标还有较大差距。一是产业层次低,产业结构单一,工业短板突出,优势骨干企业少,支撑振兴发展的根基不牢。二是“外通内连”的综合快速交通网络尚未形成,区位劣势的瓶颈制约还没有完全消除,生产要素集聚度低,物流和生产成本较高。三是基本公共服务供给能力弱,教育、医疗、养老等方面所取得的成绩与群众的需求还有一定差距。四是少数政府职能部门依法履职不够到位,依法行政水平和服务群众、服务发展能力有待进一步提升,等等。对此,我们将高度重视,采取更加有力措施认真加以解决。

二、“十三五”时期目标任务

“十三五”时期是我县振兴发展的关键期,也是全面建成小康社会的决胜期。展望未来五年,我们面临许多有利的发展机遇:从全国形势看,国家“十三五”将进行一系列重大改革,特别是深入推进新型工业化、信息化、城镇化、农业现代化,将形成强大的发展活力。从全省层面看,省委、省政府在持续大力推动粤东西北地区振兴发展的同时,对原中央苏区县采取更加特殊的扶持政策,将为我县振兴发展提供强大的动力。从全市情况看,市委、市政府作出了建设“一区两带”的战略决策,特别是梅江韩江绿色健康文化旅游产业带,为我县发展长寿健康产业,加快产业转型升级带来新的机遇。从自身实际看,这几年通过大力推进“三大抓手”工作,聚焦新型建材和长寿健康产业,加快发展的基础更加扎实。只要全县上下盯紧目标,凝心聚力,群策群力,经济社会一定会保持良好的发展势头。

根据省、市和县委的有关精神,我们编制了《蕉岭县国民经济和社会发展第十三个五年规划纲要》,提出了“十三五”时期的奋斗目标:概括为“一个率先、四个基本”。“一个率先”就是率先全面建成小康社会。“四个基本”就是基本形成绿色产业新体系、基本实现公共服务均等化、基本形成主体功能区布局、基本建成法治政府。

为实现上述目标,我们将坚持以振兴发展为主线,紧紧抓住省全面建成小康社会补齐粤东西北地区发展短板的新机遇,全面落实市委市政府建设“一区两带”的新部署,牢固树立“创新、协调、绿色、开放、共享”发展的新理念,全力推进“十三五”时期各项工作任务的落实,着力打造绿色发展先行地。

(一)坚持创新发展,构建现代产业体系。

坚持创新驱动,优化资源要素配置,实施“互联网+”行动计划,建设创新型平台,打造新型建材和长寿健康两大百亿产业,绿色现代产业体系形成规模,不断壮大实体经济。一是大力提升优势产业。实施工业强基工程,开展质量品牌提升行动,支持企业推进技术改造,全面提高产品技术、工艺装备、能效环保等水平,至2020年规模以上工业总产值达100亿元以上。大力发展新型干法旋窑水泥,“十三五”期间全县水泥年产量达2500万吨，全力打造新型建材百亿产业；大力发展旋窑水泥余热发电、光伏发电和风电项目，推动现有小水电企业挖潜改造，“十三五”期间新增15万千瓦电力装机容量。大力发展酿酒业，“十三五”期间新增3万吨产量，全县酒业年产量达6万吨以上；大力支持现有电子企业加快发展，壮大规模，做强实力。二是加快培育特色产业。全力培育打造百亿长寿健康产业，充分挖掘利用长寿资源优势，大力发展精致高效农业，积极发展观光农业和生态农业，建成以长寿食品、现代生物、养生养老和健康用品为主的长寿健康产业体系。加快发展生态休闲旅游，创建一批AAAAA级、AAAA级景区，至2020年，全县年接待游客突破300万人次，年旅游总收入突破30亿元。三是积极发展关联配套产业。大力扶持商贸物流业发展，积极引进国内外知名物流企业并整合县内物流企业，建立以现代物流配送中心和高效信息管理系统为支撑的电子商务物流基地。

（二）坚持协调发展，建设精致秀美寿乡。坚持“产城融合、绿色发展、组团集聚、有机共生”理念，优化调整城乡空间结构，全力建设宜居家园，增强发展后劲。一是统筹县域空间科学发展。优化县域功能分区、中心城区和城乡空间布局，完善产业空间布局，培育打造一批具有寿乡特色的生态镇、产业镇、旅游镇、文化镇。二是推动县城扩容提质。加快推进桂岭新区建设，扩大县城规模，提升县城综合承载能力和城市品质。加快推进老城改造，优化提升老城区环境。至2020年县城建成区面积达12平方公里，城区常住人口达12万人，城镇化率达58%。三是建设宜居美丽乡村。围绕“生态美、生产美、生活美”目标，以长寿文化为核心，加大基础设施、危房改造、特色文化景观建设，大力开展农村人居环境整治行动，优化农村人居环境；创新农村服务方式和改善群众生活品质，提高群众幸福指数，营造社会和谐氛围，打造独具客家特色的乡村美景。

（三）坚持绿色发展，推进生态文明建设。坚持保护与建设并重，强化污染防治，推动绿色发展，推进生态建设。一是筑牢生态安全屏障。加强林业重点工程建设和水生态保护，实施生态保护和修复工程，维护生态系统完整性和生物多样性，严防山火发生，打造山水秀美的生态环境。二是加大环境治理力度。以提高环境质量为核心，加强环境监察机构标准化、应急监察能力建设。严把环保准入关，从源头控制新的污染源。加强水、土和大气污染防治，推进重点工业企业实施清洁生产技术改造，降低污染物排放强度，全力创建国家环保模范城市。三是促进资源节约利用。坚持节约优先，树立节约集约循环利用的资源观。严格实施固定资产投资项目节能评估和审查制度。强化各领域节能降耗，节约集约利用水、土地、矿产等资源，提高资源利用效率和效益，全面建设节约型社会。

（四）坚持开放发展，增强县域发展活力。坚持互利共赢的开放战略，优化发展环境，强化招商引资，促进县域经济快速发展。一是优化发展条件。加快推进铁路、高速公路项目的申报立项和建设工作，实施国省县道公路优化升级。创新基础设施项目开发建设模式，加快实施基础设施重大项目建设，增强市政、能源和信息化保障能力。完善县、镇、村三级公共服务平台，优化政务服务环境。二是加大对外开放。依托台侨胞众多、三省交界和广州南沙对口帮扶的优势，主动对接深圳、广州、汕头等沿海城市，打通陆海联运通道，融入珠港澳发展格局，打造对台合作平台、粤闽特别合作试验区、南沙自贸区蕉岭合作区。三是构建共享体系。倡导政策叠加，优势共享，创新推进政策落地。重点落实赣闽粤原中央苏区和粤东西北地区振兴发展战略，积极对接广东省自贸区政策，争取推动一批创新政策落地。

（五）坚持共享发展，提高群众幸福指数。坚持发展为了人民、发展依靠人民、发展成果由人民共享，让全县人民在共建共享中获得更多幸福感。一是实施一批民生实事。每年规划实施教育、文化、卫生、就业等一批民生实事,切实解决好人民群众最关心、最直接、最现实的利益问题。二是提高社会保障水平。建立全覆盖、规范化和标准化的社会保险公共服务网络,健全社会保险社会化管理服务体系,进一步提高养老、低保、五保、医疗等保障水平,实现"人人享受社会保障"。三是实施脱贫攻坚工程。实施精准扶贫、精准脱贫,因户施策、因人施策,对有劳动能力的扶持发展特色产业和转移就业,对丧失劳动能力的实施兜底性保障政策,对因病致贫的提供医疗救助保障,全面完成新时期扶贫工作任务。

各位代表,"十三五"蓝图振奋人心,振兴发展任重道远。只要全县人民众志成城,团结拼搏,就一定能开创蕉岭更加美好的明天!

三、2016 年工作安排

今年是"十三五"开局之年。政府工作的总体要求是:深入贯彻落实党的十八届五中全会、习近平总书记系列重要讲话精神,以及省委、市委全会和县党代会精神,以振兴发展为主线,以项目建设为支撑,以改革创新为动力,认真落实原中央苏区和粤东西北地区振兴发展两大政策,全力推进"三大抓手"、生态环境和民生建设,努力实现产业提质、环境优化、民生改善,确保"十三五"经济社会发展开好局起好步。

今年经济社会发展的主要预期目标是:全县生产总值增长 12%,一般公共预算收入增长 10%以上,全社会固定资产投资增长 30%以上,社会消费品零售总额增长 10%以上,出口总额增长 10%以上,居民收入增长与经济增长基本同步,城镇登记失业率控制在 3%以内,节能减排完成省下达年度计划。重点抓好六项工作:

(一)全力打造"双百亿"产业。一是百亿新型建材产业。全力抓好塔牌集团 600 万吨旋窑水泥生产线和皇马公司节能技改项目建设,做好旋窑水泥生产线项目核准工作,壮大水泥生产总量;扎实抓好塔牌新材料、广福建材精细化工、金鹏精细化工等项目建设,延长建材产业链条;加快推进新型建材产业园、国家水泥及制品质量监督检验中心建设,夯实新型建材产业发展平台。二是百亿长寿健康产业。主动对接"梅江韩江绿色健康文化旅游产业带",推动长寿健康产业在一、二、三产业带上协同发展,力争今年长寿健康产业发展有更大的动作、有更强的措施、有更好的效果。第一产业以标准化生产为准则,着力抓好奥园长寿食品种植加工生产基地、客家农夫现代科技农业示范园建设,带动一杯茶、一瓶水、一粒米、一棵笋、一瓶蜜等"五个一"长寿食品开发,打造粤东绿色农产品生产基地;第二产业以高端化生产为准则,着力抓好金奥粮食加工和水资源开发等项目建设,切实提高长寿健康产品的附加值;第三产业以精品化建设为准则,着力抓好铁汉生态公司健康产业园、奥园广场商业综合体、精品酒店等项目建设,打造全国知名休闲养生旅游目的地。

(二)全力建设美丽和谐家园。一是打造精品县城。继续抓好奥园广场、碧桂园第三期工程、福星新城、香港花园等项目建设,加快老城改造,实施福星大道、中华大道、蕉阳大道等沥青路面铺筑,推广应用数字化城管系统,提升县城品位。二是建设幸福村居。按照"两拆三清四改五建"("两拆":拆除违章建筑、乱搭乱建、乱堆乱放、危旧杂房;"三清":清垃圾、杂物,河道、沟渠、池塘等;"四改":改厕、改路、改水、改危旧房;"五建":建设小公园、小型文体广场,建"户前三包"责任制,建设污水处理设施、长效保洁机制)要求,全面建设美丽乡村,推进城乡发展一体化,努力把农村建设成为"望得见山、看得见水、记得住乡愁"的幸福美好家园。实施 40 公里、2400 亩生态景观林带重点生态工程,抓好 2 个森林公园、10 个省级乡村绿化美化生态工程建设,抚育森林 2.48 万亩、碳汇林改造 4982 亩,巩固生态安全屏障。抓好环境整治工作,完成污染物总量减排任务。三是完善公共设施。重点抓好长潭麻坑至广福石蛇公路、镇山国家森林公园旅游环山公路、金白线路面大修等交通公路项目,以及高标准基本农田建设、农综项目、中小河流治理、富硒水库等重点农业基础设施建设,全面改善农村生产生活条件。

(三)全力深化改革创新工作。一是继续深化农村综合改革。深化农村土地和农村集体产权制度改革,引导土地经营权规范有序流转,创新土地流转和规模经营方式,鼓励和支持承包土地向专业大户、家庭农场、农民合作社流转,发展多种形式的适度规模经营。继续实施农村基层社会治理改革,完善村级基层公共服务平台。实施化肥污染治理和农药污染治理示范工程,全力创建农业面源污染治理示范县。深入开展供销合作社综合改革试点工作,打造与农民联结更紧密、为农服务功能更完备、市场化运行更高效的合作经济组织体系,促进农民增收致富。二是继续深化创业投融资改革。鼓励金融机构加快农村普惠金融、大众众筹等金融产品和服务方式创新,破解初创企业和中小企业融资难题,以"众筹"支持"众创",以"众创"促进"众筹"。同时,加强金融风险防范,确保金融市场稳定、运行有序、监管有效、安全发展。三是继续深化行政体制改革。健全行政审批管理制度,简化行政审批流程。深化商事制度改革,强化事中事后监管,提升监管水平。健全权责清单制度,实现行政服务标准化,完善公共服务体系,推进政府向社会组织购买公共服务,促进公共服务供给多元化,让创业创新过程更顺畅、经济发展之路更通畅、人民群众心情更舒畅。

(四)全力发展社会各项事业。一是打造现代教育。举全县之力,创建广东省推进教育现代化先进县。抓好桂岭学校、县委党校、县职校实训大楼改扩建工程建设,继续提升教育信息化发展水平,引进和培养一批名校长、名教师,全面提升教育整体水平。二是建设平安蕉岭。严厉打击严重违法犯罪活动,坚持不懈化解社会矛盾纠纷,持续维护社会和谐稳定;严格落实"党政同责、一岗双责、失职追责、齐抓共管"安全生产责任制,铁腕整治安全生产隐患,坚决遏制较大以上安全事故发生,确保安全生产形势稳定;加强食品药品安全监管,建立健全食品药品安全治理体系和监管体系,防控食品安全风险。三是完善公共服务。加快发展文化事业,加大文化遗产的挖掘、保护和开发利用。完善公共体育设施,广泛开展全民健身活动,不断提高广大群众的身体素质和健康水平。加强档案管理,推进县档案馆建设。实施全面二孩政策,切实提升计生服务管理水平。加快卫生强县建设步伐,深化医联体改革,实施国荣、徐琳住院大楼改造、蕉城镇卫生院公共卫生业务楼及8个镇卫生院医联体一体化建设。进一步增强军民融合发展,不断提高国防动员、人防、征兵、民兵预备役和双拥工作水平。做好统计、侨务、台务、供销、移民、气象、档案等工作,促进社会事业全面发展。

(五)全力推进政府自身建设。一是强化依法行政。成立县政府法律顾问室,严格依照法定权限和程序行使权力、履行职责,依法规范行政权力运行,强化行政执法监督,使政府的每项工作都能符合法律法规的要求。深入推进"一村(社区)一律师(顾问)"工作。坚持阳光行政,完善行政决策程序,严格执行县人大及其常委会的决议和决定,主动接受政协民主监督,提高政府信息公开水平,严格规范公正文明执法,打造法治政府、阳光政府。二是强化政府效能。落实政府工作责任,细化政府工作目标,健全工作推进机制,做到事事有人管,人人有专责,件件有着落。深化机关效能建设,强化工作作风,加大治理不作为、慢作为、乱作为力度,强化督查督办,及时通报情况,确保各项工作有布置、有检查、有效果。三是强化廉洁建设。严格执行中央八项规定和党风廉政建设责任制,做清正廉洁的表率。充分发挥监察、审计部门的作用,加强对重点领域、重点部门、重点项目、大额资金的行政监察和审计监督,严肃查处各类违法违规行为,着力营造廉洁清正的政务环境。强化理想信念和廉洁自律教育,激发干事创业的干劲和热情。

(六)全力办好十大民生实事。一是加强保障底线民生。城乡居民基本养老保险基础养老金标准从每人每月100元提高至110元;城镇、农村低保补助补差水平分别从每月375元、175元提高到419元、191元;五保对象供养标准提高到上年度农村居民人均可支配收入的60%以上;孤儿集中供养水平从每月1240元提高到1340元,分散供养水平从每月760元提高到820元;城乡医疗救助人均补助标准从每年1556元提高到2178元,政策范围内住院医疗救助比例提高到70%以上。二是帮扶困难弱势群体。做好新时期精准扶贫工作,将全县人均收入8000元以下的19个相对贫困村作为重点帮扶村,并将97个村内人均收入4000元以下的相对贫困人口3551户、7401人纳入帮扶对象,做好精准识别建档立卡工作,实施定点帮扶;为重度残疾人、精神和智力残疾人缴纳城乡居民养老保险费;建立事实无人抚养儿童生活津贴制度,标准为每人每月500元;新开工建设101套公共租赁住房,完成65套棚户区改造和340户农村危旧房改造。三是提高医疗保障水平。城乡居民基本医疗保险补助标准从年人均380元提高到410元;提升县人民医院综合服务能力;基本公共卫生服务费标准提高到每人每年40元以上;提高符合计划生育政策分娩补助标准;基金年度累计最高支付限额从20万元提高到45万元(不含大病保险);全面实施8个镇卫生院医联体一体化建设。四是促进教育均衡发展。争创“广东省推进教育现代化先进县”;县属中等职业学校免学费补助标准从每人每年3000元提高到3500元;农村寄宿制学校生均经费补助标准从每生每年150元提高到200元,学前教育困难家庭幼儿生活费补助从每生每年300元提高到1000元;将山区和农村边远地区学校教师岗位津贴政策实施对象从义务教育学校和完全中学扩大到所有农村公办普通高中和幼儿园的在编在岗教职工。五是促进创业带动就业。完成城镇新增就业、失业人员再就业、就业困难人员再就业任务;加强劳动技能培训,促进创业带动就业;扶持残疾人自主创业就业。六是提升养老服务水平。建设县养老服务大楼;升级改造蓝坊镇敬老院、南磜镇敬老院;关爱长寿老人,建立健全65周岁以上老年人健康和中医药档案管理。七是加强生态环境建设。每月进行生活饮用水水质检测和信息公布;实施专项整治社会生活噪声和移动污染源工程;整治县城建成区养殖业污染问题;规划建设2个森林公园。八是提升农村服务水平。完成8个镇服务中心、107个村(社区)公共服务站建设;在全县8个镇建设标准化气象信息服务站;将行政村全部纳入农村基层组织经费保障补助范围,村办公经费补助提高到每年6万元,村干部补贴提高到每月2200元。九是加快基础设施建设。支持农村光缆建设;完善城区市政消水栓和各社区微型消防站建设;实施7宗中小河流治理项目;完成30公里农村公路硬底化改造工程。十是提升社会安全指数。建立县城农贸市场食品安全快速检测平台;建设突发事件预警信息发布中心业务平台;定期为住宅电梯安全情况全面排查;加强泥头车超速超载治理;建立110社会联动协作工作机制;规范出租屋管理,出租屋安装应用“门禁+视频”系统覆盖率达到60%。

各位代表,站在新的起点,我们的振兴发展事业任重道远。让我们以习近平总书记系列重要讲话精神为指南,在县委的坚强领导下,抢抓机遇,奋力攻坚,为加快蕉岭的振兴发展,谱写美好生活新篇章而努力奋斗!